SPSS를 활용한

응용통계학

김영주 | 김희갑 | 임명남 공저

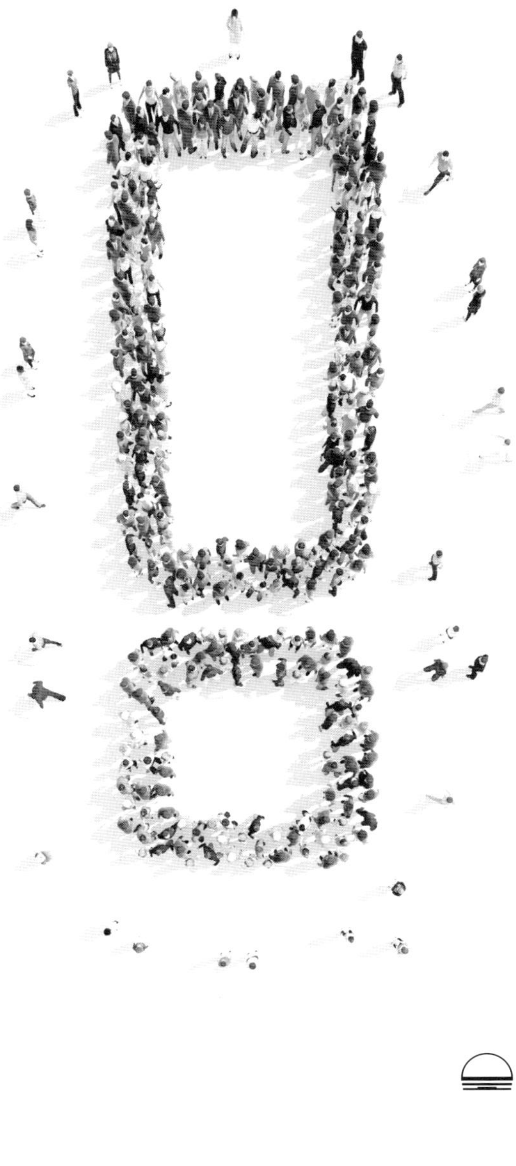

도서출판 동화기술

머리말

오늘날 통계학은 데이터를 기반으로 한 4차 산업혁명의 도래로 첨단 정보통신기술뿐만 아니라 의학, 보건, 산림, 공학, 환경, 인문과학 등 다양한 분야와의 융합을 이루어 자료분석 및 예측 도구로 활용되고 있다.

본서는 수학을 사용하는 이론은 가능한 한 줄이고, 다양한 데이터를 이용한 실제 계산 또는 컴퓨터 실습을 통해 통계적 방법의 사고방식을 이해할 수 있도록 했다. 또한 통계학의 개념과 원리를 쉽게 전달하고, 나아가 전공과목의 응용에 도움을 주려는 의도에서 저술하였다. 본문 중의 예제나 단원별로 수록된 연습문제도 이해에 도움이 될 것으로 생각한다.

본서는 통계학의 기본 개념 및 데이터의 분포에서부터 시계열 분석에 이르기까지 통계학의 기본적인 내용과 함께 고급 통계분석 방법을 두루 포함하고 있다. 이 책은 다수의 짧은 장으로 구성되어 있어서 통계학을 처음 공부하는 학생들도 부담을 갖지 않고 학습할 수 있도록 구성하였다.

끝으로 이 책이 통계학을 배우는 학생 및 일반인들에게 통계학의 기반을 다질 수 있는 좋은 지침서가 되기를 바라며, 본서를 출판할 수 있도록 힘써 주신 도서출판 동화기술 정우용 회장님과 출판사 직원 여러분께 진심으로 깊은 감사를 드린다.

저자 일동

목 차

Chapter 1

서 론

1. 통계학이란?
2. 모집단, 표본, 모수 및 통계량
3. 통계학의 목적
4. 통계학의 종류
5. SPSS의 기초

1. 통계학이란?

통계학(statistics)은 영어의 'state'(국가)를 의미하는 라틴어 'status'로부터 비롯되었다. 즉, 통계학은 국가의 정치, 경제 분야 등의 기술(記述)과 매우 밀접하게 관련되어 있다. 오랜 기간에 걸쳐 통계학은 한 나라의 경제, 인구, 그리고 정치와 관련된 데이터나 그래프와 관련된 것으로 여겨졌다. 20세기에 접어들면서 산업의 발달과 더불어 통계학 분야도 성장하였으며, 오늘날에는 통계학을 '데이터에 기초한 추론'의 영역뿐만 아니라 4차 산업혁명의 한 축으로서 그 중요도가 점점 더 커지고 있다.

그렇다면, 과학의 학문 분야에서 통계학의 역할과 주요 목적은 무엇일까? 데이터를 정리하여 나타내는 영역을 넘어, 통계학은 이러한 데이터들을 해석하는 것, 유익한 정보를 얻는 것, 그리고 연구하려고 하는 어떤 현상에 대한 결론을 도출하는 것을 다룬다. 통계학의 영역은 데이터를 수집하여 검토함으로써 사실을 발견하는 것을 포함하여 의사결정 과정까지 확장된다. 여론 조사, 신 품종, 신 농약, 신 농기구 등에 관련된 실험연구, 백신의 임상연구, 인공 강우 생산을 위해 구름에 화학물질을 뿌리는 것 등이 일부의 사례가 될 수 있다. 통계학의 원리와 방법은 "어떤 종류의, 그리고 얼마나 많은 데이터가 수집되어야 하는가? 데이터를 어떻게 체계적으로 정리하여 해석할 것인가? 데이터를 어떻게 분석하여 결론을 도출해 낼 것인가? 그리고 그 결론을 어떻게 평가하고, 그 과정에서 올 수 있는 불확실성을 어떻게 측정할 것인가?"에 대한 질문의 답을 제공하는 데 유용하다.

간단히 말하면, 통계학은 데이터를 수집하고 체계적으로 정리하여 요약하며, 체계적으로 분석하는 것뿐만 아니라, 그러한 분석에 근거하여 결론을 도출해내고 합리적인 결정을 내리는 것과 관련된 학문이라고 할 수 있다.

2. 모집단, 표본, 모수 및 통계량

먼저, 새로운 지식을 얻기 위해서는 관련 데이터를 수집하여야 한다. 그런데, 수집된 데이터가 동일하거나 유사한 조건 하에서 얻어졌다고 하더라도 어느 정도의 변동(variability)을 피할 수는 없다. 예를 들어, 어떤 알레르기 치료법이 많은 사람들에게는 오랫동안 지속되면서 효과를 나타내는 반면에, 다른 사람들에게는 일시적으로만 효과를 나타내거나 전혀 효과를 나타내지 않을 수도 있다. 그리고 전체 데이터를 얻는 것이 물리적으로나 실제적으로 가능하지 않은 경우가 있다. 연구실에서의 실험이나 현장 실험을 통해서는 필요한 만큼의 데이터를 얻을 수 있다. 그렇지만, 여론 조사와 같은 경우에는 한 국가 내의 모든 개인으로부터 데이터를 얻어야만 전체의 정보를 얻을 수 있는데, 이것은 현실적으로 매우 어려운 일이다. 따라서 시간, 자원 및 시설의 제한으로 인해 전체 데이터가 아닌 일부 데이터로부터 얻은 불완전한 정보를 다룰 수밖에 없는 경우가 대부분이다.

이와 같은 견지에서 관찰이나 실험 과정을 통해 실제로 얻어지는 데이터의 집합과 어떤 주어진 상황에서 상상할 수 있는 모든 잠재적인 관측치들의 집합을 구분하는 것이 필요하다. 전자의 경우를 가리켜 표본(sample)이라고 하고, 후자의 경우를 가리켜 통계적 모집단(statistical population) 또는 모집단(population)이라고 한다. 각 관측치가 얻어지는 출처를 표집 단위(sampling unit) 또는 단순히 단위(unit)라고 한다.

정리하면, 모집단은 추론하고자 하는 대상 단위들의 전체로부터 얻어지는 측정값들(또는 어떤 정성적인 특질이 기록된 값)의 집합이다. 반면에, 표본은 모집단으로부터 얻어지며, 어떤 관찰이나 실험에서 모집단의 일부로부터 실제로 수집되는 관측치들의 집합이다.

모수(parameter)란 모집단의 특성을 나타내는 수치를 말한다. 반면에, 통계량(statistic)이란 표본평균, 표본분산 등과 같이 표본의 특성을 나타내는 수치를 말한다. 일반적으로 표본을 뽑을 때마다 표본의 값은 다르게 나타나게 된다.

예를 들어, 춘천 시내 고등학생 전체를 모집단으로 하여 체중을 조사할 경우, 전체 학생을 대상으로 구한 평균 체중이 모수가 되고, 일부를 표본으로 추출하여 구한 표본의 평균 체중은 통계량이 된다.

3. 통계학의 목적

통계학은 표본 데이터의 수집 및 분석을 통해 모집단에 대한 추론을 이끌어내는 방법을 제공해 준다. 이와 같은 통계적인 방법을 통해 일반화를 유도하고, 일반화 과정의 기저에 있는 불확실성의 정도(불확도, uncertainty)를 평가하게 한다. 통계적인 방법은 표본 추출 방법과 표본 수(크기)를 결정하는 등 어떤 조사를 계획하는 단계에서도 필수적이다.

통계학의 주요 목적은 다음의 두 가지로 요약할 수 있다.

① 표본 데이터에 내포되어 있는 정보를 분석함으로써 대상 모집단에 대해 추론한다.

② 표본 관측치들이 모집단에 대해 타당한 추론을 이끌어내는 근거가 될 수 있도록 표본 추출 방법과 표본의 크기를 고안한다.

4. 통계학의 종류

통계학은 크게 기술통계학(descriptive statistics)과 추론통계학(inferential statistics)으로 나뉜다.

기술통계학이란 분석 대상이 되는 집단 전체(모집단)로부터 데이터를 수집하고 요약하여 정리하는 데 필요한 방법을 연구하는 학문 분야를 말한다. 모집단 전체 또는 표본으로부터 수집된 데이터를 표나 그래프 등을 사용하거나, 도수, 평균, 중앙값, 범위 등과 같이 수치를 이용하여 데이터가 갖고 있는 정보를 정리한다.

반면에, 추론통계학이란 연구자의 관심 대상이 되는 모집단으로부터 추출한 표본을 분석하여 얻은 정보를 통해, 모집단의 특성을 추론(검정)하거나 변수들 간의 적절한 함수 관계 등을 규명하는 통계학을 말한다.

5. SPSS의 기초

SPSS(Statistical Package for the Social Sciences)는 데이터를 입력하여 관리하고, 통계 분석을 목적으로 개발되어 전문가뿐만 아니라 일반인들도 쉽게 사용할 수 있는 통계 소프트웨어이다. SPSS는 1969년에 처음으로 개발된 이후에 여러 버전으로 발전되어 현재는 버전 24.0이 나오기에 이르렀다.

지금부터 SPSS를 작동하는 방법과 데이터 분석에 필요한 기본적인 개념 및 옵션, 그리고 조작 방법을 알아보도록 하자. SPSS에 대한 보다 자세한 사항이나 기능을 알고자 할 경우는 SPSS의 도움말이나 다른 SPSS 매뉴얼을 참고해도 좋을 것이다. 본 교재에서는 SPSS 24.0을 사용하여 설명하고자 한다. 본 교재의 예제 파일은 출판사의 홈페이지에서 다운 받을 수 있습니다.

5.1 SPSS 실행 방법

SPSS를 컴퓨터에서 실행하는 방법은 두 가지가 있다. 첫 번째 방법은 Windows 화면 왼쪽 아래에 있는 시작 버튼을 누른 다음, 프로그램에서 SPSS를 찾아 차례로 클릭하는 방법이다. 두 번째 방법은 Windows의 바탕화면에서 SPSS 아이콘이 설치되어 있는 경우 아이콘을 더블 클릭하면 실행된다.

5.2 SPSS의 기초 화면

SPSS를 실행할 때 메인(데이터) 화면과 SPSS를 이용하여 실시한 분석 결과가 나타나는 출력(output) 화면은 아래와 같다.

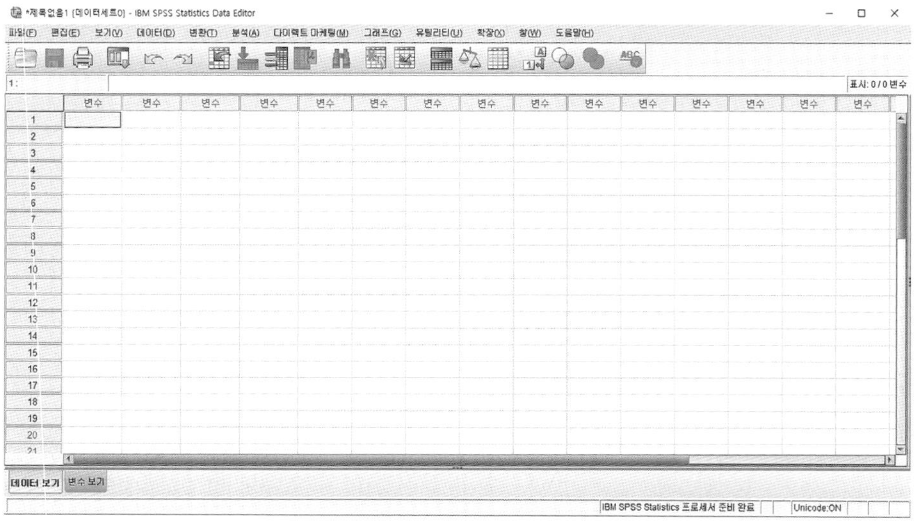

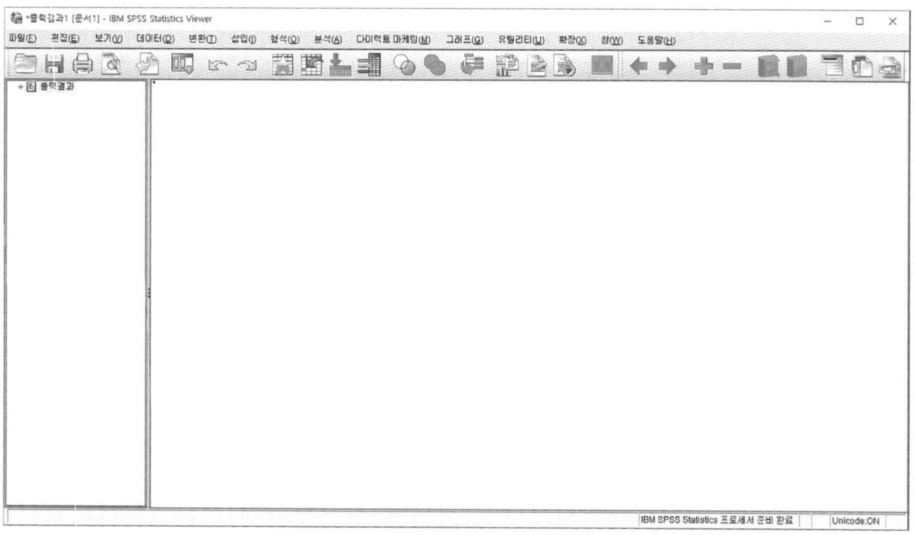

그림 1-1 메인 화면과 출력 화면

우선 SPSS 메인 화면에 대해서 알아보자. 메인 화면의 가장 상단부에 위치한 제목 표시줄은 SPSS의 파일 이름을 나타낸다. 프로그램의 초기에는 Data Set인 데이터 편집기 화면이 나타나고, 위의 그림처럼 파일을 저장하지 않을 경우 '제목없음'으로 표시되며, 파일을 저장할 경우에는 저장된 이름이 나타난다.

제목 표시줄 바로 아래에 위치한 메뉴 표시줄은 데이터를 편집하는 데 이용되며, 각 메뉴에 대해서 설명하면 다음과 같다.

표 1-1 메뉴 표시줄의 메뉴 종류

메 뉴	내 용
파일	파일을 불러오거나 저장하기, 인쇄, 종료 등 기본적인 메뉴가 있다.
편집	잘라내기, 복사하기 등 편집할 수 있는 메뉴, 찾기와 옵션이 있다.
보기	상태 표시줄이나 도구모음, 글꼴, 변수값 설명 등이 있다.
데이터	데이터 정의 및 관리와 관련된 메뉴가 있다.
변환	변수값을 바꾸거나 변환시키는 메뉴가 있다.
분석	데이터에 대한 통계분석 절차를 선택하여 수행하는 메뉴가 있다.
그래프	그래프 그리기, 수정 등과 관련된 메뉴가 있다.
유틸리티	변수에 대한 정보나 메뉴 편집 등의 유용한 메뉴가 있다.
창	데이터 입력 창과 결과 창, 명령문 창 등을 표시해 주고 이동할 수 있다.
도움말	SPSS 전반적인 도움말 메뉴가 있다.

데이터 편집을 위한 메뉴 표시줄에 있는 메뉴들의 초기 화면들을 살펴보면 아래와 같다.

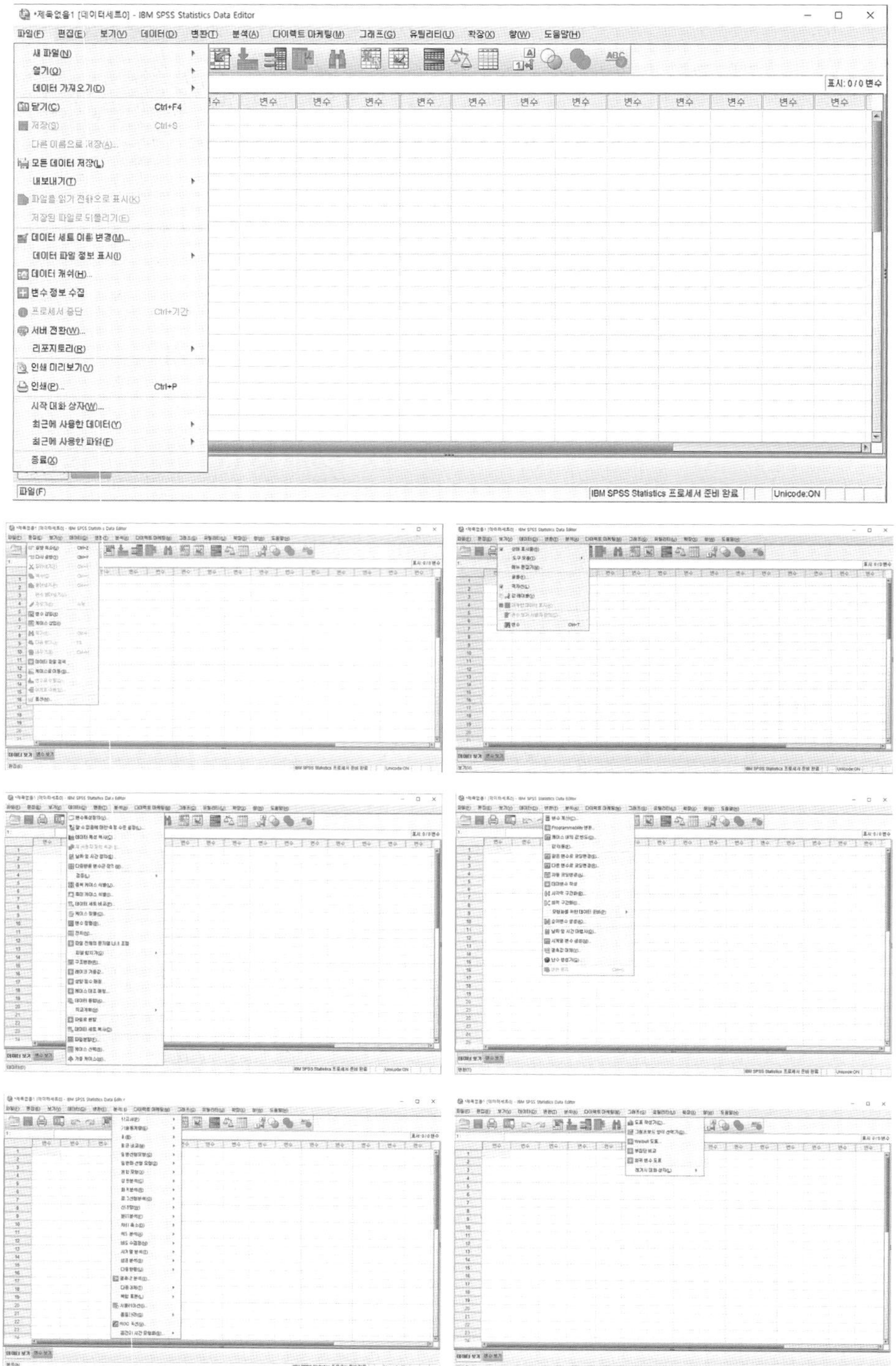

그림 1-2 탑 메뉴들의 초기 화면

5.3 데이터 입력과 불러오기

SPSS에 데이터를 입력하는 방법에는 두 가지가 있다. 첫 번째 방법은 SPSS에 직접 입력하는 것으로, 아래의 화면과 같이 초기 화면이 나타났을 때 첫 행과 첫 열의 교차점인 첫 번째 셀(cell)부터 시작해서 차례대로 데이터를 입력하면 된다.

데이터를 입력할 때 데이터를 손쉽게 삽입하거나 삭제하기 위해 맨 앞에 있는 열(column)에 일련번호를 넣는 것이 좋다. 일련번호가 없는 경우에는 데이터를 삭제할 때 정확하게 데이터를 삭제했는지 알 수 없다. 자세한 사항은 데이터의 삭제와 삽입 부분에서 설명할 것이다.

두 번째 방법은 외부 파일인 TEXT나 EXCEL 파일에 데이터를 입력한 후 그 데이터를 불러오는 방법이다. EXCEL 파일을 불러오는 방법은 다음의 그림과 같다.

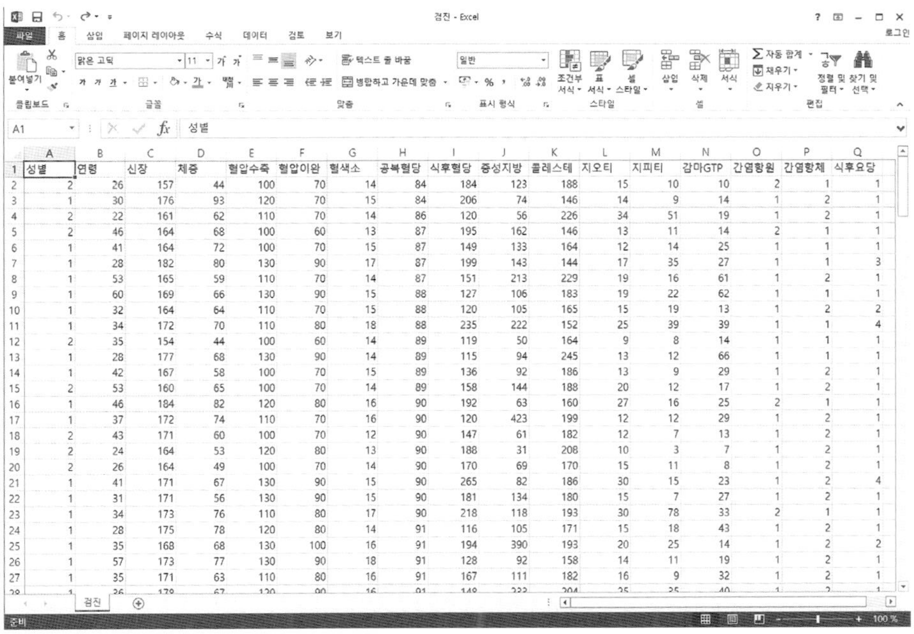

	성별	연령	신장	체중	혈압수축	혈압이완	혈색소	공복혈당	식후혈당	중성지방	콜레스테	지오티	지피티	감마GTP	간염항원	간염항체	식후요당
2	2	26	157	44	100	70	14	84	184	123	188	15	10	10	2	1	1
3	1	30	176	93	120	70	15	84	206	74	146	14	9	14	1	2	1
4	2	22	161	62	110	70	14	86	120	56	226	34	51	19	1	2	1
5	2	46	164	68	100	60	13	87	195	162	146	13	11	14	2	1	1
6	1	41	164	72	100	70	15	87	149	133	164	12	14	25	1	1	1
7	1	28	182	80	130	90	17	87	199	143	144	17	35	27	1	1	3
8	1	53	165	59	110	70	14	87	151	213	229	19	16	61	1	2	1
9	1	60	169	66	130	90	15	88	127	106	183	19	22	62	1	1	1
10	1	32	164	64	110	70	15	88	120	105	165	15	19	13	1	2	2
11	1	34	172	70	110	80	18	88	235	222	152	25	39	39	1	1	4
12	2	35	154	44	100	60	14	89	119	50	164	9	8	14	1	1	1
13	1	28	177	68	130	90	14	89	115	94	245	13	12	66	1	1	1
14	1	42	167	58	100	70	15	89	136	92	186	13	9	29	1	2	1
15	2	53	160	65	100	70	14	89	158	144	188	20	12	17	1	2	1
16	1	46	184	82	120	80	16	90	192	63	160	27	16	25	2	1	1
17	1	37	172	74	110	70	16	90	120	423	199	12	12	29	1	2	1
18	2	43	171	60	100	70	12	90	147	61	182	12	7	13	1	2	1
19	2	24	164	53	120	80	13	90	188	31	208	10	3	7	1	2	1
20	2	26	164	49	100	70	14	90	170	69	170	15	11	8	1	2	1
21	1	41	171	67	130	90	15	90	265	82	186	30	15	23	1	2	4
22	1	31	171	56	130	90	15	90	181	134	180	15	7	27	1	2	1
23	1	34	173	76	110	80	17	90	218	118	193	30	78	33	2	1	1
24	1	28	175	78	120	80	14	91	116	105	171	15	18	43	1	2	1
25	1	35	168	68	130	100	16	91	194	390	193	20	25	14	1	2	2
26	1	57	173	77	130	90	18	91	128	92	158	14	11	19	1	2	1
27	1	35	171	63	110	80	16	91	167	111	182	16	9	32	1	2	1

그림 1-3 예시된 EXCEL 파일(검진_워크.xls)

SPSS의 메뉴에서 '파일' → '열기' → '데이터'를 차례대로 실행하여 대화상자가 열릴 때, 파일 형식을 EXCEL(*.xlxs 나 *.xls)를 선택한 후 '열기' 단추를 누르면 파일 열기 옵션 상자가 열린다. 만약에 EXCEL 파일의 첫 번째 행에 변수 이름이 입력되어 있는 경우에는 아래의 그림처럼 변수 이름 읽어오기를 체크하면 된다.

그림 1-4 파일 열기와 옵션 대화상자

옵션 대화상자에서 '확인' 버튼을 누르면, 앞서 보인 그림처럼 EXCEL 파일에 저장된 데이터가 아래와 같이 SPSS에서 데이터 편집기 창에 나타날 것이다. 참고로 SPSS에서는 문자와 결측값들에 대한 정보가 포함되지 않으므로 데이터 편집기 창에는 변수값이 숫자만 나타나므로 정확한 변수 정보들은 데이터 편집기 창에서 따로 입력해야 한다.

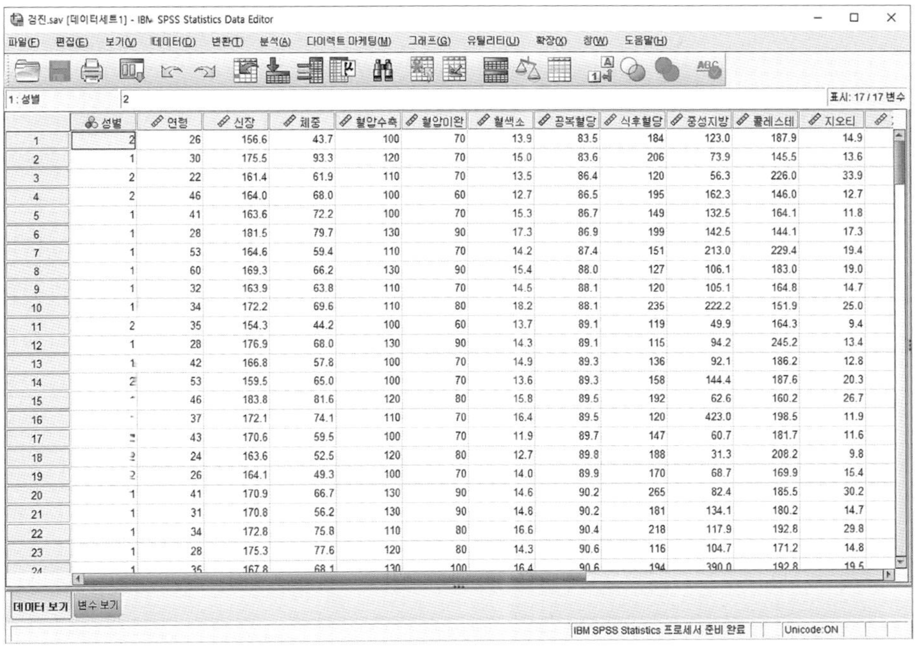

그림 1-5 SPSS 데이터 편집기

EXCEL 파일에서 데이터를 불러오는 것 이외에 TEXT 파일에서 불러오는 방법을 알아보자. TEXT 파일에 입력된 데이터를 SPSS로 불러오는 방법에는 두 가지가 있다. 이는 데이터에 입력된 배열 형태에 따라 불러오는 방법이 다르지만 SPSS에서 불러온 형태는 같은 결과를 가져온다.

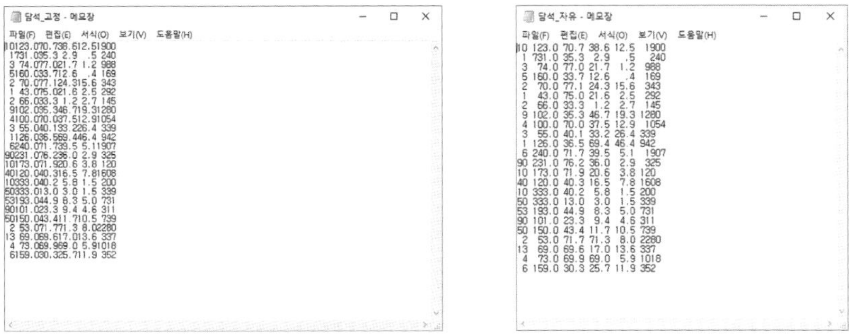

그림 1-6 공백 데이터와 고정 데이터(담석_자유.txt, 담석_고정.txt)

구분자에 따른 데이터 불러오기는 중간단계까지는 같으며, 순서는 다음과 같다.

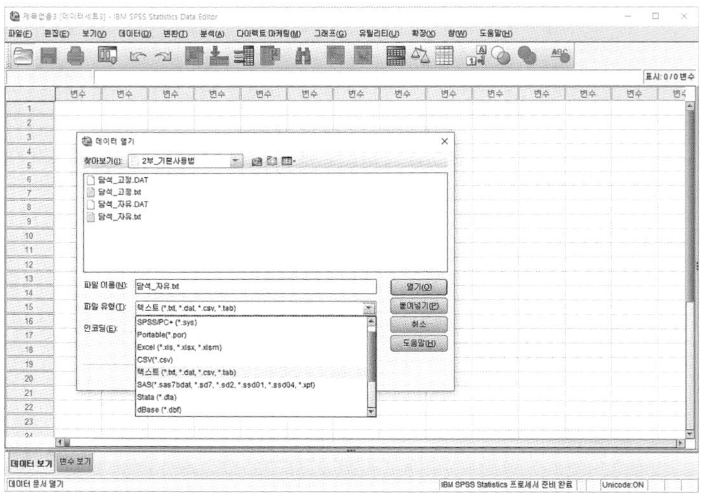

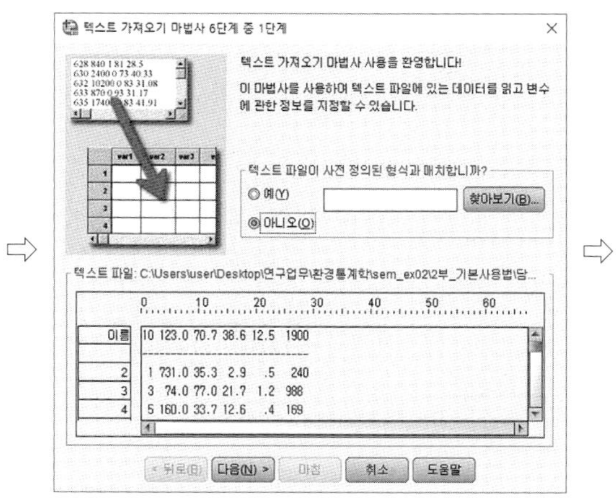

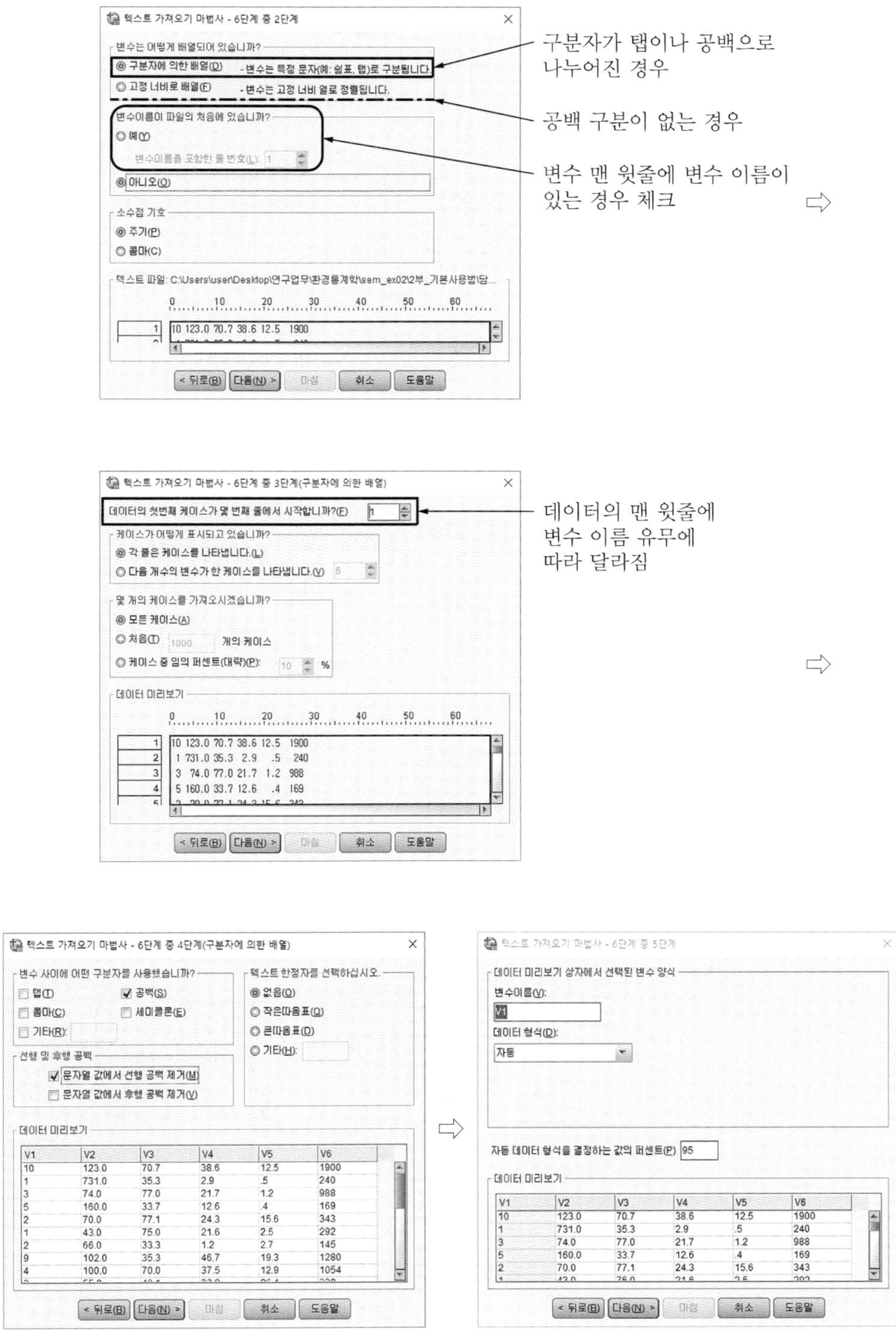

그림 1-7 TEXT 파일 불러오는 단계

텍스트 파일을 불러오기 전에 각 변수 이름을 미리 저장할 수 있다. '변수이름' 탭에서 V1을 대신하여 변수명을 입력하면 된다.

다만, 구분되지 않는 고정된 데이터에서는 공백이 구분되어 있지 않으므로, 각 변수마다 구분하지 않으면 하나의 변수로 SPSS 데이터 편집기 창에 뜨게 된다. 그래서 아래와 같은 단계가 하나 더 들어간다. 고정 너비로 된 경우에는 빠르고 정확하게 많은 양의 데이터를 입력할 수 있는 반면에, 아래와 같이 자릿수를 구분해 주어야 한다. 그러나 구분자에 의해 배열한 데이터는 자릿수를 구분해 주는 과정이 생략되는 반면에 입력할 때 번거롭다.

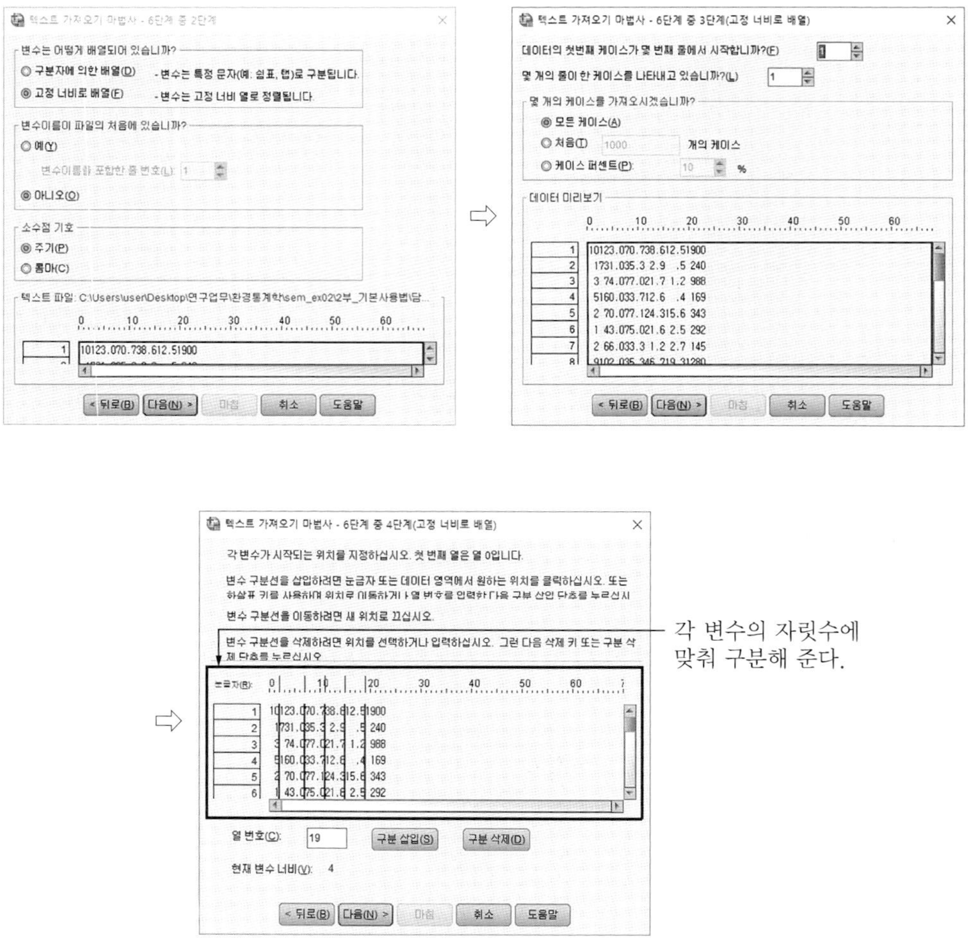

그림 1-8 고정된 데이터의 불러오기

그 이후에 '다음'과 '마침' 단추를 눌러 SPSS 데이터 편집기 창에 데이터가 아래와 같이 올바로 읽혀 들어왔는지 확인한다.

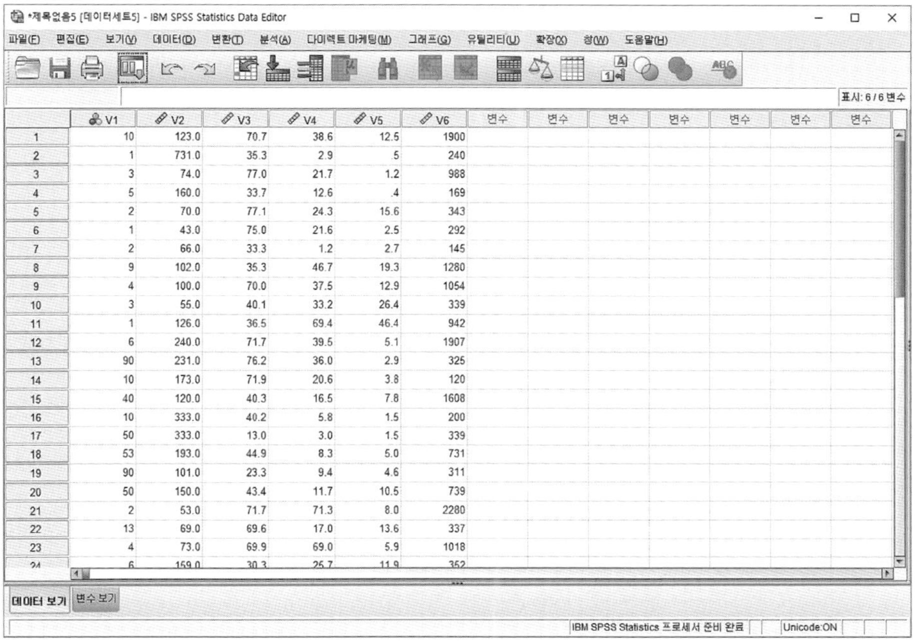

	V1	V2	V3	V4	V5	V6	변수	변수	변수	변수	변수	변수	변수
1	10	123.0	70.7	38.6	12.5	1900							
2	1	731.0	35.3	2.9	5	240							
3	3	74.0	77.0	21.7	1.2	988							
4	5	160.0	33.7	12.6	.4	169							
5	2	70.0	77.1	24.3	15.6	343							
6	1	43.0	75.0	21.6	2.5	292							
7	2	66.0	33.3	1.2	2.7	145							
8	9	102.0	35.3	46.7	19.3	1280							
9	4	100.0	70.0	37.5	12.9	1054							
10	3	55.0	40.1	33.2	26.4	339							
11	1	126.0	36.5	69.4	46.4	942							
12	6	240.0	71.7	39.5	5.1	1907							
13	90	231.0	76.2	36.0	2.9	325							
14	10	173.0	71.9	20.6	3.8	120							
15	40	120.0	40.3	16.5	7.8	1608							
16	10	333.0	40.2	5.8	1.5	200							
17	50	333.0	13.0	3.0	1.5	339							
18	53	193.0	44.9	8.3	5.0	731							
19	90	101.0	23.3	9.4	4.6	311							
20	50	150.0	43.4	11.7	10.5	739							
21	2	53.0	71.7	71.3	8.0	2280							
22	13	69.0	69.6	17.0	13.6	337							
23	4	73.0	69.9	69.0	5.9	1018							
24	6	159.0	30.3	25.7	11.9	352							

그림 1-9 TEXT 파일을 불러온 SPSS 데이터 편집기 창

5.4 데이터 편집

아래의 연구 예제 데이터를 통해서 데이터를 편집하는 방법에 대해서 알아보자.

표 1-2 예시된 연구 데이터의 내용

근로자 건강검진 데이터(검진.sav)

A 회사에서 근무하는 190명의 근로자에 대해 건강검진을 실시한 데이터이다. SPSS 데이터 창에 입력된 변수명은 다음과 같다. ( )에 수치 설명이 달린 변수는 비연속형 변수로 전산 입력된 번호의 설명이 달려있고, 그렇지 않는 수치는 모두 연속형 변수이다.

- 기초 정보: 성별(1. 남자, 2. 여자), 연령, 신장, 체중
- 혈압 수축, 혈압 이완: 수축기 혈압과 이완기 혈압으로 고혈압 유무를 측정한다.
- 혈색소: 빈혈 유무를 확인하기 위한 검사(남자 12 이상, 여자 10 이상)
- 당뇨병 관련 검사
  - 공복혈당(공복 상태에서 측정한 혈당 수치): 120 이하 정상
  - 식후 혈당(식사 후 측정한 혈당치): 200 이하 정상
- 혈중 지방 수치: 중성지방, 콜레스테롤
- 간 기능 관련 검사
  - GOT, GPT, 감마 GTP: 모두 연속형 변수
  - 간염 항원(B형 간염 항원 유무: 1. 음성, 2. 양성)
  - 간염 항체(B형 감염 항체 유무: 1. 음성, 2. 양성)

데이터를 편집하기에 앞서 파일을 불러온 후 데이터 편집기 창의 아랫부분을 살펴보면 '데이터 보기'와 '변수 보기' 창을 볼 수 있다.

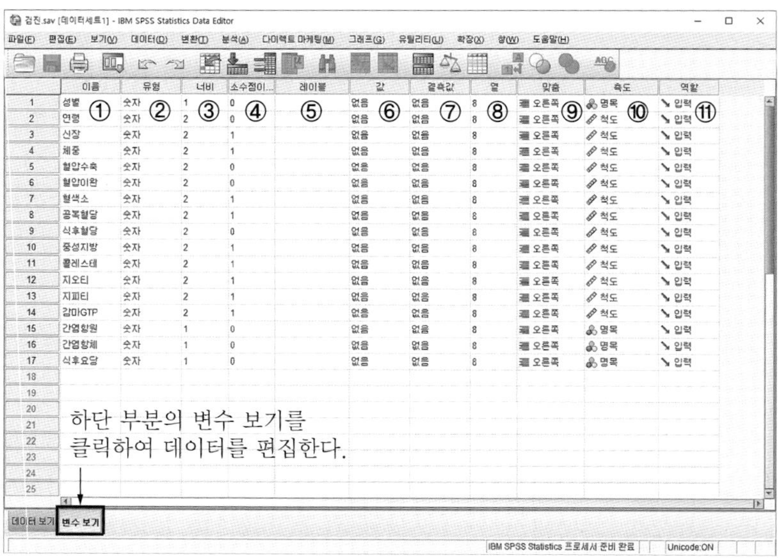

그림 1-10 편집기 창의 초기 화면

'데이터 보기' 창에서 입력된 데이터들을 볼 수 있으며, 이 부분에서는 직접 데이터를 편집할 수 있다. '변수 보기' 창은 변수들의 이름을 수정하거나 결측값들을 결정하는 등 변수들을 편집할 수 있다. 위에 있는 그림에서 보이는 '변수 보기' 창에 있는 내용들을 하나씩 보면 아래의 표와 같다.

표 1-3 변수 보기 창에 있는 내용

변수 보기	내 용
① 이름	변수 이름의 지정, 알파벳 64자, 한글 32글자 이내 지정 가능 변수 이름 중 특수문자(&, *, + 등) 입력 및 띄어쓰기 불가 (단, 밑줄(_)이나 마침표(.)는 사용 가능)
② 유형	숫자, 콤마, 점, 지수표기법, 날짜, 문자열 등 9가지가 있다.
③ 너비	변수 유형에 지정된 자릿수로 여기서도 수정 가능
④ 소수점 이하 자리	변수 유형에서 지정된 소수점 이하 자릿수로 여기서도 수정 가능
⑤ 레이블	변수 이름에 대한 구체적인 설명과 내용 입력
⑥ 값	변수값에 대한 구체적인 설명과 내용 입력
⑦ 결측값	무응답한 데이터에 대한 결측값 지정, 무응답 지정
⑧ 열	열 자릿수를 의미
⑨ 맞춤	셀 내에서의 변수와 데이터의 위치를 지정
⑩ 측도	변수의 측정 수치인 측도를 지정
⑪ 역할	데이터 입력 방법

맨 앞에 있는 이름은 변수의 이름을 지정해 주는 것으로 변수 이름을 수정해 주는 것이다. 변수 이름은 각 버전마다 틀리다. 기존의 버전까지는 한글이 최대 4글자, 영문이 8글자까지 입력되었지만, 버전이 업그레이드되면서 최대 한글 32글자, 영문은 64글자까지 가능하다. 변수 이름을 지정하지 않을 경우에는 var00001(혹은 v1)부터 시작하여 숫자가 하나씩 늘어나는 이름이 된다.

두 번째 유형은 변수 유형을 달리 지정하지 않으면 숫자만 인식이 가능하다. 변수 유형에는 숫자만 있는 것이 아니라 문자나 다른 유형이 있을 수 있다.

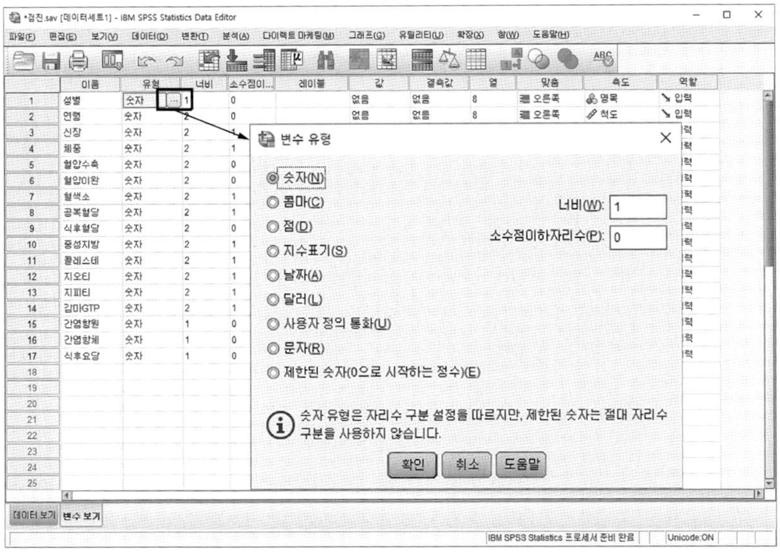

그림 1-11 **변수 유형의 대화상자**

'변수 유형'의 대화상자에는 9가지 유형이 나타난다. 이때 '숫자', '콤마' 및 '점'은 숫자를 표현하는 방법이다. '콤마'와 '점'은 세 자리씩 끊는 방법을 나타낸 것이다. '너비'(자릿수)와 '소수점이하자리수'는 따로 수정해도 되지만, 여기에서 직접 수정해도 된다. 기본값은 자릿수 8자리와 소수점 이하 2자리이다. '지수표기'는 숫자를 지수로 표현하는 방법이다. 예를 들면, 1,234.56을 지수로 표현하면 1.2E+03이 된다. '날짜'(Date)는 날짜 및 시간을, 그리고 '달러'는 미국 화폐로 표현하는 방법이다.

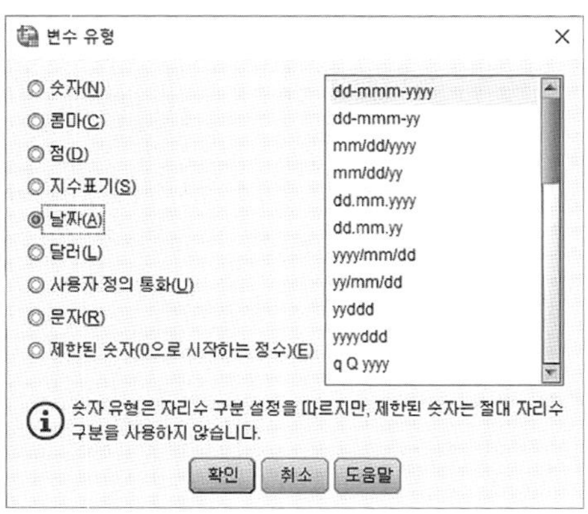

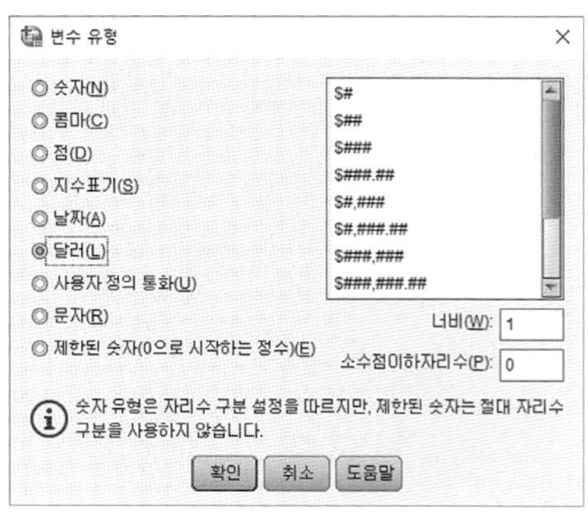

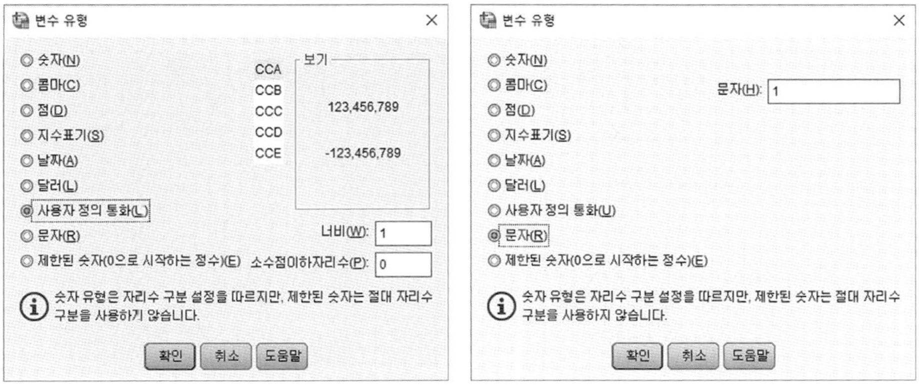

그림 1-12 그 외의 변수 유형의 대화상자

또한, 변수 유형에서 '사용자 정의 통화'는 사용자가 생각하는 문자 유형으로 지정하는 것이며, '문자'는 문자 변수를 표기하는 경우이다. 여기서 문자열도 숫자와 마찬가지로 직접 자릿수를 수정해도 상관없으며 기본값은 한 글자이다.

'변수 유형' 옆에 있는 자릿수와 소수점 이하 자릿수는 입력한 데이터에 알맞은 자릿수와 소수점 이하의 자릿수를 조정하는 것이다.

변수 설명이 변수의 이름으로 충분하게 되지 않을 경우에는 설명 부분에 입력하면 된다. 기본적으로 최대 60자까지 가능하지만, 너무 길면 변수 설명문이 출력 결과에 나타나지 않으므로 최대한 요약해서 입력하는 것이 좋다. 변수 설명은 대체적으로 비연속적 변수에 사용하는 경우가 많다. 설문 문항에 보기가 있는 경우 각 번호에 설명을 넣는 부분이다. 먼저 … 버튼을 클릭하여 변수값 설명 대화상자를 연 후, 텍스트 데이터에 입력된 값을 변수값에 입력하고, 그에 대한 설명을 입력한다. 입력이 완료되면 '추가' 버튼을 클릭하여 변수값을 추가하고, 수정할 변수값은 해당 변수를 클릭한 뒤 변수값과 설명 중 수정할 사항을 수정한다. '변경' 버튼을 클릭하여 수정을 완료한다. 변수값을 제거하려면 해당 변수값을 클릭한 뒤 '제거' 버튼을 클릭한다.

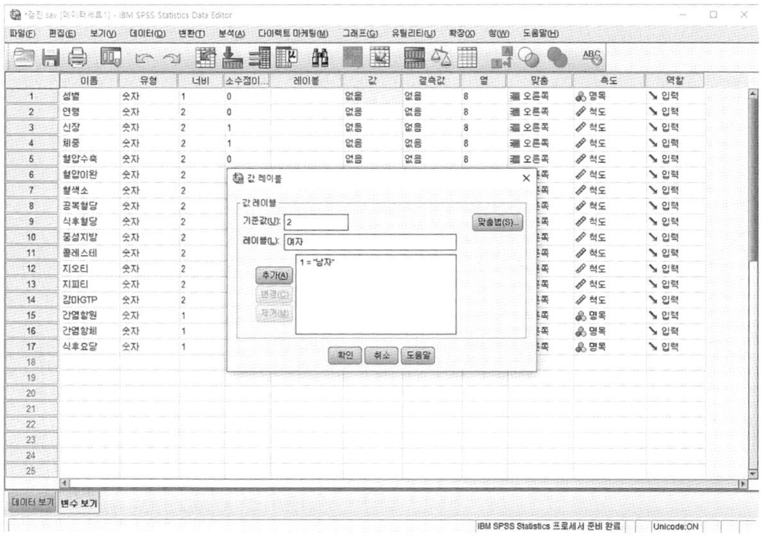

그림 1-13 변수값 대화상자

SPSS에는 두 종류의 결측값이 있다. [...] 버튼을 클릭하여 결측값 입력 대화창을 연 후, 사전에 정의된 결측값을 입력한다. 결측값은 보통 이산형 결측값으로 0, 9, 99 및 999를 많이 사용하고, 연속적인 결측값이나 연속적인 결측값 외에 이산형 결측값을 추가하려면, '한 개의 선택적 이산형 결측값을 더한 범위'를 클릭하여 결측값을 입력한다.

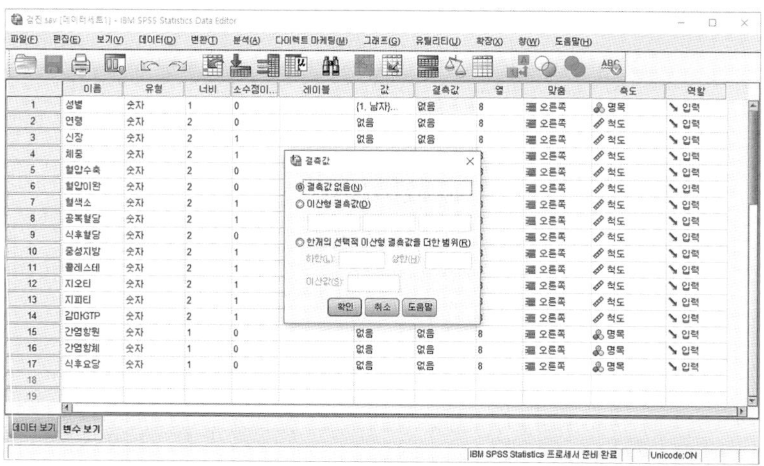

그림 1-14 결측값 대화상자

열은 변수의 자릿수를 의미하는 것이고, 맞춤은 데이터의 위치를 왼쪽, 가운데 또는 오른쪽 정렬을 하는 것으로 기본값을 그냥 사용하면 된다. 그리고 측도는 앞 장에서 말한 변수 부분을 보면 된다.

데이터를 입력할 때 보기가 있는 문항일 경우, 보기 문항 그대로 입력하는 것보다 간단하게 숫자로 입력하는 경우가 많다. 이때 변수 보기 창을 누르지 않는 한 숫자가 어떤 보기 문항을 뜻하는지 혼동되는 경우가 많다. 보기 문항이 많을 경우 더욱 그럴 것이다. 이때 이러한 문제점을 해결하기 위해서 탑 메뉴의 데이터 편집 관련 아이콘 중 을 클릭하면 아래의 그림처럼 변수값이 숫자에서 문자로 바뀌게 된다.

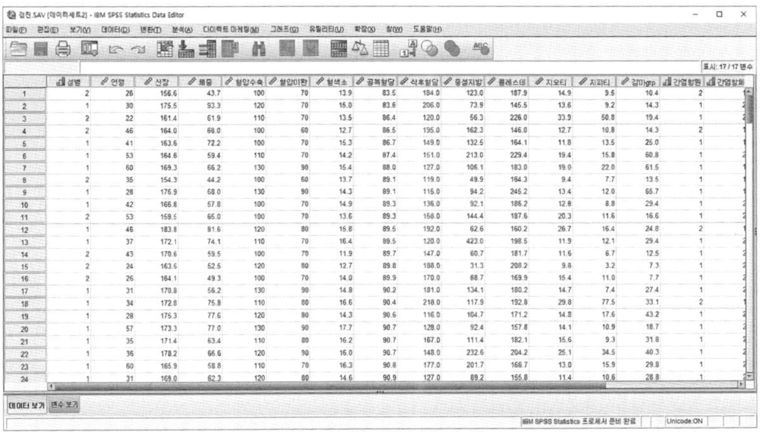

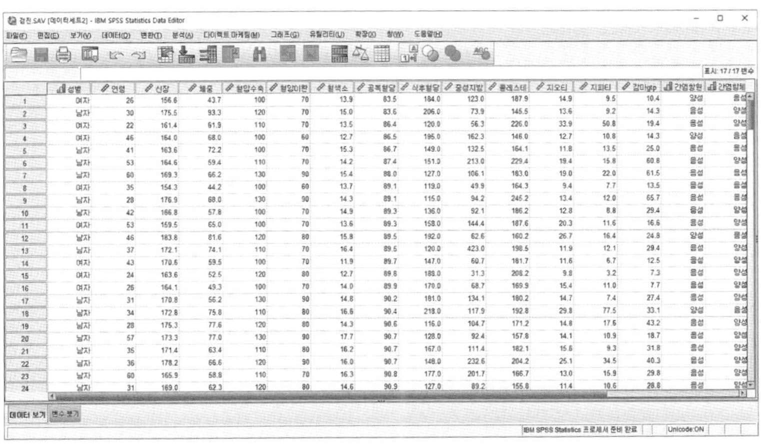

그림 1-15 변수값 설명의 전후

특정 데이터나 변수를 삽입하거나 삭제하는 방법을 알아보도록 하자. 기존의 입력된 변수들 사이에 새로운 변수를 추가하기 위해서는 먼저 추가하고자 하는 열(변수)로 이동한다. 탑 메뉴에서 '데이터' → '변수 삽입'을 선택하거나, 추가하고자 하는 열을 선택하여 마우스의 오른쪽 버튼을 클릭한 후, '변수 삽입'을 누르면, var00001(혹은 v1)이라는 새로운 변수가 생성되고 모든 셀의 값이 결측값 형태로 입력된다.

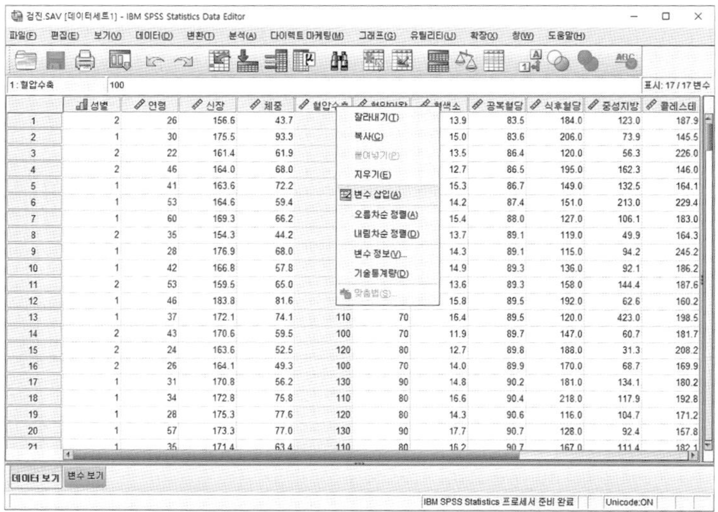

⇩

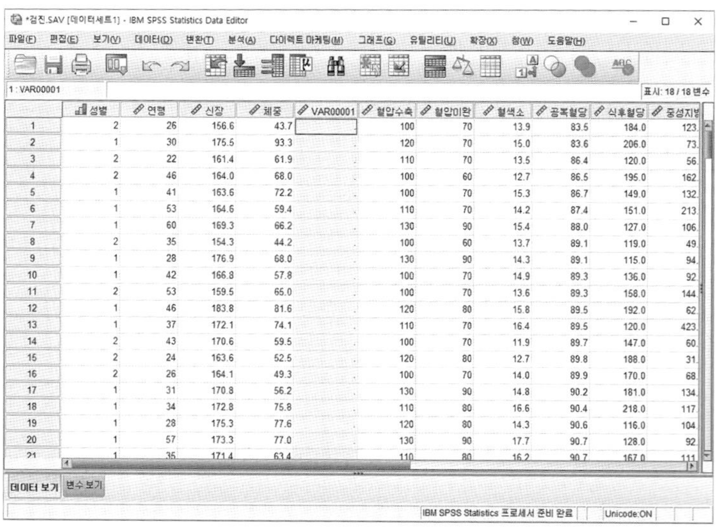

그림 1-16 변수를 삽입하는 화면

케이스를 삽입하는 방법을 알아보자. 추가하고자 하는 케이스(행)로 이동한 후, 탑 메뉴에서 '데이터' → '케이스 삽입'을 선택하거나 추가하고자 하는 행을 선택한 후, 마우스의 오른쪽 버튼을 클릭하고 '케이스 삽입'을 누르면, 새로운 케이스가 삽입되면서 셀의 변수값들이 결측값 형태로 입력된다.

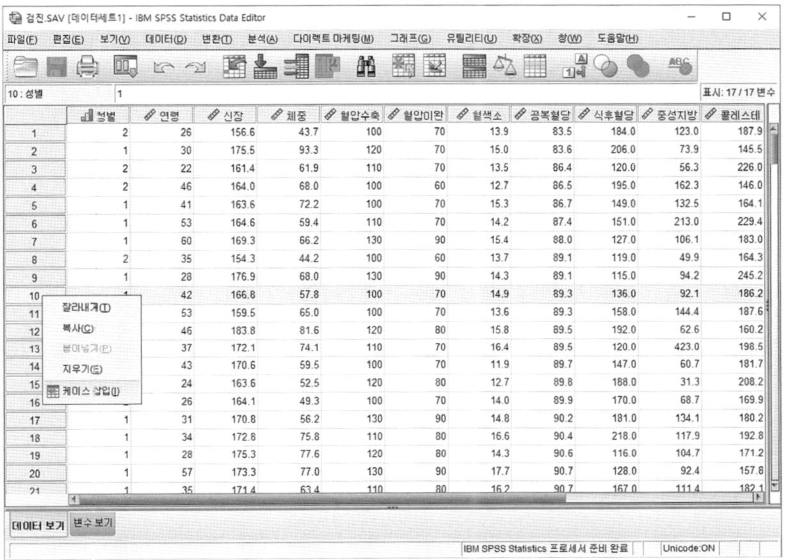

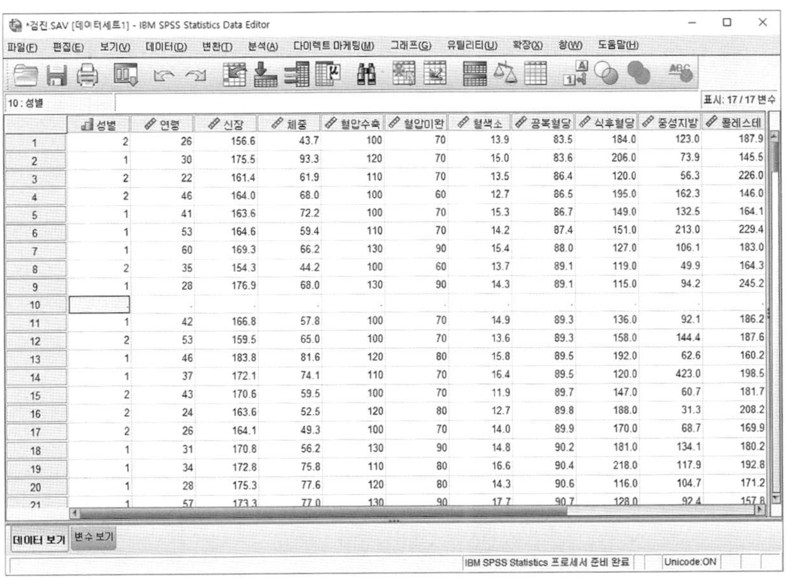

그림 1-17 케이스를 삽입하는 화면

특정 변수에 대하여 일정한 순서로 정렬하고자 할 때, 케이스를 정렬하는 경우가 많다. 탑 메뉴에서 '데이터' → '케이스 정렬'을 선택한 후, 정렬하고자 하는 기준 변수와 정렬 순서를 지정하고 확인을 누른다.

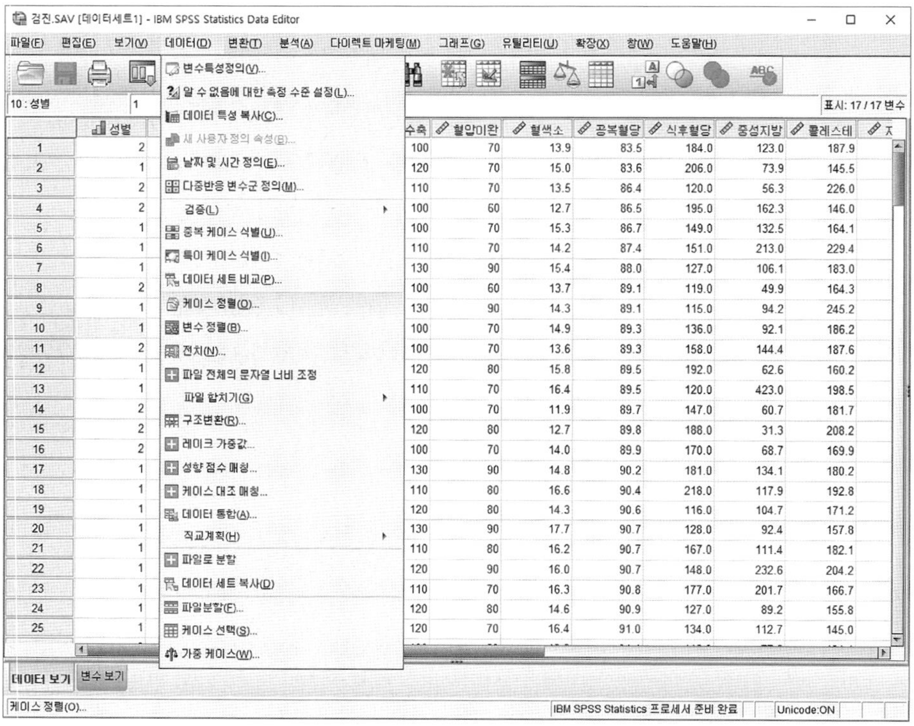

⇩

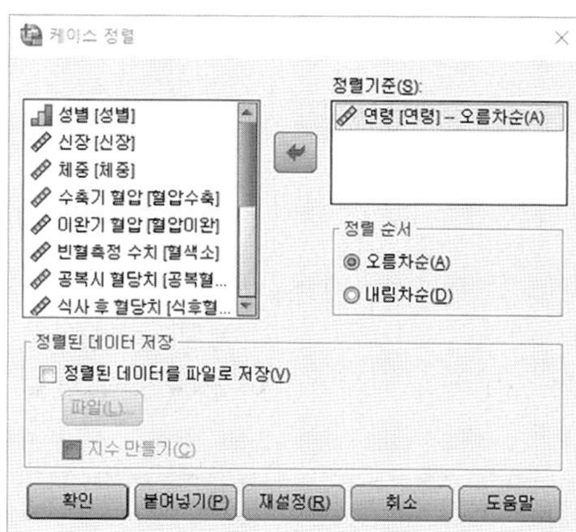

그림 1-18 케이스 정렬

SPSS에서는 특정 조건에 맞는 케이스들만 골라서 분석하는 데 용이하게 할 수 있다. 이를 케이스 선택이라고 한다. 예를 들면, 연령이 50세 이상인 사람들만 골라서 혈압이나 몸무게 분포를 알고 싶을 때 케이스 선택을 사용한다. 케이스 선택은 먼저 데이터 편집기 창에서 '데이터' → '케이스 선택'을 선택한다. 그 후 나타나는 케이스 선택 대화상자에서 '조건'을 선택한 후, '케이스 선택: 조건'이라는 대화상자에서 조건을 원하는 조건식(예제: 연령≥50)을 입력하고, '계속'과 '확인'을 누르면 원하는 케이스만 선택되는 것을 알 수 있다.

이때, 케이스 선택의 대화상자에서 '출력 결과' 옵션에서 선택되지 않는 케이스를 필터로 표시하는 방법, 새로운 데이터 세트를 만드는 방법, 선택하지 않은 케이스를 삭제하는 방법 등이 있다. 케이스를 삭제하면 추후 분석 시 다시 필요할 경우 되돌릴 수 없다. 따라서 데이터를 삭제하기보다는 필터를 선택하는 방법을 권장한다.

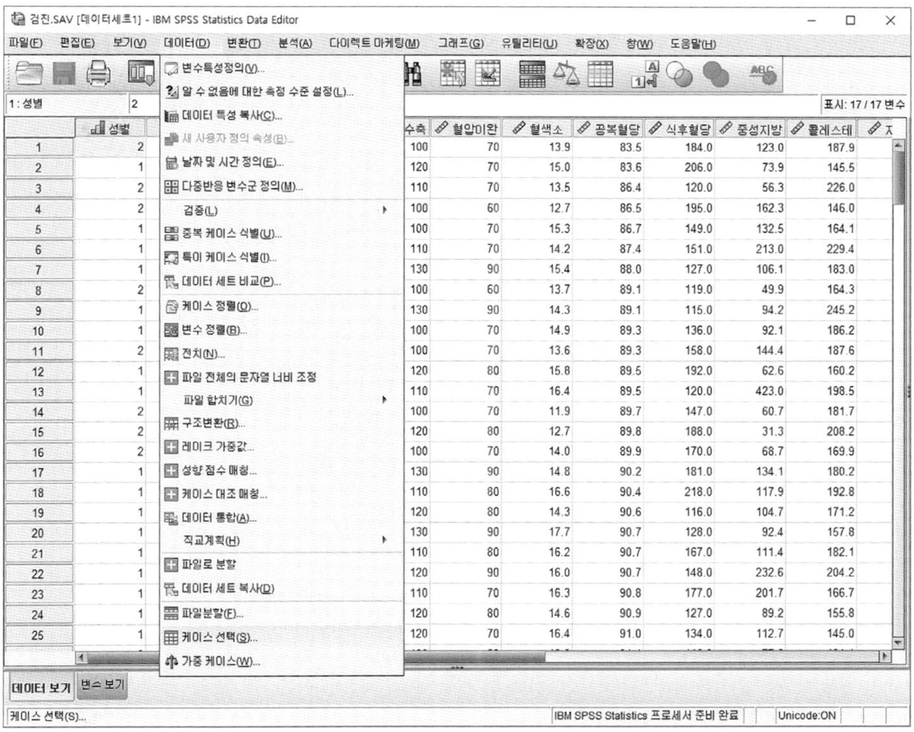

그림 1-19 케이스 선택

기존의 데이터에서 연구 주제와 맞지 않아 분석할 필요가 없는 변수를 없애고자 하면, 삭제하고자 하는 변수의 변수명이 표시되어 있는 셀을 선택한 후 마우스의 오른쪽 버튼을 클릭하여 '지우기'를 선택하거나, 탑 메뉴에서 '편집' → '지우기'를 선택하면 된다.

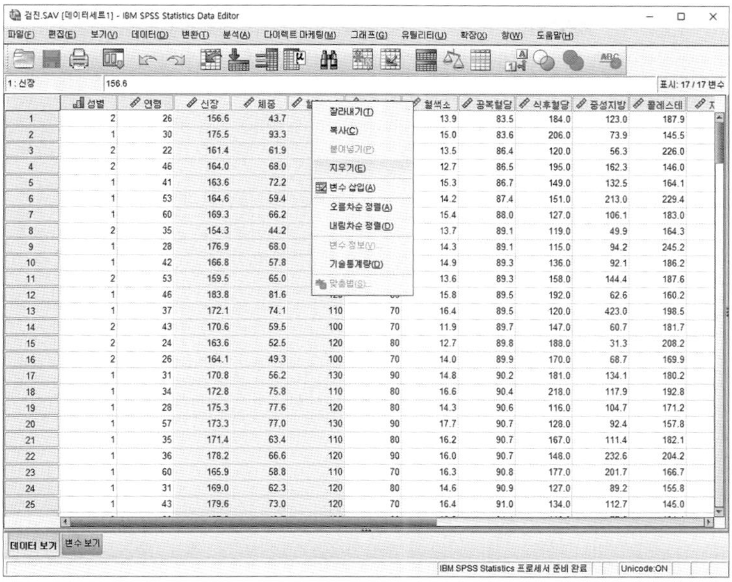

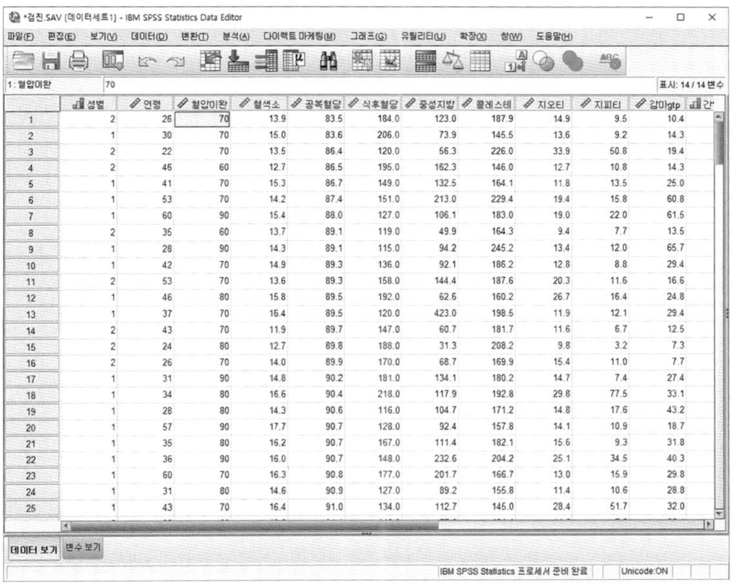

그림 1-20 변수 삭제

같은 방법으로 케이스를 삭제하려면, 삭제할 케이스를 선택한 후 마우스의 오른쪽 버튼을 클릭하여 '지우기'를 누르거나 탑 메뉴에서 '편집' → '지우기'를 선택하면 된다. 케이스를 삭제할 경우에 유의할 점은 분석하는 데 케이스가 필요한지 아닌지를 정확하게 파악해야 한다는 것이다. 이 경우에 항상 백업

(backup) 파일을 따로 저장해야 하며, 일련번호를 똑같이 입력하면 잘못 삭제된 데이터를 찾아서 복구할 수 있다. 그렇지만, 일련번호가 없을 경우에는 어떤 데이터가 지워졌는지 정확하게 찾을 수 없으므로 일련번호를 항상 같게 해야 한다.

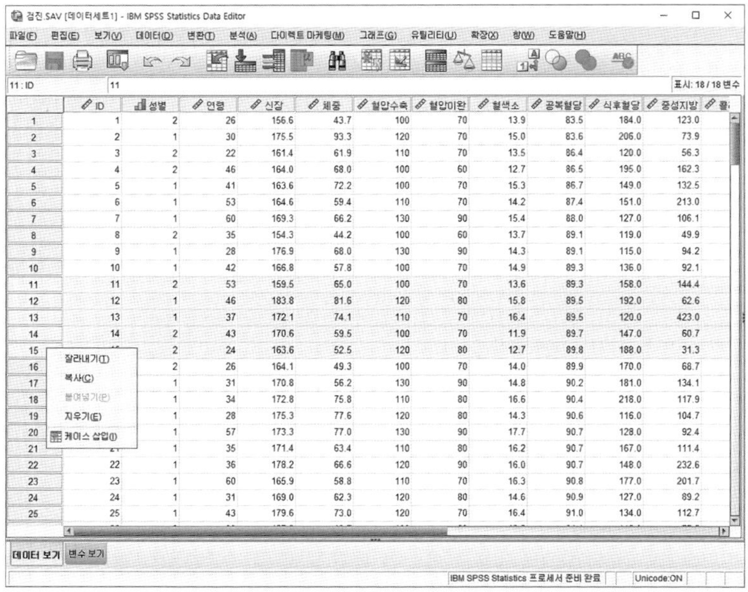

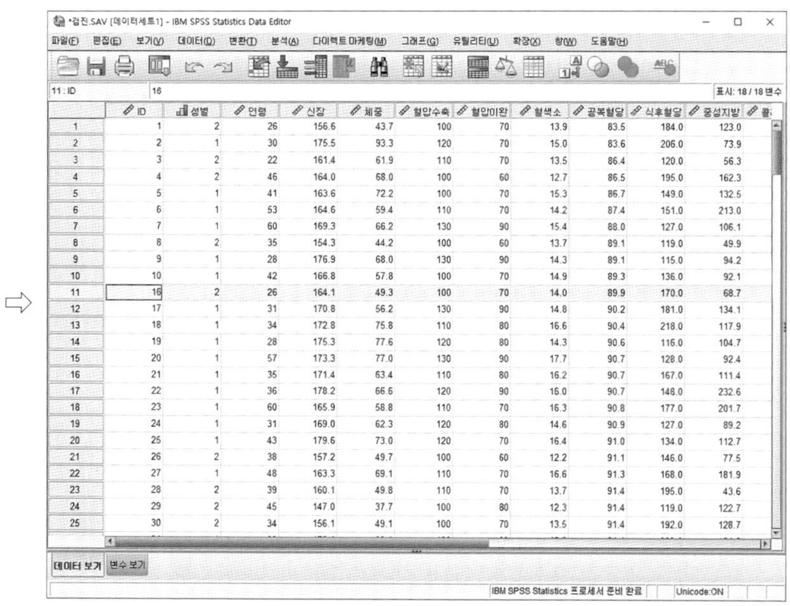

그림 1-21 케이스 삭제

데이터를 편집하는 과정 중 변수 변환에 대하여 알아보자. 대체로 수집 단계나 실험을 통해 얻어진 데이터는 분석에 맞게 수집되거나 얻어진다. 그러나 막상 SPSS에 입력한 후에 분석하려고 하면 정확하게 맞지 않는 경우가 있으므로 데이터를 적절하게 변환하여야 한다. SPSS에서는 데이터를 변환하는 기능이 있으므로, 적절하게 상황에 따라 변환할 수 있다. 데이터 변환에는 변수 계산과 변수값의 코딩을 변경하는 방법이 있다. 그 이외에도 앞에서 본 케이스 정렬이나 선택, 케이스 추가, 변수 추가 등과 같은 방법이 있다. 여기에서는 변수 계산과 변수값의 코딩 변경에 관하여 알아보자.

변수값을 계산하여 새로운 변수를 생성하거나 변수들 간의 가감승제, 특정 변수 조작 등을 실행하기 위해 탑 메뉴에서 '변환' → '변수 계산'을 선택하면 아래와 같은 대화상자가 나타난다.

'목표변수'는 변수 계산을 통해 새로 만들어지는 변수 이름을 의미하며, 변수 계산을 한 후 변수에 관한 유형과 설명은 [변수 보기]를 통해 변수를 정의하는 것을 권장한다.

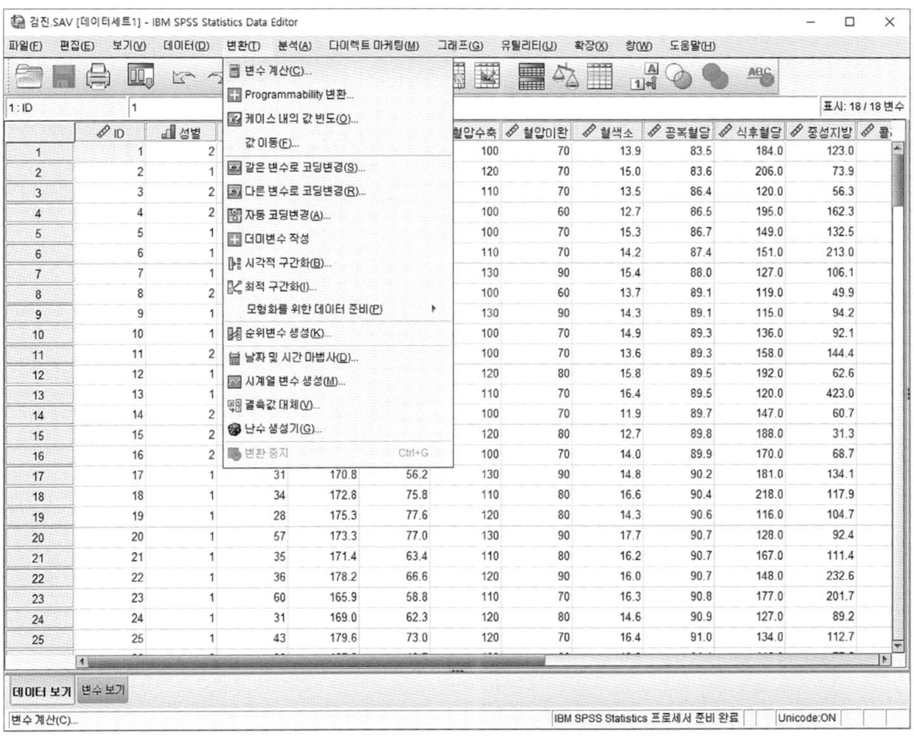

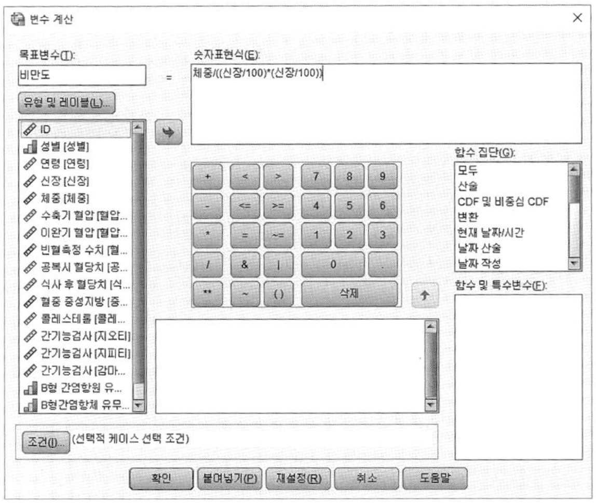

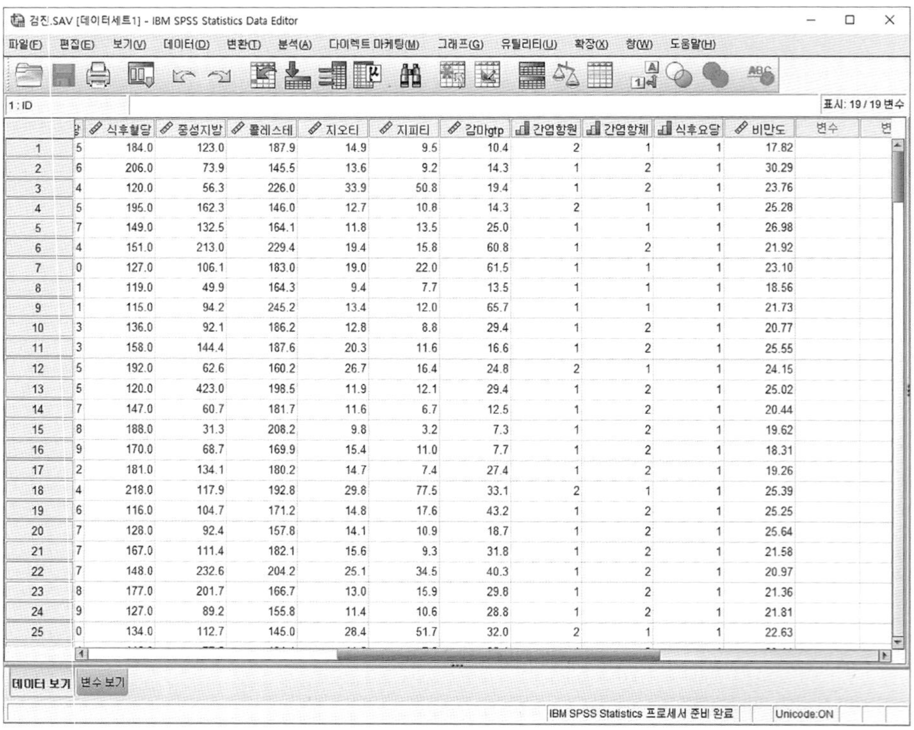

그림 1-22 변수 계산 대화상자 및 결과(검진.sav)

변수 계산에서 평균이나 합계를 계산하는 방법에는 두 가지가 있다. 첫 번째 방법으로, 변수 v1, v2, v3의 평균을 구하기 위해 함수 집단을 사용할 경우에는 mean(v1, v2, v3)으로 계산하면 된다. 이때 세 가지 변수 중 어느 하나라도 결측값이 있는 경우에는 계산되지 않는다. 두 번째 방법으로는, 일반적인 평균을 구하는 숫자 표현식인 (v1+v2+v3)/3을 사용하여 구하면 된다. 이때 v3이 결측값이라면 평균은 (v1+v2)/2로 계산되어 결측값이 있어도 계산할 수 있다. 함수 부분에 있어서는 함수 집단에 어떤 것들이 있는지 확인해 보는 것이 좋을 것이다.

데이터를 입력하는 과정을 코딩(coding)이라고 한다. 기존의 코딩된 값을 변경하고자 할 때 코딩 변경 과정을 선택하면 사용자가 원하는 대로 나누거나 합치거나 결측값을 변경할 수 있다. 대체적으로 코딩 변경은 변수값이 광범위하게 많은 경우 축소하거나 오름차순으로 입력한 것을 내림차순으로 입력하는 역코딩할 때 사용한다. 코딩 변경에는 두 가지 방법이 있는데, 이는 '같은 변수로 코딩 변경'과 '새로운 변수로 코딩 변경'하는 것이다. 같은 변수로 코딩 변경을 하는 경우는 기존에 있는 변수를 그대로 사용하여 변경하는 것으로, '변환' → '코딩 변경' → '같은 변수로 코딩 변경'을 단계적으로 선택하면 된다. 그러나 같은 변수로 코딩할 경우, 추후 분석에서 원 데이터를 그대로 사용할 수도 있기 때문에, 가급적 다른 변수로 코딩을 변경하는 것이 좋다.

새로운 변수로 코딩을 변경하는 방법은 탑 메뉴에서 '변환' → '다른 변수로 코딩 변경'을 단계적으로 선택하면 된다. 연속형 변수로 되어 있는 연령을 범주형 변수로 나타내기 위해 코딩을 변경하고자 하면, 변경할 변수를 선택하고 새로운 변수 이름을 입력하여 바꾼 후 어떻게 바꿀 것인지 지정해 주어야 한다. 기존값 및 새로운 값을 선택하면 부대화상자가 열리고 코딩 변경 규칙을 입력할 수 있다. 연령을 20대, 30대, 40대, 50대, 60대 이상으로 변경하고자 하면, 기존값에서 범위를 선택하여 범위로 지정하고 새로운 값의 변수값을 입력한 후 '추가'를 선택하면 된다. 예를 들어, 20대의 경우 20~29세를 범위로 넣은 후 새로운 값에서 변수값을 1로 입력하여 '추가'를 누르면, 변수가 각각의 값이 아닌 1로 코딩된 변수값으로 변하게 된다.

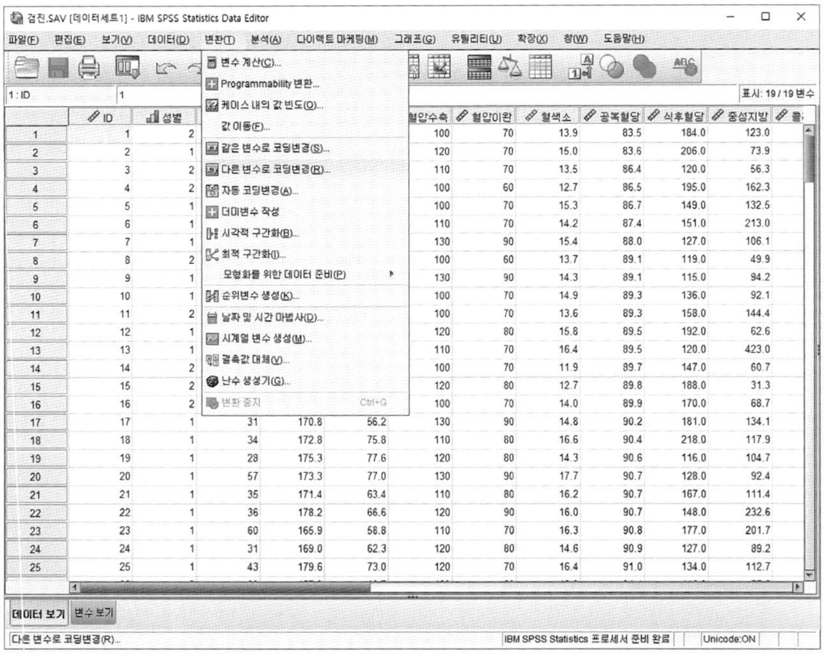
검진.SAV [데이터세트1] - IBM SPSS Statistics Data Editor
파일(F) 편집(E) 보기(V) 데이터(D) 변환(T) 분석(A) 다이렉트 마케팅(M) 그래프(G) 유틸리티(U) 확장(X) 창(W) 도움말(H)
변수 계산(C)...
Programmability 변환...
케이스 내의 값 빈도(O)...
값 이동(F)...
같은 변수로 코딩변경(S)...
다른 변수로 코딩변경(R)...
자동 코딩변경(A)...
더미변수 작성
시각적 구간화(B)...
최적 구간화(I)...
모형화를 위한 데이터 준비(P)
순위변수 생성(K)...
날짜 및 시간 마법사(D)...
시계열 변수 생성(M)...
결측값 대체(V)...
난수 생성기(G)...
변환 중지
데이터 보기 변수 보기
다른 변수로 코딩변경(R)...
IBM SPSS Statistics 프로세서 준비 완료
Unicode:ON

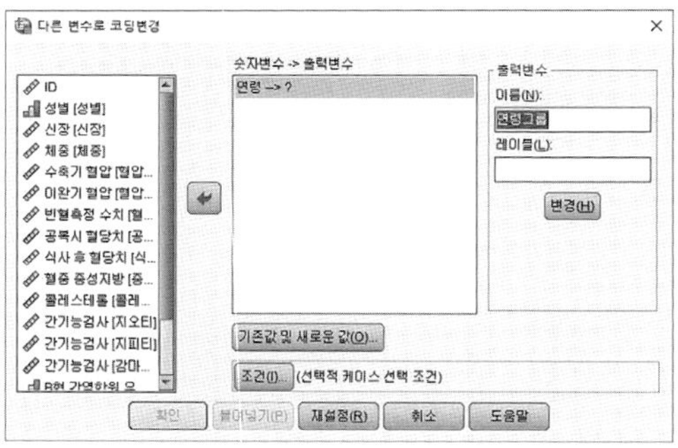
다른 변수로 코딩변경
숫자변수 -> 출력변수
연령 --> ?
출력변수
이름(N):
연령그룹
레이블(L):
변경(H)
기존값 및 새로운 값(O)...
조건(I)... (선택적 케이스 선택 조건)
확인 붙여넣기(P) 재설정(R) 취소 도움말

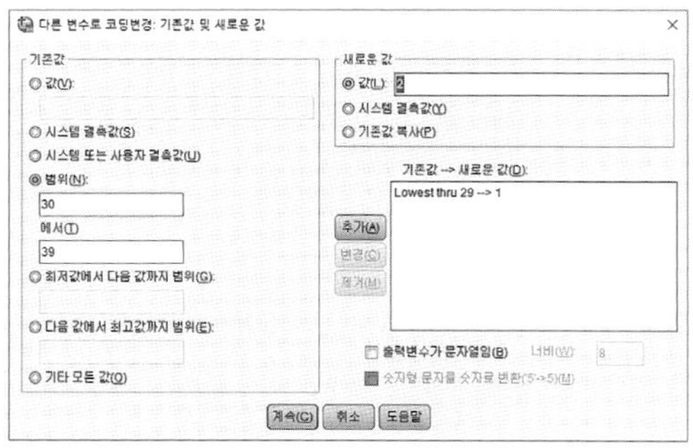
다른 변수로 코딩변경: 기존값 및 새로운 값
기존값
값(V):
시스템 결측값(S)
시스템 또는 사용자 결측값(U)
범위(N):
30
에서(T)
39
최저값에서 다음 값까지 범위(G):
다음 값에서 최고값까지 범위(E):
기타 모든 값(O)
새로운 값
값(L): 2
시스템 결측값(Y)
기존값 복사(P)
기존값 --> 새로운 값(D):
Lowest thru 29 --> 1
추가(A)
변경(C)
제거(M)
출력변수가 문자열임(B)
숫자형 문자를 숫자로 변환('5'->5)(M)
계속(C) 취소 도움말

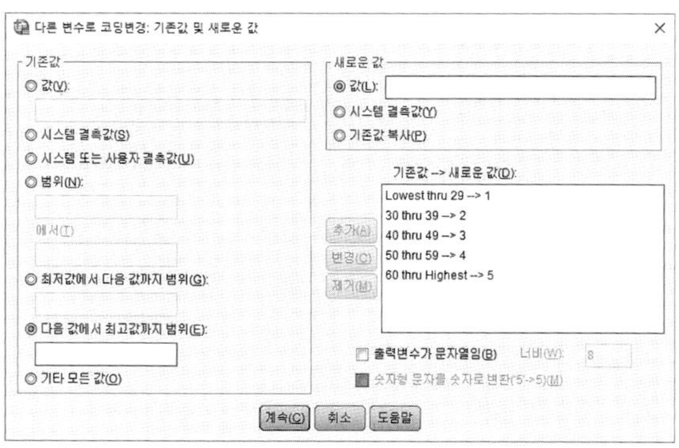
다른 변수로 코딩변경: 기존값 및 새로운 값
기존값
값(V):
시스템 결측값(S)
시스템 또는 사용자 결측값(U)
범위(N):
에서(T)
최저값에서 다음 값까지 범위(G):
다음 값에서 최고값까지 범위(E):
기타 모든 값(O)
새로운 값
값(L):
시스템 결측값(Y)
기존값 복사(P)
기존값 --> 새로운 값(D):
Lowest thru 29 --> 1
30 thru 39 --> 2
40 thru 49 --> 3
50 thru 59 --> 4
60 thru Highest --> 5
추가(A)
변경(C)
제거(M)
출력변수가 문자열임(B)
숫자형 문자를 숫자로 변환('5'->5)(M)
계속(C) 취소 도움말

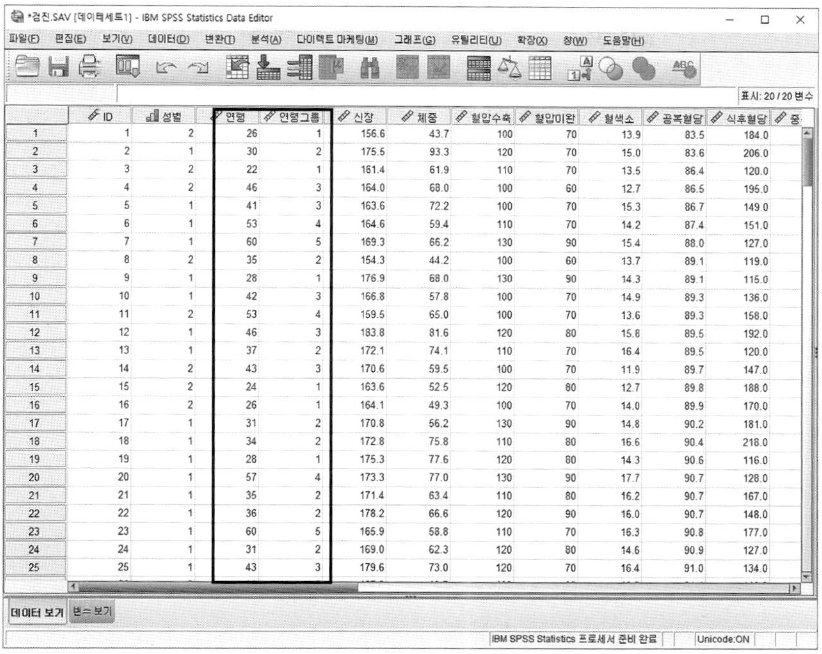

그림 1-23 '다른 변수로 코딩 변경' 대화상자(검진.sav)

5.5 출력 결과 다루기

SPSS에서는 분석을 실행하고 나면 결과가 출력 결과 창으로 새롭게 뜨게 된다. 출력 결과 창에서는 특정 부분으로 쉽게 이동하거나 자르거나 붙이는 것이 가능하다. 또한 출력된 결과를 수정할 수 있다. 그렇지만, 출력된 결과를 출력 결과 창에서 바로 수정하는 것은 쉽지 않다. 그래서 출력 결과의 탑 메뉴에서 '파일' → '저장'을 선택하여 나타나는 대화상자에서 파일 이름을 넣은 후에 저장한다. SPSS에서는 출력 결과가 다른 프로그램에서 호환이 가능하다. 탑 메뉴에서 '파일' → '내보내기'를 실행하여 저장할 유형을 설정하고 이름을 넣은 후에 저장하면 호환된 파일이 저장된다. 출력 결과를 pdf, 텍스트, MS Office 등의 파일로 저장하여 출력 결과를 수정하는 것이 더 용이하다.

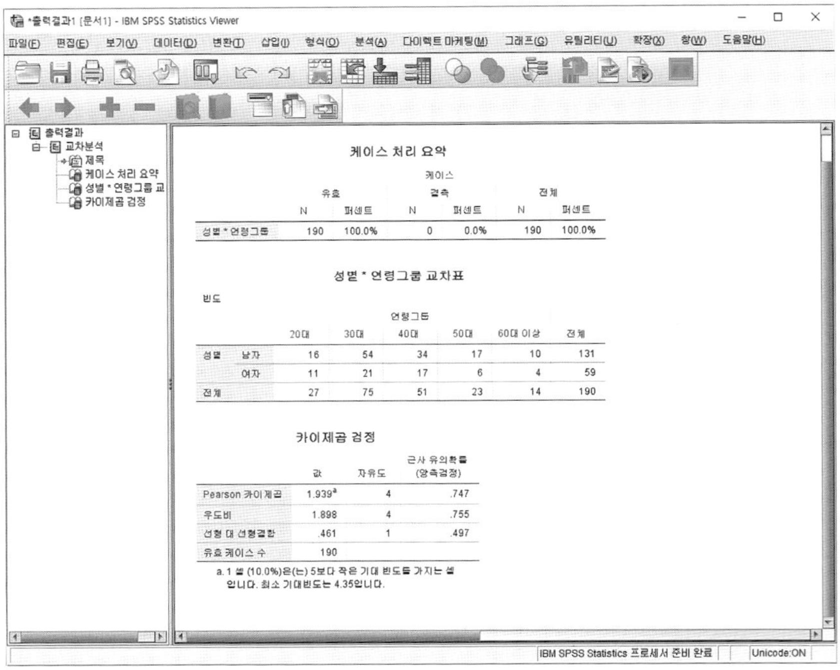
*출력결과1 [문서1] - IBM SPSS Statistics Viewer
케이스 처리 요약
성별 * 연령그룹 교차표
카이제곱 검정
IBM SPSS Statistics 프로세서 준비 완료
Unicode:ON

⇩

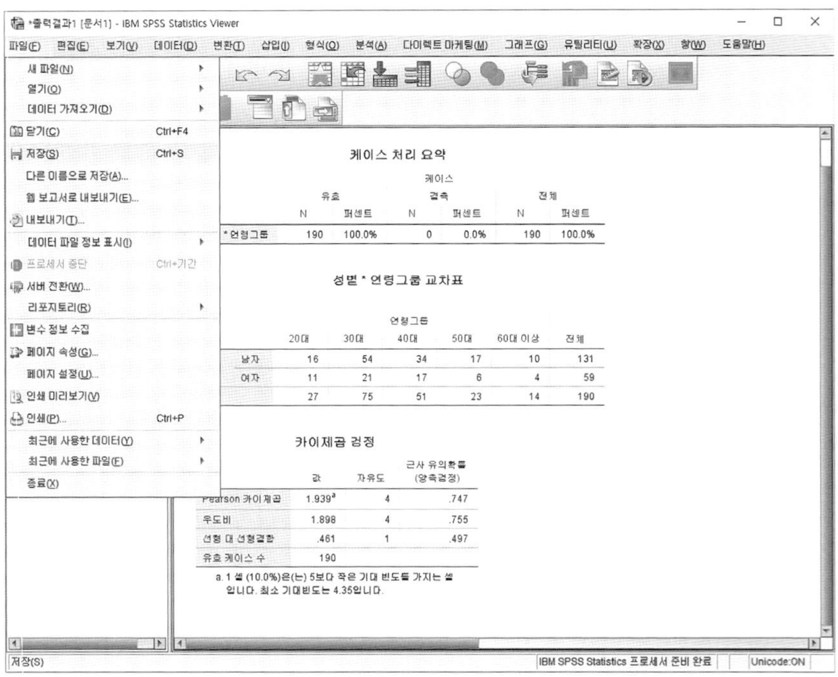
*출력결과1 [문서1] - IBM SPSS Statistics Viewer
새 파일(N)
열기(O)
데이터 가져오기(D)
닫기(C) Ctrl+F4
저장(S) Ctrl+S
다른 이름으로 저장(A)...
웹 보고서로 내보내기(E)...
내보내기(T)...
데이터 파일 정보 표시(I)
프로세서 중단
서버 전환(W)...
리포지토리(R)
변수 정보 수집
페이지 속성(G)...
페이지 설정(U)...
인쇄 미리보기(V)
인쇄(P)... Ctrl+P
최근에 사용한 데이터(Y)
최근에 사용한 파일(F)
종료(X)
케이스 처리 요약
성별 * 연령그룹 교차표
카이제곱 검정
저장(S)
IBM SPSS Statistics 프로세서 준비 완료
Unicode:ON

⇩

그림 1-24 출력 결과 창, 출력 결과 저장 및 내보내기

출력 결과에 나타난 표나 피벗의 모양을 바꿀 수 있다. 변경할 표를 선택한 후 탑 메뉴에 있는 '형식' → '표모양'을 선택한다. 왼쪽에 있는 '표모양'의 파일을 하나씩 클릭하여 원하는 형태의 표 모양으로 바꾸면 된다. 이때 선택한 모양이 오른쪽 상단에 하나씩 나타날 것이다. 자주 사용하는 모양의 파일을 미리 알아두는 것도 좋다. 만약에 모든 표를 같은 모양으로 바꾸고자 할 경우, 하단의 '표모양의 모든 셀형식 재설정'을 클릭하면 모든 표 모양이 바뀔 것이다.

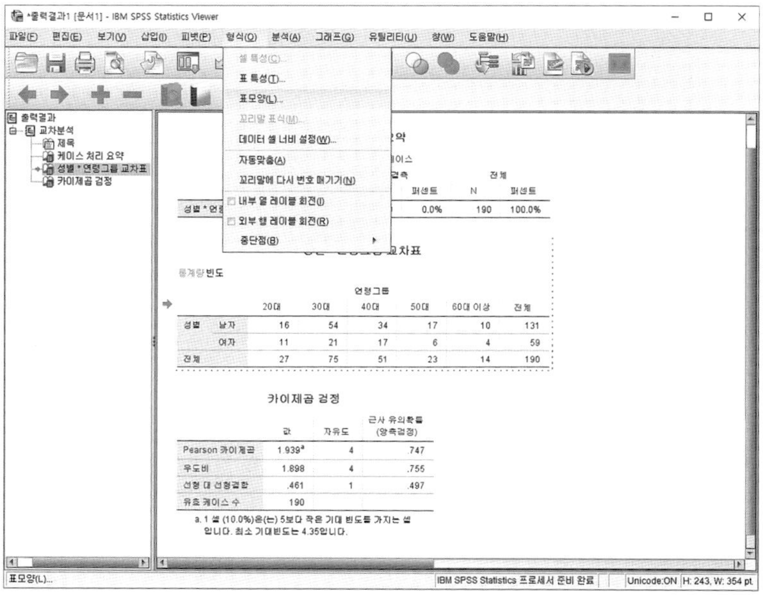

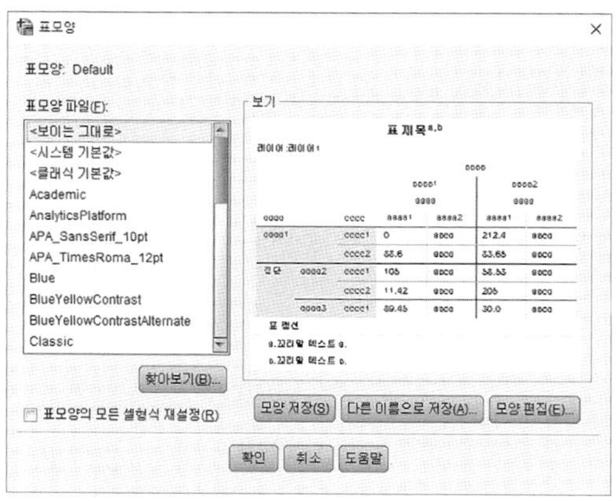

그림 1-25 **표 모양의 변경**

표 모양을 변경할 뿐만 아니라 피벗 모양도 변경이 가능하다. 열과 행을 바꾸고자 하면, 표를 두 번 클릭한 후 탑 메뉴에서 '피벗' → '행과 열 전치'를 선택하면 행과 열이 바뀌어 결과가 나타난다.

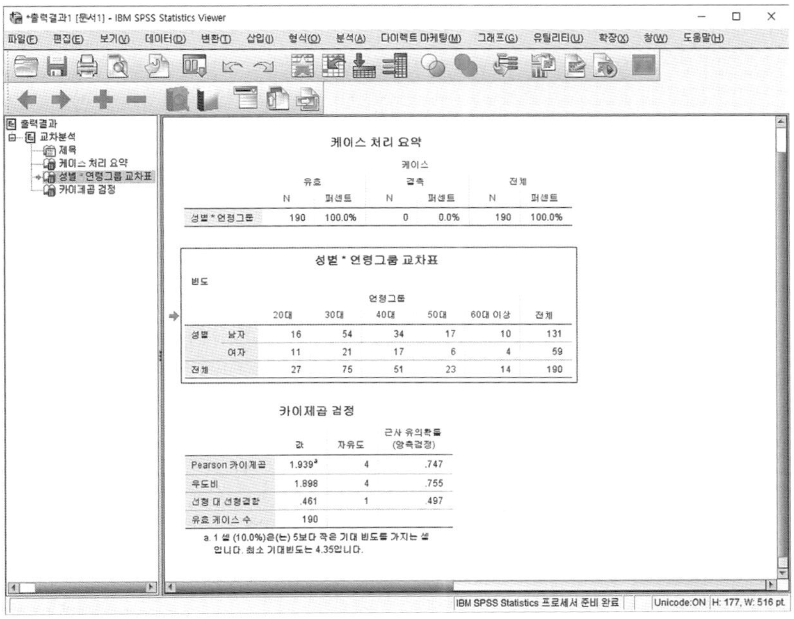

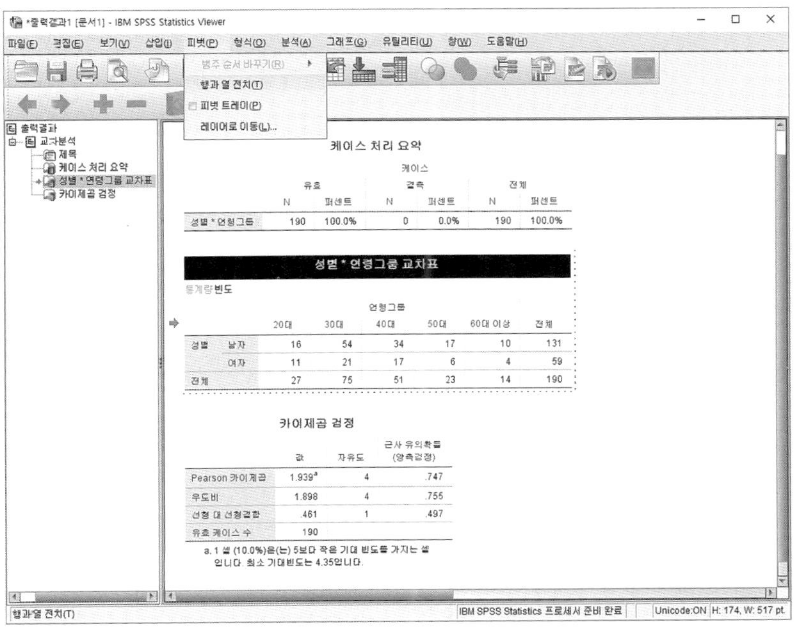

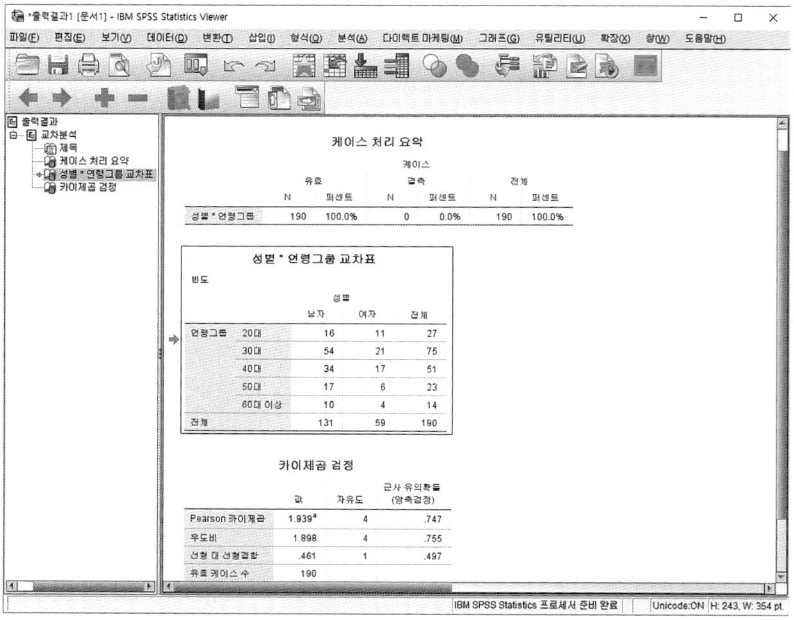

그림 1-26 피벗 모양의 변경

Chapter 2

자료의 정리

1. 변수 및 자료의 종류
2. 범주형 자료의 요약
3. 이산형 자료의 요약
4. 연속형 자료의 요약
5. SPSS 분석 방법

1. 변수 및 자료의 종류

연구의 대상인 모집단을 구성하는 개체들은 여러 가지의 속성을 갖고 있다. 예를 들어, 사람을 대상으로 하는 연구에서는 신장, 체중, 성별, 학력, 종교, 출신지, 주택 보유 유무, 연간 소득 등의 다양한 속성을 생각할 수 있다. 이와 같이 연구의 대상이 되는 개체들의 속성을 가리켜 변수(variable)라고 한다.

변수는 크게 범주형 변수(categorical variable)와 수치형 변수(numerical 또는 measurement variable)로 구분된다.

범주형 변수는 실험이나 측정 등을 통하여 얻은 관측치들이 몇 개의 범주(category)로 분류되고 각 범주별로 관측도수가 주어지는 변수를 말한다. 예를 들어, 성별(남, 여), 학력(고졸, 대졸, 대학원졸), 종교 유무(유, 무), 머리카락 색깔(검은색, 갈색, 빨간색, 은색, 금색), 고용 여부(고용, 비고용), 혈액형(O, A, B, AB) 등과 같은 경우가 범주형 변수에 속한다. 또한, 수중 무척추동물의 존재 여부(존재 또는 비존재), 유기물의 농도가 방법검출한계(method detection limit)보다 아래에 있는지의 여부, 토양 형태, 대수층 단위 등이 있다.

범주형 변수는 실제로 관측된 값이 아니라 그 내용이 관심 대상이고, 수치로 측정하는 것이 불가능하기 때문에 질적 변수(qualitative variable)라고도 한다. 범주형 변수에 대하여 수집된 자료를 범주형 자료(categorical data)라고 한다. 성별에 따라 특정 제품에 대한 선호도에 차이가 있는지, 학력에 따라 월 임금 수준에 차이가 있는지 등이 범주형 자료의 형태이다. 많은 경우에 범주형 변수의 값은 통계분석을 위해 숫자로 변환되어 사용된다. 예를 들어, 남자의 경우에는 1로, 여자의 경우에는 0으로 둘 수 있다. 또한, 종교가 있는 경우에는 1로, 없는 경우에는 0으로 둘 수도 있다. 그렇지만, 이와 같이 질적 변수의 값을 숫자로 변환시키는 것은 단지 분석의 편의를 위한 것일 뿐이지 숫자 자체가 크기의 의미를 갖는 것은 아니다.

범주형 변수는 순서형 변수(ordinal variable)와 명목형 변수(nominal variable)로 구분된다. 예를 들어, 테니스 실력에 대한 변수에서 '상급', '중급' 및 '하급'의 세 가지 범주로 나눈다면, 이 세 개의 범주에는 실력의 순위가 주어지게 된다. 또한 건강 상태(나쁨=1, 보통=2, 양호=3) 및 상품의 선호도(아주 싫어함＝1, 싫어함＝2, 보통＝3, 좋아함＝4, 아주 좋아함＝5)도 순위의 의미가 있다. 이와 같이 범주 간에 순위의 의미가 있는 범주형 변수를 가리켜 순서형 변수라고 한다. 반면에, 성별(남, 녀), 혈액형(O, A, B, AB), 출생지(서울, 경기, 강원, 대전 등), 과학 과목(물리, 화학, 생물, 지구과학) 등과 같이 범주 간에 순서의 의미가 없는 범주형 변수를 명목형 변수라고 한다.

때로는 필요에 의해 수치형 변수를 범주형 변수로 변환하여 사용하기도 한다. 예를 들어, 환경과학개론 시험 성적을 90점 이상, 80～90점, 70～80점, 60～70점 및 60점 미만으로 구분한 후, 각각 A, B, C, D 및 F로 학점을 부여한 경우라고 할 수 있다. 시험 점수라는 수치형 변수가 학점이라는 범주형 변수로 변환된 것이다.

반면에, 수치형 변수란 관측치를 수치로 나타낼 수 있는 변수로, 자동차 사고 건수, 가족 수, 신장, 체중 등이 여기에 속한다. 수치형 변수에 대하여 수집된 자료를 수치형 자료(numerical data)라고 한다. 수치형 변수는 다시 관측치의 성질에 따라 두 가지로 구분되는데, 교통사고 건수, 가족 수와 같이 관측 가능한 값이 셀 수 있는 정수의 값을 갖는 경우에는 이산형 변수(discrete variable)라고 하고, 신장, 체중 등과 같이 관측 가능한 값이 연속적일 경우에는 연속형 변수(continuous variable)라고 한다. 그런데, 연속형 변수도 신장을 잴 때와 같이 기록의 편리함이나 측정 기구의 한계 때문에, 반올림하거나 가장 가까운 눈금을 읽은 후에 값을 얻게 되므로, 실제로는 이산형의 값을 갖게 된다. 이런 경우, 기록된 값이 이산의 형태이기는 해도 실제로 관측 가능한 값이 연속적인 측도로 주어지기 때문에, 연속형 변수라고 한다.

참고로, 수치형 변수(양적 변수)는 구간형 변수와 비율형 변수로 구분하기도 한다. 구간형 변수(interval variable)는 관측 대상의 속성이 양을 나타내는 것으로, 관측 결과가 숫자로 표현되지만 절대적인 원점을 갖고 있지 않은 변수이다. 따라서 두 값 사이의 비율은 의미가 없다. 여기에는 온도, 불쾌지수 등이 포함된다. 예를 들어, 섭씨온도에서 0℃는 온도가 없는 상태를 의미하지 않으며(즉, 절대 영점이 존재하지 않는다), 10℃와 20℃를 비교할 경우 후자가 전자보다 숫자의 크기는 두 배이지만, 이것이 두 배 더 뜨겁다는 것을 의미하는 것은 아니다. 반면에, 비율형 변수(ratio variable)는 구간형 변수가 갖는 특성을 포함하면서도 비율의 의미가 있는 변수를 말한다. 대부분의 물리적 측도

(measure)인 무게, 길이, 시간 등의 변수가 여기에 포함되며, 0은 숫자로서의 본래 의미를 갖는다. 예를 들어, 두 물건의 무게가 각각 5 kg과 10 kg이라면, 10 kg은 5 kg보다 두 배 무겁다는 것을 의미한다.

2. 범주형 자료의 요약

2.1 도수분포표

어떤 단위들의 표본에 대해 질적 특성을 관측할 때, 각각의 관측치는 여러 범주들 중 하나의 구성 요소로 기록된다. 그러한 자료들은 도수분포표(frequency table)의 형태로 정리할 수 있는데, 여기에서는 범주들로 구분한 후 범주 내에 도수(frequency)를 나타낸다. 또한, 각 범주마다 도수를 전체 관측치 수로 나누어 비율을 계산하여 구하는, 관측치의 상대도수(relative frequency)를 포함시켜 나타내기도 한다.

$$\text{즉, 상대도수} = \frac{\text{도수}}{\text{전체 관측치 수}}$$

예제 2.1 도수분포표 및 상대도수

어떤 학교의 신문사가 280명의 학생들을 대상으로 새로운 학칙의 개정(안)에 대한 여론을 조사한 결과, 152명은 '지지'를 나타낸 반면에, 51명은 '반대'하였고 77명은 '모르겠다.'라고 답을 하였다. 이 결과를 표로 만든 후, 세 가지의 반응 범주에 대한 상대도수를 계산하시오.

풀이 [표 2-1]에서 두 번째 칸은 도수를, 그리고 세 번째 칸은 상대도수를 나타냈다. 상대도수를 통해 알 수 있는 것은 여론조사에 참여한 학생들의 약 54%가 새로운 학칙의 개정(안)을 지지하고, 18%는 반대하며, 28%는 중립을 나타낸다는 것이다.

표 2-1 여론조사 결과에 대한 도수분포표

반 응	도 수	상대도수
지 지	152	152/280 = 0.543
반 대	51	51/280 = 0.182
중 립	77	77/280 = 0.275
합	280	1.000

2.2 원그래프

범주형 자료는 원을 상대도수만큼 나누어 원그래프(pie chart)로 표현하기도 한다. 어떤 범주에 대한 각을 얻기 위해서는 상대도수에 360°를 곱하면 된다. 이와 같은 일을 손으로 작업하기 번거롭지만, 소프트웨어를 사용하면 쉽게 그릴 수 있다. 또한, 도수나 상대도수를 원그래프에 포함시켜 나타내기도 한다. 앞에서 얻은 예제 자료를 원그래프로 표현하면 아래의 [그림 2-1]과 같다.

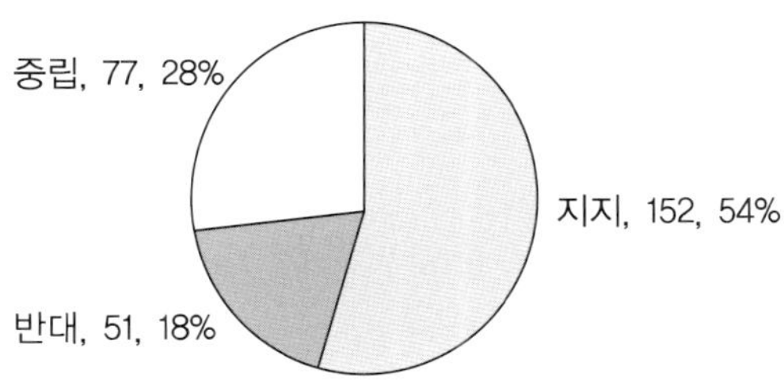

그림 2-1 원그래프의 예

2.3 막대그래프

막대그래프(bar chart)는 각 범주에서 도수의 크기를 막대로 나타내는 것이다. 그래프의 한 축에는 도수의 눈금을 나타내고 다른 축에는 범주를 배열한 후에, 각 범주에 대해 도수의 크기만큼 막대를 그려 나타내는 방법이다. 도수보다 상대도수에 관심이 더 큰 경우에는, 도수 대신 상대도수를 사용할 수도 있다. 막대그래프에서 막대의 방향은 보통 수직으로 나타내지만, 필요에 따라 수평으로 나타내기도 한다. 앞의 예제를 막대그래프로 나타내면 [그림 2-2]와 같다.

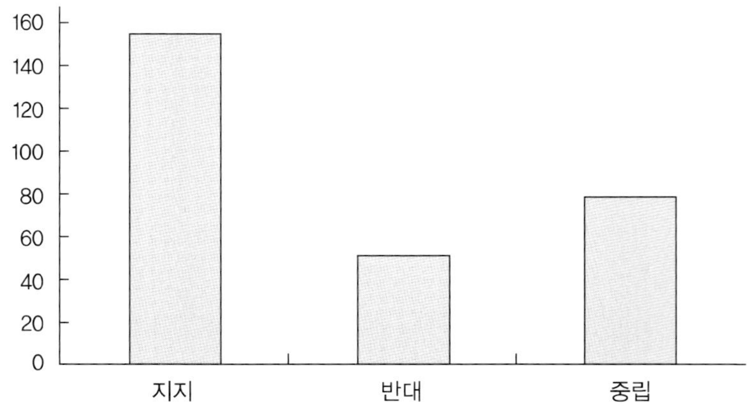

그림 2-2 막대그래프의 예

2.4 파레토 그림

파레토 그림(Pareto diagram 또는 chart)은 일반적으로 품질관리 과정에서 사용된다. 파레토 그림은 일종의 막대그래프인데, 막대그래프와 다른 점은 범주를 상대도수가 큰 것부터 감소하는 순서대로 왼쪽에서 오른쪽으로 배열하여 그린다는 것이다. 또한, 크기 순서대로 배열된 범주에서 점으로 나타낸 누적상대도수(cumulative relative frequency)를 막대의 중앙에 위치시킨 후 서로 연결한다. 이렇게 함으로써, 상대도수가 증가하는 정도와 큰 도수의 범주들이 차지하는 비율을 눈으로 쉽게 파악할 수 있다. 다만, 파레토 그림에서는 범주의 순서가 도수의 크기에 따라 바뀌게 되므로 순서형 자료에 대해서는 적합하지 않다. 파레토 그림을 통하여 어떠한 범주가 중요한 것인지를 쉽게 찾아낼 수 있기 때문에, 이 그림은 물건을 생산하는 공장 등에서 문제의 원인을 파악하는 도구로 널리 사용된다.

예제 2.2

예를 들어, 노트북 컴퓨터를 생산하는 공장에서 컴퓨터 200대를 임의로 뽑아 불량품을 조사하였더니, 하드 불량이 12대, 메모리 불량이 5대, 스피커 불량이 14대, 마우스 불량이 3대, 그리고 CD 롬 불량이 4대였다. 이 자료로부터 불량의 종류에 대하여 파레토 그림을 그리시오.

풀이 불량의 종류를 범주로 놓고 이를 도수의 크기 순서대로 배열하면, 스피커 불량, 하드 불량, 메모리 불량, CD 롬 불량, 마우스 불량의 순서로 배열할 수 있다. 다음에 도수분포표를 만들되, 마지막 오른쪽 칸에는 누적상대도수를 배치한다. 파레토 그림은 [그림 2-3]에 나타냈다.

표 2-2 노트북 컴퓨터의 불량품에 대한 도수분포표

불량의 종류	도 수	상대도수	누적상대도수
스피커 불량	14	0.368	0.368
하드 불량	12	0.316	0.684
메모리 불량	5	0.132	0.816
CD 롬 불량	4	0.105	0.921
마우스 불량	3	0.079	1.000
합	38	1.000	

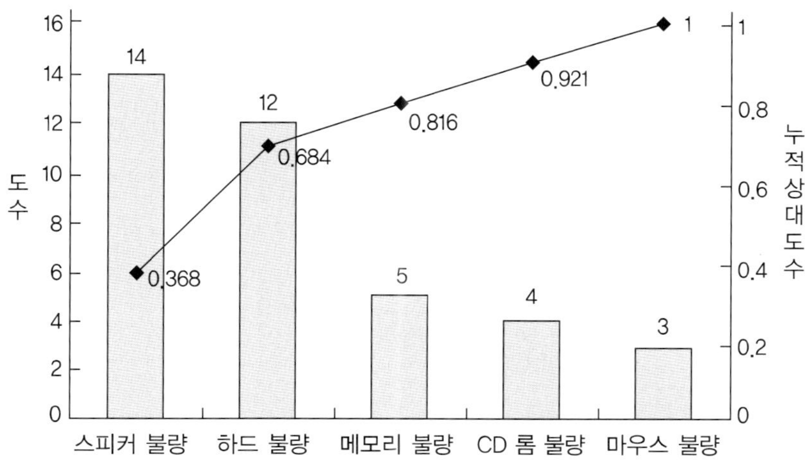

그림 2-3 파레토 그림의 예

위의 파레토 그림을 통해 스피커 불량과 하드 불량이 전체 불량의 68.4%를 차지하고 있고, 그 이외의 불량은 극히 소수를 차지하고 있다는 것을 알 수 있다. 따라서 불량품을 줄이기 위해서는 앞의 두 가지 불량을 줄이기 위한 대책을 마련해야 한다는 것을 알 수 있다.

3. 이산형 자료의 요약

숫자로 셀 수 있는 수치형 자료를 이산형 자료라고 한다. 일반적으로 관측치의 종류가 적은 경우에는 범주형 자료를 요약하는 기법을 사용하지만, 관측치의 종류가 많은 경우에는 연속형 자료를 요약하는 기법을 사용한다.

예를 들어, 각 가정의 자녀의 수와 같이 관측치의 종류가 많지 않은 경우에는 각 숫자 0, 1, 2, 3 등을 범주로 간주하여 각 범주의 도수를 구한 후, 도수분포표, 막대그래프, 원그래프 등을 그릴 수 있다. 그런데 한 가지 주의할 점이 있다면, 이산형 자료는 수치형 자료로서 관측치의 크기가 의미가 있으므로 파레토 그림과 같이 범주의 순서를 바꾸는 기법을 사용해서는 안 된다는 것이다.

예제 2.3

K 대학의 실습실에 있는 컴퓨터에 30일 동안에 걸쳐서 다음과 같은 숫자만큼 고장이 났다고 했을 때, 이를 도수분포표로 작성하시오.

표 2-3 하루에 고장 난 컴퓨터의 수

1	3	1	1	0	1	0	1	1	0
2	2	0	0	0	1	2	1	2	0
0	1	6	4	3	3	1	2	4	0

풀이 이 자료의 도수분포는 다음의 [표 2-4]와 같이 나타낼 수 있다.

표 2-4 하루에 고장 난 컴퓨터 수의 도수분포표

값	도 수	상대도수
0	9	0.300
1	10	0.333
2	5	0.167
3	3	0.100
4	2	0.067
5	0	0.000
6	1	0.033
합	30	1.000

이산형 자료의 도수분포는 상대도수를 나타내기 위해 선이나 직사각형을 그려 나타낼 수 있다. 선 그림(line diagram)은 각 값에 대해 수직선을 그려 나타내며, 각 선의 높이는 상대도수를 나타낸다. 막대그래프는 선 대신에 수직 또는 수평의 직사각형을 사용하여 나타내는 방법이다.

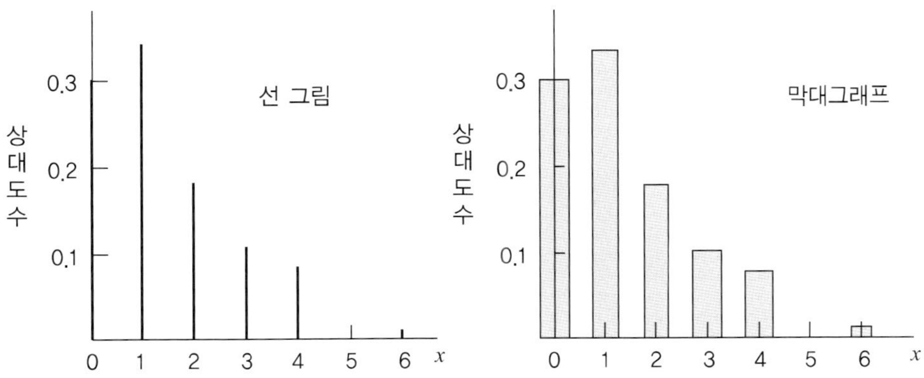

그림 2-4 선 그림과 막대그래프의 예

4. 연속형 자료의 요약

수치형 자료가 연속적인 측도로 관측되면, 이 자료는 연속형 자료라고 한다. 기록된 자료는 대부분 반올림하거나 반내림하여 처리한다. 이산형의 자료와는 달리 연속형 자료는 무수히 많은 다른 값을 가질 수 있다. 따라서, 모든 다른 값들에 대하여 도수분포표를 만들거나 앞 절에서와 같이 그림으로 그리는 것은 적당하지 않다. 연속형 자료를 그림으로 나타내는데 가장 널리 사용되는 방법은 점그림(dot plot), 히스토그램(histogram) 및 줄기-잎 그림(stem-and-leaf diagram)이다.

4.1 점그림

관측치의 개수가 비교적 적은(약 20개 이하) 연속형 자료는 점그림으로 나타낼 수 있다. 이는 먼저 수평선을 그은 후에 눈금을 표시하고, 각 관측치에 해당되는 위치에 점을 찍어 표시하는 방법이다. 그렇지만, 일반적으로 20개 이상의 자료에 대해서는 히스토그램이나 줄기-잎 그림을 사용하는 것이 좋다.

예제 2.4

스탠퍼드 대학에서 최초로 심장 이식 수술을 받은 6명의 환자가 생존한 날의 수는 각각 15, 30, 46, 623, 126 및 64일이었다. 이를 점그림으로 나타내시오.

풀이 먼저 수평선을 긋고 0부터 700까지 100단위로 눈금을 표시한 후, 각 자료의 위치를 표시한다.

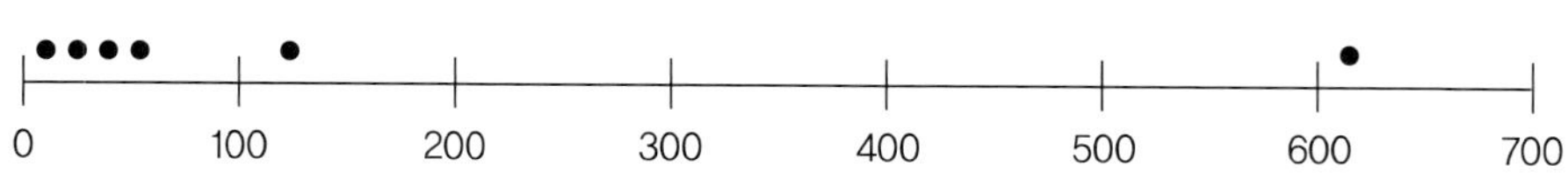

4.2 도수분포표

연속형 자료의 관측치의 개수가 너무 많은 경우에는 관측치를 점그림으로 일일이 나타낼 수 없다. 이러한 경우에는 모든 관측치를 포함하도록 범위를 정하고, 이를 몇 개의 구간으로 나눈 뒤, 각 구간에 포함되는 관측치의 개수(도수)를 세어 도수분포표를 작성하게 된다.

이때 나누어진 각 구간을 계급(class), 계급에 포함되는 값의 범위를 계급 구간(class interval)이라고 하며, 각 계급 내에 있는 관측치의 수를 계급 도수(class frequency)라고 한다.

도수분포표를 작성하는 방법은 다음과 같다.

① 자료에서 최솟값과 최댓값을 찾는다.
② 계급 수와 계급 구간을 정한다.

최솟값과 최댓값 사이의 범위를 포함하여 같은 폭의 구간을 정한다. 보통 계급의 개수는 5～15개 정도가 되도록 정한다. 이때 각 계급의 양쪽 끝에 있는 점을 계급 경계(class boundary)라고 한다. 일반적으로 왼쪽의 경계는 포함되지만 오른쪽의 경계는 포함되지 않는다.

③ 각 계급 구간에 속하는 관측치를 세어 계급 도수를 구한다.
④ 계급 도수를 전체 관측치의 개수로 나누어 각 계급에 대한 상대도수를 계산한다.

예제 2.5

대부분의 학생들은 등록 기간에 강의 교재를 구입한다. 대학서점에서 갖고 있는 영수증에 근거하여 학생들이 구입한 교재의 가격을 가장 작은 값부터 큰 값의 순서로 배열하였다. 판매 자료에 대한 도수분포표를 작성하시오.

표 2-5 40명의 학생들에 대한 영수증 자료(달러)

3.20	11.70	13.64	15.60	15.89	28.44	29.07	37.34
41.81	43.35	43.94	49.51	49.82	51.20	51.43	52.47
53.72	53.92	54.03	56.89	63.80	66.40	68.64	70.15
70.98	74.52	76.68	77.84	80.91	84.04	85.70	86.48
88.92	89.28	91.36	91.62	98.79	102.39	104.21	124.27

풀이 도수분포표를 작성하기 위해 먼저 최솟값은 3.20이고 최댓값은 124.27이라는 것을 파악해야 한다. 편의상 계급 구간의 길이를 25로 놓는다. 계급 구간을 0~25부터 시작하여 100~125까지 놓으면 모든 자료가 포함된다. 이에 따라 도수분포표를 작성하면 다음과 같다.

표 2-6 교재 구입 가격에 대한 도수분포표

계급 구간	도 수	상대도수
0~25	5	5/40 = 0.125
25~50	8	8/40 = 0.200
50~75	13	13/40 = 0.325
75~100	11	11/40 = 0.275
100~125	3	3/40 = 0.075
합	40	1.000

4.3 히스토그램

도수분포표에 근거하여 요약된 자료를 히스토그램(histogram)으로 나타낼 때, 가로축에는 계급 구간을 놓고 각 계급 구간에 대해 수직의 직사각형을 그리는데, 이때 각 면적은 상대도수를 나타낸다. 따라서 모든 직사각형의 총 면적은 상대도수의 합인 1이다. 세로축에 상대도수 대신에 도수를 사용하여 그리기도 한다. [그림 2-5]는 앞의 예제에 대한 히스토그램으로, 세로축은 도수로 나타낸 것이다.

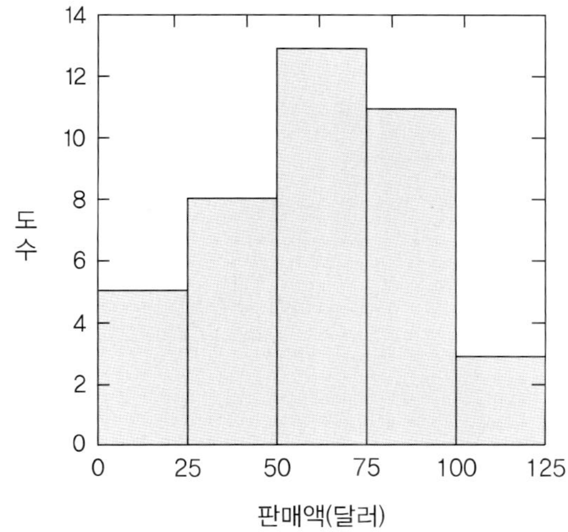

그림 2-5 히스토그램의 예

4.4 줄기-잎 그림

줄기-잎 그림(stem-and-leaf diagram)은 관측치가 두 자리 이상의 숫자일 경우에 자료를 나타내는 효과적인 방법이다. 먼저 관측치를 앞 단위와 뒤 단위로 나눈 후에, 앞 단위를 줄기로 하고 뒤 단위를 잎으로 하여 그림을 그리면 된다.

예제 2.6

50명의 학생들에 대한 환경독성학 시험 성적이 다음과 같았을 때, 이를 줄기-잎 그림으로 나타내시오.

표 2-7 50명의 학생들에 대한 환경독성학 시험 성적

75	98	42	75	84	87	65	59	63
86	78	37	99	66	90	79	80	89
68	57	95	55	79	88	76	60	77
49	92	83	71	78	53	81	77	58
93	85	70	62	80	74	69	90	62
84	64	73	48	72				

풀이 십의 자리 숫자를 줄기로 두고, 일의 자리 숫자를 잎으로 한다. 즉, 0부터 9까지 차례대로 세로로 써 놓고 바로 오른쪽에 수직선을 긋는다. 이때 세로로 쓴 숫자가 앞 단위가 된다. 각 관측치에 대해 이 수직선의 오른쪽에 둘째 자리의 수를 기록한다. 그리고 마지막으로 각 세로 줄에 있는 둘째 자리의 수를 증가하는 순서로 배열한다.

표 2-8 시험 성적에 대한 줄기-잎 그림

줄기	잎
0	
1	
2	
3	7
4	2 8 9
5	3 5 7 8 9
6	0 2 2 3 4 5 6 8 9
7	0 1 2 3 4 5 5 6 7 7 8 8 9 9
8	0 0 1 3 4 4 5 6 7 8 9
9	0 0 2 3 5 8 9

4.5 분포의 모양

지금까지 연속형 자료의 분포를 파악하는 기법에 대해 공부하였다. 연속형 자료가 나타내는 분포의 모양은 아래와 같이 매우 다양하다.

① 좌우 대칭(symmetrical)이면서 종 모양(bell-shaped): 좌우의 관측치들은 가운데 위치한 최대의 도수를 나타내는 관측치로부터 같은 거리만큼 떨어져 있고, 또한 비슷하거나 같은 도수를 갖는다. 가장 대표적인 예는 정규분포(normal 또는 Gaussian distribution)이다.

② 약간 비대칭(moderately asymmetrical)이거나 기울어진(skewed) 형태: 가운데 위치한 최대 도수를 기준으로 하여 한쪽 부분의 꼬리(tail)는 다른 쪽보다 더 길다. 오른쪽 꼬리가 긴 분포를 "오른쪽으로 기울어졌다(skewed to the right)" 또는 "양의 기울어짐을 나타낸다(positive skewness)"라고 하고, 그 반대의 경우에는 "왼쪽으로 기울어졌다(skewed to the left)" 또는 "음의 기울어짐을 나타낸다(negative skewness)"라고 한다.

③ J 또는 거꾸로 된 J 형태: 최대 도수가 한쪽 끝에 있는 경우이다.

④ U자 모양: 양쪽 끝에 최대 도수를 나타내는 값들이 존재한다.

⑤ 이봉형(bimodal): 두 개의 최대 도수를 나타내는 값이 있는 경우이다.

⑥ 다봉형(multimodal): 두 개 이상의 최대 도수를 나타내는 값이 존재하는 경우이다.

⑦ 균일형(uniform, flat): 자료의 분포가 균일한 경우이다.

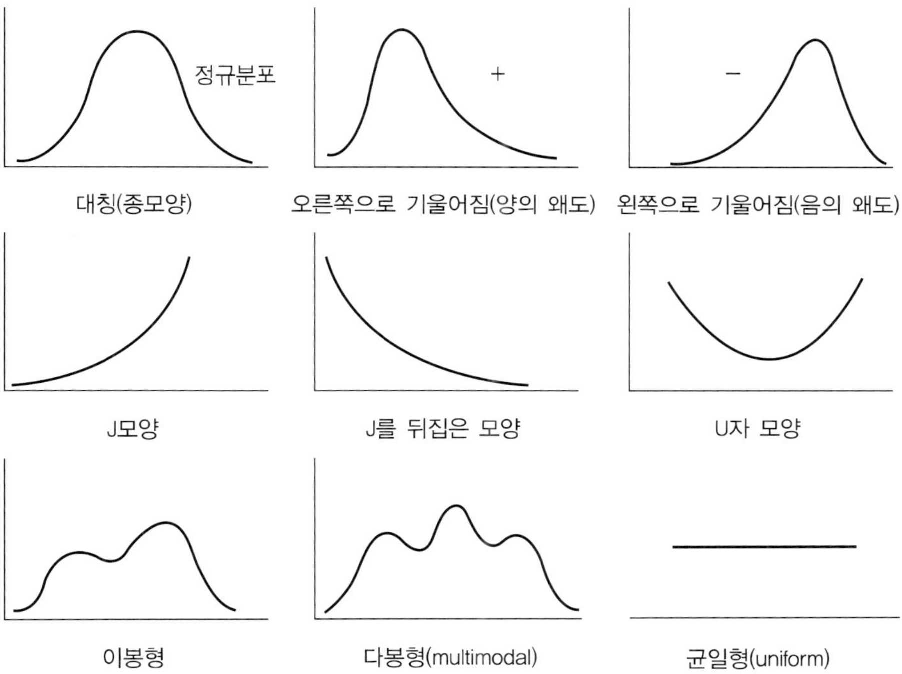

그림 2-6 **분포의 모양**

5. SPSS 분석 방법

기초적인 통계분석 방법은 데이터가 범주형인지 연속형인지에 따라 달라진다. 범주형 자료는 범주에 따라 응답한 빈도와 비율에 대해 관심이 있고, 연속형 자료는 자료의 중심이 어디며, 중심으로부터 얼마만큼 떨어져 있는지에 대한 관심이 많으므로, 평균과 표준편차 등 기술통계량과 자료의 분포에 관심이 있다. 이를 확인하기 위해 실행하는 분석방법이 빈도분석(Frequency)이다. 빈도분석은 범주형 자료에 대해서는 빈도표와 막대도표 및 원도표를 제공하며, 연속형 자료의 경우는 평균이나 분산, 표준편차 등과 자료의 분포에 관한 히스토그램을 제공해준다. 또한 빈도분석은 데이터의 수집 과정에서 누락되거나 데이터를 입력하는 코딩 단계에서 잘못 입력한 경우를 찾아서 바로 잡는 분석 방법이다.

1장에서 사용한 검진데이터(검진.sav)를 사용하여 빈도분석을 실행하도록 하자. 탑 메뉴에서 '분석' → '기술통계량' → '빈도분석'을 순서대로 선택하면 빈도분석 대화상자가 열린다.

그림 2-7 빈도분석 실행(검진.sav)

빈도분석 대화상자가 열리면 빈도분석을 할 변수들을 선택하여 옵션을 체크한 후 실행한다.

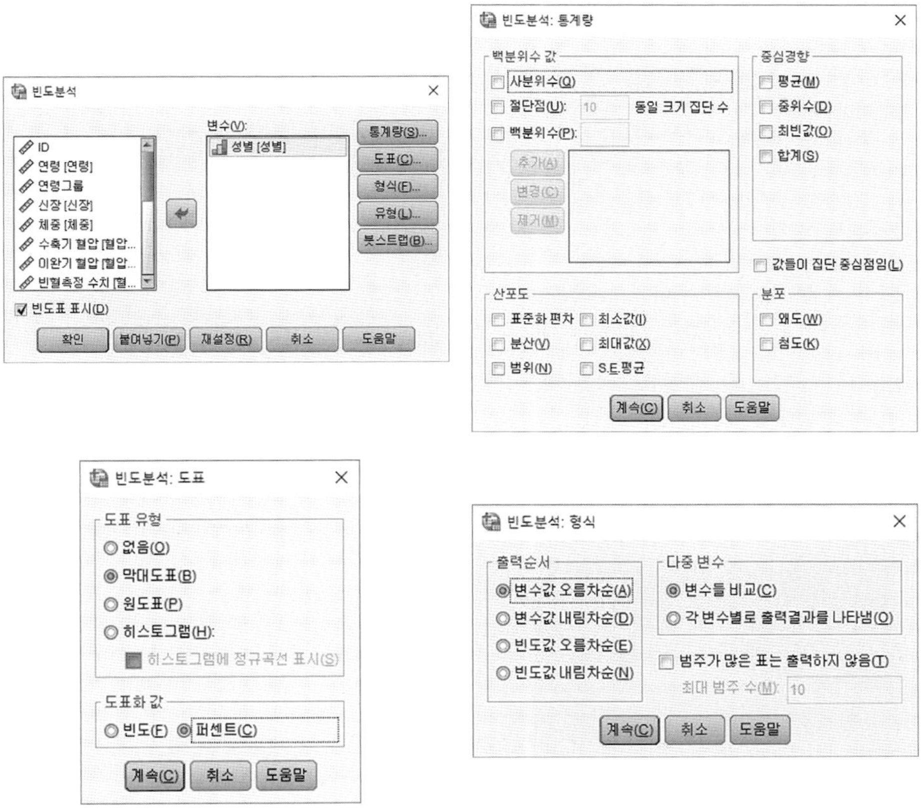

그림 2-8 빈도분석의 옵션

빈도분석 옵션 중의 하나인 '통계량'은 기본적으로 백분위수 값, 중심 경향, 분포 및 산포도를 계산하여 제공한다. 이는 연속형 자료에 관한 통계량이므로 자세한 내용은 3장의 SPSS 분석 방법에서 설명하고자 한다.

빈도분석의 옵션 중 두 번째인 '도표'는 변수값들에 대한 빈도를 이용하여 그래프로 나타낸 것을 말한다. 도표 중에서는 '막대도표', '원도표' 및 '히스토그램'이 있다. 도표 유형 중 하나를 선택하게 되면 도표화 값을 선택할 수 있다. 그러나 SPSS의 도표 결과는 수정이 쉽지 않다는 단점이 있으므로 EXCEL, Sigma Plot 등에서 그래프를 그리는 것이 더 나을 것이다. 마지막 옵션으로 '형식'은 변수값들을 중심으로 오름차순 혹은 내림차순으로 정렬하거나 빈도수를 중심으로 오름차순 혹은 내림차순으로 나타낼 때 확인할 필요가 있다.

검진.sav 파일을 사용하여 성별과 B형 간염 항원과 항체 유무에 대한 빈도분석을 실시한 결과와 막대도표는 다음과 같다.

성별

		빈도	퍼센트	유효 퍼센트	누적 퍼센트
유효	Male	131	68.9	68.9	68.9
	Female	59	31.1	31.1	100.0
	전체	190	100.0	100.0	

B형 간염 항원 유무

		빈도	퍼센트	유효 퍼센트	누적 퍼센트
유효	음성	167	87.9	87.9	87.9
	양성	23	12.1	12.1	100.0
	전체	190	100.0	100.0	

B형 간염 항체 유무

		빈도	퍼센트	유효 퍼센트	누적 퍼센트
유효	음성	65	34.2	34.2	34.2
	양성	125	65.8	65.8	100.0
	전체	190	100.0	100.0	

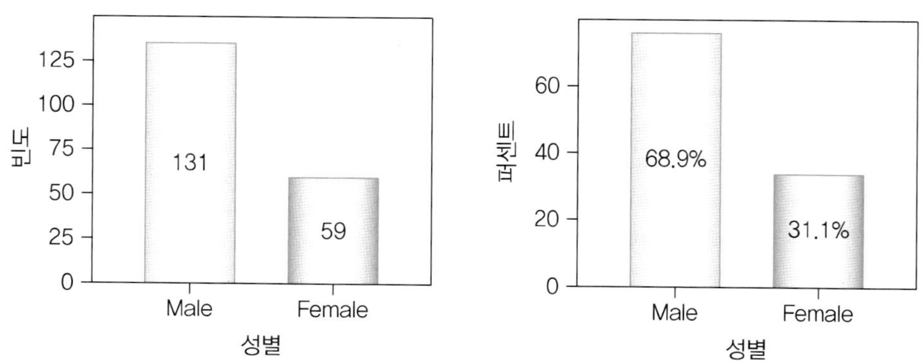

그림 2-9 검진.sav 데이터에 대한 빈도분석 결과 및 막대도표

성별은 남자가 68.9%이며, 여자가 31.1%로 나타나 남자가 여자의 2배 정도 많았다. B형 간염 항원은 양성이 12.1%인 반면에 음성은 87.9%이다. B형 간염 항체는 양성이 65.8%, 음성은 34.2%로 조사되었다. 막대도표의 경우는 왼쪽은 도표화 값이 빈도로 표시되었으며, 오른쪽은 도표화 값이 백분율로 표시되었다. B형 간염 항원 유무에 대해 막대도표 대신에 원도표를 그리면 다음과 같으며, 막대도표와 마찬가지로 빈도와 백분율로 표시되었다.

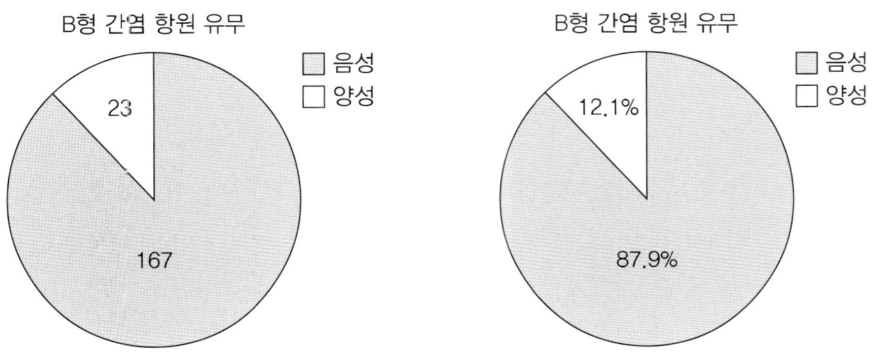

그림 2-10 검진.sav 데이터에 대한 원도표

연습문제

01 다음의 자료가 수치형 자료인지 범주형 자료인지 구분한 후, 세분하여 나타내시오.

A. 성명

B. 섭씨온도

C. 길이

D. 비만도

E. 수학의 표준점수

F. 피부색

G. 대기 중 오존의 농도

02 영국 런던의 대기 중 오존 농도(ppm)를 40번 측정하였더니 다음과 같았다. 이에 대하여 도수분포표를 작성하고, 히스토그램과 줄기-잎 그림을 그리시오.

3.5	2.4	5.6	6.0	4.4	5.3	5.6	4.0	4.2	6.8
6.7	2.5	4.4	4.7	3.5	4.0	2.4	3.0	5.6	6.5
3.0	4.1	6.1	6.6	11.7	4.1	5.7	6.8	4.7	7.5
6.3	7.4	5.6	6.0	6.8	1.7	1.1	3.9	6.6	3.0

03 다음 데이터는 세계 21대 수력발전소의 발전 용량(메가와트)을 나타낸다. 줄기-잎 그림을 그리고 분포의 모양에 대하여 설명하시오.

6,400	15,000	8,730
3,320	4,500	3,480
2,512	2,940	17,200
11,300	6,000	2,541
4,200	3,100	4,500
2,715	1,980	3,000
6,400	3,300	2,070

04 다음 데이터는 미국 50개 도시의 평균 풍속(마일/시간)을 나타낸 것이다. 상대도수 히스토그램을 작성하고 분포를 설명하시오.

7.1	12.4	9.4	10.7	7.6	7.8	10.5	8.2	8.8	7.7
9.1	11.8	12.9	10.2	9.6	11	8.8	9.3	9	9.6
8.9	8.7	8.6	8.7	11.3	9.2	11.5	9	9.5	10.4
10.2	10.8	10.5	7.7	7.8	9.2	10.2	10.5	7.9	8.7
8.8	9	10.3	8.4	12.2	8.3	8	12.2	8.7	8.8

Chapter 3

중심 위치와 산포의 측도

1. 평균, 중앙값, 최빈값
2. 분산, 표준편차, 범위
3. 사분위수, 백분위수, 사분위수 범위
4. 상자그림
5. 기타 측도
6. SPSS 분석 방법

제2장에서는 표나 그림을 통해 관측치의 자료를 눈으로 보기 쉽게 요약하는 방법을 배웠다. 그렇지만, 좀 더 객관적으로 자료를 요약하여 비교하기 위해서는 자료의 중심 위치와 산포에 대한 수치를 얻는 것이 필요하다.

효과적으로 자료를 나타내기 위해서는 기호를 사용하여 나타내는 것이 편리하다. 일련의 자료는 기호로 x_1, x_2, $\cdots$, x_n으로 나타낼 수 있다. 오른쪽 아래 첨자 n은 자료에서 관측치의 개수를 나타낸다. 예를 들어, 다섯 개의 관측치로 구성되어 있는 자료가 2.1, 3.2, 4.1, 5.6 및 3.7이라면, 이는 $x_1=2.1$, $x_2=3.2$, $x_3=4.1$, $x_4=5.6$ 및 $x_5=3.7$로 나타낼 수 있다.

중심 위치의 측도에는 여러 가지가 있는데, 여기에서는 산술평균, 중앙값, 최빈값, 기하평균, 조화평균, 백분위수 및 사분위수를 다루고자 한다.

1. 평균, 중앙값, 최빈값

어떤 자료의 관측치에 대한 산술평균(arithmetic mean, average)은 관측치의 합을 관측 개수로 나눈 값이다. 일반적으로 별도의 조건이 없는 한, 평균(mean)이라 함은 산술평균을 말하며, 이를 수식으로 나타내면 다음과 같다.

$$\bar{x} = \frac{x_1 + x_2 + \cdots + x_n}{n} = \frac{\sum_{i=1}^{n} x_i}{n}$$

예제 3.1

숫자 8, 3, 5, 12 및 10의 산술평균을 구하시오.

풀이 $\bar{x} = \frac{8+3+5+12+10}{5} = \frac{38}{5} = 7.6$

만약에 각 관측치 x_1, x_2, …, x_n이 각각 f_1, f_2, …, f_n번 일어날 때, 산술평균은 다음의 식으로 나타낼 수 있다.

$$\bar{x} = \frac{f_1x_1 + f_2x_2 + \cdots + f_nx_n}{f_1 + f_2 + \cdots + f_n} = \frac{\sum_{i=1}^{n} f_i x_i}{\sum_{i=1}^{n} f_i} = \frac{\sum_{i=1}^{n} f_i x_i}{N}$$

여기에서, $N = \sum_{i=1}^{n} f_i$은 총 도수이다.

예제 3.2

5, 8, 6 및 2가 각각 3, 2, 4 및 1의 도수로 일어날 경우, 이들의 산술평균을 구하시오.

풀이 $\bar{x} = \frac{(3)(5)+(2)(8)+(4)(6)+(1)(2)}{3+2+4+1} = \frac{15+16+24+2}{10} = 5.7$

때때로 각 관측치의 중요도에 따라 서로 다른 가중치를 두어 산술평균을 계산하는 경우가 있는데, 이를 가중 산술평균(weighted arithmetic mean)이라고 한다. 이를 수식으로 나타내면,

$$\bar{x} = \frac{w_1x_1 + w_2x_2 + \cdots + w_nx_n}{w_1 + w_2 + \cdots + w_n} = \frac{\sum_{i=1}^{n} w_i x_i}{\sum_{i=1}^{n} w_i} = \frac{\sum_{i=1}^{n} w_i x_i}{\sum_{i=1}^{n} w_i}$$

여기에서, w_1, w_2, …, w_n은 각각 x_1, x_2, …, x_n에 대한 가중치이다.

예제 3.3

환경통계학 수업의 기말시험이 퀴즈에 비해 3배의 가중치가 있을 때, 어떤 학생이 기말시험에서는 85점, 두 번의 퀴즈에서는 각각 70점과 90점을 받았다고 하면,

평균 성적은 얼마인지 구하시오.

풀이 $\bar{x} = \dfrac{(3)(85)+(1)(70)+(1)(90)}{3+1+1} = \dfrac{415}{5} = 83.0$

n개의 양수인 x_1, x_2, $\cdots$, x_n에 대한 기하평균(geometric mean, G)은 관측치들의 곱의 n제곱근이다. 즉,

$$G = \sqrt[n]{x_1 x_2 \cdots x_n}$$

예로, 2, 4 및 8의 기하평균값은 $G = \sqrt[3]{(2)(4)(8)} = \sqrt[3]{64} = 4.0$

대부분의 경우에 기하평균은 제곱근을 구하므로 무리수이다. 고대 그리스에서는 무리수를 수로 인정하지 않았기 때문에, 이와 같이 구한 평균은 기하학적인 의미만을 갖는다고 하여 기하평균이라고 부르게 된 것이다.

자료 중 상대적으로 크거나 작은 수치가 있는 경우, 산술평균은 이 극단적인 수치에 영향을 받는다. 이와 같은 문제점을 해결하기 위하여 기하평균을 사용한다. 또한, 기하평균은 인구 변동률, 물가 상승률 등과 같이 변화하는 비율을 나타낼 때에도 사용된다.

예를 들어, 자본금 100만원으로 사업을 시작해서, 첫 해에는 자본금이 2배, 두 번째 해에는 첫 해 자본금에 비해 8배 증가했다고 할 때, 2년 동안 자본금이 각각 2배 및 8배 증가했으므로 처음에 비해 총 16배가 늘어났고, 매년 평균 a배 증가한다고 놓으면, 2년 뒤의 자본금은 $100 \times a \times a = 100 \times 2 \times 8$이므로 $a = 4$가 된다. 이를 기하평균의 수식으로 나타내면, $G = \sqrt[2]{(2)(8)} = 4.0$이다. 만일 2배와 8배의 산술평균을 구한다면 $\dfrac{2+8}{2} = 5.0$으로 5배가 되어 실제의 평균 증가율을 상회하게 된다.

n개의 양수인 x_1, x_2, $\cdots$, x_n에 대한 조화평균(harmonic mean, H)은 주어진 측정값들의 역수들의 산술평균의 역수를 말한다. 이를 식으로 나타내면,

$$H = \frac{1}{\left(\dfrac{\sum_{i=1}^{n} \dfrac{1}{x_i}}{n}\right)} = \frac{n}{\sum_{i=1}^{n} \dfrac{1}{x_i}}$$

예를 들어, 숫자 2, 4 및 8의 조화평균은,

$$H = \frac{3}{\frac{1}{2}+\frac{1}{4}+\frac{1}{8}} = \frac{3}{\frac{7}{8}} = 3.4$$

두 값 a, b의 조화평균은 $2ab/(a+b)$가 되는데, 이는 음악의 음계와 관련이 있다. 예를 들어, 현악기에서 원래 현의 길이가 1이라고 할 때, 길이를 1/2로 줄이면 한 옥타브 높은 음이 되며, 여기에서 1과 1/2의 조화평균을 구하면 2/3가 된다. 현악기의 현의 길이를 2/3로 하면 5도 높은 음을 얻게 되는데, 1도와 5도, 즉 '도'와 '솔'은 서로 잘 어울리는 음이다. 이처럼 조화평균(harmonic mean)은 하모니를 이루는 조화로운 음을 만든다는 의미에서 붙여진 이름이다.

또한, 일정한 거리를 a의 속도와 b의 속도로 움직일 때, 두 속도의 평균 역시 조화평균이 된다. 예를 들어, 전체 거리의 절반은 40 km/h의 속도로 달리고, 남은 절반은 60 km/h로 달렸다면, 평균 속도는 40과 60의 조화 평균인 48.0 km/h가 된다. 그 이유는 이동하는데 전체 거리를 48.0 km/h의 속력으로 달린 것과 같은 시간이 걸리기 때문이다.

마찬가지로, 전기 회로에서 40 Ω과 60 Ω인 저항기가 병렬로 연결되어 있을 경우에, 두 저항기의 평균 저항은 48.0 Ω이 된다. 즉, 두 개의 저항기를 48 Ω 짜리 저항기 두 대로 바꾼다 해도 전체 회로의 저항은 변하지 않는다.

일반적으로 산술평균, 기하평균 및 조화평균 사이의 관계는 다음과 같다.

$$\bar{x} \geq G \geq H$$

단, 등부호(=)는 모든 숫자가 동일한 경우에만 적용된다.

예제 3.4

7, 4, 8, 4, 5, 6, 3, 11에 대한 산술평균, 기하평균 및 조화평균을 구하여 크기를 비교하시오.

풀이 산술평균$= \frac{7+4+8+4+5+6+3+11}{8} = 6.0$

$$\text{기하평균} = \sqrt[8]{(7)(4)(8)(4)(5)(6)(3)(11)} = 5.5$$

$$\text{조화평균} = H = \frac{8}{\left(\frac{1}{7}+\frac{1}{4}+\frac{1}{8}+\frac{1}{4}+\frac{1}{5}+\frac{1}{6}+\frac{1}{3}+\frac{1}{11}\right)} = 5.1$$

따라서 산술평균 > 기하평균 > 조화평균이다.

n개의 관측치 x_1, …, x_n의 자료에 대한 중앙값(median)은 관측치를 가장 작은 값부터 큰 값의 순서로 배열할 때 가운데에 위치하는 값이다. 따라서 자료의 50%는 중앙값보다 아래에 있고, 나머지 50%는 그보다 위에 있다고 할 수 있다.

만약에 n이 홀수라면, $\frac{n+1}{2}$번째 위치한 값이 단 하나 존재하고, 바로 그 값이 중앙값이다. 만약에 n이 짝수라면, $\frac{n}{2}$번째 값과 $\frac{n+1}{2}$번째 값의 산술평균이 중앙값이다.

예제 3.5

관측치가 5, 5, 7, 18, 15, 12, 11 및 9일 때 중앙값을 구하시오.

풀이 먼저 자료를 가장 작은 값부터 큰 값의 순서로 배열하면,

5, 5, 7, 9, 11, 12, 15, 18

자료의 개수가 짝수이므로 중앙값은 가운데 두 값인 9와 11의 산술평균인 (9 + 11)/2 = 10.0이다.

최빈값(mode)이란 가장 큰 도수(frequency)로 관측되는 값을 나타낸다. 최빈값은 이산형 자료에 대해 널리 사용되며, 평균이나 중앙값과는 달리 범주형 자료에 대해서도 사용될 수 있다.

예제 3.6

2, 2, 5, 7, 9, 9, 9, 10, 10, 11, 12 및 18의 자료에 대해 최빈값을 구하시오.

풀이 가장 빈번히 나타나는 값은 세 번 나타나는 9이므로 최빈값은 9이다.

적당히 기울어진(비대칭인) 최빈값이 하나인 도수분포도에 대해 다음과 같은 실험적인 관계가 성립된다.

$$\text{평균} - \text{최빈값} = 3(\text{평균} - \text{중앙값})$$

반면에, 좌우 대칭인 분포도에서는 평균, 최빈값 및 중앙값이 모두 일치한다.

$$\text{평균} = \text{최빈값} = \text{중앙값}$$

[그림 3-1]은 분포의 모양에 따른 산술평균, 중앙값 및 최빈값의 위치를 보여주고 있다.

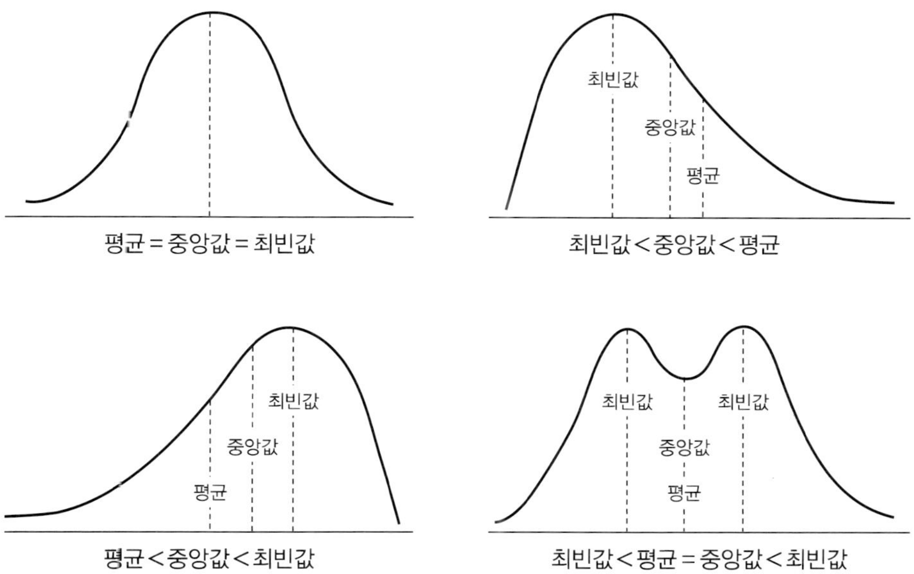

그림 3-1 분포 모양에 따른 산술평균, 중앙값 및 최빈값의 위치

자료를 기술할 때, 자료의 중심 위치를 구하는 것 외에도 중심 위치를 기준으로 한 산포(dispersion, variation, spread)를 구하는 것도 중요하다. 두 자료의 중심 위치는 비슷하더라도 산포는 현저히 다를 수도 있다. 예를 들어, 아래의 [그림 3-2]에서 (B)는 (A)보다 더 넓게 산포해 있다.

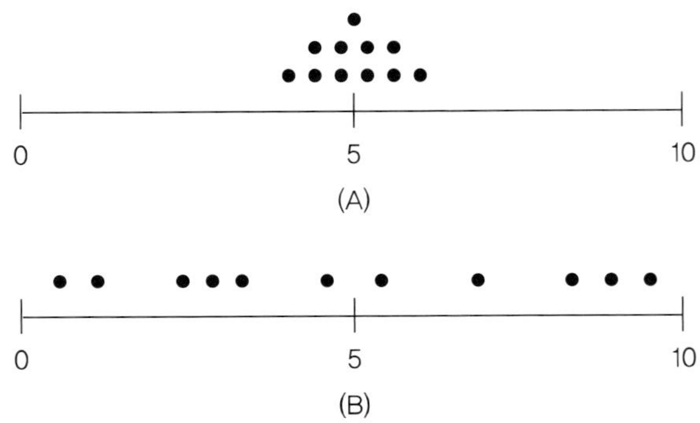

그림 3-2 중심 위치(중앙값)는 비슷하지만 산포 정도가 다른 사례

2. 분산, 표준편차, 범위

각 관측치와 표본평균($\overline{x}$)의 차이를 편차(deviation)라고 한다. 즉,

$$\text{편차} = \text{관측치} - \text{표본평균} = x_i - \overline{x}$$

로 나타낸다. 편차는 양 또는 음의 값이 될 수 있으며, 편차를 모두 더하면 0이 된다. 즉,

$$\Sigma(\text{편차}) = \sum_{i=1}^{n}(x_i - \overline{x}) = 0$$

편차의 평균은 항상 0이 되기 때문에 자료의 산포 정도(spread)를 나타낼 수 없다. 그 대신 편차의 제곱을 모두 더한 값을 (관측치의 개수−1)로 나눈 표본

분산(sample variance)을 사용한다. 즉, n개의 관측치에 대한 표본분산은

$$s^2 = \frac{\text{편차의 제곱의 합}}{n-1} = \frac{\sum_{i=1}^{n}(x_i - \bar{x})^2}{n-1}$$

이를 좀 더 계산하기 편리하게 바꾸면,

$$s^2 = \frac{\sum_{i=1}^{n} x_i^2 - \frac{\left(\sum_{i=1}^{n} x_i\right)^2}{n}}{n-1} = \frac{\sum x_i^2 - \frac{(\sum x_i)^2}{n}}{n-1}$$

표본분산은 편차의 제곱을 평균한 개념이 있기는 하지만, n이 아닌 $n-1$로 나눈다는 것에 주목하여야 한다. 여기에서 $n-1$을 s^2과 연관된 자유도(degree of freedom)라고 한다.

자료에 대한 변동의 측도를 자료와 동일한 단위로 얻기 위해서는 분산의 양의 제곱근인 표준편차(standard deviation)를 구할 수 있다. 표준편차는 분산보다 자료의 퍼진 정도를 나타내는 기본 측도로 더 널리 사용된다. 즉, 표준편차를 수식으로 나타내면,

$$s = \sqrt{\frac{\sum x_i^2 - \frac{(\sum x_i)^2}{n}}{n-1}}$$

과 같다.

예제 3.7

어느 지역의 7가정에서 수돗물 중 염소소독 결과 생성되는 클로로폼(chloroform)의 농도를 측정하였더니, 각각 4.1, 7.3, 5.8, 10.3, 5.4, 9.9 및 11.0 μg/L이었다. 이 자료데 대한 평균과 표준편차를 구하시오.

풀이 먼저 평균을 계산하면 $\frac{4.1+7.3+5.8+10.3+5.4+9.9+11.0}{7} = 7.69$ μg/L이다. 표준편차는 아래와 같은 표에 따라 편리하게 계산할 수 있다.

x	x^2
4.1	16.81
7.3	53.29
5.8	33.64
10.3	106.09
5.4	29.16
9.9	98.01
11.0	121.00
합 = $\sum x = 53.80$	합 = $\sum x^2 = 458.00$

이로부터

$$s = \sqrt{\frac{\sum x_i^2 - \frac{(\sum x_i)^2}{n}}{n-1}} = \sqrt{\frac{458.00 - \frac{53.80^2}{7}}{7-1}} = \sqrt{\frac{44.51}{6}} = 2.72\ \mu\text{g/L}$$

따라서 평균과 표준편차를 이용하여 이 자료에 대한 중심 위치와 산포 측도를 나타내면 7.69 ± 2.72 μg/L이다. 일반적으로 중심 위치와 산포 측도를 구할 때, 소수점 이하의 자릿수는 일치하도록 한다. 만약 위의 예제에서 평균은 동일하고 표준편차가 0.032 μg/L라면, 7.69 ± 0.03 μg/L로 나타낸다.

종 모양의 분포(예, 정규분포)에 대해 다음과 같은 경험법칙이 얻어졌다. 즉,
자료의 약 68%는 평균으로부터 1 표준편차 이내에 속한다.
자료의 약 95%는 평균으로부터 2 표준편차 이내에 속한다.
자료의 약 99.7%는 평균으로부터 3 표준편차 이내에 속한다.

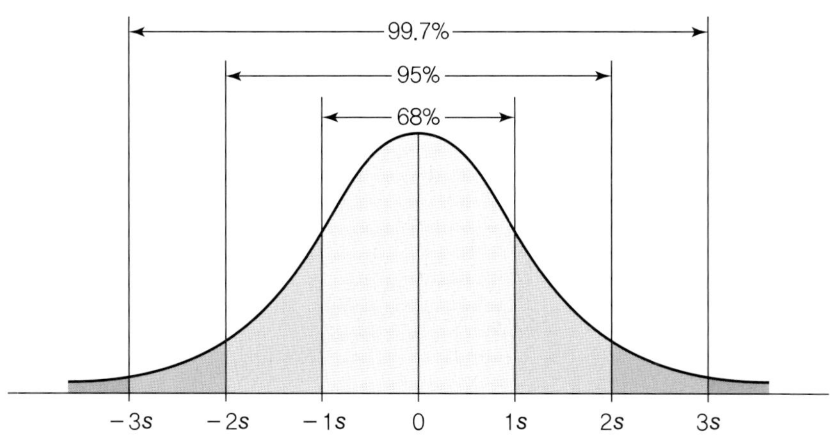

표본분산과 표본표준편차는 모집단의 모수에 대한 표본 추정치(estimate)이다. 모집단의 분산(σ^2, 모분산)과 모집단의 표준편차(σ, 모표준편차)는 다음의 식으로 나타낸다.

모분산: $$\sigma^2 = \frac{\sum_{i=1}^{n}(x_i - \mu)^2}{N}$$

모표준편차: $$\sigma = \sqrt{\frac{\sum_{i=1}^{n}(x_i - \mu)^2}{N}}$$

여기에서, μ는 모평균이고 N은 모집단 내의 구성 요소의 개수이다.

자유도(degree of freedom, df)라는 용어는 이 책의 여러 곳에서 언급되는데, 간단하게 정의하자면 통계적 추정을 할 때 표본의 관측치 개수 중 모집단에 대한 정보를 주는 독립적인 관측치 개수를 말한다. 자유도는 표본 관측치의 개수(n)에서 추정해야 하는 모수의 개수(k)를 뺀 값으로 구한다. 즉,

$$df = n - k$$

자료의 산포에 대한 또 다른 측도로 범위(range)가 있으며, 이는 최댓값(가장 큰 값)과 최솟값(가장 작은 값)의 거리(차이)로 구한다.

표본 범위 = 최댓값 − 최솟값

범위는 관측치가 분포하는 구간의 길이를 나타낸다. 범위는 계산과 해석이 간단한 반면에, 최솟값과 최댓값 사이에 위치하고 있는 관측치들의 산포에 대한 정보를 제공하지 못한다는 단점이 있다.

예제 3.8

어떤 교차로에서 2시간에 걸쳐 매 20분마다 여섯 번 소음을 측정하였더니 52.0, 56.7, 62.6, 60.0, 67.1 및 56.4 dB이었다. 이 자료에 대한 범위를 계산하시오.

풀이 최댓값은 67.1이고 최솟값은 52.0이므로, 범위는 (67.1 − 52.0) dB = 15.1 dB 이다.

3. 사분위수, 백분위수, 사분위수 범위

어떤 자료의 관측치를 크기 순서대로 배열한 경우, 자료를 같은 크기로 이분(二分)하는 값이 중앙값(median)이다. 이러한 개념을 확장하여 자료를 네 등분(等分)으로 나누는 위치에 있는 값을 생각할 수 있다. 이러한 값들을 Q_1, Q_2 및 Q_3로 나타낼 수 있고, 이를 각각 제1사분위수, 제2사분위수 및 제3사분위수(quartile)라고 한다. Q_2는 중앙값과 같다.

마찬가지로, 관측 자료를 10등분하는 위치에 있는 값들을 십분위수(deciles)라고 하고, 기호로는 D_1, D_2, $\cdots$, D_9이라고 한다. 또한 자료를 100등분하는 값들을 백분위수(percentiles)라 하며, 기호로는 P_1, P_2, $\cdots$, P_{99}로 나타낸다. 제5십분위수와 제50백분위수는 중앙값(Q_2)에 해당되며, 제25백분위수와 제75백분위수는 각각 제1사분위수(Q_1)와 제3사분위수(Q_3)에 해당된다.

그리고 사분위수들은 아래와 같이 각각에 해당되는 백분위수를 구하면 된다.

제1사분위수(Q_1) = 제25백분위수
제2사분위수(Q_2, 중앙값) = 제50백분위수
제3사분위수(Q_3) = 제75백분위수

사분위수를 구하는 방법에는 보간법(interpolation)이 있다. 아래의 예제 3.9에서는 보간법을 사용하는 방법을 설명하며, SPSS 등의 소프트웨어에서는 보간법을 사용한 결과를 출력해 주고 있으니 참고하기 바란다.

예제 3.9 사분위수 계산

어떤 아파트에서 도로 교통으로 인한 민원이 제기되어, 24시간에 걸쳐 아파트 건물 5층에서 소음(dB)을 30번 측정하였더니 다음과 같았다. 이로부터 사분위수들과 제10백분위수를 계산하시오.

52.0	54.4	54.5	55.7	55.8	55.9	55.9	56.2	56.4	56.4
56.4	56.7	56.8	57.2	57.6	58.9	59.4	59.5	59.8	60.0
60.2	60.3	60.5	60.6	60.8	61.0	61.4	61.7	61.8	62.0

풀이 보간법을 사용하여 사분위수를 구할 때에는 사분위수들의 위치를 먼저 구한다.

$$\text{제1사분위수 } Q_1\text{의 위치} = \frac{1}{4}(n+1) = \frac{1}{4}(30+1) = 7.75$$

$$\text{제2사분위수 } Q_2\text{의 위치} = \frac{1}{2}(n+1) = \frac{1}{2}(30+1) = 15.50$$

$$\text{제3사분위수 } Q_3\text{의 위치} = \frac{3}{4}(n+1) = \frac{3}{4}(30+1) = 23.25$$

이다. Q_1의 위치가 7.75이므로 7번째와 8번째인 55.9와 56.2 사이에 Q_1이 위치한다. Q_2는 15번째와 16번째 사이인 57.6과 58.9 사이에, Q_2는 23번째와 24번째 사이인 60.5와 60.6 사이에 위치한다는 것을 알 수 있다. 이것을 토대로 보간법을 사용하면,

$$Q_1 = 55.9 + 0.75(56.2 - 55.9) = 56.125$$

$$Q_2 = 57.6 + 0.50(58.9 - 57.6) = 58.25$$

$$Q_3 = 60.5 + 0.25(60.6 - 60.5) = 60.525\text{이다.}$$

여기에서 0.75, 0.50 및 0.25는 각 사분위수의 위치를 계산한 값의 소수점 이하 값이다.

사분위수를 구하는 방법과 마찬가지로 제10백분위수의 위치는

$$\text{제10백분위수 } P_{10}\text{의 위치} = \frac{10}{100}(n+1) = \frac{10}{100}(30+1) = 3.1$$

이다. 이를 통해 3번째와 4번째 사이인 54.5와 55.7에 P_{10}이 위치한다. 보간법에 의해서

$$P_{10} = 54.5 + 0.1(55.7 - 54.5) = 54.62\text{가 된다.}$$

사분위수 범위(interquartile range, IQR)는 제1사분위수와 제3사분위수 간의 거리로 정의한다. 즉,

$$IQR = Q_3 - Q_1$$

사분위수 범위는 범위가 극단적인 관측치에 영향을 받는 단점을 보완할 수 있는 장점이 있다. 일반적으로 사분위수 범위는 한쪽 방향으로 긴 꼬리를 갖고 있는 분포를 보이는 경우에 널리 사용된다.

4. 상자그림

상자그림(box plot) 또는 상자-수염그림(box-whisker plot)은 자료의 산포 정도를 눈으로 쉽게 볼 수 있는 효과적인 방법이다. 상자그림의 모양은 사용하는 응용 소프트웨어에 따라 다르기는 하지만, 일반적으로 중앙값, 산술평균, 산포 측도, 범위 등이 포함된다. 보통 산포 측도는 상자를 사용하여 사분위수 범위(IQR)로 나타내고, 자료의 범위는 수염(whisker)으로 나타낸다. 아래의 [그림 3-3]은 SPSS를 이용하여 그린 상자그림의 한 예이다. 상자그림을 그릴 때 필요한 다섯 개의 통계량인 최솟값, 제1사분위수, 제2사분위수(중앙값), 제3사분위수 및 최댓값을 다섯 숫자 요약(five number summary)이라고 한다.

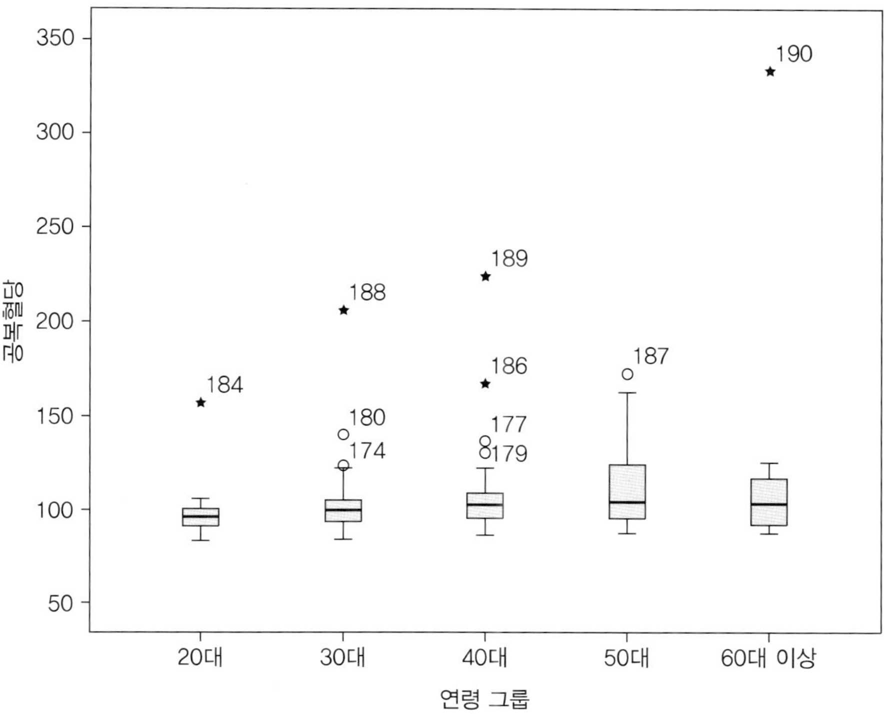

그림 3-3 연령대별로 공복혈당에 대한 상자그림(검진.sav)

여기에서, 상자 위의 실선은 Q_3, 아래 실선은 Q_1, 그리고 가운데의 굵은 실선은 Q_2(중앙값)를 나타낸다. 상자 위와 아래의 점은 각각 최댓값과 최솟값을 나타낸다. ○과 ★는 이상치를 나타내는데, ○은 $1.5IQR$과 $3.0IQR$ 사이에 위치한 값이고 ★은 $3.0IQR$ 밖의 이상치를 뜻한다. 숫자는 자료의 일련번호를 나타낸다.

5. 기타 측도

변동계수(coefficient of variation, CV)는 표준편차를 산술평균으로 나눈 값으로, 어떤 집단에서 상대적인 변동의 양을 나타낼 때 사용된다. 변동계수에 대한 표본 추정치는 다음과 같이 정의한다.

$$CV = \frac{s}{x}$$

변동계수는 차원(단위)이 없으므로 어떤 분포의 상대적인 산포 정도를 특징화하는데 유용하다. 또한 다른 시료 채취 장소에서 얻은 자료의 산포 정도를 비교하는 데에도 사용될 수 있다. 다른 집단 또는 다른 출처로부터 얻은 자료들의 측도(평균 및 표준편차)는 함께 변하는 경향이 있는 반면에, 변동계수는 거의 일정하게 유지되는 경향이 있어 매우 유용하다. 변동계수는 자료의 왜도(skewness)를 나타내는 지표로도 유용하다. 만약 자료의 분포가 어느 한쪽으로 기울어진 경우, 표준편차는 평균보다 크므로 CV값은 1보다 크게 된다.

변동계수는 종종 백분율로 나타내며, 상대표준편차(relative standard deviation, RSD)라고도 한다. 이는 다음과 같은 수식으로 표현할 수 있다.

$$CV(\%) = RSD(\%) = \frac{s}{x} \times 100$$

예제 3.10

세 개의 시료 채취 지점에서 모니터링 결과가 아래와 같았다. 자료의 산포 관점에서 결과를 비교하시오.

		시료 채취 지점		
		A	B	C
		40.0	19.9	37.0
		29.2	24.1	33.4
		18.6	22.1	36.1
		29.3	19.8	40.2
$\bar{x}$	=	29.28	21.48	36.68
s	=	8.74	2.05	2.80
CV	=	0.30	0.10	0.08

풀이 위와 같이 평균과 표준편차를 구한 후 변동계수를 계산하면, A 지점에서는 0.30, B 지점에서는 0.10, 그리고 C 지점에서는 0.08이다. A 지점에서 가장 산포 정도가 크고, C 지점에서 가장 작다.

z-값(z-value)은 z-점수(z-score) 또는 표준화된 변수(standardized variable)라고도 하는데, 각 관측치가 표준편차 상에서 어떤 위치를 차지하는지를 보여주는 차원(단위)이 없는 수치이다. 즉, 특정한 관측치가 평균으로부터 표준편차의 몇 배만큼 떨어져 있는지를 나타내는 측도이며 다음의 식으로 표현된다.

$$z = \frac{x_i - \overline{x}}{s}$$

z-값은 두 종류 이상의 자료에서 한 자료의 특정한 관측치의 크기와 다른 관측치의 크기를 상대적으로 비교할 때 사용된다.

예제 3.11

어떤 학생이 기말시험을 치렀는데, 수학은 84점을, 그리고 환경통계학은 90점을 받았다. 이때 그 학년의 수학 점수의 평균은 76.0이고 표준편차는 10.0이었으며, 환경통계학의 평균은 82.0이고 표준편차는 16.0이었다. 어떤 과목이 상대적으로 더 잘했다고 할 수 있을까?

풀이 수학에 대학 표준화된 변수 $z = \frac{(84-76.0)}{10.0} = 0.80$이고, 환경통계학에 대한 표준화된 변수 $z = \frac{(90-82.0)}{16.0} = 0.50$이다. 따라서 이 학생은 수학에 대해서는 평균으로부터 표준편차의 0.80배에 해당되는 위치에 있고, 환경통계학에 있어서는 평균으로부터 표준편차의 0.50배에 해당되는 위치에 있다. 따라서 두 과목을 비교하여 볼 때 이 학생은 수학에서 상대적으로 더 높은 성적을 받았다고 할 수 있다.

예제 3.12

2017학년도 대학수학능력시험에서 '수학 가' 영역의 평균이 90.0, 표준편차가 12.0, '물리 II' 영역의 경우 평균이 39.0, 표준편차가 10.0이었다고 할 때, 원 점수로 '수학 가' 75점, '물리 II' 45점을 받은 학생의 표준점수를 계산하시오.

영 역	원 점수 만점	원 점수 평균	원 점수 표준편차
수학 가	100	90.0	12.0
물리 II	50	39.0	10.0

풀이 먼저 두 과목에 대한 z 값을 구하면,

$$\text{수학 가: } z = \frac{75-90.0}{12.0} = -1.25$$

$$\text{물리 II: } z = \frac{45-39.0}{10.0} = +0.60$$

여기에서 얻은 z값을 다음의 공식에 대입하여 표준점수를 산출한다.

표준점수 = (z값 × 해당 과목의 표준편차) + 평균

따라서 '수학 가'의 표준점수는 $(-1.25\times12.0)+90.0=75.0$
'물리 II'의 표준점수는 $(+0.60\times10.0)+39.0=45.0$이다.
이 학생의 두 과목 성적은 원점수와 표준점수가 같다.

왜도(또는 비대칭도, 歪度, skewness)는 자료의 대칭성(symmetry)에 대한 측도이다. 왜도의 표본 추정치를 구하는 방법에는 여러 가지가 있으나, 가장 널리 사용되는 방법은 피어슨의 왜도계수(Pearson's coefficient of skewness)이다.

$$SK = \frac{3(\bar{x}-\tilde{x})}{s}$$

여기에서 SK는 skewness, $\bar{x}$는 평균, $\tilde{x}$은 중앙값, 그리고 s는 표준편차를 나타낸다. 또한, 왜도는 다음과 같은 식으로 구하기도 한다.

$$SK = \frac{\sum_{i=1}^{n}\left[\frac{(x_i-\bar{x})}{s}\right]^3}{n-1}$$

$$SK = \frac{n\sum_{i=1}^{n}(x_i-\bar{x})^3}{(n-1)(n-2)s^3}$$

자료의 분포가 대칭일 경우에(즉, 정규분포인 경우) 왜도는 0이고, 분포가

오른쪽으로 기울어진(right-skewed) 경우에는 왜도가 0보다 크며, 왼쪽으로 기울어진(left-skewed) 경우에는 왜도가 0보다 작다(그림 3-4).

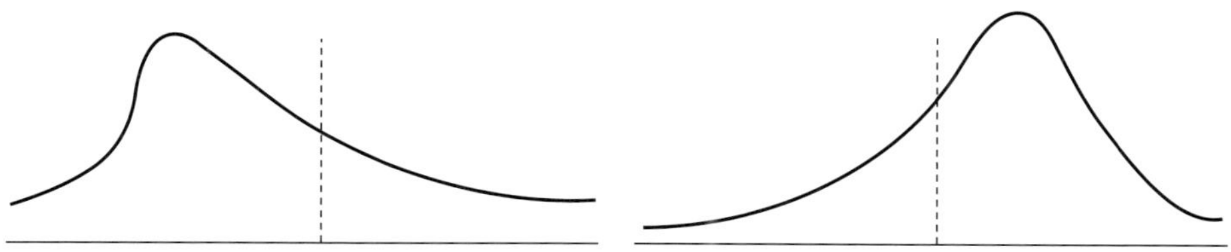

그림 3-4 분포에 따른 왜도 값의 부호

예제 3.13

다음의 자료에 대하여 피어슨의 왜도계수를 구한 후 자료의 분포를 설명하시오.

2.4, 3.4, 5.6, 5.7, 5.9, 7.3, 8.9, 19.0, 28.0, 34.2

풀이 위의 자료에 대한 평균($\bar{x}$)은 12.04, 중앙값은 6.60, 그리고 표준편차는 11.12이므로, 피어슨의 왜도계수는 $SK = \frac{3(12.04-6.60)}{11.12} = +1.47$이다. 따라서 자료는 양의 왜도계수를 가지므로 이 자료는 오른쪽으로 기울어진 분포의 형태를 갖는다.

첨도(kurtosis)는 정규분포의 모양과 비교하여 자료들이 얼마나 중앙에 집중되어(뾰족하게) 분포하는가를 나타내는 측도이다. 첨도를 계산하는 방법은 여러 가지가 있는데, 그 중 두 가지 방법을 소개하면 다음과 같다.

$$K = \frac{\sum_{i=1}^{n}\left[\frac{(x_i - \bar{x})}{s}\right]^4}{n-1} - 3$$

$$K = \frac{\frac{n^2\sum_{i=1}^{n}(x_i - \bar{x})^4}{(n-1)(n-2)(n-3)}}{s^4} - 3$$

정규분포의 경우 첨도는 0이고, 자료의 분포가 정규분포에 비해 상대적으로 가운데에 뾰족하게 많이 분포하면 첨도는 0보다 크며, 중앙에서 떨어진 위치에 많이 분포하면 첨도가 0보다 작다. 아래의 그림은 첨도에 따른 분포의 모양을 보여주고 있다.

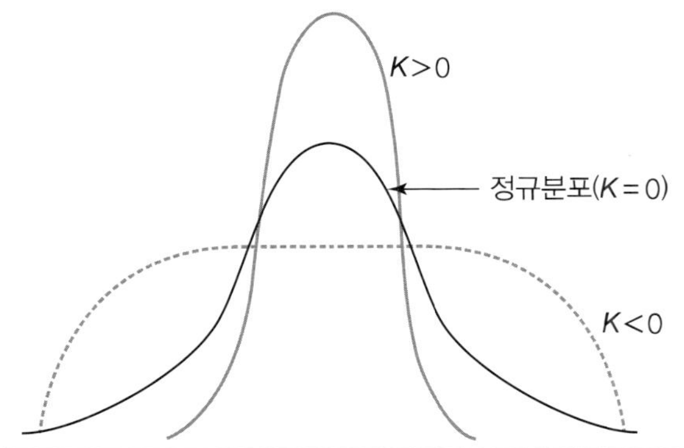

그림 3-5 첨도에 따른 분포의 모양

6. SPSS 분석 방법

기술통계는 분석하고자 하는 데이터 중 구간척도나 비율척도와 같이 연속형으로 측정된 변수를 가진 데이터를 적절하게 요약하여 개략적인 정보를 보기 위하여 사용된다. 이때 데이터를 요약함으로써 정보의 손실이 있을 수 있지만, 정보 손실을 최대로 감소시키면서 데이터를 가장 효과적으로 요약할 수 있는 요약값을 찾아내는 것이 기술통계 분석의 목적이다.

대표적인 기술통계량으로는 중심 경향을 나타내는 통계량, 분포의 퍼짐 정도를 나타내는 산포도 및 분포의 모양을 나타내는 분포도를 나타내는 통계량이 있다. 중심 경향을 나타내는 통계량으로는 앞서 빈도분석에서 언급한 것처럼 평균, 중위수, 최빈값 등을 많이 사용되며, 산포도를 나타내는 통계량으로는 표준편차, 분산, 사분위수 범위 등이 많이 사용된다. 분포도를 나타내는 통계량에는 왜도와 첨도가 있다.

앞서 사용한 검진데이터(검진.sav)를 사용하여 기술통계를 실행하고자 한다면, 탑 메뉴에서 '분석' → '기술통계량' → '기술통계'를 선택하여 대화상자를 연 후, 얻고자 하는 통계량을 옵션에서 선택하여 얻을 수 있다.

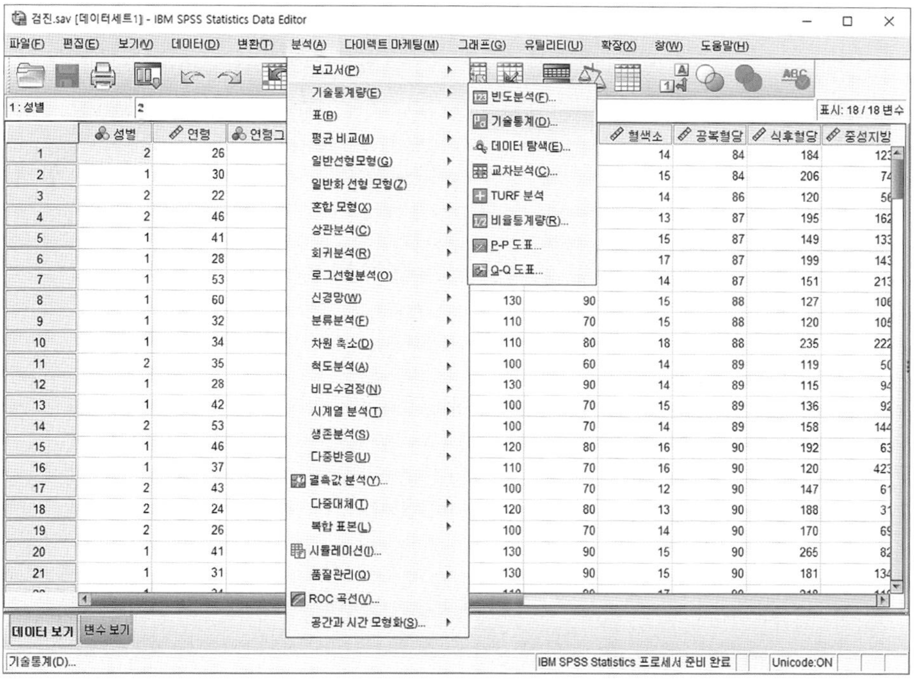

그림 3-6 기술통계 실행(검진.sav)

기술통계를 실행한 후 나타나는 대화상자를 열어서 기술통계를 실행하는 변수를 오른쪽 칸으로 옮긴 후, 옵션 대화상자를 열어 분석하고자 하는 통계량을 체크하고 '계속'과 '확인'을 누르면 결과가 출력된다.

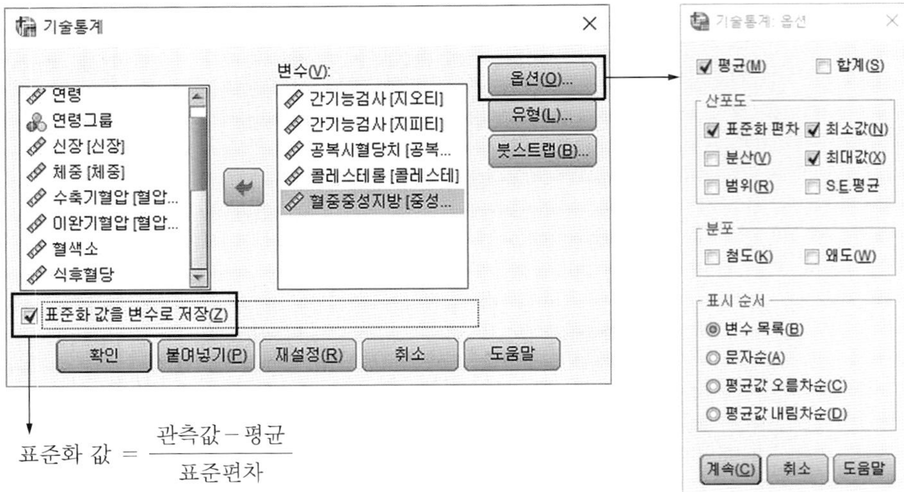

$$\text{표준화 값} = \frac{\text{관측값} - \text{평균}}{\text{표준편차}}$$

그림 3-7 기술통계 대화상자와 옵션

대화상자 왼쪽 하단에 있는 '표준화 값을 변수로 저장'을 체크하면 원 데이터에서 평균을 뺀 후 표준편차로 나눈 값으로 변환되어 데이터 편집기 창에서 맨 마지막 변수 옆에 새로운 변수가 생기게 된다. 표준화란 두 집단의 사례수와 평균이 다를 경우, 각 집단의 평균을 0, 표준편차를 1로 만들어주는 방법이다. 이는 분산이 같기 때문에 분산의 크기를 비교하는 것이 가능하다. 예를 들면, 통계학과 남학생과 여학생의 키 분포를 비교하고자 할 때 표준화를 이용하여 분석하면 된다.

기술통계량

	N	최솟값	최댓값	평균	표준편차
간기능검사	190	9	63	19.40	8.371
간기능검사	190	3	104	20.42	15.226
공복시 혈당치	190	84	335	105.41	25.070
콜레스테롤	190	108	297	183.47	34.168
혈중 중성지방	190	20	719	152.41	113.591
유효한 N(목록별)	190				

각 변수에 따른 평균과 표준편차, 최댓값과 최솟값들에 대한 결과가 나타났다.

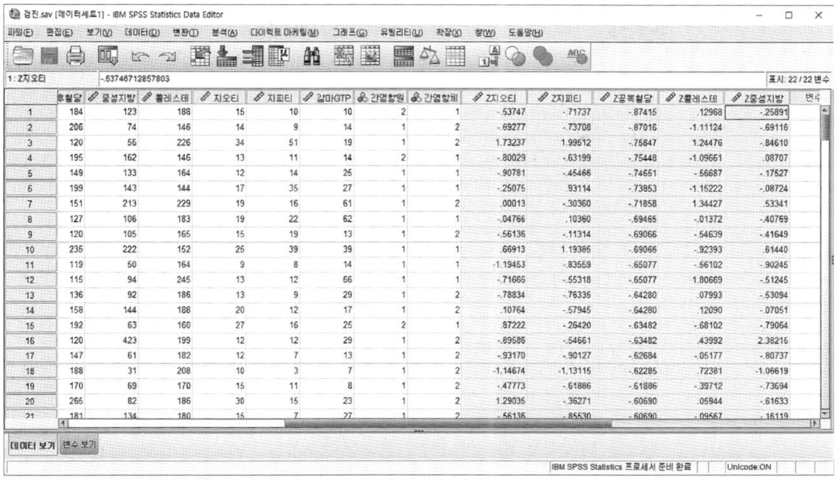

그림 3-8 기술통계 결과와 표준화 변환 저장한 변수들의 결과

기술통계량뿐만 아니라 연속형 자료에 관한 그래프는 크게 두 가지로 나타낼 수 있는데, 통계적 도표라고 하는 상자그림과 줄기-잎 그림이다. 상자그림과 줄기-잎 그림은 '분석' → '기술통계' → '데이터 탐색'을 선택하여 대화상자를 연 후, 얻고자 하는 통계량 및 그래프를 옵션에서 선택할 수 있다.

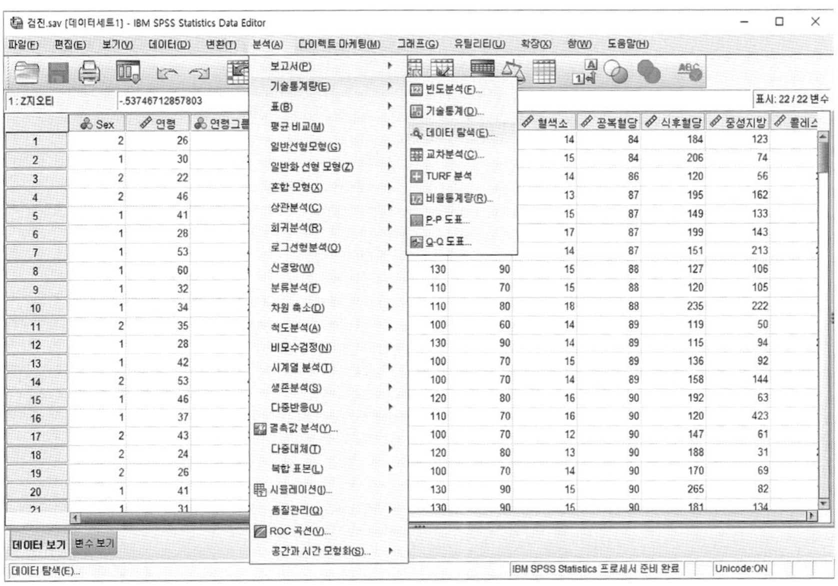

그림 3-9 탐색 실행(검진.sav)

'데이터 탐색'을 실행한 후 나타나는 대화상자를 열어서 그래프를 그릴 변수를 오른쪽 칸으로 옮긴 후, 옵션 대화상자를 열어 분석하고자 하는 통계량 및 도표를 체크하고 '계속'과 '확인'을 누르면 결과가 출력된다.

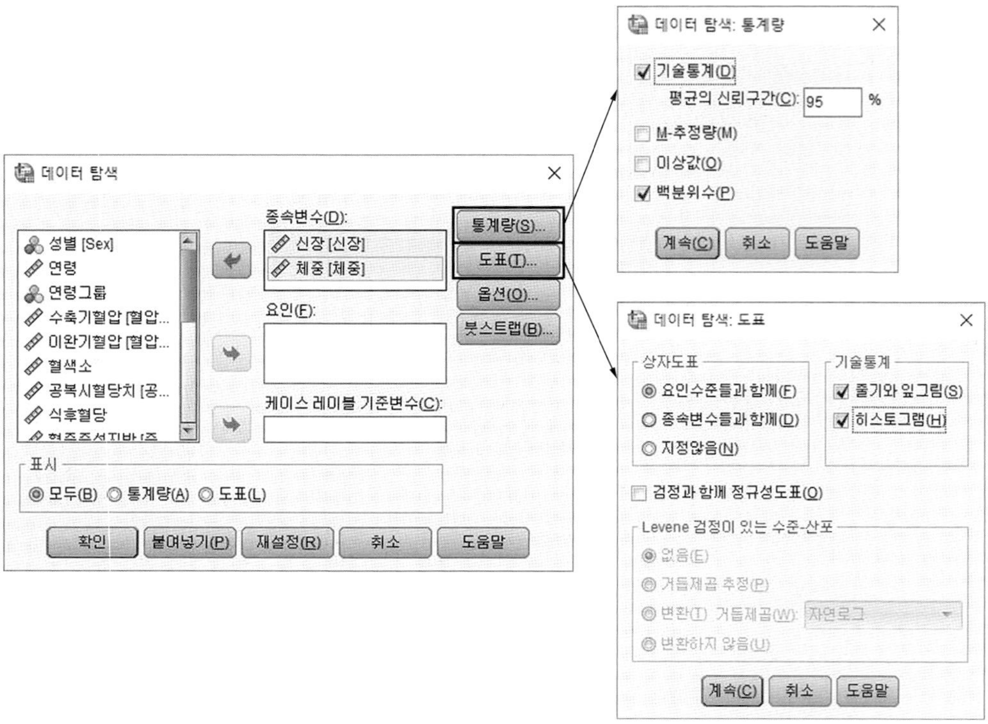

그림 3-10 데이터 탐색 대화상자와 옵션

'데이터 탐색'에 대한 옵션을 실행시킨 결과는 다음과 같다. '데이터 탐색'을 통해서 백분위수뿐만 아니라 줄기-잎 그림, 상자그림 및 히스토그램을 보여준다.

기술통계

			통계	표준오류
신장	평균		167.22	0.632
	평균의 95% 신뢰구간	하한	165.97	
		상한	168.47	
	5% 잘린 평균		167.37	
	중앙값		168.55	

	분산	75.933	
	표준편차	8.714	
	최솟값	141	
	최댓값	185	
	범위	44	
	사분위수 범위	12	
	왜도	−0.325	0.176
	첨도	−0.432	0.351
체중	평균	66.55	0.881
	평균의 95% 신뢰구간 하한	64.81	
	상한	68.29	
	5% 잘린 평균	66.29	
	중앙값	66.15	
	분산	147.581	
	표준편차	12.148	
	최솟값	38	
	최댓값	106	
	범위	68	
	사분위수 범위	17	
	왜도	0.282	0.176
	첨도	0.030	0.351

백분위수

		백분위수						
		5	10	25	50	75	90	95
가중평균(정의 1)	신장	152.80	154.61	161.00	168.55	173.42	177.94	180.95
	체중	48.73	50.37	57.15	66.15	74.58	82.05	85.13
Tukey의 Hinges	신장			161.20	168.55	173.40		
	체중			57.20	66.15	74.50		

데이터 탐색을 통해 그려주는 그래프는 다음과 같다. SPSS의 줄기-잎 그림에서 잎 부분이 0~4까지 한 구간으로, 5~9까지 또 다른 구간으로 나눠서 그려준다. 또한, 히스토그램에서는 그래프를 더블 클릭한 후 오른쪽 버튼을 누르면 그래프에 관한 각종 옵션들이 나온다. 옵션에서 분포곡선을 클릭하면 정규분포 곡선을 그려주며, 데이터 레이블을 표시할 수 있다.

신장 줄기-잎 그림 도표

```
구매빈도      줄기 & 잎
   1.00      극단값 (=<141)
   3.00      14.  678
  16.00      15.  0011223333444444
  24.00      15.  556666666777788888889999
  30.00      16.  000111112222222233333333444444
  35.00      16.  55555566666777788888888888999999999
  44.00      17.  00000001111111222222222222223333333333444444
  25.00      17.  5555555555556667778888899
  11.00      18.  00011112334
   1.00      18.  5

줄기 너비:     10
각 잎:         1 케이스
```

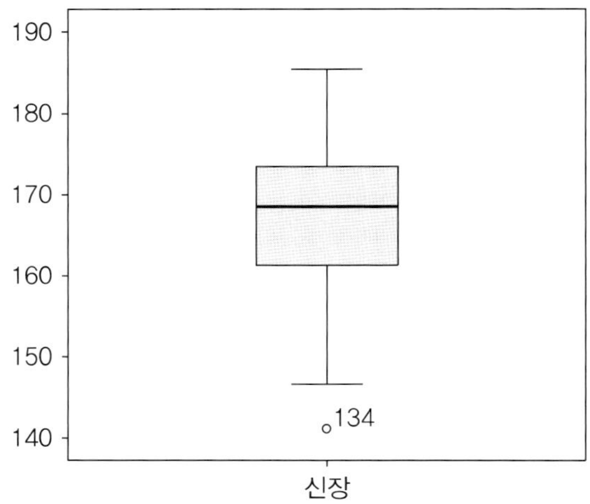

히스토그램

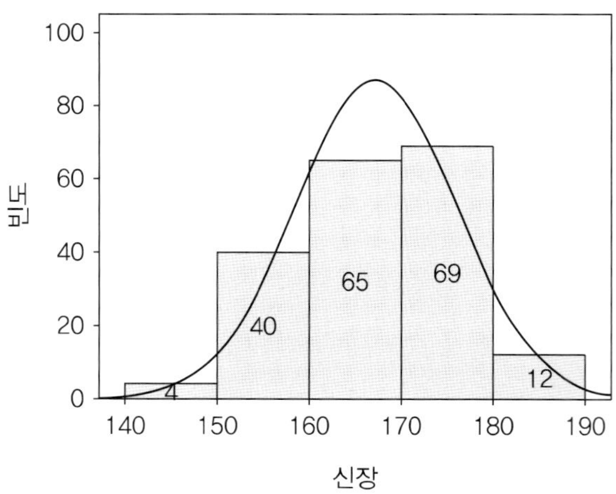

체중 줄기-잎 그림 도표

구매빈도	줄기 & 잎
2.00	3. 78
2.00	4. 34
12.00	4. 567889999999
19.00	5. 0001112222222233444
22.00	5. 5556666666677777889999
29.00	6. 00000001111112222222223333344
30.00	6. 555555566666667888888888899999
28.00	7. 0000011111111122223333334444
20.00	7. 55566677777777899999
17.00	8. 00011112333344444
2.00	8. 56
5.00	9. 12234
2.00	극단값 (>=101)

줄기 너비: 10
각 잎: 1 케이스

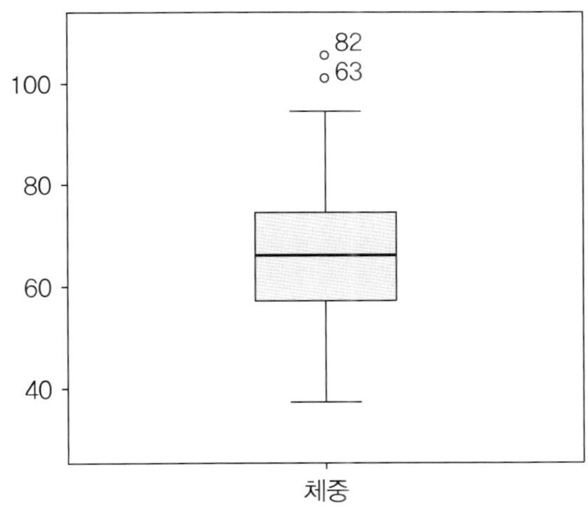

히스토그램

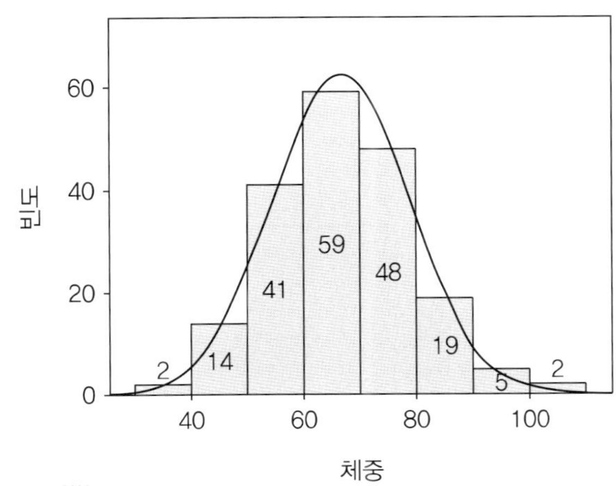

그림 3-11 데이터 탐색의 결과(검진.sav)

SPSS에서 보여 준 줄기-잎 그림과 상자그림을 살펴보면 이상치를 나타내고 있다. 이상치에 관해 자세한 설명은 7장에서 할 것이다. 여기에서는 신장의 경우 109번째 제시한 데이터(신장: 141.3)가 이상치이며, 체중에서는 55번째(체중: 101.4)와 70번째(체중: 105.6) 데이터가 이상치임을 나타내고 있다.

예제 3.9의 데이터에 대해 SPSS로 분석한 결과는 다음과 같다. 소음에 관한 평균, 분산, 표준편차, 범위 및 사분위수를 보여주었다. 다만 SPSS에서는 사분위수 대신에 백분위수를 보여준다. 제1사분위수 Q_1는 제25백분위수인 P_{25}와 같다. 따라서 $Q_2 = P_{50}$, $Q_3 = P_{75}$이다. 이때 보간법을 사용하여 사분위수를 구할 수 있으며, 이를 토대로 상자그림도 그릴 수 있다.

기술통계

			통계	표준오류
소음	평균		58.193	0.4816
	평균의 95% 신뢰구간	하한	57.208	
		상한	59.178	
	5% 잘린 평균		58.285	
	중앙값		58.250	
	분산		6.959	
	표준편차		2.6380	
	최솟값		52.0	
	최댓값		62.0	
	범위		10.0	
	사분위수 범위		4.4	
	왜도		−0.306	0.427
	첨도		−0.786	0.833

백분위수

		백분위수						
		5	10	25	50	75	90	95
가중평균(정의 1)	소음	53.320	54.620	56.125	58.250	60.525	61.670	61.890
Tukey의 Hinges	소음			56.200	58.250	60.500		

소음 줄기-잎 그림 도표

구매빈도	줄기 & 잎
.00	5.
1.00	5. 2
6.00	5. 445555
8.00	5. 66666677
4.00	5. 8999
10.00	6. 0000001111
1.00	6. 2

줄기 너비: 10
각 잎: 1 케이스

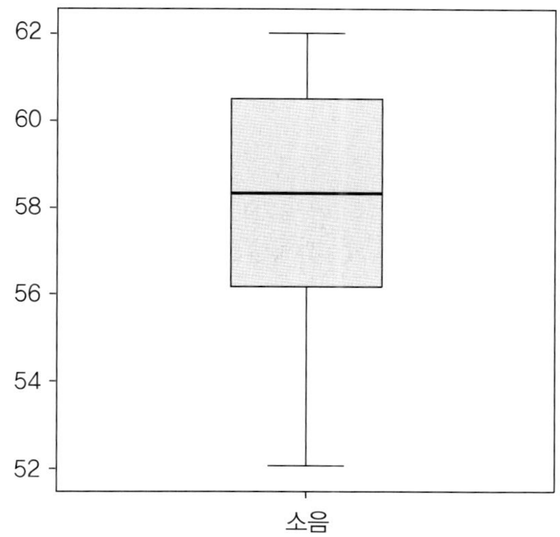

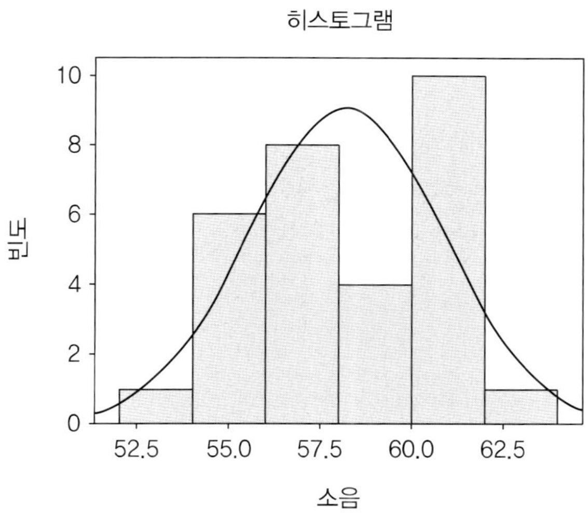

그림 3-12 예제 3.9 데이터의 탐색 결과

연습문제

01 다음의 자료에 대하여 산술평균, 기하평균, 조화평균 및 중앙값을 계산하시오.

A. 6, 4, 3, 8, 3, 5, 13
B. 2.7, 3.4, 5.7, 3.9, 2.1, 8.3
C. 123, 824, 239, 451, 784, 950, 794, 892, 1543, 749

02 산모로부터 제공 받은 모유 중 PCBs(polychlorinated biphenyls)의 농도(ppt)를 측정하였더니 다음과 같았다. 이 자료에 대해 다음의 통계량을 구하시오.

A. 중앙값
B. 제1, 제2 및 제3사분위수
C. 제10백분위수(10th percentile)
D. 제80백분위수

27	43	52	52	60	61	63	65	66	69
70	71	75	77	83	95	96	97	104	105
110	116	117	118	124	134	138	139	140	152
153	186	194	197	198	290	322	329	343	420

03 소양호 표층수 중 용존산소(dissolved oxygen, DO)의 농도(mg/L)를 측정하였더니 아래와 같았다.

4.1	4.5	5.3	5.9	6.5
7.1	7.5	8.4	8.9	9.6

이 자료에 대해,

A. 분산
B. 표준편차
C. 범위
D. 사분위간 범위(IQR)
E. 제5 및 제95백분위수
F. 변동계수(CV)

를 구하고, 상자그림(중앙값, IQR, 제5 및 제95백분위수, 최댓값 및 최솟값 포함)을 그리시오.

04 어떤 두 골프장의 토양에 함유된 제초제 파라콰트(Paraquat)의 농도(μg/kg)를 측정하였더니 다음과 같았다. 이에 대해 평균, 중앙값, 표준편차, IQR 및 변동계수를 구한 후 서로 비교하시오.

A. 골프장1: 4.3, 7.8, 4.9, 8.9, 7.4, 3.9, 6.4, 2.9, 10.0, 4.5
B. 골프장2: 3.1, 2.9, 6.9, 12.3, 3.9, 8.3, 7.6, 2.9, 3.8, 5.3

05 환경학자들은 독성물질이 바다 포유동물의 체내에 축적되고 후대에 전이되는 것에 많은 관심을 가지고 있다. 바다 먹이사슬에서 상위 육식동물로 알려진 줄무늬 돌고래도 그러한 사례에 해당한다. 30마리의 암놈 줄무늬 돌고래의 간에 있는 수은 농도(μg/kg)가 다음과 같았다.

1.50	168.00	241.00	315.00
2.85	180.00	264.00	318.00
10.40	183.00	278.00	397.00
15.78	209.00	286.00	406.00
95.60	218.00	316.00	445.00
110.00	252.00	329.00	481.00
119.00	221.00	314.00	485.00

A. 다섯 숫자 요약값을 구하시오.

B. 상자그림을 그리시오.

C. 이상치가 있는가?

D. 만약 처음 4마리의 돌고래는 3살 미만이고 나머지 돌고래는 8살 이상이라는 정보가 있다면, 이 정보는 관측치의 차이에 관하여 설명할 때 도움이 되는가? 그 이유는?

06 임의로 선정된 50 ft × 50 ft 안에 있는 지름 10 inch 이상의 나무가 얼마나 있는지를 조사하였다. 70곳을 랜덤하게 선택하여 각 구역 안에서 선택된 나무의 수를 세었더니 다음과 같았다.

10	8	7	8	10	4	6	8	7	9
6	4	9	9	9	8	10	8	7	9
8	3	5	4	8	9	9	8	7	5
8	10	6	8	8	9	5	10	7	7
7	2	7	9	8	7	6	11	8	9
6	8	10	8	9	11	7	7	11	7
9	13	9	8	8	5	9	5	9	8

A. 자료의 설명을 위하여 상대도수 히스토그램을 작성하시오.

B. 50 ft × 50 ft의 각 구역 안에 있는 평균 나무 수 μ의 추정값인 표본평균 $\overline{x}$를 계산하시오.

C. $\overline{x} \pm s$, $\overline{x} \pm 2s$ 및 $\overline{x} \pm 3s$를 계산하여 각 구간에 속하는 비율을 구하고, 경험 법칙의 결과와 비교하시오.

Chapter 4

확률변수와 확률분포

자료에서 나타나는 다양한 특성들을 묘사하기 위하여 사용할 수 있는 확률분포는 많이 있지만, 대부분의 자료들이 갖는 분포는 몇 가지 분포들로 근사될 수 있다. 그 중 대표적으로 많이 쓰이는 분포는 정규분포(normal distribution)와 로그정규분포(lognormal distribution)이다.

정규분포는 가우시안(Gaussian) 분포라고도 하는데, 통계학이 적용되는 모든 분야에서 가장 중요한 확률분포 중 하나로, 여러 가지 실험에서 발생하는 측정값의 오차나 수집된 자료들의 분포를 적합시킬 때 사용될 수 있다. 이것은 '중심극한정리'(central limit theorem)라는 수학적 성질 때문인데, 적당한 조건 하에서 자료(확률변수)의 수가 커지면 자료들의 분포에 상관없이 그 자료들의 합의 확률분포는 정규분포에 가까워진다는 이론이다. 따라서, 자료(확률변수)의 수가 충분히 크면 독립적인 확률변수들의 합으로 나타내는 어떠한 확률변수도 정규분포를 따르게 된다는 것이다. 정규분포는 대표적인 연속형 분포이다. 또한 이산형 분포를 정규분포로 근사시킬 수 있다. 정규분포를 따르지 않는 확률변수도 적절한 조건 하에서 변수 변환에 의하여 근사적으로 정규분포를 따를 수 있기 때문에, 정규분포는 신뢰구간이나 t-검정, 분산분석(ANOVA) 등과 같은 통계적 추론에서 아주 중요한 역할을 한다.

1. 확률변수

정규분포를 이해하기 위하여 우선 확률변수(random variable)란 무엇인지를 간단하게 알아보자. 두 개의 동전을 던지는 실험을 한다고 할 때, 이 실험의 가능한 결과는 무엇인가? 각 사건의 확률은 얼마인가? 실험의 가능한 결과는 $\{HH, HT, TH, TT\}$이며, 각 사건의 확률은 모두 1/4이다. 이때 동전을 던지는 실험을 확률실험 또는 확률시행(random trial)이라 한다. 확률변수 X를 두 개의 동전을 던졌을 때 앞면이 나오는 개수로 정의할 때, X가 가질 수 있는 값은 모두 0, 1, 2이다. 그러면 두 개의 동전 모두 앞면이 나올 확률, 즉 $P(X=2)$은 얼마인가? 두 개의 동전 모두 앞면이 나와야 하므로 확률은 1/4이다.

$P(X=1)$는 두 개 중 하나의 동전에서 앞면이 나오는 확률이므로 구하는 확률은 1/2이다. 이와 같이 확률변수란 확률 실험의 결과에 의해 결정되는 값을 갖는 변수를 말한다. 일반적으로 확률변수는 X 또는 Y와 같이 알파벳 대문자로 표기한다. 확률변수가 가질 수 있는 값이 유한하거나 셀 수 있는 경우 이산확률변수(discrete probability variable)라고 하고, 확률변수가 갖는 값이 주어진 실수 구간 내의 어떠한 실수도 가질 수 있는 경우를 연속확률변수(continuous probability distribution)라고 한다.

예제 4.1

어떤 호수에서 임의로 선택한 지점의 깊이를 확률변수 X로 두면, X가 가질 수 있는 값은 [0, MAX]에 있는 어떤 값도 가능하다. 여기에서 MAX는 이 호수의 최대 깊이이다. 그러므로 X는 연속확률변수이다.

예제 4.2

어떤 질병의 치료에 80% 효과가 있는 약이 있다. 이 질병이 있는 100명의 환자에게 이 약을 투여했을 때 치료된 환자의 수를 확률변수 X로 두자. 그러면 X가 가질 수 있는 값은 0명부터 100명 사이의 셀 수 있는 자연수이므로, X는 이산확률변수이다.

2. 확률분포

2.1 이산확률분포

이산확률분포(discrete probability distribution)는 이산확률변수의 모든 값에 대하여 확률이 어떻게 퍼져 있는지를 보여주는 확률분포이다. 앞 절 예제에서

확률변수 X를 두 개의 동전을 던졌을 때 나오는 앞면의 개수로 정의하면, X가 가질 수 있는 값은 모두 0, 1, 2이다. 따라서 X의 확률분포는 다음과 같다.

$X=x$	$P(X=x)$
0	1/4
1	1/2
2	1/4

이산확률변수 X가 가질 수 있는 모든 값 x에 대하여 확률 $P(X=x)$는 항상 0과 1 사이의 값을 가져야 하며, X가 가질 수 있는 모든 값들에 대응하는 확률의 합은 반드시 1이 되어야 한다.

이산확률변수의 평균은 하나의 확률 실험을 수없이 반복하여 시행한다면, 각 반복 시행에서 평균적으로 일어날 것이라고 기대하는 값을 말하며, μ 또는 $E(X)$로 표기하고, 기댓값(expected value)이라고도 한다.

이산확률변수의 표준편차는 확률분포의 퍼진 정도를 나타내며 σ로 표기한다. 이산확률변수의 표준편차가 작으면 확률변수의 값들 대부분이 평균에 가깝게 분포되어 있다는 것을 말하고, 반대로, 표준편차가 크면 확률변수의 값들이 평균과 멀리 떨어져 있다는 것을 말한다.

대표적인 이산확률분포에는 이항(binomial)분포와 포아송(poisson)분포가 있고, 이외에 음이항(negative binomial)분포, 다항(multinomial)분포 등이 있다.

2.2 연속확률분포

연속확률분포는 연속확률변수의 확률분포를 말한다. 확률변수 X가 연속확률변수일 때, X가 실수값 a와 b 사이의 값을 가질 확률인 $P(a \le X \le b)$는 다음과 같은 확률밀도함수 f로 나타낼 수 있다.

$$P(a \le X \le b) = \int_a^b f(x)dx$$

즉, X가 실수 구간 $[a, b]$에서 임의의 값을 가질 확률은 확률밀도함수 f의

곡선 아래의 면적이다.

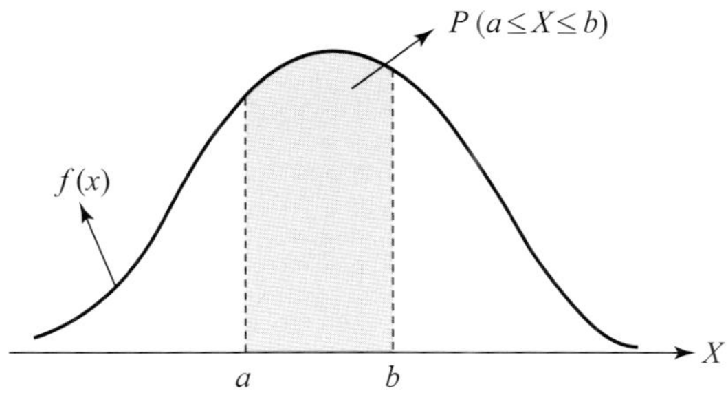

그림 4-1 연속확률변수의 확률

$f(x)$가 연속확률변수 X에 대하여 확률밀도함수가 되려면 다음의 두 조건을 충족하여야 한다.

① 모든 x에 대하여 $f(x) \geq 0$

② $\int_{-\infty}^{\infty} f(x)dx = 1$

연속확률변수 X에 대한 누적분포함수(cumulative distribution function, CDF) 또는 분포함수 $F(x)$는 모든 실수 x에 대하여,

$$F(x) = P(X \leq x) = \int_{-\infty}^{x} f(u)du$$

로 정의된다. 분포함수는 다양한 구간들에 대한 확률을 계산하는 데 쓰이므로 매우 중요하다.

연속확률변수 X가 하나의 값 x를 가질 확률은 항상 0이다. 따라서 연속확률변수에 대하여

$$P(a \leq X \leq b) = P(a \leq X < b) = P(a < X \leq b) = P(a < X < b)$$

의 관계가 성립된다.

3. 이항분포

이산확률분포 중 가장 대표적인 분포 중 하나가 이항확률분포(binomial probability distribution, 이항분포)이다. 이항분포는 이항 실험에서 얻어진 결과에 대한 확률분포이며, 이때 이항 실험이란 다음 조건을 만족하는 확률 실험을 말한다.

① 하나의 시행에서 두 가지의 결과만 가능하다. 두 가지의 결과는 '성공'과 '실패'로 구분할 수 있다. 여기에서, 성공이란 관심이 있는 사건을 얻는 경우를 말한다.
② 같은 시행을 n번 반복하며, 각 시행은 같은 조건 하에서 실행된다.
③ 각 시행에서 성공 확률을 p, 실패 확률을 q라고 하면, $p+q=1$이다.
④ 각 시행은 서로 독립적이다. 즉, 하나의 시행 결과가 다른 시행 결과에 영향을 미치지 않는다.

이항분포는 한 실험에서 서로 독립적인 n번의 반복시행 중 원하는 결과를 x번 얻을 확률을 찾을 때 이용된다. 이항분포를 따르는 이항확률변수는 서로 독립적인 n번의 반복시행에서 얻은 성공 횟수이며, 이항확률변수 X의 값이 $X=x$라는 것은 n번의 시행 중 x번의 성공을 얻었다는 것을 의미한다. 따라서 한 번의 시행에서 '성공'이 나올 확률을 p라고 두면, 이항확률분포는

$$\begin{aligned} P(X=x) &= \binom{n}{x} p^x (1-p)^{n-x} \\ &= \frac{n!}{x!(n-x)!} p^x (1-p)^{n-x} \qquad (x=0,\ 1,\ \cdots,\ n) \end{aligned}$$

이 된다.

이항분포의 대표적인 예로, 동전을 10번 던지는 확률 실험을 생각할 수 있다. 동전을 1번 던질 때 앞면 또는 뒷면이 나올 수 있고, 동전을 10번 던질 때마다 앞면이 나올 확률은 $\frac{1}{2}$로 동일하며, 10번의 결과가 서로 영향을 주지 않는다. 따라서 동전을 10번 던졌을 때 앞면이 3번 나올 확률은

$$P(X=3) = \binom{10}{3}\left(\frac{1}{2}\right)^3\left(\frac{1}{2}\right)^7 = \frac{10!}{3!(10-3)!}\left(\frac{1}{2}\right)^3\left(\frac{1}{2}\right)^7$$
$$= 0.117$$

이 된다.

만약 한 번의 실험에서 원하는 결과를 얻을 확률을 고려하는 경우, 베르누이(Bernoulli) 확률변수를 생각해야 한다. 베르누이 확률변수 X는 '성공' 또는 '실패' 중 하나의 값만을 가진다. 성공($X=1$)이 나올 확률을 모수 p로 두면, 베르누이 확률분포는 $P(X=x)=p^x(1-p)^{1-x}$, $x=0$ 또는 1이다. 참고로, 이항확률변수는 서로 독립적인 베르누이 확률변수들의 합으로도 볼 수 있다.

예제 4.3

어떤 질병의 치료에 80% 효과가 있는 약이 있다. 이 질병이 있는 10명의 환자에게 이 약을 투여했을 때, 치료된 환자의 수가 6명 이하일 확률을 구하시오.

풀이 약을 복용한 10명의 환자 중에서 치료된 환자의 수를 X라 하면 $X \sim B(10, 0.8)$이다. 따라서 구하는 확률은

$$P(X \leqq 6) = \sum_{k=0}^{6}\binom{10}{k}(0.8)^k(0.2)^{10-k}$$
$$= \binom{10}{0}(0.8)^0(0.2)^{10-0}+\binom{10}{1}(0.8)^1(0.2)^{10-1}+\cdots$$
$$+\binom{10}{6}(0.8)^6(0.2)^{10-6}$$
$$= \frac{10!}{0!(10-0)!}(0.8)^0(0.2)^{10}+\frac{10!}{1!(10-1)!}(0.8)^1(0.2)^9+\cdots$$
$$+\frac{10!}{6!(10-6)!}(0.8)^6(0.2)^4$$

$=0.1209$이다.

4. 포아송분포

포아송확률분포(Poisson probability distribution, 포아송분포)는 이산형확률분포로, 주어진 기간 동안 관심이 있는 사건이 발생하는 건수에 대한 확률분포이다. 이때 사건의 발생은 임의적(random)이어야 하고 서로 독립적이어야 한다. 단위시간 당 관심 사건의 평균 발생 수를 모수 λ로 두면, 포아송확률변수는 단위시간(또는 간격) 당 관심 사건의 실제 발생 수가 된다. 포아송분포에서 일정 기간 동안 관심 사건의 발생 수 X의 확률은

$$P(X=x) = \frac{\lambda^x e^{-\lambda}}{x!}, \qquad (x=0,\ 1,\ 2,\ \cdots)$$

가 된다. 단, e는 자연 상수로 근사적으로 2.71828의 값을 갖는다.

예제 4.4

고속도로에서 발생하는 교통사고는 하루 평균이 1.5인 포아송분포를 따른다고 가정하자. 고속도로에서 2일 동안 적어도 3번의 교통사고가 발생할 확률을 구하시오.

풀이 2일 동안에 발생하는 교통사고의 수를 확률변수 X로 두면, 2일 동안 평균 3건의 교통사고가 났으므로 $\lambda=3$이 된다. 따라서 구하는 확률은

$$\begin{aligned} P(X \geq 3) &= 1-\sum_{k=0}^{2} P(X=k) \\ &= 1-\left\{\frac{3^0 e^{-3}}{0!}+\frac{3^1 e^{-3}}{1!}+\frac{3^2 e^{-3}}{2!}\right\} \\ &= 1-13e^{-3} = 0.353 \end{aligned}$$

이다.

5. 정규분포

정규확률분포는 연속확률분포의 대표적인 분포로서 정규확률변수 X의 확률밀도함수는

$$f(x) = \frac{1}{\sigma\sqrt{2\pi}} e^{-\frac{(x-\mu)^2}{2\sigma^2}}, \qquad -\infty < x < \infty$$

로 정의된다. 이때 모수 μ는 X의 평균이고 σ^2는 X의 분산을 나타낸다. 다시 말하면, μ는 종 모양의 정규곡선(normal curve)의 중심이 되고 σ^2는 정규곡선의 산포 정도를 나타낸다. 이러한 평균과 분산을 갖는 정규분포를 따르는 확률변수 X를

$$X \sim N(\mu,\ \sigma^2)$$

로 간단히 나타내기도 한다. 정규분포에서는 정규곡선 아래의 총 면적이 1이고, 평균에 대하여 좌우 대칭이며, 곡선의 양쪽 꼬리가 무한히 길다. 또한 μ와 σ^2의 값에 따라 서로 다른 정규곡선이 만들어진다. 서로 다른 μ와 σ^2을 갖는 정규분포의 확률밀도함수는 다음 그림과 같다.

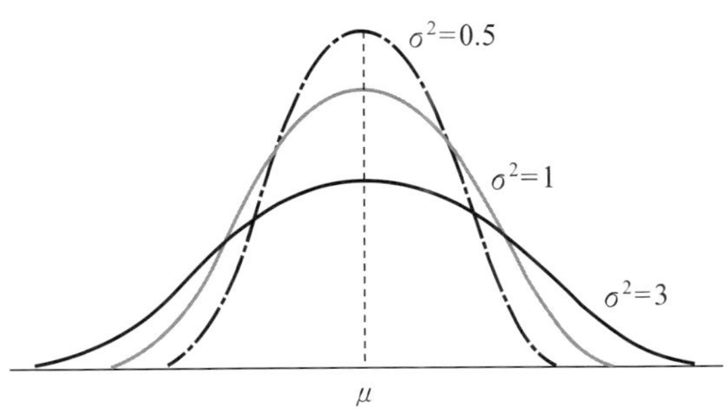

그림 4-2 같은 μ를 갖고 σ^2=0.5, 1, 3을 갖는 정규분포의 확률밀도함수(정규곡선)

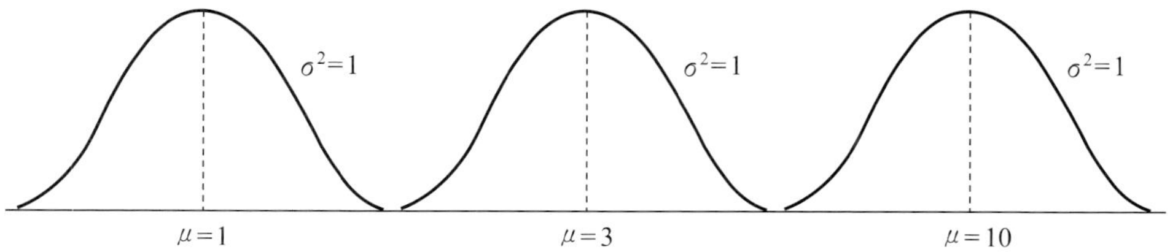

그림 4-3 같은 $\sigma^2=1$을 갖고 다른 μ를 갖는 정규분포의 확률밀도함수(정규곡선)

확률변수 X가 정규분포 $N(\mu,\ \sigma^2)$을 따를 때 다음의 확률을 얻을 수 있다.

① $P(\mu-\sigma < X < \mu+\sigma) \quad = 0.683$
② $P(\mu-2\sigma < X < \mu+2\sigma) = 0.954$
③ $P(\mu-3\sigma < X < \mu+3\sigma) = 0.997$

일반적으로 정규분포 $N(\mu,\ \sigma^2)$을 따르는 확률변수 X에 대한 확률 $P(a \le X \le b)$를 계산하기 위하여

$$\int_a^b \frac{1}{\sigma\sqrt{2\pi}} e^{-\frac{(x-\mu)^2}{2\sigma^2}} dx$$

를 계산해야 하지만, 이러한 정적분의 계산이 쉽지 않기 때문에 다음과 같은 변환에 의하여 평균 $\mu=0$과 $\sigma=1$을 갖는 새로운 확률변수 Z를 얻는다. $X \sim N(\mu,\ \sigma^2)$에 대한 변환은 $Z=\dfrac{X-\mu}{\sigma}$를 통해 얻으며, 이렇게 얻은 Z는 정규분포를 따르고, 평균이 0이며 표준편차가 1이 된다. 평균 $\mu=0$과 $\sigma=1$인 정규분포를 표준정규분포(standard normal distribution)라고 하고, 표준정규분포를 따르는 확률변수를 표준정규확률변수라고 하며 Z로 나타낸다. Z의 확률밀도함수는

$$f(z) = \frac{1}{\sqrt{2\pi}} e^{-\frac{z^2}{2}}, \qquad -\infty < Z < \infty$$

이고, Z의 누적분포함수는 $\Phi(z) = P(Z \le z)$로 나타낸다. 표준정규확률변수 Z에 대한 적분값은 부록 A를 이용하면 확률 계산을 쉽게 할 수 있다.

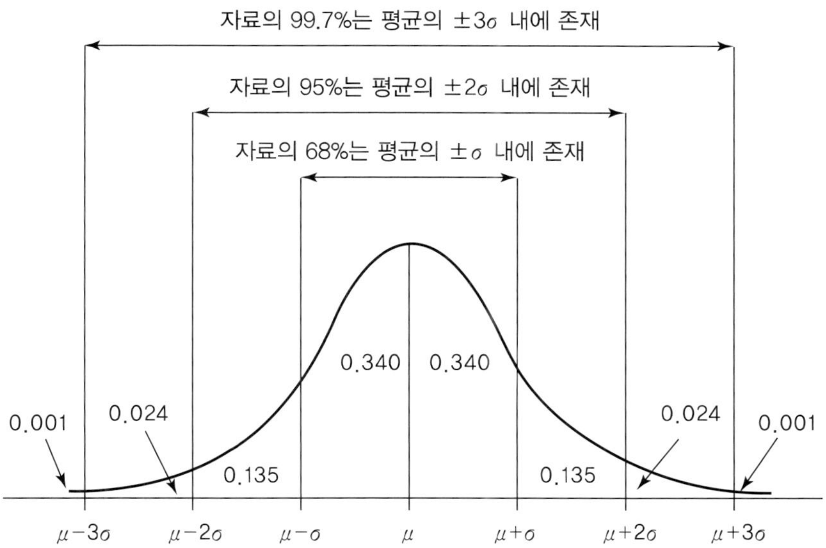

그림 4-4 확률변수 X가 평균으로부터 $\pm\sigma$, $\pm 2\sigma$ 및 $\pm 3\sigma$에 있을 확률

예를 들어, 만약 확률 $P(Z<1.95)$를 부록 A를 이용하여 구해보면, 열에서 1.9를 찾고, 그 위치의 행에서 0.05를 찾으면, 만나는 위치의 값이 0.9744이다. 이 값이 바로 표준정규곡선에서 $Z=1.95$ 왼쪽의 넓이가 된다. 따라서 구하는 확률값은 .9744가 되며 아래 그림의 영역에 해당한다.

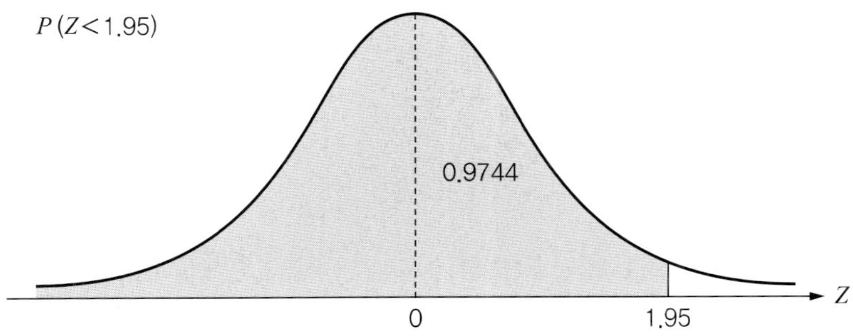

확률 $P(Z>-.75)$을 구하려면, 표준정규곡선에서 $Z=-.75$의 오른쪽 넓이를 구해야 한다. 표준정규분포로부터 $Z=-0.75$의 왼쪽 넓이가 0.2266이다. 따라서 구하는 확률값은 $P(Z>-.75)=1.0-0.2266=0.7734$가 되며 아래 그림의 영역에 해당한다.

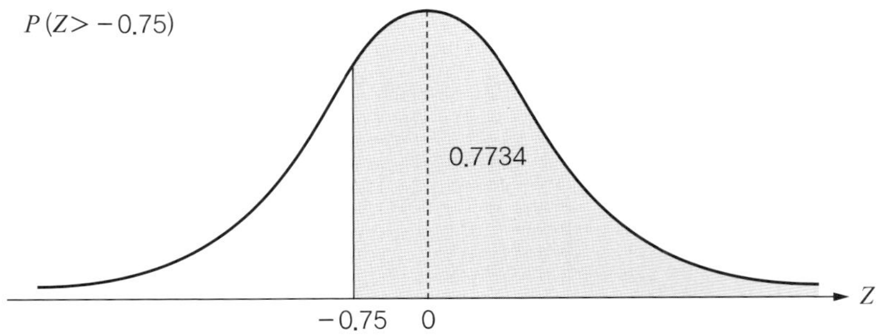

표준정규확률변수 Z에 대하여 확률 $P(1.19 < Z < 2.12)$을 부록 A를 이용하여 구해보자. $Z=1.19$와 $Z=2.12$ 사이의 넓이를 구하기 위해, 먼저 $Z=1.19$와 $Z=2.12$의 왼쪽 넓이부터 구하고, 큰 넓이($Z=2.12$의 왼쪽 넓이)로부터 작은 넓이($Z=1.19$의 왼쪽 넓이)를 빼면 된다. 따라서 구하는 확률값은 $P(1.19 < Z < 2.12) = .9830 - .8830 = .1000$가 되며 아래 그림의 영역에 해당한다.

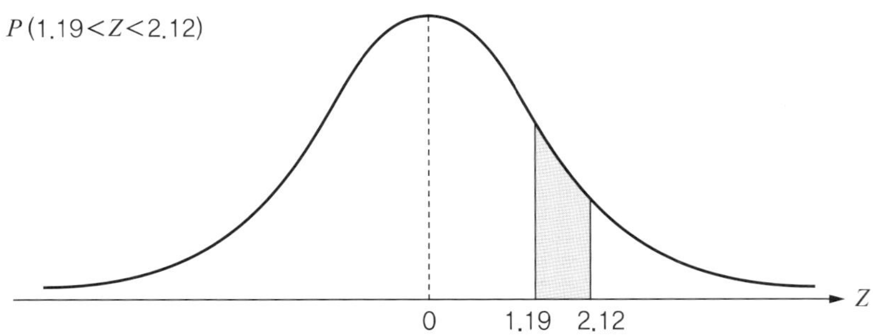

예제 4.5

어떤 화학물질의 농도는 평균과 표준편차가 각각 $\mu=19$ mg/L와 $\sigma^2=16$ mg/L인 정규분포를 따른다고 한다. 이때 측정 농도가 20 mg/L 이상이 될 확률을 구하시오.

풀이 어떤 화학물질의 농도를 X로 두면 $X \sim N(\mu=19,\ \sigma^2=16)$이므로 구하는 확률은

$$P(X \geq 20) = P\left(Z \geq \frac{20-19}{4}\right) = P(Z \geq 0.25) = 1 - 0.5987 = 0.4013$$

이다.

우리가 다루고자 하는 자료의 모집단의 분포가 정규분포인지 아닌지를 확인할 필요가 있다. 대부분의 통계적 분석 방법들은 자료의 정규성 가정을 요구하기 때문에, 자료를 분석하기 전에 자료의 정규성을 먼저 진단할 수 있어야 한다. 이를 알기 위하여 쓰는 가장 간단한 방법은 변동계수 CV(coefficient of variation)를 구하는 것이다. CV는

$$CV = \frac{s}{\bar{x}}$$

로 구한다는 것을 3장에서 배웠다. 정규분포가 대칭이라는 것을 감안하면, 표본표준편차 s가 표본평균 $\bar{x}$에 비해 매우 클 경우, 그 자료는 매우 한쪽으로 치우친(skewed) 분포로 나타날 것이기 때문에, 정규분포가 아닐 것이라는 것을 알 수 있다. 일반적으로 CV가 0.5보다 크면 그 자료의 분포는 정규분포로 보기 어렵다. 특히 CV가 1보다 크다는 것은 그 자료가 정규분포를 따르지 않는다는 강한 증거가 된다.

예제 4.6

어떤 화학물질의 농도를 측정한 결과 평균과 표준편차가 각각 $\bar{x}=4.47$ mg/L와 $s=4.98$ mg/L이었다. CV를 이용하여 이 자료가 정규분포를 따르는지 알아보시오.

풀이 $CV = \frac{s}{\bar{x}} = \frac{4.98}{4.47} = 1.11$로 0.5보다 크므로 정규분포를 따른다고 보기 어렵다.

또 다른 쉬운 방법으로는 통계 소프트웨어를 이용하여 정규확률그림(normal probability plots)을 얻을 수도 있다. 정규확률그림은 크기 대 누적분포함수를 그려서, 단약 자료 표본이 실제로 그 분포함수로부터 추출되었다면 자료는 직선으로 나타나게 된다.

정규성을 검정하는 방법에는 카이제곱(Chi-square, χ^2) 검정, 콜모고로프-스미르노프(Kolmogorov-Smirnov) 검정(K-S 검정), 샤피로-윌크(Shapiro-Wilk) 검정 등이 있다. 카이제곱 검정은 분할표(contingency table)를 이용하여 각 셀의

기대도수(expected frequency)와 관측도수(observed frequency)의 차이를 이용하여 검정하는 방법이고, 콜모고로프-스미르노프 검정 방법은 이론누적분포와 관측누적분포를 비교하여 검정하는 방법이다.

위에서 설명한 방법으로 검정한 결과, 자료의 정규성 가정이 만족되지 않을 경우에는 적절한 방법으로 자료를 변환하여 변환된 자료가 정규분포를 따르도록 하기도 한다. 흔히 사용하는 방법은 로그(log)를 취하거나 역수(reciprocal number)를 취하는 것이다. 실제 응용 자료에서는 하나 또는 그 이상의 변환이 필요한지를 결정하는 것이 쉽지 않다. 그러나, 정규성 가정이 만족되지 않을 경우 자료의 변환 없이 통계적 검정 방법을 적용하는 것은 불가능한 경우도 있다. 일반적으로 로그변환(log transformation)을 가장 많이 사용하며, 이때 사용되는 분포는 로그정규(log normal)분포이다.

로그정규분포는 확률변수의 로그가 정규분포를 따르는 확률변수의 분포이다. 즉, 확률변수 X에 대하여 $\ln X$는 평균이 μ이고 표준편차가 σ인 정규분포를 따른다. 이때 $\ln X \sim N(\mu,\ \sigma^2)$로 표기한다.

연습문제

01 $Z \sim N(\mu = 0,\ \sigma^2 = 1)$일 때 다음의 확률을 구하시오.

A. $P(Z \le 1.2)$

B. $P(Z \ge -1.3)$

C. $P(-1.3 \le Z \le 1.2)$

02 $X \sim N(\mu = 1,\ \sigma^2 = 4)$일 때 다음의 확률을 구하시오.

A. $P(X \le 1.2)$

B. $P(X \ge -1.3)$

C. $P(-1.3 \le X \le 1.2)$

03 사지선다형 객관식 문제가 20개 있을 때, 한 학생이 단지 추측에 의하여 5개 이상의 정답을 맞출 확률을 구하시오.

04 어느 회사 직원에게 하루 동안 걸려오는 전화의 수는 $\lambda = 5$인 포아송 분포를 따른다고 하자.

A. 하루 동안 전화가 5통 이상 걸려올 확률을 구하시오.

B. 하루 동안 전화가 한 통도 안 걸려올 확률을 구하시오.

05 어떤 지역의 연평균 강수량이 400 mm이고 표준편차가 36 mm이라고 한다. 만약 이 강수량이 정규분포를 따른다고 한다면, 임의의 일 년 동안 이 지역의 연간 강수량에 대한 다음의 확률을 구하시오.

A. 420 mm보다 더 많을 확률
B. 300 mm보다 적을 확률
C. 300 mm와 420 mm 사이에 있을 확률

06 식수 1 mL에 들어있는 특정 종류의 박테리아의 수는 근사적으로 평균 99와 표준편차 10인 정규분포를 따른다고 한다. 주어진 1 mL의 시료에 110개 이상의 박테리아가 포함되어 있을 확률은 얼마인가?

07 최근 어떤 공항에서는 소형 항공기 수의 증가로 안전 및 소음에 주의를 기울이고 있다. 이 공항에서 최근 5년 동안 항공기 이륙과 착륙 시 월 평균 3건의 근접 비행이 기록되었다.

A. 어느 한 달 동안 이 공항에서 이륙과 착륙 시 근접 비행이 없을 확률을 구하시오.
B. 어느 한 달 동안 이 공항에서 이륙과 착륙 시 3건의 근접 비행이 있을 확률을 구하시오.
C. 어느 한 달 동안 이 공항에서 이륙과 착륙 시 적어도 3건의 근접 비행이 있을 확률을 구하시오.

08 '생물학 데이터집'이란 책에서 아기의 임신 기간이 평균 278일이고 표준편차는 14일이라고 말한다. 이 임신 기간이 정규분포를 따른다고 가정하자. 만약 아기가 임신 7개월에 출산되었다면 이상한 일인지 설명하시오.

Chapter 5

추 정

대부분의 자료에서는 모집단을 알지 못하며, 연구자는 수집된 표본만을 갖게 된다. 예를 들어, 어느 강 가까이에 위치한 쓰레기 매립장에서 강으로 비소를 배출한다는 주장이 제기되었다고 하자. 이러한 주장에 대하여, 쓰레기 매립장의 상류 지점과 하류 지점을 각각 선택하여 측정한 비소의 농도 사이에는 통계적으로 유의한 차이가 있는지를 알아본다. 이 문제에서 우리가 비교하고자 하는 모수는 그 강에 녹아있는 비소의 평균 농도가 된다.

통계학에서의 통계적 추론(statistical inference)이란 모집단에서 추출된 표본의 정보를 이용하여 모집단의 정보를 알고자 하는 방법을 말한다. 통계적 추론은 크게 추정(estimation)과 가설검정(hypothesis testing)으로 나뉘는데, 추정이란 수집된 표본을 이용하여 모집단의 정보를 나타내는 값인 모수를 알아보는 방법을 말하고, 가설검정이란 수집된 표본을 이용하여 모집단에 대한 연구자의 추측이나 주장을 검정하는 절차를 말한다. 이 장에서는 추정에 대해 배우고 가설검정은 6장에서 다루도록 한다.

1. 표본분포

표본을 이용하여 모집단의 정보를 추론하고자 할 때, 대부분의 연구자들은 하나의 표본에 근거하여 추론하게 된다. 그러나 하나의 모집단에서 추출 가능한 같은 크기의 표본은 하나만 있는 것이 아니다. 만약 다른 연구자가 같은 모집단으로부터 같은 크기의 다른 표본을 뽑았을 때, 크기는 같지만 표본이 다르기 때문에 얻는 정보는 달라질 수 있다.

예를 들어, 크기 4의 모집단으로부터 크기 2의 표본을 추출한다고 하자. 이 경우 크기 2의 표본은 모두 여섯 개를 얻을 수 있다. 이때 여섯 개의 표본이 모두 같은 확률 1/6로 추출된다면, 이 표본은 단순랜덤표본(simple random sample)이 된다.

모집단에서 랜덤표본을 추출할 때, 추출된 표본에서 계산한 값들을 통계량(statistics)이라고 한다. 통계량은 추출된 표본마다 다른 값을 가지므로 확률변수가 되고, 통계량에 대한 확률분포를 표본분포(sample distribution)라 한다. 표본분포는 통계량이 가질 수 있는 값이 무엇이며, 각 값이 얼마나 자주 발생하는지에 대한 정보를 제공한다.

통계량의 표본분포를 찾는 방법에는 여러 가지가 있다. 크기 n의 표본을 여러 번(충분히 많이) 얻은 후 각 표본에서 구한 통계량의 값을 이용하여 히스토그램을 얻거나, 통계적 이론을 이용하여 정확하거나 근사된 표본분포를 얻을 수 있다. 일반적으로 후자의 방법을 많이 이용한다.

중심극한정리(central limit theorem)는 일반적인 조건 하에서 모집단으로부터 추출한 랜덤표본 측정치들의 합과 평균은 근사적으로 정규분포를 따른다는 통계적 이론이다. 좀 더 자세히 설명하면, 평균 μ와 표준편차 σ를 가지며 정규분포를 따르지 않는 모집단에서 n개의 관측치를 갖는 랜덤표본이 추출되었을 때, n이 충분히 크면(적어도 30 이상) 표본평균 $\overline{X}$의 표본분포는 근사적으로 정규분포가 되며, 평균 μ와 표준편차 $\sigma/\sqrt{n}$를 가진다. 이 근사는 n이 커질수록 더 정확해진다. 이때 $\overline{X}$의 표준편차 $\sigma/\sqrt{n}$를 표준오차(standard error)라고 하며, 추정량의 정확도를 나타낸다.

표본평균 $\overline{X}$의 표본분포는 다음과 같이 결정된다.

① 평균 μ와 표준편차 σ를 가진 모집단에서 크기 n의 랜덤표본을 추출하였을 때, 표본평균 $\overline{X}$의 표본분포는 평균 μ와 표준편차 $\sigma/\sqrt{n}$을 갖는다.

② 모집단이 정규분포를 가지면 표본의 크기 n에 관계없이 $\overline{X}$의 표본분포는 정확하게 정규분포가 된다.

③ 모집단이 정규분포를 따르지 않으면 충분히 큰 표본에 대하여 $\overline{X}$의 표본분포는 근사적으로 정규분포가 된다(중심극한정리에 의해).

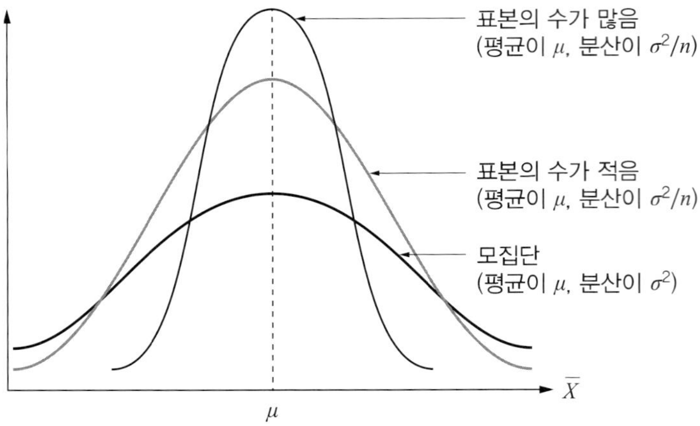

2. 추정

모집단에서 추출된 자료를 이용하여 모집단의 모수를 추정하는 방법은 하나의 값으로 추정하는 점추정(point estimation)과 구간으로 추정하는 구간추정(interval estimation)으로 나뉜다.

2.1 점추정

대표적인 모수의 점추정량(point estimator)은 다음과 같다.

① 표본평균 $\overline{X}$: 모평균 μ의 점추정량
② 표본분산 s^2: 모분산 σ^2의 점추정량
③ 표본비율 $\hat{p}$: 모비율 p의 점추정량

그러나, 하나의 모집단에서 추출된 같은 크기의 서로 다른 표본마다 각각 서로 다른 점추정량을 갖게 된다. 따라서 우리는 표본 간의 변동(variability)을 고려하여야 한다.

2.2 구간추정

구간추정은 점추정에 오차의 개념을 추가한 추정 방법이다. 하나의 표본에서 얻은 점추정량이 얼마나 정확한 추정값인지를 알 수 없으므로 오차의 개념이 필요하다. 여기에서 오차의 개념이란 여러 개의 표본에서 얻은 점추정량의 표준오차(standard error)를 고려한 것이라고 생각하면 된다. 모평균 μ의 구간추정량(interval estimator)은 신뢰구간(confidence interval)이라고도 하며, 모수가 어느 범위에 있는지를 확률적으로 보여주는 것이라고 할 수 있다. 모표준편차 σ를 안다고 하고 모집단의 정규성을 가정할 때,

$$Z = \frac{\overline{X} - \mu}{\sigma / \sqrt{n}} \sim N(0,\ 1)$$

이므로 $\overline{X}$의 표본분포로부터 다음의 식을 얻을 수 있다.

$$\begin{aligned} 1 - \alpha &= P\left(-z_{\alpha/2} < \frac{\overline{X} - \mu}{\sigma / \sqrt{n}} < z_{\alpha/2} \right) \\ &= P\left(\overline{X} - z_{\alpha/2} \frac{\sigma}{\sqrt{n}} < \mu < \overline{X} + z_{\alpha/2} \frac{\sigma}{\sqrt{n}} \right) \end{aligned}$$

이다. 여기에서 $z_{\alpha/2}$는 표준정규분포의 $100(1-\alpha/2)\%$인 점이고, α는 유의수준(significance level)이라고 한다.

따라서 모평균 μ의 $100(1-\alpha)\%$ 신뢰구간은

$$\overline{X} \pm z_{\alpha/2} \frac{\sigma}{\sqrt{n}} = \left(\overline{X} - z_{\alpha/2} \frac{\sigma}{\sqrt{n}},\ \overline{X} + z_{\alpha/2} \frac{\sigma}{\sqrt{n}} \right)$$

이 된다. 여기에서 $1-\alpha$는 신뢰수준(confidence level)이라고 하고, $z_{\alpha/2} \frac{\sigma}{\sqrt{n}}$를 오차의 한계(margin of error)라고 한다. 자료의 수가 크거나 표준오차가 작을수록 신뢰구간의 너비는 좁아진다. 반면에, 신뢰수준이 높을수록 신뢰구간의 너비는 넓어진다.

모평균 μ의 $100(1-\alpha)\%$ 신뢰구간을 해석할 때, 모평균이 신뢰구간의 상한과 하한 사이에 있을 확률로 해석하면 안 된다. 왜냐하면 모평균은 확률변수가

아니라 미지의 상수이기 때문이다. 신뢰구간은 표본분포로부터 유도되었기 때문에 해석도 같은 개념으로 이루어져야 한다. 즉, 하나의 표본평균으로부터 구한 신뢰구간 안에 모평균이 포함될 수도 있고 포함되지 않을 수도 있다. 따라서 같은 크기의 표본을 반복하여 뽑았을 때, 모평균이 각 표본의 표본평균으로부터 구한 신뢰구간 안에 포함될 확률은 $1-\alpha$라고 이해해야 한다.

예제 5.1

자료 12.46, 5.87, 11.23, 10.75, 13.91을 이용하여 모평균에 대한 95% 신뢰구간을 구하시오.

풀이 $n=5$, $\overline{X}=10.84$, $s=3.04$이며 $z_{\alpha/2}=z_{0.025}=1.96$이므로 95% 신뢰구간은

$$10.84 \pm 1.96\frac{(3.04)}{\sqrt{5}} = 10.84 \pm 2.66 = (8.18,\ 13.50)$$

예제 5.2

한 과학자가 식품 중 오염물질이 인체에 축적되는 것을 알기 위하여 랜덤하게 50명의 남성을 표본으로 선택하였다. 이 남성들의 특정 제품에 대한 일일 평균 섭취량은 하루당 $\overline{X}=756$ g이며 표준편차는 35 g이었다. 이 표본 정보를 이용하여 남성들의 일일 평균 섭취량에 대한 95% 신뢰구간을 구하시오.

풀이 표본의 크기 $n=50$은 충분히 크기 때문에 표본평균 $\overline{X}$는 근사적으로 정규분포를 따르며 평균 μ와 표준편차 $s/\sqrt{n}$을 가진다. 따라서 95% 신뢰구간은

$$\overline{X} \pm 1.96\frac{s}{\sqrt{n}} = 756 \pm 1.96\frac{35}{\sqrt{50}} = 756 \pm 9.70$$

그러므로 μ에 대한 95% 신뢰구간은 (746.30, 765.70) g이다.

예제 5.3

위 예제에서 남성들의 일일 평균 섭취량에 대한 99% 신뢰구간을 구하고, 95% 신뢰구간과 비교하시오.

풀이 99% 신뢰구간은

$$\overline{X} \pm 2.58\frac{s}{\sqrt{n}} = 756 \pm 2.58(4.95) = 756 \pm 12.77$$

즉, (743.23, 768.77) g이다. 이 신뢰구간은 95% 신뢰구간보다 더 넓다. 즉, 신뢰수준이 높을수록 신뢰구간의 너비는 넓어지는 것을 알 수 있다.

연습문제

01 $n=36$인 랜덤표본이 평균이 100이고 표준편차가 16인 정규분포를 따르는 모집단에서 추출되었다고 하자.

A. 표본평균 $\overline{X}$의 표본분포의 평균과 표준편차를 구하시오.

B. $\overline{X}$가 110을 넘을 확률을 구하시오.

02 사람의 체온은 종 모양의 분포를 가진다고 한다. 건강한 사람의 체온이 근사적으로 평균 37도(섭씨)이고 표준편차 1도(섭씨)인 정규분포를 가진다고 하자.

A. 만약 130명의 건강한 사람이 임의로 추출되었다면, 이 사람들의 평균 체온이 36.8도(섭씨)이거나 더 낮을 확률은 얼마인가?

B. 건강한 사람들의 평균 체온이 실제로 36.8도(섭씨)라고 할 때, 평균 체온이 37도(섭씨)라는 가정은 개연성이 있는지 설명하시오.

03 다음의 값들에 대하여 모평균 μ에 대한 95% 신뢰구간을 구하시오.

A. $n=100,\ \overline{X}=1.5,\ s^2=0.1$

B. $n=40,\ \overline{x}=25,\ s^2=4$

C. A와 B에서 구한 구간들을 해석하시오.

04 순수한 비의 pH가 5.7이라고 할 때, 50개의 비에서 얻은 물의 표본에서 pH를 분석하였더니 $\overline{X}=3.5$, $s=0.5$이었다. 빗물의 평균 pH에 대한 99% 신뢰구간을 구하고 해석하시오. 단, pH는 산성도의 측도로 수소이온농도 $[H^+]$에 $-\log$를 취한 값이다.

Chapter 6

가설검정

1. 통계적 검정을 위한 가정

주어진 자료에 대한 통계적 검정(statistical testing)을 실행하기 위하여 몇 가지의 요구 조건이나 가정이 충족되어야 한다.

우리가 다루고자 하는 자료는 대부분 모집단에서 랜덤(random)하게(무작위로 또는 임의로) 추출된 표본이며, 이 표본에서 얻는 정보를 이용하여 모집단(모집단의 모수)에 대하여 추론하게 된다. 만약 모집단이 정규분포를 따른다고 가정한다면, 표본의 분포도 정규분포의 모양을 가질 것이다. 만약 모집단이 정규분포가 아닌 다른 연속형 분포를 따른다고 하면, 표본의 분포도 비슷한 형태를 보일 것이다. 통계적 검정에서는 서로 다른 두 표본이 같은 분포를 따르는 모집단에서 추출되는 개연성(probability)에 대한 질문을 많이 하게 된다. 표본들의 평균과 표준편차를 얻는 것도 도움이 되지만, 분포의 형태에 대해 가정하면 위 질문에 대한 답은 훨씬 더 쉬워진다. 따라서 일반적으로 모집단의 분포 형태를 결정하기보다는 모집단의 분포에 대한 적당한 가정을 하고 통계적 검정을 실행하게 된다. 모집단의 분포 형태에 대해 가정할 수 없다면, 통계적 검정을 실행할 수 없다. 대부분의 통계적 검정은 모집단이 정규분포를 따른다고 가정하고 있으므로, 통계적 검정을 실행하기 전에, 다루는 자료의 분포를 확인하는 절차는 매우 중요하다.

그러면 모집단의 분포 형태는 어떻게 결정하여야 할까? 첫 번째 방법은 표본들의 분포를 관찰하는 것이다. 표본의 크기가 적당히 크면(일반적으로 30 이상), 모집단의 분포는 표본들의 분포와 거의 비슷하게 나타난다. 또한 통계적 검정 방법을 이용하면, 하나의 표본이 특정 형태의 분포에서 추출되었는지를 검정할 수 있다. 두 번째 방법은 생물학적 지식이나 비슷한 상황에서 다루었던 자료에 대한 과거의 경험으로부터 모집단의 분포를 가정할 수 있다.

통계적 검정 방법은 크게 모수적 검정(parametric test)과 비모수적 검정(nonparametric test)으로 나눌 수 있다. 모수적 검정은 모집단이 정규분포를 따르고 등분산(equal variance)을 가져야 하는 등 다소 엄격한 가정을 요구한다(t-검정, ANOVA, 회귀분석 등). 이러한 가정들은 대부분의 자료에 대해 만족하므로, 모수적 검정은 자료의 분석에 널리 사용되고 있다.

반면에, 비모수적 검정은 분포의 제약을 받지 않는 검정으로서, 모집단이 정규분포를 따르지 않거나 모집단의 분포를 알지 못하는 경우에 주로 사용된다. 비모수적 검정은 모집단의 분포에 대한 어떠한 정보도 사용하지 않고, 오직 표본에서 얻는 정보에만 의존하므로 결론이 그리 결정적이지 못하다. 그러므로 모수적 검정이 비모수적 검정보다 좀 더 설득력이 있지만, 엄격한 가정이 충족될 경우에만 사용할 수 있다는 점에 유의해야 한다.

통계적 검정을 수행하기 위해서는 다음의 가정들이 충족되는지를 반드시 확인해야 한다.

1.1 자료의 독립성과 랜덤성

독립표본이란 표본의 각 관측치가 다른 관측치들과 서로 무관하게 추출되어야 한다는 것을 말한다. 반면에, 랜덤표본이란 표본의 모든 관측치가 같은 확률로 선택된다는 랜덤 과정에 의하여 추출되어야 한다는 것을 말한다. 독립성을 확인하기 위하여 잔차 산점도(residual plot)나 Durbin-Watson 검정 등을 이용할 수 있다. 잔차 산점도에서 잔차들이 일정한 규칙을 갖고 있지 않고 랜덤하게 분포하고 있을 경우에는 독립성을 만족한다고 할 수 있다. Durbin-Watson의 통계량인 d는 0에서 4까지의 값을 갖는데, 2에 가까울수록 자기상관이 없는, 즉 자료가 독립적인 것으로 판정한다.

1.2 정규성

정규분포의 가정은 표본에 대한 가정이 아니라 모집단에 대한 가정이다. 이 가정이 만족되는지 알기 위해서는 모집단의 분포에 대한 어떠한 이론적인 근거를 찾거나 선행연구의 결과를 확인해야 한다. 또한 표본의 분포도 정규분포의 형태에 근사하게 나타나야 한다. 이를 알기 위하여 히스토그램을 그려보거나, 통계 소프트웨어를 이용하여 Q-Q 그림이나 P-P 그림과 같은 정규확률그림(normal probability plot, normal plot)을 얻을 수도 있다. 표준화된 잔차를 이용하여 정규확률그림을 그렸을 때, 점들이 직선에 가까우면 정규성이 만족된다고 본다. 또한 Kolmogorov-Smirnov, Shapiro-Wilk 검정 등을 사용하여 p-값이 유의수준(α)보다 클 경우 자료의 분포는 정규분포라는 것을 확인할 수 있다.

1.3 등분산성

통계적 검정에서 정확한 결과를 얻기 위해서는 비교하려고 하는 각 모집단의 관측치들이 같은 산포, 다시 말하면 같은 분산을 갖는지를 확인해야 한다.

만약 두 개 이상의 모집단의 평균을 비교할 경우, 집단 간의 등분산은 F-검정(6장 2.4절)을 사용하여 확인할 수 있다. 등분산 검정에는 Levene의 검정이 일반적으로 많이 사용되며, Bartlett의 검정은 자료가 정규성을 갖고 있는 경우에 주로 사용된다. 이러한 검정에서 p-값이 유의수준보다 클 경우 모집단 간의 등분산이 가정될 수 있다.

회귀분석의 경우에는 그래프를 그려서 확인하는 방법을 사용한다. 표준화된 잔차들의 산점도를 그려서 표준화된 잔차들이 대략 0을 중심으로 대칭적으로 나타나고, 모두 ± 2의 범위 내에 있으면 등분산성의 가정이 만족된다고 본다.

정규성 가정을 만족시키기 위하여 자료를 변환하면, 등분산의 문제가 해결되는 경우가 있으므로, 등분산의 가정을 확인하기 전에 정규성의 가정이 만족되는지를 먼저 확인할 필요가 있다.

1.4 자료의 변환

주어진 자료가 통계적 검정에서 요구되는 정규성이나 등분산 가정을 충족하지 못할 경우에는, 비모수적 검정이나 자료의 변환을 고려할 수 있다.

비모수적 검정은 모수적 검정과 같은 가정들을 요구하지 않지만, 덜 강력한 검정 방법이라는 단점을 갖고 있다. 그러나 비모수적 검정이 유의한 결과를 나타낼 경우, 결과의 해석이 쉬우며 자료의 변환을 통한 모수적 검정보다 더 좋을 수 있다.

생물학 및 환경학의 실험이나 조사 자료를 위한 통계적 검정 방법은 대부분 분산분석이나 회귀분석이다. 위의 가정들을 충족하지 못할 경우 이러한 방법에는 상응하는 비모수적 방법을 사용하는 대신에, 자료의 변환을 고려하는 것이 더 나을 수 있다. 그러나 자료를 변환할 경우 결과의 해석이 어려울 수도 있다는 점에 유의해야 한다.

자료 변환(data transformation)은 각각의 측정치들을 적절한 방법을 통해 변환하는 것을 말한다. 이렇게 얻어진 새로운 값의 자료를 가지고 통계적 분석을 수행하기도 한다. 자료 변환을 하는 이유는 통계적 검정에서 요구되는 정규성이나 등분산 가정을 충족시키기 위해서이다. 자료 변환은 정규성이나 등분산 가정 외에도, 자료에서 제외될 수 없는 이상치(outlier)의 영향을 제거하는 효과를 갖기도 한다. 자료 변환의 몇 가지 주요한 특징은 다음과 같다.

① 측정치의 크기의 순서는 자료의 변환 후에도 바뀌지 않는다.
② 자료에서 어떠한 값도 제외되지 않는다. 원래의 자료에 속한 모든 측정치들이 새로운 자료에서 변환된 값을 갖는다.
③ 이상치 또는 극한치(아주 작거나 아주 큰 값, extreme value)의 영향이 자료 변환 후에 매우 줄어든다.

자료 변환은 이상치나 극한치가 하나가 아니라, 아주 많은 경우에도 유용하게 쓰이며 그 효과는 더 커진다. 자료의 변환으로 이상치나 극한치의 영향이 제거되면, 통계적 검정에서 요구되는 정규성이나 등분산의 가정도 충족되는 경우가 흔하다.

자료를 변환할 때에는 각 상황에 맞는 적절한 자료 변환 방법을 취해야 한다. 때로는 비슷한 상황이나 환경에서 다루어진 자료에 대한 선행연구 결과가 있다면, 자료 변환 방법에 대한 아이디어를 찾을 수도 있다. 아래에서는 가장 많이 쓰이는 자료 변환 방법 몇 가지를 소개한다. 원래의 자료를 y로 두고 변환된 새로운 자료를 y'으로 둔다.

(1) 로그 변환

로그 변환은 가장 많이 쓰이는 변환 방법으로, 한쪽으로 치우친 분포의 자료에 대하여 널리 쓰인다.

$$y' = \log_{10}(y+1)$$

자연로그는 $\ln(y+1)$로 표시한다. 이때 원래 자료 y에 1을 더하는 이유는 log(0)을 피하기 위해서이다. 모든 자료에 똑같이 1을 더하기 때문에 통계적 검정의 결과에는 아무런 영향을 주지 않는다.

(2) 제곱근 변환

제곱근 변환은 $y' = \sqrt{y}$와 같은 수식에 의한 변환인데, 로그 변환과 비슷한 효과를 가지며, 특히 포아송분포에서 나온 자료의 변환에 많이 사용된다.

(3) 삼각 변환

삼각 변환은 자료의 형태가 비율이나 백분율(%)일 때 주로 사용된다. 즉, 자료의 범위가 (0, 1)이거나 [0, 100(%)]인 경우이다.

$$y' = \sin^{-1}\sqrt{y}, \qquad y' = \arcsin\sqrt{y}$$

(4) Box-Cox 변환

Box-Cox 변환은 아래와 같이 변환하는 것이다.

$$y' = (y^{\alpha} - 1)/\alpha \qquad \alpha \neq 0\text{일 때}$$
$$y = \ln y \qquad \alpha = 0\text{일 때}$$

이 변환은 변환된 자료의 분포가 정규분포와 가장 가까워지는 α의 값을 찾는 방법이다. 손으로 직접 계산하기보다는 컴퓨터 패키지를 이용하여 최적의 α값을 찾을 수 있다.

일단 변환된 자료를 얻으면 통계적 검정을 위한 가정을 충족하는지 반드시 확인하여야 한다. 만약 변환된 새 자료가 가정을 만족하지 않으면, 다른 새로운 변환 방법을 고려하여야 한다. 위에서 소개한 변환 방법 외에도 $\sqrt[3]{y}$, $1/y$, $1/y^2$과 같은 변환도 고려할 수 있다. 그러나 너무 복잡한 자료 변환을 하면, 결과의 해석이 어려워진다는 점에 유의하여야 한다.

그렇다고 아주 간단한 변환으로 항상 정규분포를 얻을 수 있는 것도 아니다.

예를 들어, 분포의 모양이 다봉형(multimodal)이면, 대부분의 경우 모집단이 두 개 이상의 서로 다른 모집단으로 구성되어 있는 경우이므로, 분석할 때에는 개별 모집단으로 다루는 것이 바람직하다.

2. 가설검정

모집단의 모수에 대한 주장 또는 추측을 통계적 가설이라고 한다. 이러한 통계적 가설에는 크게 귀무가설(null hypothesis, H_0)과 대립가설(alternative hypothesis, H_1)이 있다. 귀무가설은 일반적으로 동일하거나 변함이 없다는 주장을 나타내고, 대립가설은 귀무가설에 반하는 가설로서 귀무가설이 거짓이라면 반드시 참이어야 하는 가설이다. 귀무가설의 예를 들면, '두 지점에서 측정된 비소의 평균 농도 간에는 차이가 없다.', '쓰레기 매립장은 강에 아무런 영향을 주지 않는다.' 등이 있다. 이러한 귀무가설에 대하여 적절한 통계적 방법을 이용하면, 다음의 두 가지 결정을 내리게 된다.

① 귀무가설을 기각하지 않는다. 즉, 두 지점에서 측정된 비소의 평균 농도 간에 차이가 있다고 말할 수 있는 충분한 증거가 없다.
② 귀무가설을 기각한다. 즉, 두 지점에서 측정된 비소의 평균 농도 간에 차이가 있다고 말할 수 있는 충분한 증거가 있다.

귀무가설이나 대립가설 중 어떤 가설이 연구자의 주장이나 추측을 나타내는지에 관계없이 항상 귀무가설이 참이라는 가정 하에 가설검정이 이루어지며, 귀무가설을 기각하거나 기각하지 못하거나 둘 중 하나의 결론을 내리게 된다. 그러나 가설검정은 모집단이 아닌 표본을 사용하므로 정보가 불완전하여 잘못된 결정을 내릴 수 있는 오류의 가능성이 항상 있다. 가설검정에서 유의한 차이가 발견되었을 때, 이 차이가 실제의 차이를 나타내는 것인지, 아니면 우연히 나타난 차이인지는 알 수가 없다. 가설검정에서 발생할 수 있는 두 가지 오류는 제1종 오류(type I error)와 제2종 오류(type II error)이다.

① 제1종 오류(type I error): 귀무가설이 참인데도 귀무가설을 기각하게 (reject) 되는 오류이다.

② 제2종 오류(type II error): 귀무가설이 거짓인데도 귀무가설을 기각하지 않고 채택하는(accept) 오류이다.

결 정 \ 실 제	귀무가설이 참	귀무가설이 거짓 (대립가설이 참)
귀무가설 기각	제1종 오류(α)	옳은 결정
귀무가설 채택	옳은 결정	제2종 오류(β)

이러한 가설검정의 두 가지 오류는 모두 작을수록 좋다. 그러나 두 가지 오류들을 동시에 작게 하는 것은 어렵기 때문에, 제1종 오류를 범할 수 있는 최대 허용한계를 정해두고, 제2종 오류를 최소화하는 방법을 사용한다. 제1종 오류를 범할 확률의 최대 허용한계를 유의수준(significance level, α)이라고 하며, 보통 $\alpha = 0.05$, $\alpha = 0.01$, $\alpha = 0.1$로 둔다. 다시 말하면, 연구자는 실제로 차이가 없는데도, 우연한 차이가 발견되어 유의한 차이가 난다고 잘못 결론을 내리게 되는 최대의 한계를 미리 정해두는 것이다. 그리고 이러한 한계보다 더 작은 발생 확률을 갖는 사건은 더 이상 우연히 발견된 차이가 아니라고 보게 되므로, "통계적으로 유의한 차이가 있다."고 한다. 가설검정의 검정력(power)은 '검정이 성공적으로 유의한 차이를 발견할 확률'을 말한다. 즉, 검정력은 '1 − 제2종 오류'와 같다.

통계적 가설과 유의수준이 정해지면, 모집단으로부터 표본자료를 얻은 후 표본통계량을 계산한다. 귀무가설 하에서 가정한 모수의 값과 비교하는 통계량을 검정통계량(test statistics)이라고 한다. 검정통계량은 귀무가설이 참이라는 가정 하에 자료로부터 얻은 정보량이라고 이해하면 된다.

귀무가설의 기각 여부는 기각역(rejection region) 또는 검정통계량으로부터 얻는 확률과 유의수준을 비교하여 결정한다. 기각역 방법은 검정통계량을 검정통계량에 대한 임계치(critical value)와 비교하는 방법으로, 검정통계량이 임계치보다 큰 경우 귀무가설을 기각한다.

기각역 방법보다 더 많이 쓰이는 방법은 유의확률을 구하는 방법이다. 검정통계량으로부터 얻는 확률을 p-값(p-value) 또는 유의확률(significance probability)이라고 하는데, 이것은 주어진 관측 자료에서 귀무가설을 기각시키는 최소의 유의수준을 뜻한다. 즉, p-값이 유의수준(α)보다 작으면 귀무가설을 기각시키고, 유의수준보다 크면 귀무가설을 기각시키지 못한다. 여기에서 유의할 점은 귀무가설을 기각시키면 대립가설이 참이라는 확실한 증거가 있다는 뜻이고, 귀무가설을 기각시키지 않으면 대립가설이 참이라는 증거가 없다는 것이 옳은 해석이며, 귀무가설이 참이라는 의미는 아님에 주의하여야 한다.

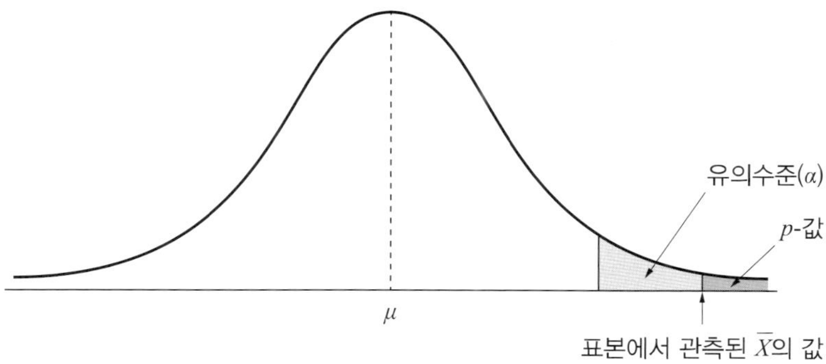

가설검정의 절차를 요약하면 다음과 같다.

① 가설 세우기
② 유의수준 결정
③ 검정통계량 구하기
④ 기각역 또는 p-값 구하기
⑤ 가설검정의 결론 내리기
⑥ 결론을 원래의 주장에 맞게 해석하기

2.1 단일 모집단의 평균 비교(t-검정)

우선 단일 모집단의 평균을 검정하는 방법부터 살펴보자. 여기에서는 모집단의 표준편차를 알지 못하고 표본의 수가 작은 경우(일반적으로 30 이하)를 다룬다. 여기에서는 모평균과 미리 알고 있는 상수값 μ_0가 같은지를 검정한다. 검정하고자 하는 모평균을 μ로 두면 귀무가설과 대립가설은 각각 다음과 같다.

귀무가설 H_0: $\mu = \mu_0$

대립가설 H_1: $\mu \neq \mu_0$ 또는 $\mu > \mu_0$ 또는 $\mu < \mu_0$

대립가설은 다루는 문제에 따라 결정되며, $\mu > \mu_0$ 또는 $\mu < \mu_0$인 경우 한쪽 꼬리(one-tailed) 또는 단측(one-sided) 검정이라고 하고, $\mu \neq \mu_0$인 경우 양쪽 꼬리 또는 양측(two-sided) 검정이라고 한다. 통계적 가설을 세운 후 귀무가설 하에 자료로부터 표본평균과 표본표준편차를 구하여 검정통계량을 구한다. 모집단의 표준편차를 알지 못하므로 표본표준편차를 이용하여 다음과 같은 검정통계량을 계산한다.

$$T = \frac{\overline{X} - \mu}{s/\sqrt{n}} \sim t(n-1)$$

이 T 값을 Student's t-검정통계량(test statistic)이라고 하며, 자유도가 $n-1$인 t-분포를 따른다. 유의수준과 검정통계량의 분포를 이용하여 부록 B에서 임계치(critical value) t_c를 얻으면, 귀무가설의 기각 여부를 결정할 수 있다. 부록 B에서 임계치를 찾을 때, 대립가설이 한쪽 꼬리(단측) 검정이면 유의수준 α에 대한 임계치를 구하고, 만약 양쪽 꼬리(양측) 검정이면 유의수준 $\alpha/2$에 대한 임계치를 구한다.

예제 6.1

한 폐기물 공장에서 방류되는 하수의 평균 BOD_5의 모평균이 11.5 mg/L로 알려져 있다. 지난 4주 동안 이 공장의 하수를 매주 측정한 결과, BOD_5 농도가 각각 15.2, 12.9, 14.1 및 13.3 mg/L로 나타났다. 유의수준 5%에서 이 공장의 하수처리가 잘되고 있다고 할 수 있겠는가?

풀이 귀무가설 H_0: $\mu = 11.5$

대립가설 H_1: $\mu > 11.5$

여기에서, μ는 폐기물 공장에서 방류되는 하수의 평균 BOD_5이다.

4주 동안 측정된 BOD_5의 농도의 평균은 $\overline{x} = 13.88$ mg/L, 표준편차는 $s = 1.01$ mg/L이다.

검정통계량은

$$T=\frac{\overline{X}-\mu}{s/\sqrt{n}}=\frac{13.88-11.5}{1.01/\sqrt{4}}=4.69$$

한쪽 꼬리(오른쪽 꼬리) 검정에 대하여 자유도는 $4-1=3$, 유의수준 5%에서의 임계치는 $t_c=2.354$(부록 B)이며, 오른쪽 꼬리검정에 대하여 기각역이 $T\geq 2.354$가 된다. 따라서 검정통계량(4.69)이 임계치(2.354)보다 크므로 귀무가설을 기각하게 된다. 따라서 유의수준 5%에서 이 공장 하수의 BOD_5 증가가 통계적으로 유의하게 나타났다고 할 수 있다. 즉, 하수처리가 잘되고 있다고 할 수 없다.

예제 6.2

한국 남성들의 평균 체중이 70.0 kg이라고 하자. K 지역의 20명 남성들의 체중이 다음과 같을 때, 이 지역 남성들의 평균 체중은 70.0 kg이라고 말할 수 있는지 검정하시오.

68	65	69	74	61	80	59	65	66	79
61	70	72	68	76	71	69	74	58	82

풀이 귀무가설 H_0: $\mu=70$

대립가설 H_1: $\mu\neq 70$

여기에서, μ는 한국 남성들의 평균 체중이다.

이 지역의 20명 남성들의 평균 체중은 $\overline{x}=69.35$ kg이고 표준편차는 $s=$ 6.85 kg이다.

검정통계량은

$$T=\frac{\overline{X}-\mu}{s/\sqrt{n}}=\frac{69.35-70}{6.85/\sqrt{20}}=-0.424$$

양측 검정이므로 자유도는 $20-1=19$, 유의수준 5%에서의 임계치는 $t_c=$ 2.093과 -2.093(부록 B)이며, 검정통계량이 기각역 $|T|\geq 2.093$에 포함되지 않으므로 귀무가설을 기각할 수 없다. 따라서 유의수준 5%에서 이 지역의 남성들의 평균은 한국 남성의 평균 체중인 70 kg이라고 할 수 있다.

2.2 두 모집단의 평균 비교(t-검정)

서로 독립인 두 모집단의 평균 μ_1과 μ_2가 같은지를 알아보고자 할 때, 두 모평균의 차이 $\mu_1 - \mu_2$에 대하여 가설검정을 한다. 두 모집단에서 추출한 두 개의 독립표본을 이용하여 t-검정을 실시한다. 검정하고자 하는 귀무가설과 대립가설은 각각 다음과 같다.

귀무가설 H_0: $\mu_1 = \mu_2$ 또는 $\mu_1 - \mu_2 = 0$

대립가설 H_1: $\mu_1 \neq \mu_2$ 또는 $\mu_1 - \mu_2 \neq 0$

두 모집단의 평균을 비교하는 t-검정에서 요구하는 가정은

① 두 모집단이 각각 정규분포를 따른다.
② 두 모집단에서 추출한 표본들이 서로 독립적이다.
③ 두 모집단의 분산이 같다(등분산).
(대부분의 경우 두 모집단의 분산을 알지 못한다.)

귀무가설 하에 계산되는 검정통계량은

$$T = \frac{\overline{X} - \overline{Y}}{s_p\sqrt{\dfrac{1}{n_1} + \dfrac{1}{n_2}}},$$

$$s_p^2 = \frac{(n_1 - 1)s_1^2 + (n_2 - 1)s_2^2}{n_1 + n_2 - 2}$$

이며, 이 검정통계량은 자유도가 $n_1 + n_2 - 2$인 t-분포를 따른다. $\overline{X}$와 $\overline{Y}$는 각 표본평균, s_1^2과 s_2^2는 각 표본분산을 나타내며, s_p^2는 두 모집단의 분산이 같다는 가정 아래 계산되는 공통분산의 합동추정량이다. 검정통계량 T의 분자는 두 표본평균의 차이를 나타내고, 분모는 두 모집단의 공통분산 추정치의 제곱근인 표본평균들의 표준편차를 나타낸다. 따라서 두 표본평균의 차이가 크고 표본평균들의 오차가 작을수록 T의 값이 크게 된다. 모집단들의 분산이 작거나 표본의 크기가 클수록 표본평균의 분산과 표준편차도 작아진다. T의 값이

크면 표본들은 서로 다른 평균을 가진 모집단들에서 추출되었다는 결론을 내릴 수 있다.

그렇다면 얼마나 큰 T의 값이 충분히 크다고 할 수 있겠는가? 만약에 모집단에서 표본들을 반복 추출하여 검정통계량 T를 계산한다고 하자. 그러면 검정통계량 T의 분포를 얻을 수 있다. t-검정의 세 가지 가정이 충족되는 경우, 검정통계량 T는 자유도 $n_1 + n_2 - 2$인 t-분포를 따르며, 이러한 검정통계량의 분포를 이용하여 귀무가설이 참이라는 가정 하에 기각역을 구하거나 p-값을 구하여 결론을 내리게 된다.

p-값은 대립가설 H_1의 형태에 따라 달라진다. 검정통계량 T의 관측치가 t일 때,

① 대립가설이 $\mu_1 \neq \mu_2$ 또는 $\mu_1 - \mu_2 \neq 0$이면 p-값은 $P(|T| \geq t)$
② 대립가설이 $\mu_1 > \mu_2$ 또는 $\mu_1 - \mu_2 > 0$이면 p-값은 $P(T \geq t)$
③ 대립가설이 $\mu_1 < \mu_2$ 또는 $\mu_1 - \mu_2 < 0$이면 p-값은 $P(T \leq t)$

참고로, t-검정이 요구하는 세 번째 가정인 등분산의 가정이 만족되지 않는 경우에는, 아래와 같은 Satterthwaite의 근사식(appromation)으로 자유도를 구하여 t-분포로 근사시킨 p-값을 사용한다.

$$df = \frac{\left(\frac{s_1^2}{n_1} + \frac{s_2^2}{n_2}\right)^2}{\frac{1}{n_1 - 1}\left(\frac{s_1^2}{n_1}\right)^2 + \frac{1}{n_2 - 1}\left(\frac{s_2^2}{n_2}\right)^2}$$

대부분의 통계 소프트웨어에서는 등분산의 가정이 충족되는 경우와 충족되지 않는 경우의 p-값을 모두 출력해 주고 있다. 두 모집단의 분산을 비교하려면 F-검정(6장 2.4절)을 사용할 수 있다. Levene의 검정과 Bartlett의 검정은 두 개 이상의 모집단에 대한 검정에서 등분산 가정을 확인하는 데 사용할 수 있다.

앞 절의 단일 모집단의 모평균에 대한 신뢰구간을 구하는 방법과 같은 식을 이용하여 얻은 $\mu_1 - \mu_2$의 $100(1-\alpha)\%$ 신뢰구간은 다음과 같다.

$$(\overline{X}-\overline{Y}) \pm t_{\alpha/2}(n_1+n_2-2)s_p\sqrt{\frac{1}{n_1}+\frac{1}{n_2}}.$$

예제 6.3

두 곳의 거주 지역에서 배출된 하수 내 벤젠 농도를 측정한 결과, 표본평균과 표본표준편차가 각각 $\bar{x}$=1.89 μg/L, $\bar{y}$=2.11 μg/L, s_1 =0.33 μg/L 그리고 s_2 = 0.41 μg/L로 나타났다. 각각의 표본수가 모두 12라고 할 때, 두 지점에서의 벤젠 농도 간에는 통계적으로 유의한 차이가 있는지를 유의수준 α =0.05에서 검정하시오.

풀이 관심 있는 모수는 두 거주 지역 하수 내 벤젠의 평균 농도가 된다.

귀무가설과 대립가설은 각각

귀무가설 H_0: $\mu_1=\mu_2$ 또는 $\mu_1-\mu_2=0$

대립가설 H_1: $\mu_1\neq\mu_2$ 또는 $\mu_1-\mu_2\neq 0$

여기에서, μ_1과 μ_2는 서로 다른 거주 지역 하수 내 벤젠의 평균 농도이다.

두 모집단의 분산이 같다는 가정 하에 공통분산의 합동추정량은

$$s_p^2=\frac{(n_1-1)s_1^2+(n_2-1)s_2^2}{n_1+n_2-2}=\frac{11(0.33)^2+11(0.41)^2}{22}=0.138$$

$$s_p=0.371$$

따라서 검정통계량은

$$T=\frac{\overline{X}-\overline{Y}}{s_p\sqrt{\frac{1}{n_1}+\frac{1}{n_2}}}=\frac{2.11-1.89}{\sqrt{0.138\left(\frac{1}{12}+\frac{1}{12}\right)}}=1.45$$

양측 검정이므로 자유도 12+12−2=22, 유의수준 0.05에서의 임계치는 t_c=2.074와 −2.074(부록 B)이다. 검정통계량이 기각역 $|T|\geq 2.074$에 포함되지 않으므로 귀무가설을 기각할 수 없다. 따라서 유의수준 5%에서 두 거주 지역의 하수 내 벤젠 농도에는 차이가 있다는 유의한 증거가 없다고 할 수 있다.

예제 6.4

2017년 겨울에 A와 B 지역에서 측정한 공기 중 벤젠의 농도($\mu g/m^3$)가 아래와 같을 때, 두 지역 벤젠의 평균 농도 간에는 유의한 차이가 있다고 할 수 있을까?

A 지역	20.1	10.4	15.2	19.6	16.3	25.3	21.0	15.6	17.2	13.6	15.2
B 지역	12.5	6.9	15.2	18.2	15.2	14.6	16.3	19.9	20.3	16.2	17.9

풀이 A 지역의 벤젠 평균 농도는 $\bar{x} = 17.23\ \mu g/m^3$, 표준편차는 $s_1 = 4.05\ \mu g/m^3$이고, B 지역의 벤젠 평균 농도는 $\bar{y} = 15.75\ \mu g/m^3$, 표준편차는 $s_2 = 3.74\ \mu g/m^3$이다.

귀무가설과 대립가설은 각각

$$\text{귀무가설 } H_0:\ \mu_1 = \mu_2 \text{ 또는 } \mu_1 - \mu_2 = 0$$
$$\text{대립가설 } H_1:\ \mu_1 \neq \mu_2 \text{ 또는 } \mu_1 - \mu_2 \neq 0$$

여기에서, μ_1과 μ_2는 각 지역의 벤젠 평균 농도이다.

두 모집단의 분산이 같다는 가정 하에 공통분산의 합동추정량은

$$s_p^2 = \frac{(n_1-1)s_1^2 + (n_2-1)s_2^2}{n_1+n_2-2} = \frac{10(4.06)^2 + 10(3.74)^2}{20} = 15.23$$
$$s_p = 3.90$$

이다. 따라서 검정통계량은

$$T = \frac{\overline{X} - \overline{Y}}{s_p\sqrt{\dfrac{1}{n_1} + \dfrac{1}{n_2}}} = \frac{17.23 - 15.75}{\sqrt{15.23\left(\dfrac{1}{11} + \dfrac{1}{11}\right)}} = 0.89$$

양측 검정이므로 자유도 $11+11-2=20$, 유의수준 0.05에서의 임계치는 $t_c = 2.0860$(부록 B)이다. 검정통계량이 기각역 $|T| \geq 2.086$에 포함되지 않으므로 귀무가설을 기각할 수 없다. 따라서 유의수준 5%에서 두 거주 지역의 하수 내 벤젠 농도 간에는 차이가 있다는 유의한 증거가 없다고 할 수 있다.

2.3 두 모집단의 평균의 차에 대한 대응 비교(쌍체 t-검정)

두 표본들이 쌍으로 주어질 때, 두 모집단의 평균을 비교하는 방법을 쌍체 t-검정(paired t-test)이라고 한다. 이때 각 쌍은 조건이나 상황이 비슷하므로 두 표본은 서로 독립적이 아니다. 예를 들어, 새로 개발된 치료제의 효과를 알아보기 위하여 환자들을 두 그룹으로 나누어, 한 그룹에게는 기존의 치료제를, 다른 그룹에게는 새로운 치료제를 투여했다고 하자. 이 경우 두 그룹의 환자들의 상태나 조건이 많이 다르면, 치료제의 차이가 있다고 하더라도 그 차이를 발견하지 못하게 될 수 있다. 이런 경우 한 환자에게 두 치료제를 교대로 투여하거나 상태나 조건이 비슷한 환자끼리 쌍으로 묶은 후, 각 쌍에 두 치료제를 임의로 선택하여 투여하게 된다. 이때 각 쌍에서 측정되는 값들은 더 이상 독립적이 아니므로, 위에서 설명한 Student의 t-검정을 할 수 없다. 그러나 쌍들 간에는 독립성이 유지된다.

이렇게 쌍으로 주어진 데이터 $(x,\ y)$를 비교하는 대응 비교에서는 두 관측치의 차이

$$d_i = X_i - Y_i, \qquad (i = 1,\ \cdots,\ n)$$

을 구한 후 단일표본처럼 간주하여 검정을 실행한다.

$$\bar{d} = \frac{1}{n}\sum_{i=1}^{n} d_i,$$

$$s_d = \sqrt{\frac{1}{n-1}\sum_{i=1}^{n}(d_i - \bar{d})^2} = \sqrt{\frac{1}{n-1}\left[\sum_{i=1}^{n} d_i^2 - \frac{\left(\sum_{i=1}^{n} d_i\right)^2}{n}\right]}$$

일 때 검정통계량은 귀무가설 H_0: $\mu_d = 0(\mu_d = \mu_1 - \mu_2)$의 가정 하에

$$T = \frac{\bar{d}}{s_d / \sqrt{n}}$$

이고, μ_d의 $100(1-\alpha)\%$ 신뢰구간은 다음과 같다.

$$\bar{d} \pm t_{\alpha/2}(n-1)\frac{s_d}{\sqrt{n}}.$$

예제 6.5

어떤 혼합둩의 철 함유량을 알아내는 두 가지 분석 방법을 비교하려고 한다. 여섯 개의 서로 다른 표본을 추출하여 각 방법들을 이용하여 철 함유량(%)을 얻었다. 이때 두 분석 방법에 통계적으로 유의한 차이가 있는지 5%의 유의수준에서 검정하시오.

표 본	분석 방법 1	분석 방법 2	d_i	$d_i^{\,2}$
1	13.5	13.6	−0.1	0.01
2	16.5	16.8	−0.3	0.09
3	4.9	4.9	0	0
4	5.7	5.1	0.6	0.36
5	7.8	7.2	0.6	0.36
6	12.7	12.6	0.1	0.01'

풀이 혼합물 사이의 변동요인을 고려하여야 하므로 독립 t-검정을 할 수 없다. 대신, 각 표본의 함유량 차이를 구하여 평균이 0인 단일표본처럼 간주하여 쌍체 t-검정을 실시한다. $\mu_d = \mu_1 - \mu_2$로 두면, 귀무가설 H_0: $\mu_d = 0$, 대립가설 H_1: $\mu_d \neq 0$이다. 이때, μ_1과 μ_2는 각 분석 방법을 통한 혼합물의 철 평균 함유량이다. 각 6개의 표본에서 두 분석 방법에 따른 철 함유량의 차이는 각각 0.1, 0.3, 0, −0.6, −0.6, −0.1이다. 그리고 차이에 대한 평균과 표준편차는 각각

$$\bar{d} = \frac{1}{6}(0.9) = 0.15$$

$$s_d = \sqrt{\frac{1}{6-1}\left(0.83 - \frac{0.9^2}{6}\right)} = \sqrt{\frac{0.695}{5}} = \sqrt{0.139} = 0.373$$

이다. 따라서 검정통계량은

$$T = \frac{\bar{d} - 0}{s_d / \sqrt{n}} = \frac{0.15 - 0}{0.373 / \sqrt{6}} = 0.571$$

이며, 양측 검정으로 볼 때, 자유도 $6-1=5$이고, 유의수준 0.05에서의 임계

치는 $t_c = 2.5706$(부록 B)이다. 검정통계량이 기각역 $|T| \geq 2.5706$에 포함되지 않으므로 귀무가설을 기각할 수 없다. 따라서 두 분석 방법 간에 통계적으로 유의한 차이가 있다고 볼 수 없다.

예제 6.6

한국에 서식하는 사슴 10마리에 대해 앞다리와 뒷다리의 길이(cm)를 쟀더니 아래와 같았다. 이로부터 한국 사슴의 앞다리와 뒷다리의 길이에는 차이가 있다고 말할 수 있는가?

표 본	앞다리	뒷다리
1	137	142
2	141	143
3	145	146
4	144	146
5	146	148
6	141	145
7	143	147
8	144	150
9	137	142
10	145	148

풀이 $\mu_d = \mu_1 - \mu_2$로 두면, 귀무가설 H_0: $\mu_d = 0$, 대립가설 H_1: $\mu_d \neq 0$이다. 이때, μ_1과 μ_2는 각각 한국 사슴의 앞다리와 뒷다리의 평균 길이이다. 각 10개의 표본에서 사슴의 다리 길이의 차이의 평균과 표준편차는 다음과 같다.

$$\bar{d} = \frac{1}{10}(-34) = -3.4$$

$$s_d = \sqrt{\frac{1}{10-1}\left(140 - \frac{(-34)^2}{10}\right)} = \sqrt{2.71} = 1.65$$

$$T = \frac{\bar{d} - 0}{s_d / \sqrt{n}} = \frac{-3.4 - 0}{1.65 / \sqrt{10}} = -6.530$$

이며 양측 검정으로 볼 때, 자유도 $10 - 1 = 9$이고 유의수준 0.05에서의 임계치는 $t_c = 2.2622$(부록 B)이다. 검정통계량이 기각역 $|T| \geq 2.2622$에 포함되므로 귀무가설을 기각할 수 있다. 따라서 유의수준 0.05에서 사슴의 앞다리와 뒷다리의 길이에는 차이가 있다고 할 수 있다.

2.4 두 모집단 간의 분산 비교(F-검정)

두 모집단의 평균을 비교할 때, 즉 평균의 차에 대한 추론을 할 때 등분산의 가정이 만족되지 않으면, 검정통계량이 정확히 t-분포를 따르지 않으므로 다른 방법을 이용하여야 한다. 따라서 두 모평균의 차에 대해 추론하기 전에 두 모분산이 같은지를 먼저 검정하여야 한다. 두 모집단의 분산을 비교하기 위하여 다음과 같은 귀무가설과 대립가설에 대한 분산비에 대한 추론은 F-분포를 이용하면 된다.

$$\text{귀무가설 } H_0\text{: } \sigma_1^2 = \sigma_2^2 \text{ 또는 } \frac{\sigma_1^2}{\sigma_2^2} = 1$$

$$\text{대립가설 } H_1\text{: } \sigma_1^2 \neq \sigma_2^2 \text{ 또는 } \frac{\sigma_1^2}{\sigma_2^2} \neq 1$$

표본분산비에 대한 표본분포는 $F = \dfrac{{s_1}^2/{\sigma_1}^2}{{s_2}^2/{\sigma_2}^2} \sim F(n_1-1,\ n_2-1)$이며, F-검정통계량은 $F = \dfrac{s_1^2}{s_2^2}$이다.

이러한 검정통계량은 자유도 $(n_1-1,\ n_2-1)$인 F-분포를 따른다는 것을 이용하여 기각역 또는 p-값을 구한다. 이렇게 분산의 비에 대한 추론을 하는 것을 F-검정이라고 한다. 참고로, 특별한 이유가 없는 한, 등분산에 반한 대립가설은 항상 양측 검정으로 둔다.

예제 6.7

두 곳의 거주 지역에서 배출된 하수 내 벤젠 농도를 측정한 결과, 표본평균과 표본표준편차가 각각 $\overline{x}=1.89\ \mu$g/L, $\overline{y}=2.11\ \mu$g/L, $s_1=0.33\ \mu$g/L 및 $s_2=0.41\ \mu$g/L로 나타났다. 각각의 표본수가 모두 12라고 할 때, 두 지점에서의 벤젠 농도 측정치들의 분산이 통계적으로 유의한 차이가 있는지를 유의수준 $\alpha=0.05$에서 검정하시오.

풀이 등분산을 가정한 귀무가설(H_0: $\sigma_2{}^1 = \sigma_2{}^2$) 아래 검정통계량은

$$F = \frac{s_1^2}{s_2^2} = \frac{0.33^2}{0.41^2} = 0.647$$

이고, 자유도 (11, 11), 유의수준 0.05에서 임계치는 약 3.48$\left(= \frac{3.53 + 3.43}{2}\right)$ 이므로(부록 D) 검정통계량은 기각역 $|F| \geq 3.48$에 포함되지 않는다. 따라서 귀무가설을 기각하지 못하기 때문에 두 모분산이 같다고 할 수 있다.

3. SPSS 분석 방법

분석 통계는 일반적으로 가설검정을 분석하기 위한 통계 방법이다. 분석하기 전에 정확하게 어떤 가설을 세웠는지 가설에 따른 분석 방법의 차이점을 알아두는 것이 좋다.

3.1 단일표본 t-검정

단일표본에서 측정한 평균값이 특정값과 차이가 있는지를 검정할 때 사용하는 분석 방법이다. 이때 특정값은 이미 알려져 있거나 검정할 때 기준이 되는 값이다. 일표본 t-검정은 '분석' → '평균 비교' → '일표본 T-검정'을 실행한다.

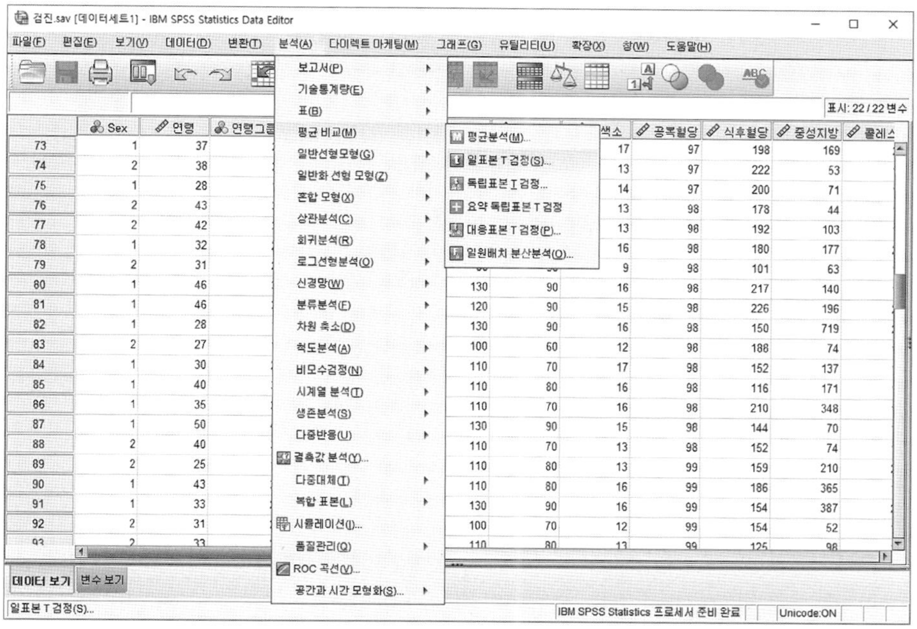

그림 6-1 일표본 *t*-검정(검진.sav)

'일표본 *t*-검정'을 실행하여 나타난 대화상자에서 '검정값'은 기준이 되는 값을 넣어서 *t*-검정을 실시하는 것이다. '검정변수'에 검정하려고 하는 변수를 넣은 후에 '옵션'을 체크한 후 '신뢰구간'에 신뢰수준을 설정한다.

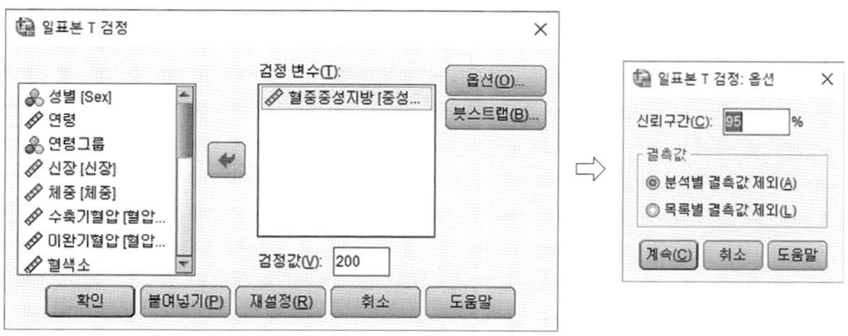

그림 6-2 일표본 *t*-검정 대화상자

대화상자에서 체크한 것들을 토대로 분석한 결과는 아래와 같다. 일반적으로 가설검정의 결과에는 평균과 표준편차와 같은 기술통계량이 항상 나타난다.

중성지방이 평균 200 mg/dL와 차이가 있는지를 검정하기 위하여 검정값에 200을 입력한다. 또한 유의수준에 따라서 옵션의 백분율을 수정하면 된다. 이때 중성지방이 평균 200 mg/dL와 차이가 있는지를 검정한 결과, 유의확률이 유의수준 0.05보다 작으므로 평균과 차이가 있으며, 190명의 평균 중성지방이 평균치 이하임을 나타내고 있다.

일표본 통계량

	N	평균	표준편차	평균의 표준오차
혈중 중성지방	190	152.41	113.591	8.241

일표본 검정

	검정값 = 200					
	t	자유도	유의확률 (양측)	평균차이	차이의 95% 신뢰구간	
					하한	상한
혈중 중성지방	−5.775	189	.000	−47.591	−63.85	−31.33

그림 6-3 일표본 *t*-검정 출력 결과

앞서 살펴본 예제 6.2에 대해 SPSS를 실행한 결과는 다음과 같다.

일표본 통계량

	N	평균	표준편차	평균의 표준오차
남성체중	20	69.35	6.854	1.533

일표본 검정

	검정값 = 70					
	t	자유도	유의확률 (양측)	평균차이	차이의 95% 신뢰구간	
					하한	상한
남성체중	−.424	19	.676	−.650	−3.86	2.56

그림 6-4 SPSS의 일표본 *t*-검정 결과

유의수준 5%에서 검정값 70을 기준으로 한 t-검정 결과 유의확률이 0.676으로 유의수준 0.05보다 크므로 귀무가설을 기각할 수 없다.

t-검정은 앞서 말한 것처럼 가설검정을 위한 분석 방법이다. t-검정을 실시하기 위한 가설은 다음과 같다.

H_0: 두 독립 모집단의 모평균에 차이가 없다.
H_1: 두 독립 모집단의 모평균에 차이가 있다.
(또는 하나의 모평균이 다른 모평균보다 크거나 작다.)

t-검정에서 비교하고자 하는 두 집단의 측정치가 서로 다른 개체에서 독립적으로 얻어진 경우, 한 집단의 측정치가 다른 집단의 측정치에 영향을 주지 않는다고 표현한다. 이 자료는 독립성이 보장된 자료이다. t-검정을 실행하기 전에 항상 두 가지에 대하여 체크해야 할 가정이 있는데, 이는 정규성과 등분산성이다. 정규성은 표본수가 어느 정도 크면(30 이상) 추출된 표본이 정규분포를 따르는 것을 증명해야 하는 것으로 중요한 가정이다. 정규성을 검정하는 방법으로는 '분석' → '기술통계' → '데이터 탐색'을 실행하고 옵션 중 '도표'를 클릭하여 '검정과 함께 정규성 도표'를 체크하면 정규성 유무를 검정해 준다. 그렇지만, 입력된 데이터의 수가 50개 이상일 경우에는 중심극한정리로 인하여 대체로 정규분포를 따르므로, 이러한 정규성 가정은 굳이 증명할 필요가 없으나, 정확한 검정을 위해서는 정규성 검정을 하는 것이 좋다.

t-검정을 위한 등분산성은 두 집단의 분산이 같음을 가정하는 것이다. 등분산성은 분석을 통해 나오므로 굳이 옵션을 체크할 필요는 없다. 다만, 30 이하의 표본의 경우는 정규성 검정을 해 보도록 하고, 정규성을 만족하지 않는 경우에는 비모수적 방법을 사용하여 분석하는 것이 좋다.

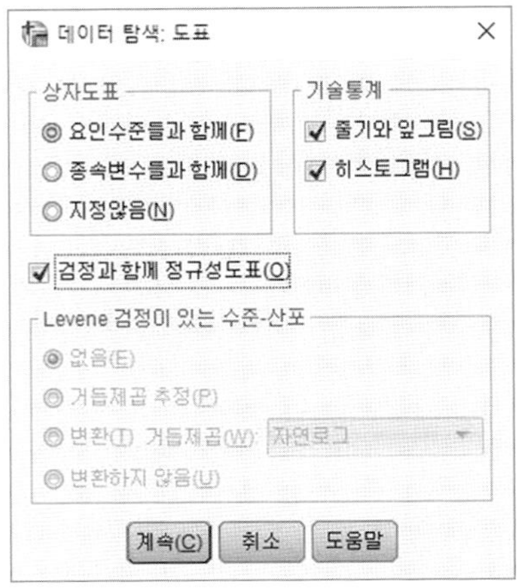

그림 6-5 정규성 검정에 관한 대화상자

정규성 검정

	Kolmogorov-Smirnov[a]			Shapiro-Wilk		
	통계량	자유도	유의확률	통계량	자유도	유의확률
체중	.034	190	.200*	.991	190	.308

*. 이것은 참 유의성의 하한이다.
a. Lilliefors 유의확률 수정

그림 6-6 정규성 검정 결과

3.2 독립표본 *t*-검정

표본의 수가 30 이상이면서 정규성을 만족하는 데이터에 대해 모수적인 방법을 사용한 독립표본 t-검정에 대하여 알아보자. 모수적인 방법은 독립변수의 두 집단에 따른 종속변수의 평균에 차이가 있는지를 알아보는 분석 방법이다.

독립표본 t-검정을 위해 '분석' → '평균 비교' → '독립표본 T-검정'를 실행한다. 이때 나타나는 대화상자에서 분석하고자 하는 변수를 검정변수로 놓는다. 그 후에 집단변수인 독립변수의 범위를 지정해 준다. 이때 t-검정은 두 개의 집단에 대한 분석 방법으로 범위는 1과 2이므로 범위를 지정해 주고, '계속'과 '확인'을 누르면 결과가 출력된다.

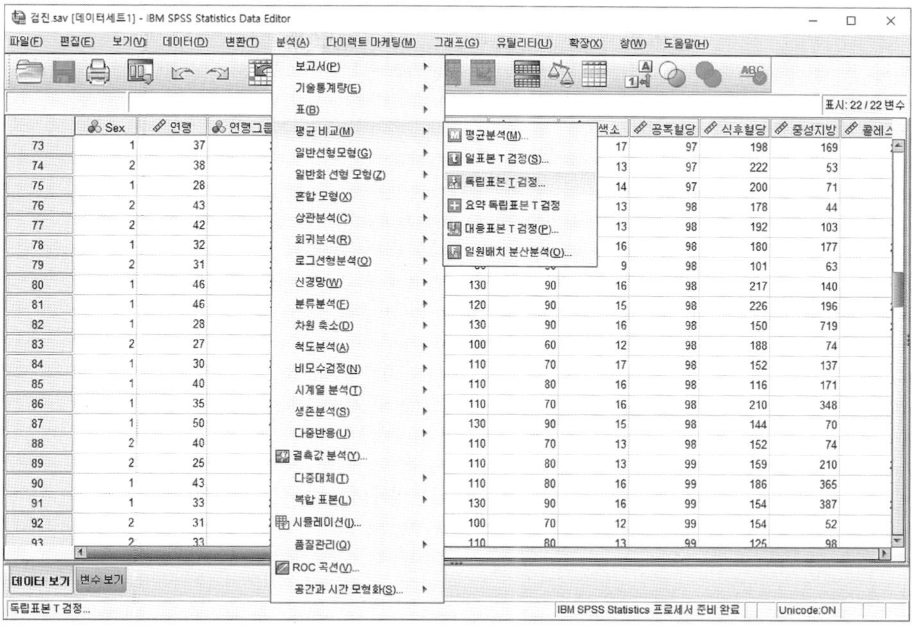

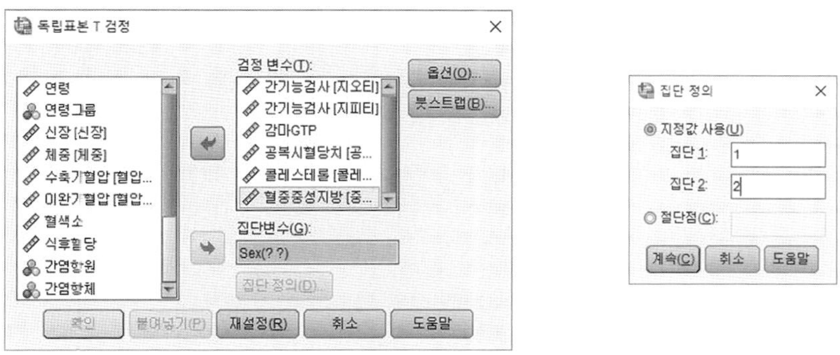

그림 6-7 독립표본 t-검정 대화상자와 집단 정의(검진.sav)

독립표본 t-검정을 실행하여 나타난 분석 결과가 출력되면 다음과 같다. 이때에도 앞에서와 마찬가지로 기술통계량이 출력된다.

집단통계량

	성별	N	평균	표준편차	평균의 표준오차
GOT	남성	131	20.18	7.715	.674
	여성	59	17.66	9.509	1.238
GPT	남성	131	22.56	13.746	1.201
	여성	59	15.68	17.282	2.250
감마 GTP	남성	131	54.67	44.850	3.919
	여성	59	19.70	12.801	1.667
공복 시 혈당치	남성	131	106.51	21.037	1.838
	여성	59	102.99	32.364	4.213
콜레스테롤	남성	131	185.91	34.192	2.987
	여성	59	178.06	33.775	4.397
혈중 중성지방	남성	131	177.99	124.767	10.901
	여성	59	95.60	48.920	6.369

독립표본 검정

		Levene의 등분산 검정		평균의 동일성에 대한 T-검정						
		F	유의확률	t	자유도	유의확률(양측)	평균차이	차이의 표준오차	차이의 95% 신뢰구간 하한	상한
GOT	등분산을 가정함	.035	.853	1.940	188	.054	2.528	1.303	−.042	5.098
	등분산을 가정하지 않음			1.793	93.815	.076	2.528	1.410	−.271	5.327
GPT	등분산을 가정함	.061	.805	2.941	188	.004	6.884	2.340	2.267	11.501
	등분산을 가정하지 않음			2.699	92.415	.008	6.884	2.550	1.819	11.949
감마 GTP	등분산을 가정함	36.412	.000	5.874	188	.000	34.968	5.953	23.225	46.711
	등분산을 가정하지 않음			8.212	168.898	.000	34.968	4.258	26.562	43.374
공복 시 혈당치	등분산을 가정함	.292	.590	.893	188	.373	3.512	3.933	−4.246	11.270
	등분산을 가정하지 않음			.764	80.868	.447	3.512	4.597	−5.634	12.659
콜레스테롤	등분산을 가정함	.018	.895	1.469	188	.143	7.846	5.341	−2.690	18.382
	등분산을 가정하지 않음			1.476	113.144	.143	7.846	5.316	−2.686	18.378
혈중 중성지방	등분산을 가정함	15.300	.000	4.900	188	.000	82.393	16.816	49.221	115.564
	등분산을 가정하지 않음			6.526	185.462	.000	82.393	12.625	57.486	107.300

그림 6-8 독립표본 t-검정 출력 결과

여기에서 Levene의 등분산 검정에 대해 알아보자. 등분산 검정은 서로 다른 집단의 분산이 동일한지에 대하여 검정하는 것을 말한다. 즉, 남녀에 대해 분산이 서로 동일한지를 사전에 검정하는 것으로 귀무가설은 "두 집단의 분산이 동일하다."이다. 따라서 유의확률이 유의수준 0.05보다 커야 귀무가설을 기각할 수 없게 된다. 본 연구에서는 간기능 검사와 중성지방이 등분산을 만족하지 않으며, 나머지 변수는 등분산을 만족함을 알 수 있다. 등분산인 경우에는 '등분산을 가정함'의 결과를 해석하고, 이분산인 경우에는 '등분산을 가정하지 않음'의 결과를 해석하면 된다. 이때, 간기능 검사 GOT의 등분산 검정 결과 유의확률이 0.853으로 유의수준 0.05보다 크므로 등분산임을 알 수 있다. 등분산을 가정하여 독립표본 t-검정 결과, 유의확률이 0.054로 유의수준 0.05보다 크므로 성별에 따른 GOT 평균에 차이가 없었다. 그러나 감마 GTP의 등분산 검정 결과, 유의확률이 0.000으로 유의수준 0.05보다 작으므로 분산이 갖지 않음을 알 수 있다. 등분산을 가정하지 않는 조건 하에 독립표본 t-검정한 결과, 유의확률이 0.000으로 유의수준 0.05보다 작으므로 성별에 따른 감마 GTP 평균에 차이가 있는 것으로 나타났다. 이와 같은 방법으로 GPT와 혈중 중성지방은 성별에 따라 평균의 차이가 있지만, 공복 시 혈당치와 콜레스테롤은 성별에 따라 평균의 차이가 없음을 알 수 있다.

예제 6.4에 대해 SPSS를 이용한 독립표본 t-검정 결과는 다음과 같다. SPSS의 독립표본 t-검정에서는 분산이 등분산인 경우와 이분산인 경우를 모두 제시해 준다. 이때 Levene의 검정을 통해 등분산에 관한 검정을 먼저 실시한 이후에 독립표본 t-검정의 결과를 해석하면 된다. 위의 데이터는 Levene의 검정에서 유의확률이 0.641로 유의수준 0.05보다 크므로 등분산임을 알 수 있다. 그러므로 등분산을 가정하는 첫 번째 줄의 내용을 토대로 t-검정을 해석할 수 있다. 이때 두 지역의 벤젠 농도의 평균 차이에 관한 유의확률이 0.384로 유의수준 0.05보다 크므로 귀무가설을 기각할 수 없다. 즉, 두 지역의 벤젠 농도의 평균에는 차이가 없다고 할 수 있다.

집단통계량

지역		N	평균	표준편차	평균의 표준오차
벤젠 농도	A 지역	11	17.227	4.0593	1.2239
	B 지역	11	15.745	3.7399	1.1276

독립표본 검정

		Levene의 등분산 검정		평균등식에 대한 T-검정						
		F	유의확률	t	자유도	유의확률(양측)	평균차이	차이의 표준오차	차이의 95% 신뢰구간 하한	차이의 95% 신뢰구간 상한
벤젠 농도	등분산을 가정함	.224	.641	.890	20	.384	1.4818	1.6642	−1.9896	4.9533
	등분산을 가정하지 않음			.890	19.867	.384	1.4818	1.6642	−1.9911	4.9548

그림 6-9 예제 6.4의 SPSS 독립표본 t-검정 출력 결과

3.3 대응표본 t-검정

어떤 실험의 영향을 알아보기 위하여 한 개체에 실험 전후의 평균 차이를 검정하는 방법이다. 대응표본 t-검정은 독립표본 t-검정과 달리 하나의 모집단으로부터 나온 데이터이므로 등분산성 검정을 할 필요가 없지만, 정규성 가정을 충족해야 한다. 대응표본 t-검정도 모수적 방법과 비모수적 방법이 있다.

정규성을 충족하거나 표본이 30 이상인 데이터에 대한 모수적 방법을 이용한 대응표본 t-검정은 '분석' → '평균 비교' → '대응표본 T-검정'을 실행한다.

그림 6-10 대응표본 t-검정 실행 방법(혈압기.sav)

짝을 이루는 두 개의 변수를 찾아서 두 변수 간의 평균 차이를 통하여 실험 영향을 찾을 수 있다. 대응표본 t-검정 대화상자에서 '확인' 버튼을 누르면 결과가 출력된다.

대응표본 통계량

		평균	N	표준편차	평균의 표준오차
대응1	첫번째수은 이완기혈압	85.01	190	12.967	.941
	첫번째전자동 이완기혈압	78.13	190	14.597	1.059

대응표본 상관계수

		N	상관관계	유의확률
대응1	첫번째수은 이완기혈압 첫번째전자동 이완기혈압	190	.620	.000

대응표본 검정

		대응차					t	자유도	유의확률(양측)
		평균	표준편차	평균의 표준오차	차이의 95% 신뢰구간				
					하한	상한			
대응1	첫번째수은 이완기혈압 첫번째전자동 이완기혈압	6.884	12.103	.878	5.152	8.616	7.841	189	.000

그림 6-11 대응표본 t-검정의 출력 결과

본 예제는 표본의 크기가 50 이상이므로 정규성을 가정하는 데 무리가 없다. 두 변수의 차이에 대한 유의확률이 유의수준 0.05보다 작으므로 수동으로 혈압을 잰 경우와 자동으로 혈압을 잰 경우 간에는 차이가 있다.

예제 6.6에 대해 SPSS를 이용한 대응표본 t-검정 결과는 다음과 같다. SPSS의 대응표본 t-검정에서는 한 개체를 가지고 두 번 측정한 데이터이기 때문에 독립표본 t-검정처럼 등분산 검정을 실시할 필요가 없다. 따라서 사슴의 앞다리와 뒷다리의 길이 차이를 비교한 결과, 유의확률이 0.000으로 유의수준 0.05보다 작으므로 통계적으로 유의하다는 것을 알 수 있다. 즉, 사슴의 앞다리와 뒷다리는 차이가 있다고 할 수 있다.

대응표본 통계량

		평균	N	표준편차	평균의 표준오차
대응1	앞다리	142.30	10	3.234	1.023
	뒷다리	145.70	10	2.710	.857

대응표본 상관계수

		N	상관관계	유의확률
대응1	앞다리 뒷다리	10	.861	.001

대응표본 검정

		대응차					t	자유도	유의확률(양측)
		평균	표준편차	평균의 표준오차	차이의 95% 신뢰구간				
					하한	상한			
대응1	앞다리 뒷다리	−3.400	1.647	.521	−4.578	−2.222	−6.530	9	.000

그림 6-12 예제 6.6의 SPSS 대응표본 t-검정 출력 결과

연습문제

01 어느 강물의 평균 pH가 6.8이라는 주장을 검정하려고 한다. 임의로 20개의 강물 표본을 선택하여 각각의 pH를 측정한 결과, 표본평균이 6.5이고 표준편차가 0.29로 나왔다. 유의수준 5%에서 검정하시오.

02 환경학자들은 한국에서 성인 한 명당 하루에 배출하는 평균 재활용 쓰레기가 0.4 kg이 넘는다고 주장한다. 이 주장에 대하여 임의로 선택한 23명의 성인을 대상으로 재활용 쓰레기의 양을 조사한 결과, 평균 0.9 kg, 표준편차 0.12 kg이었다. 유의수준 5%에서 환경학자들의 주장을 검정하시오.

03 두 지역에서 배출된 폐수 내 pH를 측정한 결과, 표본 수, 표본평균 및 표본표준편차가 각각 $n_1=5$, $n_2=6$, $\overline{x}_1=7.38$, $\overline{x}_2=8.25$, $s_1=0.24$ 및 $s_2=0.28$로 나타났다. 두 지점에서의 pH 측정치 사이에는 통계적으로 유의한 차이가 있는지를 유의수준 0.05에서 가설검정하시오.

04 서로 다른 두 종류의 비료를 사용하여 재배한 식물의 키(cm)에 대한 데이터가 다음과 같았다. 두 비료가 식물의 성장에 주는 효과에는 차이가 있는지 가설검정하시오.

비료 1				비료 2			
47.5	55.8	52.4	52.0	55.4	59.5	51.5	48.7
51.2	49.1	58.3	52.7	50.4	46.8	62.0	57.8
55.1	48.8	49.6	50.7	46.2	47.9	51.5	52.3

05 농업 지역에 흐르는 강의 상류와 하류 지점에서 각각 암모니아성 질소의 농도(mg/L-N)를 측정하였다. 두 지점에서의 농도에는 유의한 차이가 있는지를 검정하시오.

표본	지점 1(mg/L)	지점 2(mg/L)
1	0.81	0.72
2	0.92	0.83
3	0.60	0.49
4	1.5	1.2
5	1.0	1.5
6	0.83	0.64
7	0.42	0.73
8	0.54	0.68
9	1.1	1.4
10	0.94	0.72

06 강이나 하천에 폐기물이나 오수 등을 흘려보냄으로써 생물화학적 산소요구량인 BOD가 증가하고 있다. 수중 생태계 보호를 위해서는 BOD가 적어도 5 ppm 이하가 되어야 한다고 한다. 지난 7월 동안 춘천 지역 소양강 여섯 군데에서 물 표본을 채취하여 측정한 BOD 값이 4.8, 5.1, 4.9, 5.0, 5.2 및 4.6 ppm이었다. 이 기록을 통해서 BOD 값이 5 ppm보다 작다고 주장할 만한 충분한 근거가 있는가? 유의수준 $\alpha = 0.05$에서 검정하시오.

Chapter 7

이상치와 결측치

자료의 이상치(outlier)란 어떤 집단으로부터 추출한 랜덤표본에서 다른 값들에 비해 비정상적으로 떨어져 있는 극단적으로 크거나 작은 값을 말한다. 자료에서 한개 이상의 이상치가 존재하면, 계산된 통계량은 이상치에 영향을 받아 편중된 결과를 가져올 수 있다. 또한, 이상치는 표본 내에서 산포 정도를 증가시킴으로써, 통계적 검정의 민감도를 감소시킨다. 그러나 이상치가 자료의 정상적인 값일 가능성도 존재한다. 다시 말하면, 이상치로 의심되는 관측치가 대표적인 중요한 자료일 수도 있다. 이상치를 찾아내는 검정 방법은 어떤 관측치가 극단적이어서 나머지 자료의 분포와 맞지 않아 통계분석에서 배제시킬 것인지, 아니면 그 관측치를 자료에 포함시켜 통계분석에 사용할 것인지를 결정하게 된다.

'자료에 포함시킨 이상치들이 반드시 환경적인 변화를 나타낸다'라는 결론에 도달하기 전에, 먼저 그러한 값들이 잘못된 장비(예, DO 측정기의 보정이 안 됨)로부터 비롯될 수 있다는 점을 명심해야 한다. 때때로, 자료의 측정값들은 자료를 옮겨 적는 과정에서 오류가 날 수도 있다. 이외에도 오염된 시료 채취 장비, 실험 과정의 오류, 의도적인 자료의 조작, 시료 채취의 일관성 없는 과정 등에서도 비롯될 수 있다.

그렇다면, 어떤 경우에 '특정한 모니터링 자료가 기름 유출과 같은 재앙에 의해 비롯된 비자연적인 결과이기 때문에 자료 분석에서 배제한다'라고 결정할 수 있을까? 이에 대한 해결 방안으로는 자료가 제공하는 범위 내에서, 그 관측치를 자료 분석에 포함시킬 것인가, 아니면 배제할 것인가를 추정하여 결정하는 것이다. 이상치를 찾아내기 위한 여러 가지 방법이 개발되었다. 그런데, 이러한 절차들은 자료의 분포가 정규분포라는 것을 전제로 실시된다는 것을 알아야 한다.

1. 이상치

1.1 그래프 분석

두 변수 간에 산점도(scatter plot)를 그려보면, 어떤 관측치가 자료의 나머지와 얼마나 많이 떨어져 있는지를 눈으로 확인할 수 있다. 그렇지만, 이는 단지 육안으로 식별하는 방법으로서 잠재적인 이상치라는 것을 보여주는 것이므로, 추가적으로 통계적인 방법을 사용하여 검정해야 이상치라고 확증할 수 있다. [그림 7-1]의 산점도에서 위쪽의 한 점은 나머지 자료와 떨어져 있어 잠재적으로 이상치라는 것을 눈으로 추정할 수 있다.

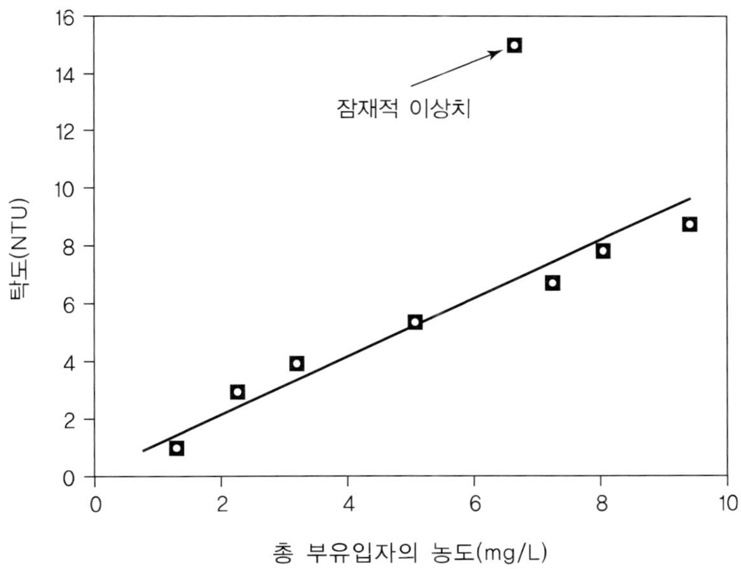

그림 7-1 총 부유입자(SS)의 농도와 탁도(turbidity)와의 관계를 보여주는 산점도

1.2 수학적인 방법

상자그림은 제3사분위수(Q_3)와 제1사분위수(Q_1) 사이에 상자를 그리고, 상자 가운데 중앙값의 위치를 나타내기 위해 보통 실선을 그린다. 다음의 울타리(fence)들은 분포의 꼬리에 있는 이상치를 확인하는 데에 사용된다.

1. 하내부울타리(lower inner fence, LIF) : $Q_1 - 1.5 \times IQR$
2. 상내부울타리(upper inner fence, UIF) : $Q_3 + 1.5 \times IQR$
3. 하외부울타리(lower outer fence, LOF) : $Q_1 - 3 \times IQR$
4. 상외부울타리(upper outer fence, UOF) : $Q_3 + 3 \times IQR$

여기에서 IQR은 interquartile range로서 $Q_3 - Q_1$으로 정의한다.

관측치가 하내부울타리 또는 상내부울타리를 넘고, 하외부울타리 또는 상외부울타리 내에 있는 값을 약한 또는 잠재적인 이상치(mild 또는 potential outlier)라 하고, 하외부울타리 또는 상외부울타리를 넘는 값을 극단적인 또는 문제 있는 이상치(extreme 또는 problematic outlier)라고 한다.

3장의 상자그림을 참고하길 바란다.

예제 7.1

90개의 자료가 아래와 같이 배열되어 있을 때 이상치가 있는지 검사하시오.

30,	171,	184,	201,	212,	250,	265,	270,	272,	289
305,	306,	322,	322,	336,	346,	351,	370,	390,	404
409,	411,	436,	437,	439,	441,	444,	448,	451,	453
470,	480,	482,	487,	494,	495,	499,	503,	514,	521
522,	527,	548,	550,	559,	560,	570,	572,	574,	578
585,	592,	592,	607,	616,	618,	621,	629,	637,	638
640,	656,	668,	707,	709,	719,	737,	739,	752,	758
766,	792,	792,	794,	802,	818,	830,	832,	843,	858
860,	869,	918,	925,	953,	991,	1000,	1005,	1068,	1441

풀이 앞서 3장에서 설명한 것처럼 사분위수를 구하는 방법인 보간법을 이용하여 아래와 같이 계산한다.

백분위수

	5	10	25	50	75	90	95
가중평균(정의 1) 데이터	207.05	273.70	429.75	559.50	742.25	868.10	995.05
Tukey의 Hinges 데이터			436.00	559.50	739.00		

그림 7-2 SPSS 사분위수 출력 결과

위의 출력 결과를 토대로 보간법을 사용하여 상하부의 울타리를 구하면,

- $IQR = Q_3 - Q_1 = 742.25 - 429.75 = 312.5$
- 하내부울타리 $= 429.75 - 1.5(312.5) = -39.0$
- 상내부울타리 $= 742.25 + 1.5(312.5) = 1211.0$
- 하외부울타리 $= 429.75 - 3.0(312.5) = -507.75$
- 상외부울타리 $= 742.25 + 3.0(312.5) = 1679.75$

위의 검사로부터 하나의 값 1,441이 상내부울타리인 1211.0을 넘고, 상외부울타리인 1679.75를 넘지 않으므로 약한 이상치이다. 그렇지만, 상외부울타리를 넘는 관측치는 없으므로 극단적인 이상치는 없다. 그리고 하내부울타리 및 하외부울타리는 모두 음의 값으로, 자료 중 이 이하의 값은 없으므로 작은 값들 중 이상치는 없다.

1.3 Dixon의 검정

Dixon의 검정(Dixon's test)은 먼저 관측치들을 개별 크기에 따라 배열한 후, 최솟값 및 최댓값과 인접한 값과의 차이와 최댓값 및 최솟값의 차이의 비율에 의해 검정하는 방법이다. 이 비율을 Dixon의 계수(r)라고 하고 임의의 분포를 따른다고 가정한다. 그렇지만, 적용된 최솟값 및 최댓값과 관계된 인접한 값들은 상호 종속적이라고 가정한다.

자료에 k개의 관측치가 있다고 할 때, 가장 작은 값에 대한 극단적인 이상치를 보고자 한다면,

$$r_{\underline{\ }} = \frac{x_n - x_1}{x_m - x_1}$$

여기에서, k가 3~7: $n=2$, $m=k$;
k가 8~10: $n=2$, $m=k-1$;
k가 11~13: $n=3$, $m=k-1$;
k가 14~25: $n=3$, $m=k-2$

만약 큰 쪽 끝에서 극단적인 이상치를 보고자 한다면,

$$r_H = \frac{x_k - x_m}{x_k - x_n}$$

여기에서, k가 3~7: $n=1$, $m=k-1$;
k가 8~10: $n=2$, $m=k-1$;
k가 11~13: $n=2$, $m=k-2$;
k가 14~25: $n=3$, $m=k-2$

만약 $k>25$이라면, 다른 검정 방법을 사용해야 한다. 계산한 통계량이 아래의 [표 7-1]의 임계치보다 클 경우에 그 관측치는 이상치로 간주한다.

표 7-1 어떤 표본에서 극단적인 관측치를 검정하기 위한 Dixon의 임계치

k	유의수준	
	5%	1%
3	0.941	0.988
4	0.765	0.889
5	0.642	0.780
6	0.560	0.698
7	0.507	0.637
8	0.554	0.683
9	0.512	0.635
10	0.477	0.597
11	0.576	0.679
12	0.546	0.642
13	0.521	0.615
14	0.546	0.641
15	0.525	0.616
16	0.507	0.595
17	0.490	0.577
18	0.475	0.561
19	0.462	0.547

k	유의수준	
	5%	1%
20	0.450	0.535
21	0.440	0.524
22	–	–
23	0.421	0.505
24	0.413	0.497
25	0.406	0.489

예제 7.2

아래의 자료에 대하여 가장 큰 값인 57.0이 이상치인지 아닌지를 Dixon의 검정을 통해 결정하시오.

자료의 순서	농도(mg/L)	자료의 순서	농도(mg/L)	자료의 순서	농도(mg/L)
1	0.5	9	8.8	17	20.2
2	0.6	10	9.2	18	22.1
3	0.8	11	11.1	19	24.7
4	1.0	12	12.1	20	24.9
5	1.1	13	12.4	21	44.0
6	1.9	14	12.5	22	46.9
7	2.9	15	13.1	23	57.0
8	4.6	16	14.5		

풀이 Dixon의 계수 r은 표본의 크기가 23이므로 아래의 식으로 계산된다.

$$r_H = \frac{x_k - x_m}{x_k - x_n} = \frac{x_{23} - x_{21}}{x_{23} - x_3} = \frac{57.0 - 44.0}{57.0 - 0.8} = 0.231$$

[표 7-1]에서 자료의 개수 23 및 5% 유의수준에 대한 임계치는 0.421이므로, 계산한 통계량 0.231은 임계치 0.421보다 작다. 따라서 가장 큰 값인 57.0은 5% 유의수준에서 이상치가 아니라고 결론지을 수 있다.

1.4 Grubb의 검정

Grubb의 검정은 ESD(extreme studentized deviate) 검정이라고도 하는데, 이상치 검정을 위한 비교적 쉬운 방법이다. 먼저 이상치라고 생각되는 값과 평균 사이의 차이를 표준편차(s)로 나눈 비율인 Z를 계산한다. 만약에 Z가 크면, 그 관측치는 다른 값들로부터 멀리 떨어져 있다는 것을 의미한다. 모든 관측치들의 평균과 표준편차를 구한 후에, 아래의 식에 의하여 Z를 계산한다.

$$Z = \frac{|\bar{x} - x_0|}{s}$$

여기에서 x_0는 이상치로 의심받는 값이다.

계산한 Z값이 [표 7-2]의 임계치보다 크면, 이 값을 이상치로 간주한다(단, 모든 표본이 정규분포로부터 추출되었다고 가정한다). 이 방법은 표본 중에서 가장 극단적인 값을 검정할 때에만 사용한다.

예제 7.3

어느 공단 지역의 강우에 대해 pH를 측정하였더니, 3.7, 4.5, 4.7, 4.8, 4.9, 5.1, 5.8, 5.9 및 6.0이었다. Grubb의 검정을 사용하여 가장 작은 값인 3.7이 이상치인지 아닌지를 검정하시오.

풀이 Z값을 계산하면, $Z = \frac{|5.04 - 3.7|}{0.75} = 1.79$이다. 이 값은 5% 유의수준에서 관측치 9에 대한 임계치 2.21보다 작으므로, pH 3.7은 이상치가 아니라고 할 수 있다.

표 7-2 Z에 대한 임계치(5% 유의수준)

관측치의 개수(N)	임계치	관측치의 개수(N)	임계치
3	1.15	27	2.86
4	1.48	28	2.88
5	1.71	29	2.89
6	1.89	30	2.91
7	2.02	31	2.92

관측치의 개수(N)	임계치	관측치의 개수(N)	임계치
8	2.13	32	2.94
9	2.21	33	2.95
10	2.29	34	2.97
11	2.34	35	2.98
12	2.41	36	2.99
13	2.46	37	3.00
14	2.51	38	3.01
15	2.55	39	3.03
16	2.59	40	3.04
17	2.62	50	3.13
18	2.65	60	3.20
19	2.68	70	3.26
20	2.71	80	3.31
21	2.73	90	3.35
22	2.76	100	3.38
23	2.78	110	3.42
24	2.80	120	3.44
25	2.82	130	3.47
26	2.84	140	3.49

1.5 Barnett & Lewis의 검정

자료를 작은 값부터 큰 값의 순서대로 x_L, x_2, $\cdots$, x_H와 같이 배열한 후 평균과 표준편차를 계산하면, 크거나 작은 이상치로 의심받는 값을 다음과 같은 절차로 검정할 수 있다.

$$t^* = \frac{x_H - \bar{x}}{s} \quad \text{또는} \quad t^* = \frac{\bar{x} - x_L}{s}$$

여기에서 얻은 통계량 t^*를 5% 또는 1%의 유의수준에서 측정치의 개수 n에 대한 [표 7-3]의 임계치보다 크면, x_H 또는 x_L은 그 유의수준에서 이상치라고 할 수 있다.

표 7-3 Barnett & Lewis의 검정에 대한 임계치

관측치의 개수(N)	임계치		관측치의 개수(N)	임계치	
	5%	1%		5%	1%
3	1.15	1.15	15	2.41	2.71
4	1.46	1.49	16	2.44	2.75
5	1.67	1.75	18	2.50	2.82
6	1.82	1.94	20	2.56	2.88
7	1.94	2.10	30	2.74	3.10
8	2.03	2.22	40	2.87	3.24
9	2.11	2.32	50	2.96	3.34
10	2.18	2.41	60	3.03	3.41
12	2.29	2.55	100	3.21	3.60
14	2.37	2.66	120	3.27	3.66

예제 7.4

다음의 자료에 대해 Barnett & Lewis의 이상치 검정을 사용하여 가장 큰 값이 이상치인지 아닌지를 결정하시오.

0.5, 0.6, 0.8, 1.0, 1.1, 1.9

풀이 자료로부터 평균 $\bar{x}=0.98$이고 표준편차 $s=0.50$이다. 식 $t^*=\dfrac{x_H-\bar{x}}{s}$을 이용하여 통계량을 계산하면,

$$t^*=\frac{1.9-0.98}{0.50}=1.84$$

$n=6$, 5% 유의수준에 대한 $t_{crit}=1.82$이므로 $t^*>t_c(1.84>1.82)$이다. 따라서 가장 큰 값 1.9는 5% 유의수준에서 이상치라고 할 수 있다. 반면에, 1%의 유의수준을 채택하여 검정하면, $t^*<t_c\,(1.84<1.94)$이므로 가장 큰 값은 이상치가 아니라고 할 수 있다.

2. 결측치

결측치는 실험이나 조사 등에서 다양한 이유로 관측되어야 할 값을 얻지 못하는 경우에 발생한다. 설문조사의 경우 설문 문항에 대한 이해 부족, 무관심, 부주의, 응답 거부 등의 이유로 결측치가 발생하게 된다. 결측치를 가진 자료를 분석할 때에는 효율성, 자료 처리 및 분석이 얼마나 복잡할 것인가, 관측 자료와 결측 자료 간의 차이에서 발생할 수 있는 편의 여부 등을 고려하여야 한다.

일반적으로 통계분석을 위하여 사용하는 SPSS나 SAS 등의 통계 패키지에서는 결측치를 포함한 케이스를 자동으로 일괄 제외시키는 방법을 기본(default)으로 사용하고 있다. 따라서 결측치 비율이 높은 표본 자료를 SPSS나 SAS 등의 통계 패키지를 이용하여 통계분석을 하는 경우, 표본 수의 감소로 인해 표본이 모집단을 대표하지 못하게 되어 타당성 문제 및 편의(bias)가 발생할 수 있다.

결측치를 처리하는 방법은 다양하게 연구되어 왔다. 그 중에서 많이 알려진 방법들은 다음과 같다.

2.1 완전제거법(listwise deletion)

완전제거법은 자료에 포함된 변수의 모든 값이 관측된 케이스만 이용하는 방법으로, 변수들 중 하나라도 결측치가 발생한 경우 해당 케이스를 일괄 삭제하는 방법이다. 보편적으로 대부분의 통계 패키지에서 적용하는 방법으로, 사용이 간편하다는 특징이 있다. 이 방법은 결측률이 낮거나, 결측이 무작위로 발생하고, 결측치와 관측치 간에 독립적이라고 가정할 수 있는 경우에 사용할 수 있다.

그러나, 결측률이 높은 경우에는 표본수가 급격히 감소하여 정보의 손실을 유발하고, 각 변수의 분산을 증가시키는 단점이 있다.

2.2 단일대체방법(single imputation)

단일대체방법은 어떤 방법을 이용하여 얻은 하나의 값으로 결측치를 대체하여 결측치가 없는 완전한 자료인 것처럼 다루는 방법이다. 대표적인 단일대체방법에는 평균대체방법(mean value imputation), 연역적 대체방법(deductive imputation), 일치대응대체방법(exact match imputation), 핫덱대체방법(hot-deck imputation), 회귀대체방법(regression imputation) 등이 있다.

평균대체방법은 관측된 자료의 평균값으로 결측치를 대체하는 방법이다. 사용이 간편하여 많이 사용되고 있으나, 결측이 랜덤하게 발생되는 경우가 아닌 경우에는 편향된 추정치를 발생시키는 것으로 보고되고 있다. 이러한 경우에는 표본을 몇 개의 대체군으로 나눈 후, 각 층 내에서 평균을 구하여 그 층의 결측치를 대체하기도 한다.

연역적 대체방법은 논리적인 제약 조건이나 기록 등에 근거하여 결측치를 유추할 수 있는 경우에 사용한다. 예를 들어, 가족의 혈액형이 모두 O형이면, 가족 내 무응답한 사람의 혈액형도 O형일 것이라고 추측하여 대체할 수 있다.

일치대응대체방법은 결측치를 동일한 조사단위에 해당하는 다른 외부 자료의 값으로 대체하는 방법이다. 그러나 사용이 어렵고 비용이 발생하는 등 현실적인 어려움이 있다.

핫덱대체방법은 결측치와 동일한 특성을 갖는 관측치들 중에서 하나를 랜덤하게 추출하여 대체하는 방법이다. 이 방법은 자료의 수가 적은 경우 동일한 값을 여러 번 사용하게 되어 적용하기 어렵다는 단점이 있다.

회귀대체방법은 결측치가 포함되어 있는 변수를 종속변수로 하고 다른 변수들을 독립변수로 하여 회귀모형을 적용한 후 얻은 추정치를 결측치의 대체값으로 사용하는 방법이다. 이 방법은 결측치 예측에서의 불확실성을 반영하지 않아 추정치의 분산을 지나치게 작게 추정한다는 단점이 있다.

2.3 다중대체방법(multiple imputation)

단일대체방법은 한 개의 대체값을 구하는 방법인 반면, 다중대체방법은 한 번 이상 결측을 대체하는 방법을 말한다. 다중대체방법은 다수의 후보값들 중 무작위로 선정하여 대체값을 구한 후 각각의 자료에 대하여 분석을 실시하고 추정된 계수를 통합하는 방법이다. 이때 다중대체의 횟수는 3~5회 정도 반복하도록 권고한다.

연습문제

01 대기 중 다환방향족탄화수소(polycyclic aromatic hydrocarbons, PAHs) 화합물 중에서 가장 독성이 강한 것으로 알려진 benzo[*a*]pyrene의 농도를 측정하였더니 2.77, 2.80, 2.90, 2.92, 3.45, 3.95, 4.44, 4.61, 5.21 및 7.46 ng/m^3이었다. 아래의 다양한 검정 방법을 사용하여 가장 큰 측정치가 이상치인지 아닌지를 결정하시오.

A. 수학적인 방법
B. Dixon의 검정
C. Grubb의 검정
D. Barnett & Lewis의 검정

02 아래의 자료에서 가장 작은 값과 큰 값이 이상치인지 아닌지를 문제 1의 네 가지 방법으로 검정하시오.

0.3, 0.8, 0.9, 1.2, 1.6, 1.8, 2.1, 3.5

Chapter 8

분산분석

1. 분산분석의 가설 및 가정
2. 일원배치 분산분석(One-way ANOVA)
3. 이원배치 분산분석(Two-way ANOVA)
4. 다중비교
5. SPSS 분석 방법

앞 장에서는 두 모집단의 평균을 비교하는 통계적 기법으로 t-검정을 다루었다. 이번 장에서는 두 모집단의 내용을 확장하여 세 개 이상의 모집단의 평균을 비교하는 문제에 대해 생각해 보자. 연속형 자료로 구성된 세 개 이상의 모집단의 평균을 동시에 비교하는 통계적 방법을 분산분석(ANOVA, ANalysis Of VAriance)이라고 한다. 분산분석에서는 표본들의 표본평균값이 얼마나 차이가 있는가를 분산 개념을 이용하여 비교한다. 분산분석의 기본적인 질문은 "세 개 이상 모집단의 모평균들이 모두 같은가?"이다. 예를 들어, 세 지역의 평균 임금이 모두 같은지를 검정하고자 할 때 분산분석을 사용한다. 여기서 분산분석의 귀무가설은 "세 지역의 평균 임금이 모두 같다."가 된다. 분산분석의 가설검정을 하기 위하여 각 지역에서 표본을 얻어 표본평균들을 비교하고, 어느 지역의 평균이 타 지역과 차이가 난다면, 이것이 지역 간의 임금이 다른 것인지 혹은 표본을 얻는 과정에서 차이가 난 것인지를 결정하는 것이 분산분석의 기본적인 문제이다.

또한 분산분석의 결과, 주어진 유의수준 α에서 귀무가설이 기각되었다는 것은 "모든 지역의 평균 임금이 모두 같지는 않다."는 것을 뜻한다. 모든 지역의 평균 임금이 같지는 않다면, 그 다음 단계의 질문은 어느 지역과 어느 지역 간에 평균 임금이 다른지를 알아보는 것이다. 즉, "m개의 모평균들 중에서 어느 모평균들이 서로 차이가 있는가?"의 질문이 될 것이다. 이를 다중비교(multiple comparison)라고 한다.

1. 분산분석의 가설 및 가정

분산분석은 세 개 이상의 모평균을 비교할 때 사용되는 검정 방법으로, 귀무가설이 "세 개 이상의 모평균이 모두 같다."이며, 대립가설은 "세 개 이상의 모평균이 모두 같지는 않다." 혹은 "세 개 이상의 모평균들 중 서로 같지 않은 모평균들이 적어도 한 쌍이 있다."가 된다. 즉,

귀무가설 H_0: $\mu_1 = \mu_2 = \cdots = \mu_m$

대립가설 H_1: μ_1, μ_2, $\cdots$, μ_m 중 서로 다른 모평균이 적어도 한 쌍 있다.

분산분석은 t-검정과 같이 집단들의 평균이 유의하게 차이가 있는가를 분석하는 방법으로 t-검정의 확장된 개념이다. t-검정과 분산분석의 차이점은 첫째, t-검정은 두 개 범주간 비교를 수행하기 때문에 여러 개의 범주가 존재할 경우에는 같은 작업을 여러 번 수행해야 하지만, 분산분석은 여러 개의 범주를 동시에 비교하는 것이 가능하다. 둘째, t-검정은 두 개의 범주를 가진 1개의 요인에 대한 평균만을 비교하지만, 분산분석은 여러 범주를 가진 두 개 이상의 요인들의 영향력을 동시에 비교하는 것이 가능하다. 셋째, 두 개 이상의 요인에 대한 평균을 비교할 때, 하나의 요인에 따라 다른 요인의 효과가 달라지는 경우를 교호작용(interaction) 효과라고 한다. 분산분석의 경우에는 교호작용 효과를 분석하는 것이 가능하다.

분산분석은 독립표본 t-검정과 마찬가지로 다음과 같은 기본 가정들을 요구한다.

① 관측치의 독립성
② 오차의 정규성
③ 오차의 등분산성

관측치의 독립성은 그래프를 이용하거나 관측치와 예측치의 차이인 잔차(residual)를 이용하여 분석하거나 또는 Durbin-Watson 검정 등으로 분석할 수 있다. 또한, 정규성은 독립성과 마찬가지로 잔차를 이용하여 분석하거나 Shapiro-Wilk 검정이나 Komologorov-Smirnov 검정 등을 이용하여 분석할 수 있다. 등분산성은 Levene의 검정이나 상자그림을 통해서 분석할 수 있다.

2. 일원배치 분산분석

일원배치 분산분석(one-way ANOVA)은 t-검정을 확장시킨 것과 같다. t-검정에서 두 개의 모집단의 평균이 같은지를 검정하는 것과 같이, 일원배치 분산분석에서는 세 개 이상의 모든 모집단들의 평균이 같은지를 검정한다. 실험 자료에서 하나의 반응변수에 대하여 여러 범주를 갖는 설명변수를 비교하는 것과 동일하다. m개의 처리를 가진 하나의 요인에 대한 모집단 평균의 차이를 비교하기 위한 일원배치 분산분석의 자료 구조는 다음과 같다.

처리	1	2	⋯	m
데이터	y_{11}	y_{21}	⋯	y_{m1}
	y_{12}	y_{22}	⋯	y_{m2}
	⋮	⋮	⋮	⋮
	y_{1n_1}	y_{2n_2}	⋯	y_{mn_m}
평 균	$\bar{y}_{1.}$	$\bar{y}_{2.}$	⋯	$\bar{y}_{m.}$

위의 자료에서 하나의 요인의 m가지 처리에 따른 각각의 관찰치는 n_1, n_2, ⋯, n_m개의 표본 크기를 갖고 있다.

이때, 만약 앞 절에서 본 귀무가설이 옳다고 가정한다면, 각 집단(처리) 내의 변동(분산)은 집단 간의 변동과 거의 같아져서 모든 모평균 μ_1, μ_2, ⋯, μ_m은 전체 평균 μ와 같아질 것이다. 모집단의 평균들이 서로 같지 않게 하려면, 집단 내의 변동이 집단 간의 변동보다 훨씬 작아져야 한다. 즉, 집단의 모분산이 같다는 가정 하에 얻어진 집단 내 분산의 추정치에 비해 표본평균들의 분산인 집단 간의 분산이 크면 클수록 모집단의 평균들이 같지 않다는 것을 의미하게 된다. 집단 간의 변동은 처리 평균제곱합($MSTr$)으로 추정되며, 집단 내의 변동은 랜덤 측정오차에 기인한 것으로 오차 평균제곱합(MSE)으로 추정된다. 이들의 계산은 다음과 같은 식으로 실시한다.

$$처리제곱합(SSTr) = \sum_{i=1}^{m} n_i (\overline{y_{i.}} - \overline{y})^2$$

$$오차제곱합(SSE) = \sum_{i=1}^{m} \sum_{j=1}^{n_i} (y_{ij} - \overline{y}_{i.})^2$$

$$총제곱합(SST) = \sum_{i=1}^{m} \sum_{j=1}^{n_i} (y_{ij} - \overline{y})^2$$

이며, $SST = SSTr + SSE$의 관계가 있다.

각 제곱합을 계산하는데 사용되는 독립적인 정보 또는 측정치의 개수를 자유도(degree of freedom)라고 한다. 만약 전체 관측치의 수가 n이라고 할 때, 처리제곱합의 자유도는 $m-1$이고, 오차제곱합의 자유도는 $n-m$, 총 제곱합의 자유도는 $n-1$이다.

각 제곱합을 대응되는 자유도로 나누면 평균제곱합을 얻는다. 만약 대립가설이 채택된다면, $MSTr$은 MSE보다 더 커질 것이다. 따라서 분산분석의 검정은 두 개의 분산 추정치인 $MSTr$과 MSE를 비교하게 된다. 즉, F-비

$$F = \frac{MSTr}{MSE}$$

을 계산하여 자유도가 $m-1$, $n-m$인 F 임계치와 비교한다. 만약 계산된 F-비가 F 임계치보다 크면 귀무가설은 기각된다.

만약 귀무가설이 기각되었다고 해서 모든 모평균들이 각각 서로 다르다는 것이 아니라, 모든 모평균들이 다 같지는 않다는 뜻이다. 따라서 모평균들 중 서로 다른 모평균들도 있고 같은 모평균들도 있을 수 있다. 어떤 모평균들이 서로 같지 않은지를 알아보려면 다중비교법을 이용한다. 다중비교법은 4절에서 설명한다.

표 8-1 분산분석(ANOVA)표

변동 요인	제곱합(SS)	자유도	평균제곱합(MS)	F-비
처리간	$SSTr$	$m-1$	$MSTr = SSTr/(m-1)$	$F = \frac{MSTr}{MSE}$
처리내(오차)	SSE	$n-m$	$MSE = SSE/(n-m)$	
총	SST	$n-1$		

예제 8.1

여섯 개의 우물물에서 황화물(sulfide)의 농도를 4회에 걸쳐 측정하였다. 이때 각 우물물에서의 황화물 농도에 차이가 있는지 유의수준 5%에서 검정하시오. 각 우물물의 황화물 농도 측정치 및 평균과 표준편차는 다음과 같다.

우 물	1	2	3	4	5	6
관측치 (μg/L)	29.4	16.1	17.8	27.9	29.8	39.6
	12.6	4.7	22.4	21.9	32.1	46.2
	18.2	36.1	13.6	12.6	41.0	42.0
	31.3	32.1	28.4	36.7	28.9	39.9
평균($\overline{y_i}$)	22.9	22.3	20.6	24.8	33.0	41.9
표준편차	8.96	14.5	6.35	10.1	5.53	3.04

풀이 총 평균 $\bar{y}=27.6$이며 각 $n_i=4$이다.

우물간 제곱합은

$$SSTr=4(22.9-27.6)^2+4(22.3-27.6)^2+\cdots+4(41.9-27.6)^2=1363$$

이며, 자유도는 $6-1=5$이다.

$$SSE=(29.4-22.9)^2+(12.6-22.9)^2+\cdots+(42.0-41.9)^2+(39.9-41.9)^2$$
$$=1425$$

이며, 자유도는 $24-6=18$이다.

총 제곱합은

$$SST=(29.4-27.6)^2+(12.6-27.6)^2+\cdots+(39.9-27.6)^2=2788$$

이며, 자유도는 $24-1=23$이다.

따라서 분산분석표를 만들면 다음과 같다.

변동 요인	제곱합(SS)	자유도	평균제곱합(MS)	F-비
처리간	1363	5	272.6	3.4
처리내(오차)	1425	18	79.2	
총	2788	23		

F-비와 유의수준 0.05에서 자유도가 5(분자), 18(분모)인 F 임계치 2.77(부록 D)을 비교하면, F-비가 더 크므로 유의수준 5%에서 귀무가설을 기각한다. 따라서 여섯 개 우물의 황화물 농도 간에는 유의한 차이가 있으므로, 반드시 사후검정으로 다중비교를 하여야 한다.

예제 8.2

30명의 학생들을 세 집단으로 10명씩 무작위 편성하였다. 예상 시험 문제와 답을 제공한 후에 아래와 같은 처리를 하고, 1시간 동안 공부할 시간을 준 후 시험을 실시하였다. 세 종류의 처리는 기억증진제(memory drug) 투여, 위약(placebo) 투여 및 무처리이었다. 시험의 결과가 아래와 같았을 때, 각 처리 방법 간에는 다른 효과가 있다고 할 수 있을까?

우 물	기억증진제	위약	무처리
관측치	70	37	31
	77	43	34
	83	59	27
	54	54	34
	76	59	29
	67	65	31
	68	40	36
	78	57	45
	92	56	37
	60	49	45
평균($\overline{y_i}$)	72.5	51.9	34.9
표준편차	11.10	9.26	6.14

풀이 총 평균 $\bar{y}=53.1$이며 각 $n_i=10$이다.

집단간 제곱합은

$$SSTr = 10(72.5-53.1)^2 + 10(51.9-53.1)^2 + 10(34.9-53.1)^2$$
$$= 7090.4$$

이며, 자유도는 $3-1=2$이다.

총 제곱합은

$$SST = (70-53.1)^2 + (77-53.1)^2 + \cdots + (45-53.1)^2 = 9308.7$$

이며, 자유도는 30 − 1 = 29이다.

$$SSE = SST - SSTr = 9308.7 - 7090.4 = 2218.3$$

이며, 자유도는 30 − 3 = 27이다.

따라서 분산분석표를 만들면 다음과 같다.

변동 요인	제곱합(SS)	자유도	평균제곱합(MS)	F-비
처리간	7090.4	2	3545.2	
처리내(오차)	2218.3	27	82.2	43.2
총	9308.7	29		

F-비와 유의수준 0.05에서 자유도가 2(분자), 27(분모)인 F 임계치 3.35(부록 D)를 비교하면, F-비가 더 크므로 유의수준 5%에서 귀무가설을 기각한다. 따라서 세 개 처리 방법 간에는 유의한 차이가 있으므로, 반드시 사후검정으로 다중비교를 하여야 한다.

3. 이원배치 분산분석

이원배치 분산분석(two-way ANOVA)은 일원배치 분산분석과 수학적인 공식은 비슷하다. 차이점은 일원배치 분산분석에서는 하나의 반응변수에 대하여 하나의 요인의 효과를 알아보는 반면에, 이원배치 분산분석은 하나의 반응변수에 대하여 두 개의 요인들의 효과를 알아본다. 즉, 분석하고자 하는 자료의 반응변수가 두 개의 요인에 의해 영향을 받는 경우로서, 각 요인들의 수준들의 조합에 대하여 관찰치를 얻게 된다. 반복이 없는 이원배치 분산분석(3.1절)과 반복이 있는 이원배치 분산분석(3.2절), 그리고 반복측정 분산분석(3.3절)으로 나누어 설명하고자 한다.

3.1 반복이 없는 이원배치 분산분석

분석하고자 하는 자료가 서로 다른 처리들에 대해 하나씩의 관찰치를 얻는 경우에 대해 알아보도록 하자. 이런 경우 한 요인이 처리(treatment)가 되고 다른 요인이 블록(block)이 되어, 두 요인의 교호작용이 존재하지 않는 경우 반복이 없는 이원배치 분산분석이라 하며, 이 모형을 확률화 완전 블록모형(randomized complete block design)이라고 한다. 확률화 완전 블록모형은 b개의 블록 안에서 m개의 수준을 가지는 요인에 대한 평균의 차이가 있는지 알아보기 위한 경우를 말한다. 이 모형의 자료 구조와 분산분석표는 각각 다음과 같다.

블록 \ 처리	1	2	…	m	평균
1	y_{11}	y_{12}	…	y_{1m}	$\bar{y}_{1.}$
2	y_{21}	y_{22}	…	y_{2m}	$\bar{y}_{2.}$
⋮	⋮	⋮		⋮	⋮
b	y_{b1}	y_{b2}	…	y_{bm}	$\bar{y}_{b.}$
평 균	$\bar{y}_{.1}$	$\bar{y}_{.2}$	…	$\bar{y}_{.m}$	$\bar{y}_{..}$

여기에서

$$처리제곱합(SSTr) = b\sum_{i=1}^{m}(\bar{y}_{.i} - \bar{y})^2$$

$$블록제곱합(SSB) = m\sum_{j=1}^{b}(\bar{y}_{j.} - \bar{y})^2$$

$$오차제곱합(SSE) = \sum_{i=1}^{m}\sum_{j=1}^{b}(y_{ij} - \bar{y}_{.i} - \bar{y}_{j.} + \bar{y})^2$$

이며, $SST = SSTr + SSB + SSE$를 만족한다.

표 8-2 분산분석표

변동 요인	제곱합(SS)	자유도	평균제곱합(MS)	F-비
처리간	$SSTr$	$m-1$	$MSTr = SSTr/(m-1)$	$F=\dfrac{MSTr}{MSE}$
블 록	SSB	$b-1$	$MSB = SSB/(b-1)$	$F=\dfrac{MSB}{MSE}$
오 차	SSE	$(m-1)(b-1)$	$MSE = SSE/(m-1)(b-1)$	
총	SST	$mb-1$		

예제 8.3

어느 과수원에서 재배하는 사과나무의 수확량에 대한 비료의 효과를 알아보기 위하여, 토양이 다른 세 종류의 경작지를 3등분하여 사과나무를 각각 10그루씩 심고, 세 종류의 비료를 랜덤하게 사용하여 다음과 같은 수확량 자료(개)를 얻었다. 비료의 종류에 따라 수확량에 차이가 있다고 할 수 있는가? 또한 경작지의 종류에 따라 수확량에 차이가 있다고 할 수 있는가?

경작지 \ 비료	A	B	C
1	32	36	30
2	42	47	35
3	35	41	34

풀이 수확량을 반응변수로 하고 경작지를 블록으로, 비료를 처리로 하여 이원배치 분산분석을 실행하면, 다음과 같은 분산분석표를 얻는다.

변동 요인	제곱합(SS)	자유도	평균제곱합(MS)	F-비	p-값
처리간	112.9	2	56.4	15.6	0.013
블 록	105.6	2	52.8	14.6	0.014
오 차	14.4	4	3.6		
총	232.9	8			

처리 효과에 대한 p-값이 0.013, 블록 효과에 대한 p-값이 0.014이므로 비료 간에, 그리고 경작지 간에는 수확량의 차이가 유의하게 있음을 알 수 있다.

예제 8.4

세계 여섯 지역에서 다른 목적으로 물을 사용하는 양을 비교하고자 한다. 연간 1인당 물 사용량(m^3)이 다음과 같았을 때, 물 사용량은 지역과 사용 목적에 영향을 받는다고 할 수 있을까?

지역 \ 용도	가정용	산업용	농업용
아프리카	17.1	12.4	214.0
북아메리카	153.0	710.0	829.0
남아메리카	86.2	109.0	281.0
아시아	32.4	42.1	453.0
유럽	94.4	392.0	240.0
오세아니아	582.0	18.2	309.0

풀이 물 사용량은 반응변수로 하고 지역을 블록으로, 용도를 처리로 하여 이원배치 분산분석을 실행하면 다음과 같은 분산분석표를 얻는다.

변동 요인	제곱합(SS)	자유도	평균제곱합(MS)	F-비	p-값
처리간	168885.8	2.0	84442.9	1.839	0.209
블 록	431116.0	5.0	86223.2	1.877	0.186
오 차	459294.8	10.0	45929.5		
총	1059296.5	17.0			

처리 효과에 대한 p-값이 0.209, 블록 효과에 대한 p-값이 0.186이므로 용도 간에, 그리고 지역 간에는 물 사용량에 대한 차이가 유의하게 없음을 알 수 있다.

3.2 반복이 있는 이원배치 분산분석

서로 다른 처리들에 대해 하나씩의 관찰치를 얻는 경우를 다룬 3.1절과 달리, 각 처리들에 대해 2개 이상의 관찰치를 얻을 수 있는 경우를 반복이 있는 이원배치 분산분석이라고 한다. 두 요인 모두 주효과(main effect)를 살펴볼 수 있으며, 두 개의 요인들의 수준들의 조합으로부터 발생할 수 있는 효과도 구할 수 있는 장점이 있는데, 이를 교호작용이라고 한다. 교호작용은 두 개 이상의 요인이 서로 연관성을 가지면서 동시에 평균 차이에 영향을 미치는 효과를 말한다.

이원배치 분산분석에서 주효과 및 교호작용의 유의성까지 고려한다면, 각 요인의 수준의 조합에서 2개 이상의 반복 측정치가 요구된다. 이때 각 처리에 대한 측정치의 수, 즉 반복수(n)는 동일하여야 한다. 이 모형의 자료 구조와 분산분석표는 다음과 같다.

요인 A \ 요인 B	1	2	⋯	b	평 균
1	y_{111}	y_{121}	⋯	y_{1b1}	$\bar{y}_{1..}$
	y_{112}	y_{122}	⋯	y_{1b2}	
			⋮		
	y_{11n}	y_{12n}	⋯	y_{1bn}	
⋮			⋮		⋮
a	y_{a11}	y_{a21}	⋯	y_{ab1}	$\bar{y}_{a..}$
	y_{a12}	y_{a22}	⋯	y_{ab2}	
			⋮		
	y_{a1n}	y_{a2n}	⋯	y_{abn}	
평 균	$\bar{y}_{.1.}$	$\bar{y}_{.2.}$	⋯	$\bar{y}_{.a.}$	$\bar{y}_{...}$

표 8-3 분산분석표

변동 요인	제곱합(SS)	자유도	평균제곱합(MS)	F-비
처리 A	SSA	$a-1$	$MSA = SSA/(a-1)$	$F = \dfrac{MSA}{MSE}$
처리 B	SSB	$b-1$	$MSB = SSB/(b-1)$	$F = \dfrac{MSB}{MSE}$
교호작용	$SSAB$	$(a-1)(b-1)$	$MSAB = SSAB/(a-1)(b-1)$	$F = \dfrac{MSAB}{MSE}$
오 차	SSE	$ab(n-1)$	$MSE = SSE/[ab(n-1)]$	
총	SST	$nab-1$		

여기에서

$$SSA = nb\sum_{i=1}^{a}(\overline{y}_{i..} - \overline{y}_{...})^2$$

$$SSB = na\sum_{j=1}^{b}(\overline{y}_{.j.} - \overline{y}_{...})^2$$

$$SSAB = n\sum_{i=1}^{a}\sum_{j=1}^{b}(\overline{y}_{ij.} - \overline{y}_{i..} - \overline{y}_{.j.} + \overline{y})^2$$

$$SSE = \sum_{i=1}^{a}\sum_{j=1}^{b}\sum_{k=1}^{n}(y_{ijk} - \overline{y}_{ij.})^2$$

$$SST = \sum_{i=1}^{a}\sum_{j=1}^{b}\sum_{k=1}^{n}(y_{ijk} - \overline{y}_{...})^2 = SSA + SSB + SSAB + SSE$$

만약 반복수 $n = 1$일 때에는 처리 내의 변동이 없어지므로 오차제곱합 SSE는 0이 되고, 대신 교호작용의 제곱합 $SSAB$을 이용하여 F-비를 계산한다.

참고로, 결측치가 생겨 반복수가 동일하지 않은 경우에는, 다원배치 분산분석보다는 대부분의 통계 패키지에서 제공하는 일반선형모형(General Linear Models, GLM)을 이용한다. 반복이 없는 경우에는 이원배치 분산분석과 같은 모형이 된다.

이원배치 분산분석을 제대로 이해하면 삼원배치 분산분석(three-way ANOVA) 등의 다원배치 분산분석(multi-way ANOVA, MANOVA)으로 쉽게 확장할 수 있다.

예제 8.5

세 종류의 호르몬 처리와 성별에 따라 혈액 내 칼슘 농도에 차이가 있는지를 알아보기 위하여, 남녀 각각 9명씩을 선정하여 이들을 임의로 3그룹으로 나눈 후 세 종류의 호르몬을 투여하고 혈액 내 칼슘 농도를 측정하였다. 이때 성별과 처리 간의 유의한 교호작용이 있는가? 또한 성별 간, 처리 간에는 차이가 있는지 검정하시오.

성별 \ 호르몬	1	2	3
남	16.21 17.10 15.87	18.85 17.65 19.01	29.54 34.56 33.57
여	15.86 14.92 15.21	17.15 16.67 17.65	30.57 32.41 29.65

풀이 성별과 호르몬 처리를 각각 요인으로 두고 칼슘 농도를 반응변수로 두면, 각 요인들의 수준별로 3개의 반복 측정치가 있으므로, 이를 토대로 하여 이원배치 분산분석표를 작성하면 다음과 같다.

변동 요인	제곱합(SS)	자유도	평균제곱합(MS)	F-비	p-값
성 별	8.36	1	8.36	4.79	0.0491
호르몬	896.18	2	448.09	256.72	<0.0001
교호작용	0.28	2	0.14	0.08	0.9219
오 차	20.94	12	1.74		
총	925.78	17			

위의 분산분석표에서 성별과 호르몬의 교호작용 효과는 유의확률이 0.9219로 유의하지 않으므로, 성별과 호르몬의 주효과에 대한 검정을 한다. 만약 교호작용이 유의하게 나왔다면, 주효과에 대한 검정은 의미가 없게 된다. 성별 간에 차이가 없다는 가설에 대하여 유의확률은 0.0491이고, 호르몬 간에 차이가 없다는 가설에 대하여 유의확률 p-값이 <0.0001이므로 둘 다 유의수준 0.05보다 작으므로 성별 간 및 호르몬 간에는 칼슘 농도에 차이가 있다고 할 수 있다.

예제 8.6

세 종류의 토양과 세 종류의 비료를 사용함에 따른 쌀 수확량의 차이를 비교하고자 실험을 실시하였더니 다음과 같은 결과를 얻었다고 하자. 이로부터 쌀 수확량은 토양과 비료의 종류에 따라 차이가 있다고 할 수 있을까?

토양 종류 \ 비료 종류	비료 1	비료 2
토양 1	22 24 21	21 24 19
토양 2	30 27 35	25 29 26
토양 3	24 26 22	22 20 24

풀이 아래의 분산분석표에서 토양과 비료의 교호작용 효과는 유의확률이 0.584로 유의하지 않으므로, 토양과 비료의 주효과에 대한 검정을 한다. 만약 교호작용이 유의하게 나왔다면, 주효과에 대한 검정은 의미가 없게 된다. 토양 간에 차이가 없다는 가설에 대하여 유의확률은 0.001이고, 비료 간에 차이가 없다는 가설에 대하여 유의확률 p-값이 0.071이므로 토양 간에는 쌀 수확량에 차이가 있다고 할 수 있지만, 비료 간에는 쌀 수확량에 차이가 있다고 할 수 없다. 이런 경우에는 이원배치 분산분석을 실시해도 되지만, 비료의 효과가 없으므로 토양에 관한 일원배치 분산분석을 실시해도 무관하다.

변동 요인	제곱합(SS)	자유도	평균제곱합(MS)	F–비	p–값
토 양	160.3	2	80.2	12.884	0.001
비 료	24.5	1	24.5	3.938	0.071
교호작용	7.0	2	3.5	0.562	0.584
오 차	74.7	12	6.2		
총	266.5	17			

3.3 반복측정 분산분석

지금까지 공부한 분산분석은 대부분 관찰치들이 서로 독립적이라는 가정 하에 모집단의 평균을 비교하였다. 만약 당뇨약의 효과를 알아보기 위해서 실험군과 대조군의 환자들에 대해 여러 차례 병원을 반복적으로 방문하여 매 방문

때마다 관찰치를 측정하였다면 어떤 분석을 해야 할까? 이처럼 동일한 개체에 대해 여러 번의 측정을 하는 경우를 반복측정이라고 한다. 동일한 개체를 반복적으로 측정함에 따라 관찰치에 영향을 미치는 요인을 반복요인이라고 하며, 반복요인에는 시간이나 농도 등이 있다. 일반적인 실험군과 대조군을 비교하는 연구는 두 집단이 이질성 문제가 있는 반면에, 반복측정 연구는 동일한 개체에 대해 처리요인 효과를 비교하기 때문에 개체 간의 변동이 크더라도, 개체 내 작은 변동을 분석할 수 있는 장점을 갖고 있다. 즉, 단순히 실험군과 대조군 간의 비교뿐만 아니라 개체 내의 시간적 변화를 측정할 수 있어 연구의 신뢰도가 높아진다.

이때, 동일한 실험 대상에서 같은 항목을 시간 경과나 농도 변화에 따라 반복해서 측정된 자료들은 서로 의존적이므로 관찰치들 간에는 상관관계 문제가 야기된다. 이를 개체 내 상관(within-subject correlation)이라고 한다. 개체 내 상관관계를 무시하고 시점별로 평균을 비교하게 되면 개체 내 변화의 정보는 잃어버리게 되고, 시점별로 분석을 실행하게 되면 제1종 오류가 증가하게 되는 문제가 발생한다. 이러한 문제들을 해결하기 위하여 개체 내 상관을 고려해서 반복측정 자료를 분석하는 방법을 반복측정 분산분석이라고 한다.

반복측정 분산분석은 정규성과 등분산 가정을 만족해야 한다. 다만, 각 관찰치들이 독립적이 아니고 개체 내 상관을 갖고 있기 때문에 등분산 가정 대신, 한 단계 확장된 구형성 가정(sphericity assumption)과 집단 간에 분산 구조가 같음을 의미하는 동일성 가정을 만족해야 한다. 구형성 가정은 어느 두 시점 간 관찰치 차이의 분산이 모두 일정하다는 것을 의미하며, 시간에 따라 반복적으로 측정된 자료일지라도 모든 시점 간의 관련성이 일정해야 한다는 의미이다. 구형성 가정은 Mauchly's test를 통하여 검정할 수 있다. 동일성 가정은 여러 집단을 비교하기 위해 반복측정 분산분석을 실행하는 경우에 집단 간의 분산 구조가 같음을 의미한다. 동일성 가정은 Box의 동일성 검정을 통하여 검정할 수 있다. 반복측정 분산분석의 절차는 SPSS 과정을 통해서 설명하려고 한다.

4. 다중비교

이제까지는 간단한 모형에서의 일원배치 분산분석이나 이원배치 분산분석과 같은 다원배치 분산분석(multi-way ANOVA)에 대한 일반적인 설명을 하였다. 만약 k개의 모집단의 평균들이 같지 않다고 하면, 과연 어떤 모집단의 평균들이 같지 않는가에 대한 질문을 갖게 된다. 즉, 분산분석의 귀무가설이 기각되었을 때, 어떤 모평균들이 서로 다른지를 알아보기 위하여 다중비교(multiple comparison)를 사용한다. 다중비교는 평균이 같지 않는 모집단을 찾아내 분산분석의 결과를 뒷받침할 수 있는 근거를 제시해 준다.

다중비교는 여러 모집단의 평균들 중에서 비교하고자 두 개씩 평균들을 선택하여 평균들 간에 차이가 있는지를 검증하는 것으로, 선택 가능한 모든 쌍을 나눠서 쌍체비교를 할 수 있다. 다중비교는 이러한 처리효과를 동시에 다루며, 여러 가지 다른 조건 하에서 많은 방법들이 개발되어 있다. 다중비교에서는 관리하고자 하는 오류가 무엇인가에 따라 비교하는 방법이 다르며, 표본평균들의 차이가 얼마나 날 때 모평균들이 다르다고 판정하느냐 하는 기준치가 각각 다르게 제공된다. 따라서 다중비교 시 사용하고자 하는 비교 방법이 관리하는 오류에 대한 사전 지식이 요구된다. 또한 어느 한 방법만 사용하기보다는 여러 가지 다중비교를 실시하기를 권한다. 여기서는 다중비교 방법들에 대한 자세한 설명은 생략하고 가장 많이 사용되는 몇 가지 다중비교들의 장단점만 간략하게 설명하기로 한다.

Bonferroni의 t-검정은 g개의 선형결합들에 대한 각 검정에 대하여 유의수준 α/g로 검정을 하지만 g 수가 커질수록 매우 보수적(conservative)인 검정 방법이다. Fisher의 최소유의차 검정법(Least Significant Difference, LSD)은 각 쌍체비교에서 같은 유의수준으로 t-검정을 하며 비교별 오류율을 관리한다. 단순히 관측된 표본평균들을 비교하여 모평균들 간에 차이가 없다고 인정되는 모집단과 차이가 있다고 인정되는 모집단을 분류하는 작업에 흔히 쓰이지만, 실험별 오류율을 관리하지 못한다는 단점이 있다. Seheffe 방법은 Fisher의 LSD와 비슷하며 3개 이상의 표본평균들 사이의 대비에 대한 검정에 주로 쓰이며, Bonferroni와 마찬가지로 매우 보수적인 검정 방법이다.

Tukey의 차이검정은 Studentized Range의 분포를 구하여 처리의 차이에 대한 유의성 검정 방법으로 Scheffe 방법과 함께 가장 많이 쓰이지만, 실험별 오류율을 관리하기 때문에 검정력이 떨어진다. Tukey 방법은 때론 α를 10% 이상으로 사용하기도 한다. Duncan의 다중비교는 p개의 처리로 된 부분집합에서 표본평균들의 범위(range)의 유의성을 유의수준 $\alpha_p = 1-(1-\alpha)^{p-1}$로 검정한다. 부분집합의 개수에 따라 다른 유의수준을 사용하면 처리효과의 차이를 쉽게 검출하는 장점이 있지만, 비교별 오류율을 관리하여 실험별 오류율을 관리하지 못하므로, 제1종 오류를 범할 확률을 알지 못하며 α보다 커지게 된다.

다중비교방법의 정확한 판단기준이 없기 때문에 소개된 여러 방법을 사용하여 공통적으로 나오는 결과를 토대로 해석하면 된다.

예제 8.7

위의 예제 8.5에서 혈액 내 칼슘 농도에 대한 성별과 호르몬의 영향을 알아보는 문제에서 세 가지 호르몬 사이에 칼슘 농도에 미치는 영향의 차이가 유의하게 발생하였다. 이때 호르몬 처리 간에 다중비교를 실시하시오.

풀이 통계 소프트웨어 SAS를 이용하여 여러 가지 다중비교(LSD, t, Duncan, Tukey, Bonferroni)를 실시한 결과는 다음과 같다.

LSD Grouping	Mean	*N*	DRUG
A	31.7167	6	3
B	17.8300	6	2
C	15.8617	6	1
Duncan Grouping	**Mean**	***N***	**DRUG**
A	31.7167	6	3
B	17.8300	6	2
C	15.8617	6	1
Tukey Grouping	**Mean**	***N***	**DRUG**
A	31.7167	6	3
B	17.8300	6	2
B			
B	15.8617	6	1

Bon Grouping	Mean	*N*	DRUG
A	31.7167	6	3
B	17.8300	6	2
B			
B	15.8617	6	1

위의 결과에서 Fisher's LSD와 Duncan은 세 호르몬 간의 차이가 모두 유의하게 있다고 하는 반면에, Tukey와 Bonferroni의 결과에서는 호르몬 1과 호르몬 2는 유의한 차이를 보이지 않으며, 호르몬 3과 유의한 차이가 났다고 볼 수 있다.

5. SPSS 분석 방법

5.1 일원배치 분산분석

t-검정은 두 개의 집단이 있는 변수에 대한 평균의 비교이지만, 일원배치 분산분석은 세 개 이상의 집단을 비교하는 분석 방법이다. 일원배치 분산분석도 평균 비교이므로 정규성과 등분산성을 가정해야 한다. 정규성은 데이터 탐색의 옵션을 이용하여 검정해야 하며, 등분산성은 일원배치 분산분석의 옵션 안에 있으므로 나중에 검정이 가능하다. 또한 t-검정과 마찬가지로 정규성이 가정되어야 하므로 모수적 방법과 비모수적 방법 두 가지로 나눌 수 있다. 모수적 방법은 '분석' → '평균 비교' → '일원배치 분산분석'을 이용하여 실행한다.

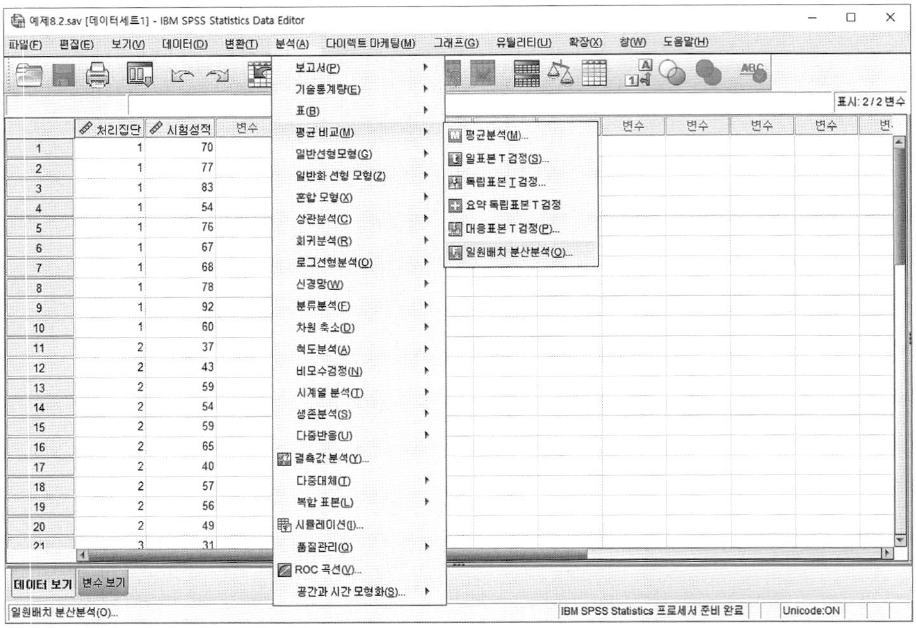

그림 8-1 일원배치 분산분석의 실행 과정(예제 8.2.sav)

일원배치 분산분석을 실행하여 나타나는 대화상자에서 요인에 집단의 구분이 되는 범주형 자료로 측정된 변수를 넣고, 종속변수에는 연속형 변수로 측정된 변수 중 요인의 수준에 따른 차이를 검정하고자 하는 변수를 넣는다. 그 다음 필요에 따라 대비, 다중비교(사후분석) 혹은 옵션 대화상자를 이용하여 필요한 출력 내용을 정한 후 확인 단추를 누르면 일원배치 분산분석이 실행된다.

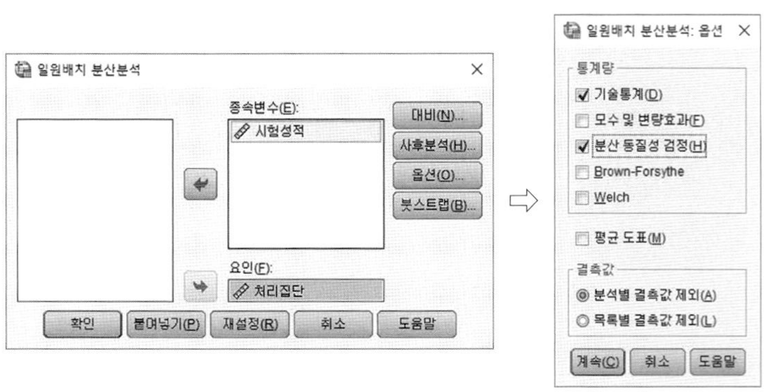

- 옵션 대화상자를 통해서 기술통계량과 등분산성을 검정할 수 있다.
- 다중비교: 세 개 이상의 집단 간 평균에 차이가 났을 때 정확하게 어느 집단과 어느 집단이 차이가 나는지 알려주는 방법이다.

그림 8-2 일원배치 분산분석의 옵션 및 다중비교 대화상자

세 개 이상의 집단 간 평균에 차이가 나는가에 관한 분산분석을 실행한 결과 유의한 차이가 있다면, 그 이후에는 여러 개의 집단 중 어떤 집단에서 특히 유의한 차이가 나는지에 대한 의문이 생긴다. 다중비교 방법 중에서 가장 많이 사용하는 것은 Tukey와 Duncan 검정이다. 여러 가지 방법들의 특징에 대해서는 관련 서적이나 도움말 대화상자를 열어 습득하길 바란다. 다중비교는 어느 것이 더 정확한지 알 수 없으므로 다중비교 중 여러 가지를 선택하여 그 결과들을 보고 서로 비교한 후 해석하는 것이 좋다.

일원배치 분산분석의 대화상자와 옵션을 체크한 후 '계속'과 '확인' 버튼을 클릭하면 아래와 같은 분산분석 결과가 출력된다.

기술통계

시험결과

	N	평균	표준편차	표준오차	평균에 대한 95% 신뢰구간		최솟값	최댓값
					하한	상한		
기억증진제	10	72.50	11.098	3.510	64.56	80.44	54	92
위약	10	51.90	9.255	2.927	45.28	58.52	37	65
무처리	10	34.90	6.136	1.941	30.51	39.29	27	45
전체	30	53.10	17.916	3.271	46.41	59.79	27	92

분산의 동질성 검정

시험 성적

Levene 통계량	자유도1	자유도2	유의확률
1.835	2	27	.179

분산분석의 옵션에서 기술통계를 체크했으므로 출력된다.

ANOVA

시험 성적

	제곱합	자유도	평균제곱	F	유의확률
집단-간	7090.400	2	3545.200	43.150	.000
집단-내	2218.300	27	82.159		
전체	9308.700	29			

분산의 동질성은 반드시 체크해야 한다. 이는 t-검정처럼 서로 다른 모집단에서 추출한 것이므로 분산이 같아야 평균을 비교할 수 있기 때문이다.

그림 8-3 일원배치 분산분석의 출력 결과

출력 결과에서 각 집단별 연속변수들의 평균과 표준편차를 한 눈에 알아볼 수 있도록 기술통계량이 제시되었다. 그리고 분산의 동질성 검정을 통해서 서로 다른 집단의 분산이 동일한지를 검정하였다. 앞서 t-검정에서 분산의 동질성에 대하여 설명한 것처럼 유의수준 0.05보다 커야 동질성이 입증된다. 예제 8.2의 경우 분산의 동질성 검정 결과, 유의확률이 0.179로 유의수준 0.05보다 크므로, 세 개 처리집단의 분산이 동질함을 나타내고 있다. 세 개 처리집단 간의 평균을 비교한 결과 유의확률이 0.000으로 유의수준 0.05보다 크므로 처리집단 간의 시험 성적에 차이가 있음을 나타내고 있다. 어느 집단에서 차이를 보이는지를 알기 위하여 다중비교를 실시한 결과 아래와 같았다.

다중비교

종속변수: 시험 성적

	(I)처리집단	(J)처리집단	평균차이 (I－J)	표준오차	유의확률	95% 신뢰구간 하한	95% 신뢰구간 상한
Tukey HSD	기억증진제	위약	20.600*	4.054	.000	10.55	30.65
		무처리	37.600*	4.054	.000	27.55	47.65
	위약	기억증진제	－20.600*	4.054	.000	－30.65	－10.55
		무처리	17.000*	4.054	.001	6.95	27.05
	무처리	기억증진제	－37.600*	4.054	.000	－47.65	－27.55
		위약	－17.000*	4.054	.001	－27.05	－6.95

* 평균차이는 0.05 수준에서 유의합니다.

동질적 부분집합

시험 성적

	처리집단	N	유의수준 = 0.05에 대한 부분집합		
			1	2	3
Tukey HSD[a]	무처리	10	34.90		
	위약	10		51.90	
	기억증진제	10			72.50
	유의확률		1.000	1.000	1.000
Duncan[a]	무처리	10	34.90		
	위약	10		51.90	
	기억증진제	10			72.50
	유의확률		1.000	1.000	1.000

동질적 부분집합에 있는 집단에 대한 평균이 표시됩니다.
a. 조화평균 표본크기 10.000을(를) 사용합니다.

그림 8-4 다중비교의 출력 결과

유의확률이 유의수준 0.05보다 작은 집단 간에는 평균 시험 성적이 차이가 있었다. Tukey와 Duncan 모두 같은 결과가 나왔다. 즉, 기억증진제를 투여한 그룹과 위약을 투여한 그룹, 무처리한 그룹의 시험 성적 간 차이가 있었다. 기억증진제를 투여한 그룹에서 시험 성적이 가장 높았으며, 무처리한 그룹의 시험 성적이 가장 낮았다.

또한, 예제 8.1에 대한 SPSS의 분산분석 결과는 다음과 같다. 여섯 개 우물에 대한 황화물 농도의 유의확률이 0.023으로 유의수준 0.05보다 작으므로 귀무가설을 기각할 수 있다. 즉, 여섯 개 우물의 평균 황화물 농도는 통계적으로 유의한 차이가 있다고 할 수 있다.

기술통계

황화물 농도

	N	평균	표준 편차	표준 오차	평균에 대한 95% 신뢰구간 하한	평균에 대한 95% 신뢰구간 상한	최솟값	최댓값
우물 1	4	22.88	8.963	4.481	8.61	37.14	13	31
우물 2	4	22.25	14.545	7.272	−.89	45.39	5	36
우물 3	4	20.55	6.348	3.174	10.45	30.65	14	28
우물 4	4	24.78	10.140	5.070	8.64	40.91	13	37
우물 5	4	32.95	5.533	2.767	24.15	41.75	29	41
우물 6	4	41.93	3.043	1.522	37.08	46.77	40	46
전체	24	27.55	11.023	2.250	22.90	32.21	5	46

ANOVA

황화물 농도

	제곱합	자유도	평균제곱	F	유의확률
집단-간	1369.787	5	273.957	3.461	.023
집단-내	1424.673	18	79.148		
전체	2794.460	23			

그림 8-5 SPSS의 분산분석 결과(예제 8.1.sav)

예제 8.1의 일원배치 분산분석 결과 6개 우물의 황화물 농도에 차이가 있었으므로, 다중비교를 한 결과 다음과 같았다. Tukey에서 다중비교 결과를 살펴보면, 우물 3번과 우물 6번의 황화물 농도의 차이의 유의확률이 0.032로 유의수준 0.05보다 작으므로 유의한 황화물 농도가 차이가 있었다. 그러나 Duncan에서는 부분집합으로 우물 1~5번까지 한 그룹이고, 두 번째 부분집합으로는 우울 5번과 6번이다. 이는 한 부분집합에 있는 우물들은 평균 차이가 없고, 서로 다른 부분집합에 속한 우물들끼리 차이가 있음을 말하고 있다. 즉, 우물 5번은 두 부분집합에 속하므로 제외하고, 우물 1~4번과 우물 6번이 통계적으로 유의하게 황화물 농도의 차이가 있음을 뜻한다.

다중비교

종속변수: 황화물 농도

	(I)우물	(J)우물	평균차이 (I－J)	표준오차	유의확률	95% 신뢰구간	
						하한	상한
Tukey HSD	우물 1	우물 2	.625	6.291	1.000	－19.37	20.62
		우물 3	2.325	6.291	.999	－17.67	22.32
		우물 4	－1.900	6.291	1.000	－21.89	18.09
		우물 5	－10.075	6.291	.608	－30.07	9.92
		우물 6	－19.050	6.291	.067	－39.04	.94
	우물 2	우물 1	－.625	6.291	1.000	－20.62	19.37
		우물 3	1.700	6.291	1.000	－18.29	21.69
		우물 4	－2.525	6.291	.998	－22.52	17.47
		우물 5	－10.700	6.291	.548	－30.69	9.29
		우물 6	－19.675	6.291	.055	－39.67	.32
	우물 3	우물 1	－2.325	6.291	.999	－22.32	17.67
		우물 2	－1.700	6.291	1.000	－21.69	18.29
		우물 4	－4.225	6.291	.983	－24.22	15.77
		우물 5	－12.400	6.291	.395	－32.39	7.59
		우물 6	－21.375*	6.291	.032	－41.37	－1.38
	우물 4	우물 1	1.900	6.291	1.000	－18.09	21.89
		우물 2	2.525	6.291	.998	－17.47	22.52
		우물 3	4.225	6.291	.983	－15.77	24.22
		우물 5	－8.175	6.291	.782	－28.17	11.82
		우물 6	－17.150	6.291	.118	－37.14	2.84
	우물 5	우물 1	10.075	6.291	.608	－9.92	30.07
		우물 2	10.700	6.291	.548	－9.29	30.69
		우물 3	12.400	6.291	.395	－7.59	32.39
		우물 4	8.175	6.291	.782	－11.82	28.17
		우물 6	－8.975	6.291	.711	－28.97	11.02
	우물 6	우물 1	19.050	6.291	.067	－.94	39.04
		우물 2	19.675	6.291	.055	－.32	39.67
		우물 3	21.375*	6.291	.032	1.38	41.37
		우물 4	17.150	6.291	.118	－2.84	37.14
		우물 5	8.975	6.291	.711	－11.02	28.97

* 평균차이는 0.05 수준에서 유의합니다.

동질적 부분집합

황화물 농도

	우물	N	유의수준=0.05에 대한 부분집합	
			1	2
Tukey HSD[a]	우물 3	4	20.55	
	우물 2	4	22.25	22.25
	우물 1	4	22.88	22.88
	우물 4	4	24.78	24.78
	우물 5	4	32.95	32.95
	우물 6	4		41.93
	유의확률		.395	.055
Duncan[a]	우물 3	4	20.55	
	우물 2	4	22.25	
	우물 1	4	22.88	
	우물 4	4	24.78	
	우물 5	4	32.95	32.95
	우물 6	4		41.93
	유의확률		.091	.171

동질적 부분집합에 있는 집단에 대한 평균이 표시됩니다.
a. 조화평균 표본크기 4.000을(를) 사용합니다.

그림 8-6 SPSS의 분산분석 다중비교 결과(예제 8.1.sav)

5.2 반복이 없는 이원배치 분산분석

이원배치 분산분석은 블록과 처리를 나타내는 요인이 2개이므로, 일원배치 분산분석과는 달리 모형의 형태로 분석해야 한다. 따라서 '분석' → '일반 선형 모형' → '일변량'을 이용하여 실행한다. 예제 8.3의 데이터를 입력한 결과 다음과 같다.

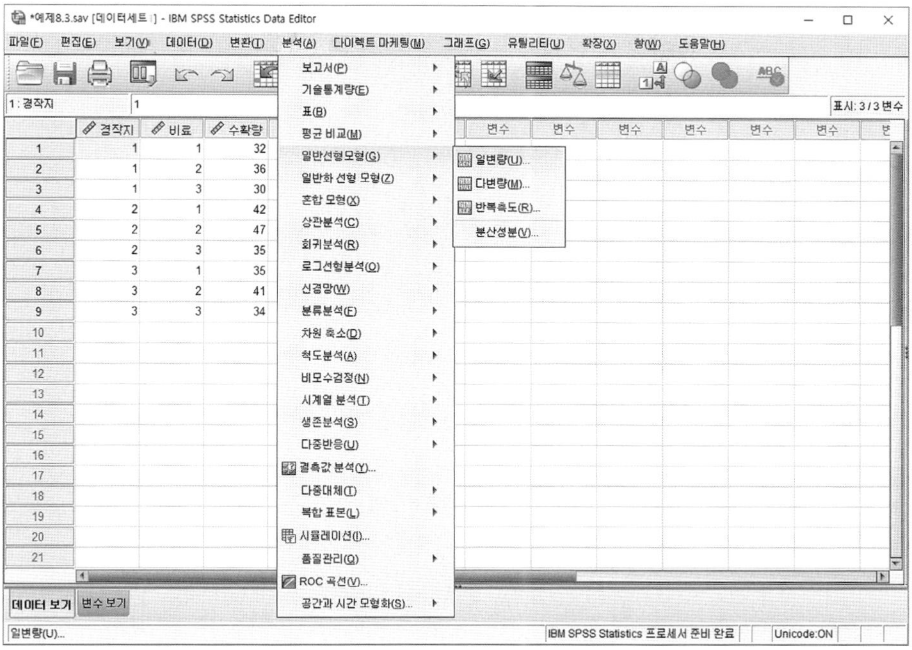

그림 8-7 예제 8.3의 반복이 없는 이원배치 분산분석의 실행 과정

이를 토대로 반복이 없는 이원배치 분산분석의 모형을 설정하는 것이 중요하다.

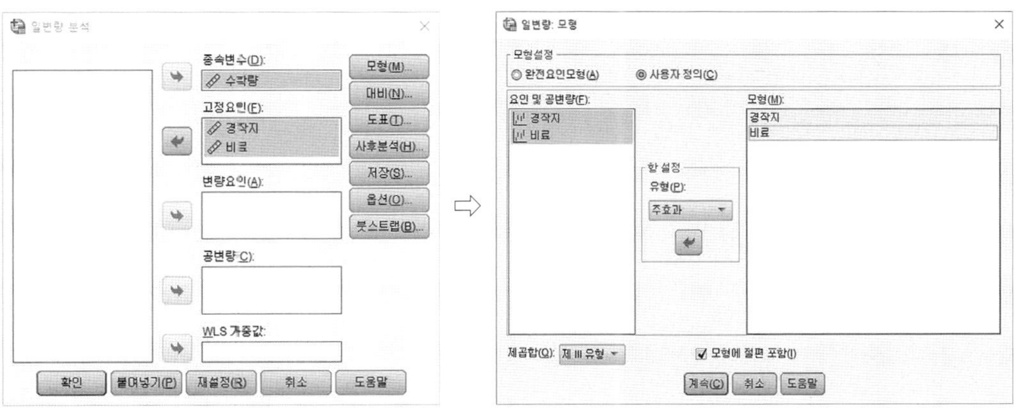

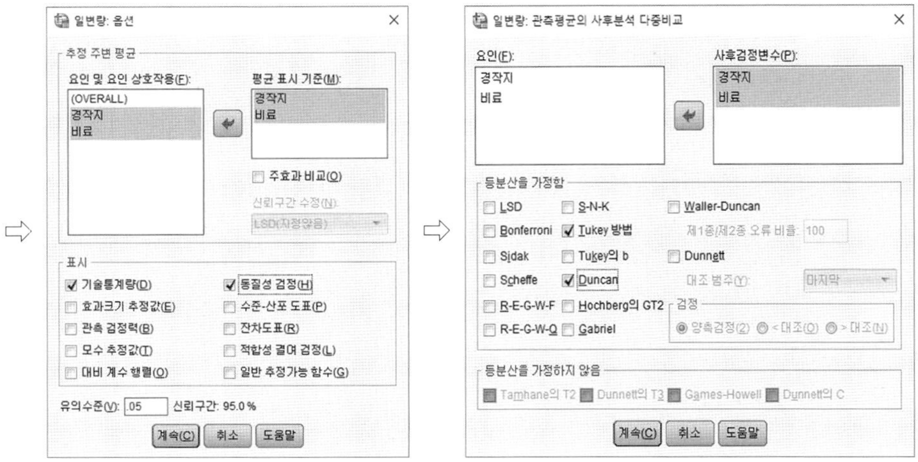

그림 8-8 예제 8.3의 반복이 없는 이원배치 분산분석의 대화상자 및 옵션

모형 옵션에서 주효과를 선택하여 모형을 선택한다. 또한 이원배치 분산분석은 일원배치 분산분석의 확장형이므로 요인에 대한 다중비교를 선택할 수 있다. 이를 토대로 분산분석한 결과는 다음과 같다. 경작지와 비료에 대한 유의확률이 각각 0.013과 0.014로 유의수준 0.05보다 작으므로 통계적으로 유의한 것을 알 수 있다. 이는 비료에 따라 수확량에 차이가 있으며, 경작지에 대해서도 수확량에 차이가 있음을 알 수 있다. 이를 토대로 각각 다중비교를 실시한 결과를 살펴보면, 경작지의 경우에는 1번과 2번의 경작지에서 수확량의 차이가 통계적으로 유의했으며, 비료의 경우는 B번과 C번 비료에서 수확량의 차이가 통계적으로 유의하였다.

개체 간 효과 검정

종속변수: 수확량

소스	제III유형 제곱합	자유도	평균제곱	F	유의확률
수정된 모형	218.444[a]	4	54.611	15.123	.011
절편	12247.111	1	12247.111	3391.508	.000
경작지	112.889	2	56.444	15.631	.013
비료	105.556	2	52.778	14.615	.014
오차	14.444	4	3.611		
전체	12480.000	9			
수정된 합계	232.889	8			

a. R 제곱 = .938 (수정된 R 제곱 = .876)

다중비교

종속변수: 수확량

	(I)경작지	(J)경작지	평균차이 (I－J)	표준오차	유의확률	95% 신뢰구간	
						하한	상한
Tukey HSD	1	2	－8.67*	1.552	.011	－14.20	－3.14
		3	－4.00	1.552	.126	－9.53	1.53
	2	1	8.67*	1.552	.011	3.14	14.20
		3	4.67	1.552	.083	－.86	10.20
	3	1	4.00	1.552	.126	－1.53	9.53
		2	－4.67	1.552	.083	－10.20	.86

관측 평균을 기준으로 합니다.
오차항은 평균 제곱(오차)＝3.611입니다.
* 평균차이는 .05 수준에서 유의합니다.

다중비교

종속변수: 수확량

	(I)비료	(J)비료	평균차이 (I－J)	표준오차	유의확률	95% 신뢰구간	
						하한	상한
Tukey HSD	비료 A	비료 B	－5.00	1.552	.068	－10.53	.53
		비료 C	3.33	1.552	.195	－2.20	8.86
	비료 B	비료 A	5.00	1.552	.068	－.53	10.53
		비료 C	8.33*	1.552	.013	2.80	13.86
	비료 C	비료 A	－3.33	1.552	.195	－8.86	2.20
		비료 B	－8.33*	1.552	.013	－13.86	－2.80

관측 평균을 기준으로 합니다.
오차항은 평균 제곱(오차)＝3.611입니다.
* 평균차이는 .05 수준에서 유의합니다.

그림 8-9 예제 8.3의 반복이 없는 이원배치 분산분석의 분석 결과

5.3 반복이 있는 이원배치 분산분석

반복이 있는 이원배치 분산분석은 두 개의 요인의 교호작용을 고려해야 하는 분석 방법이다. 반복이 없는 이원배치 분산분석 방법과 마찬가지로 '분석' → '일반 선형 모형' → '일변량'을 선택하여 실행한다.

그림 8-10 예제 8.5의 반복이 있는 이원배치 분산분석의 실행 과정

예제 8.5의 데이터를 입력한 결과 다음과 같다. 다중비교와 옵션의 내용은 반복이 없는 이원배치 분산분석과 동일한 방법으로 실행하면 된다.

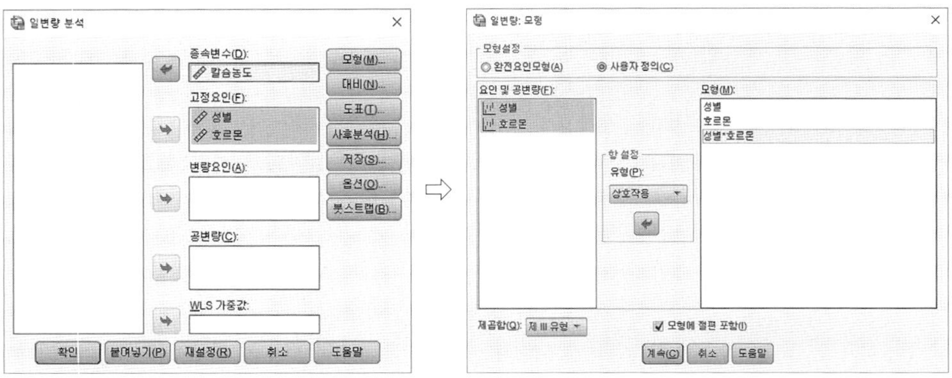

그림 8-11 예제 8.5의 반복이 있는 이원배치 분산분석의 옵션 및 대화상자

예제 8.5의 성별과 호르몬 처리에 따른 반복이 있는 분산분석의 SPSS 결과를 살펴보면 다음과 같다. 두 개의 요인에 따른 기술통계량과 분산분석표가 제시되었다.

기술통계량 종속변수: 칼슘 농도

성별	호르몬	평균	표준편차	N
남자	1	16.3933	.63516	3
	2	18.5033	.74333	3
	3	32.5567	2.65899	3
	전체	22.4844	7.73995	9
여자	1	15.3300	.48135	3
	2	17.1567	.49003	3
	3	30.8767	1.40532	3
	전체	21.1211	7.40074	9
전체	1	15.8617	.77023	6
	2	17.8300	.92797	6
	3	31.7167	2.11300	6
	전체	21.8028	7.37956	18

개체 간 효과 검정 종속변수: 칼슘 농도

소스	제III유형 제곱합	자유도	평균제곱	F	유의확률
수정된 모형	904.840[a]	5	180.968	103.677	.000
절편	8556.500	1	8556.500	4902.049	.000
성별	8.364	1	8.364	4.792	.049
호르몬	896.190	2	448.095	256.715	.000
성별*호르몬	.286	2	.143	.082	.922
오차	20.946	12	1.745		
전체	9482.286	18			
수정된 합계	925.786	17			

a. R 제곱 = .977 (수정된 R 제곱 = .968)

다중비교 종속변수: 칼슘 농도

	(I)호르몬	(J)호르몬	평균차이 (I−J)	표준오차	유의확률	95% 신뢰구간	
						하한	상한
Tukey HSD	1	2	−1.9683	.76278	.058	−4.0033	.0667
		3	−15.8550*	.76278	.000	−17.8900	−13.8200
	2	1	1.9683	.76278	.058	−.0667	4.0033
		3	−13.8867*	.76278	.000	−15.9217	−11.8517
	3	1	15.8550*	.76278	.000	13.8200	17.8900
		2	13.8867*	.76278	.000	11.8517	15.9217

관측 평균을 기준으로 합니다. 오차항은 평균 제곱(오차) = 1.745입니다.
* 평균차이는 .05 수준에서 유의합니다.

그림 8-12 예제 8.5의 반복이 있는 이원배치 분산분석의 분석 결과

반복이 있는 이원배치 분산분석의 경우는 두 개의 요인의 교호작용부터 살펴보아야 한다. 두 요인의 교호작용에 관한 유의확률이 0.922로 유의수준 0.05보다 크므로 통계적으로 유의하지 않다. 이는 성별과 호르몬 처리 방법 간에 교호작용이 없음을 의미한다. 교호작용이 유의하지 않다면, 각 요인의 주효과를 살펴봐야 한다. 성별과 호르몬 처리 방법에 관한 유의확률이 각각 0.049와 0.000으로 유의수준 0.05보다 작으므로, 통계적으로 유의한 평균의 차이가 있다고 할 수 있다. 즉, 성별에 따라 혈액 내 칼슘 농도의 평균 차이가 있으며, 호르몬 처리 방법에 따라서도 혈액 내 칼슘 농도의 평균 차이가 있다고 할 수 있다.

5.4 반복측정 분산분석

반복측정 분산분석은 연구 대상들을 여러 번 반복측정한 값이 유의한 값을 갖는지 검증할 때 사용하는 분산분석 방법이다. 예제 8.8을 통해 SPSS 실행 방법을 알아보자.

예제 8.8

실험군(환자)과 대조군으로 구분하여 혈압약 세 가지를 투약하고 3개월에 한 번씩 이완기 혈압(mmHg)을 측정하였더니 아래의 표와 같았다. 이로부터 혈압약은 치료에 효과가 있다고 볼 수 있는가?

구분 \ 혈압약	약 A	약 B	약 C
실험군	92	79	84
	90	82	85
	88	81	82
대조군	80	79	82
	79	79	81
	78	81	80

풀이 예제에서는 실험군과 대조군으로 나눠서 3번 반복측정한 경우로 '수준'을 3으로 입력한 후 '정의'를 클릭하면 된다. 반복측정한 요인에 대한 정의를 정확하게 하기 위해 혈압약 A~C까지를 오른쪽 칸으로 이동하면 정의가 된다. 또한 실험 여부와 혈압약의 종류의 프로파일 도표를 그려보려고 한다. 수평 축은 집단으로 '실험여부'를, 선 구분 변수는 반복측정 요인을 넣고 추가 버튼을 클릭하면 프로파일 도표를 그릴 수 있다. 마지막으로 변수들에 대한 기술통계 및 다중비교를 위해 각 옵션의 내용을 클릭하면 된다.

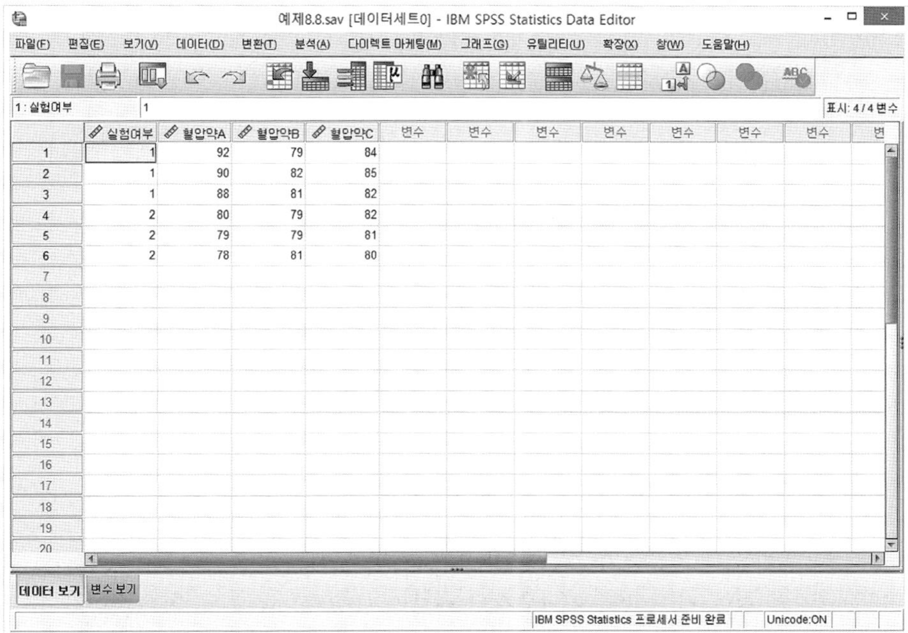

그림 8-13 예제 8.8의 반복측정 분산분석의 실행 과정

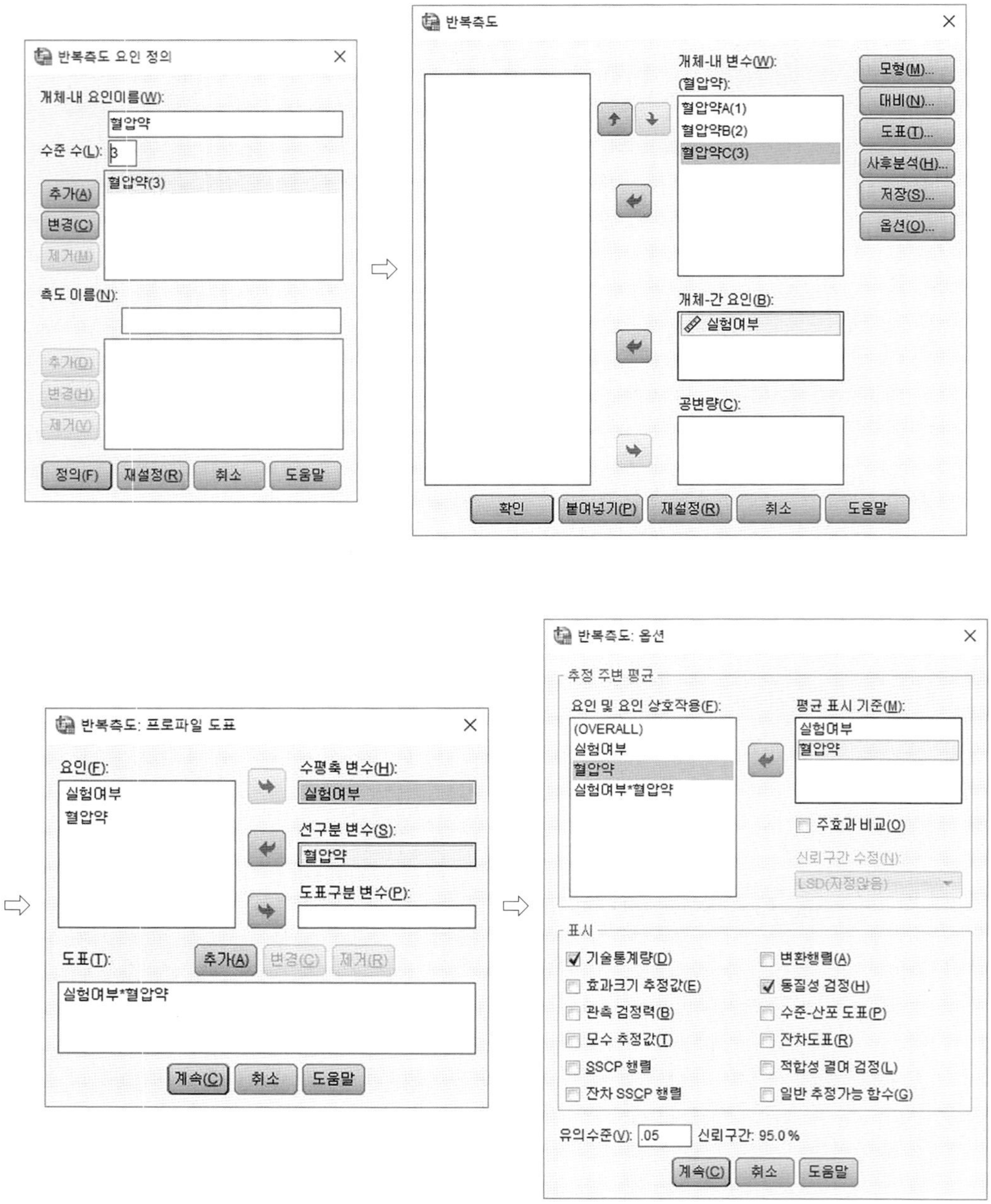

그림 8-14 예제 8.8의 반복측정 분산분석의 옵션 및 대화상자

반복측정 분산분석의 실행 결과를 살펴보면, 프로파일 도표에서는 실험군과 대조군에서 혈압약에 따른 평균 혈압을 한눈에 볼 수 있다. 도표에서 대조군에서는 혈압약 간의 혈압의 차이가 없어 보이지만, 실험군에서는 혈압약 A일 때 혈압이 가장 높고, 혈압약 B가 혈압이 가장 낮은 것으로 보여 혈압에 차이가 있는 것으로 보인다. 이를 좀 더 정확하게 보기 위해서 추가적으로 다변량 검정을 실시한다.

기술통계량

	실험여부	평균	표준편차	N
혈압약 A	실험군	90.00	2.000	3
	대조군	79.00	1.000	3
	전체	84.50	6.189	6
혈압약 B	실험군	80.67	1.528	3
	대조군	79.67	1.155	3
	전체	80.17	1.329	6
혈압약 C	실험군	83.67	1.528	3
	대조군	81.00	1.000	3
	전체	82.33	1.862	6

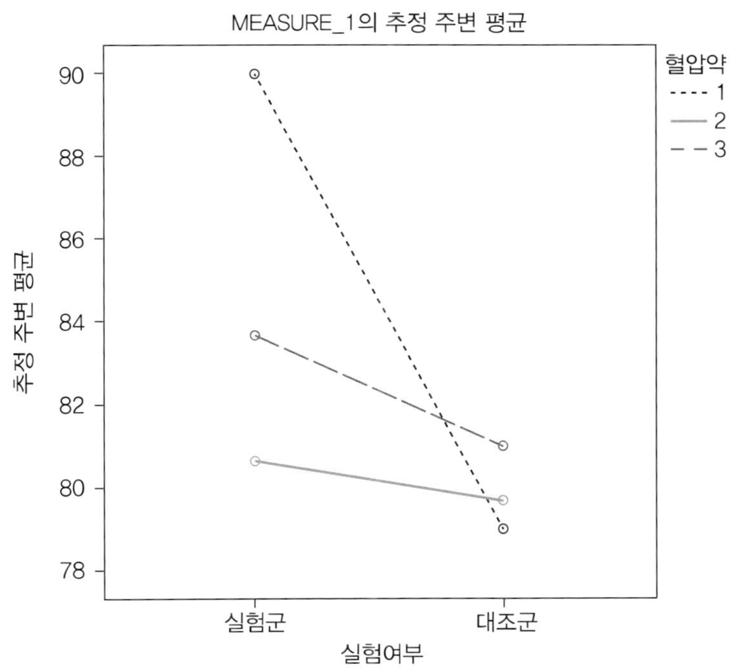

다변량 검정[a]

효과		값	F	가설 자유도	오차 자유도	유의확률
혈압약	Pillai의 트레이스	.859	9.119[b]	2.000	3.000	.053
	Wilks의 람다	.141	9.119[b]	2.000	3.000	.053
	Hotelling의 트레이스	6.079	9.119[b]	2.000	3.000	.053
	Roy의 최대근	6.079	9.119[b]	2.000	3.000	.053
혈압약*실험여부	Pillai의 트레이스	.963	38.579[b]	2.000	3.000	.007
	Wilks의 람다	.037	38.579[b]	2.000	3.000	.007
	Hotelling의 트레이스	25.719	38.579[b]	2.000	3.000	.007
	Roy의 최대근	25.719	38.579[b]	2.000	3.000	.007

a. Design: 절편 + 실험여부, 개체 내 계획: 혈압약
b. 정확한 통계량

Mauchly의 구형성 검정[a] 측도: MEASURE_1

개체 내 효과	Mauchly의 W	근사 카이제곱	자유도	유의확률	엡실런[b]		
					Greenhouse Geisser	Huynh Feldt	하한
혈압약	.289	3.726	2	.155	.584	.885	.500

정규화된 변형 종속변수의 오차 공분산행렬이 항등 행렬에 비례하는 영가설을 검정합니다.
a. Design: 절편 + 실험여부, 개체 내 계획: 혈압약
b. 유의성 평균검정의 자유도를 조절할 때 사용할 수 있습니다. 수정된 검정은 개체 내 효과검정 표에 나타납니다.

개체 내 대비 검정 측도: MEASURE_1

소스	혈압약	제III유형 제곱합	자유도	평균제곱	F	유의확률
혈압약	선형	14.083	1	14.083	24.143	.008
	이차	42.250	1	42.250	11.611	.027
혈압약*실험여부	선형	52.083	1	52.083	89.286	.001
	이차	34.028	1	34.028	9.351	.038
오차(혈압약)	선형	2.333	4	.583		
	이차	14.556	4	3.639		

개체 간 효과 검정

측도: MEASURE_1 변환된 변수: 평균

소스	제III유형 제곱합	자유도	평균제곱	F	유의확률
절편	122018.000	1	122018.000	68635.125	.000
실험여부	107.556	1	107.556	60.500	.001
오차	7.111	4	1.778		

그림 8-15 예제 8.8의 반복측정 분산분석의 분석 결과

다변량 검정 결과에는 4가지 검정 방법이 있다. 보통 Pillai의 트레이스와 Wilks의 람다 방법을 많이 사용하는데, '혈압약' 항목은 어떤 검정 방법을 사용하든지 모두 95% 신뢰수준에서 유의하지 않은 것으로 나타났다. 그러나 유의수준 5%에 매우 가까운 유의확률을 가지고 있다. 혈압약들에 따라 그룹 간의 결과는 추후에 확인하도록 하자. 그러나 '혈압약*실험여부' 항목에서 교호작용의 유의확률이 0.007로 유의수준 0.05보다 작으므로 교호작용이 있다고 할 수 있다. Mauchly의 단위행렬(구형성) 검정 결과는 시점에 따른 분산의 동일성을 나타내는 검정으로, 본 예제에서는 유의확률이 0.155로 유의수준 0.05보다 크므로 시점에 따른 분산이 동일한 모형임을 알 수 있다. 위의 다변량 검정 결과에 따라 구형성 가정 하에 검정 결과는 다음과 같다. 먼저, '혈압약' 항목의 경우 가설은

귀무가설: 혈압약에 따라 혈압의 변화가 없다.
대립가설: 혈압약에 따라 혈압의 변화가 있다.

이다. 따라서 Greenhouse-Geisser와 Huynh-Feldt 모두 유의확률이 유의수준 0.05보다 작으므로 혈압약에 따라 혈압의 차이가 있음을 알 수 있다.
마지막으로 그룹 간에 차이가 있는지 알아보기 위하여 개체 간 효과를 검정한 부분이다. 이는 혈압약의 효과를 보정한 상태에서 그룹들 간에 차이가 있는지 살펴본 결과로, 유의확률이 0.001이므로 유의수준 0.05보다 작아 실험군과 대조군 간에는 혈압의 차이가 있다는 것을 알 수 있다.

예제 8.9

세 지역의 수돗물을 채취하여 계절별로 pH를 각각 세 번씩 반복하여 측정하였더니 다음과 같은 결과를 얻었다. 이로부터 세 지역의 수돗물과 계절은 pH에 어떤 영향을 미쳤다고 할 수 있는지 검정하시오.

지역＼계절	봄	여름	가을	겨울
A	6.3	5.6	6.7	7.1
	6.1	5.5	6.8	7.0
	6.2	5.5	6.9	6.9
B	6.5	5.9	6.5	7.2
	6.2	5.8	6.4	7.0
	6.4	6.0	6.7	7.1
C	6.1	5.6	6.5	6.9
	6.0	5.5	6.2	6.8
	5.9	5.7	6.3	6.8

풀이 반복측정 이원배치 분산분석에 관한 SPSS의 결과는 다음과 같다. 보통 Pillai의 트레이스, Wilks의 람다 방법을 많이 사용하는데, '계절' 항목은 어떤 검정 방법을 사용하든지 모두 95% 신뢰수준에서 매우 유의한 것으로 나타났다. 먼저 계절들 간의 개체 내 효과를 나타내는 '계절'의 경우 모든 네 가지 검정 방법에서 5%의 유의수준에서 매우 유의하게 나타났으며, 이는 계절에 따라서 pH 농도가 지역별로 다를 수 있음을 보여주고 있다. Mauchly의 단위행렬(구형성) 검정은 계절에 따른 분산의 동일성을 나타내는 검정으로, 본 예제에서는 유의확률이 0.416로 유의수준 0.05보다 크므로 분산이 동일함을 알 수 있다.

기술통계량

	지역	평균	표준편차	N
봄_수돗물	A 지역	6.200	.1000	3
	B 지역	6.367	.1528	3
	C 지역	6.000	.1000	3
	전체	6.189	.1900	9
여름_수돗물	A 지역	5.533	.0577	3
	B 지역	5.900	.1000	3
	C 지역	5.600	.1000	3
	전체	5.678	.1856	9
가을_수돗물	A 지역	6.800	.1000	3
	B 지역	6.533	.1528	3
	C 지역	6.333	.1528	3
	전체	6.556	.2351	9
겨울_수돗물	A 지역	7.000	.1000	3
	B 지역	7.100	.1000	3
	C 지역	6.833	.0577	3
	전체	6.978	.1394	9

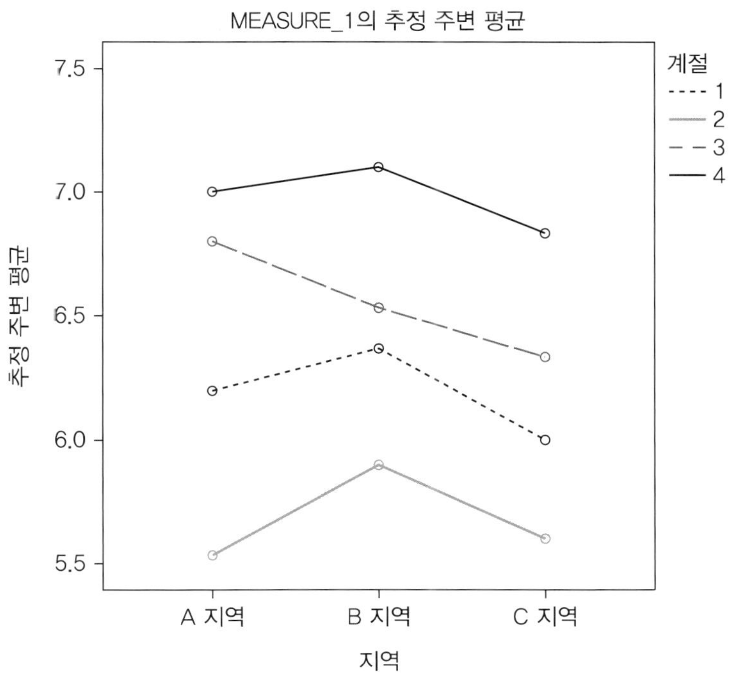

다변량 검정[a]

효과		값	F	가설 자유도	오차 자유도	유의확률
계절	Pillai의 트레이스	.999	993.933[b]	3.000	4.000	.000
	Wilks의 람다	.001	993.933[b]	3.000	4.000	.000
	Hotelling의 트레이스	745.450	993.933[b]	3.000	4.000	.000
	Roy의 최대근	745.450	993.933[b]	3.000	4.000	.000
계절*지역	Pillai의 트레이스	1.213	2.569	6.000	10.000	.090
	Wilks의 람다	.054	4.386[b]	6.000	8.000	.029
	Hotelling의 트레이스	12.480	6.240	6.000	6.000	.021
	Roy의 최대근	12.073	20.121[c]	3.000	5.000	.003

a. Design: 절편+지역, 개체 내 계획: 계절

b. 정확한 통계량

c. 해당 유의수준에서 하한값을 발생하는 통계량은 F에서 상한값입니다.

Mauchly의 구형성 검정[a] 측도: MEASURE_1

개체 내 효과	Mauchly의 W	근사 카이제곱	자유도	유의확률	엡실런[b]		
					Greenhouse Geisser	Huynh Feldt	하한
계절	.342	5.069	5	.416	.676	1.000	.333

정규화된 변형 종속변수의 오차 공분산행렬이 항등 행렬에 비례하는 영가설을 검정합니다.

a. Design: 절편+지역, 개체 내 계획: 계절

b. 유의성 평균검정의 자유도를 조절할 때 사용할 수 있습니다. 수정된 검정은 개체 내 효과검정 표에 나타납니다.

개체 내 효과 검정 측도: MEASURE_1

소스		제III유형 제곱합	자유도	평균제곱	F	유의확률
계절	구형성 가정	8.228	3	2.743	352.619	.000
	Greenhouse Geisser	8.228	2.028	4.058	352.619	.000
	Huynh Feldt	8.228	3.000	2.743	352.619	.000
	하한	8.228	1.000	8.228	352.619	.000
계절*지역	구형성 가정	.367	6	.061	7.869	.000
	Greenhouse Geisser	.367	4.055	.091	7.869	.002
	Huynh Feldt	.367	6.000	.061	7.869	.000
	하한	.367	2.000	.184	7.869	.021
오차(계절)	구형성 가정	.140	18	.008		
	Greenhouse Geisser	.140	12.166	.012		
	Huynh Feldt	.140	18.000	.008		
	하한	.140	6.000	.023		

개체 간 효과 검정

측도: MEASURE_1 변환된 변수: 평균

소스	제III유형 제곱합	자유도	평균제곱	F	유의확률
절편	1451.610	1	1451.610	56802.130	.000
지역	.502	2	.251	9.815	.013
오차	.153	6	.026		

다중비교 측도: MEASURE_1

	(I)지역	(J)지역	평균차이 (I−J)	표준오차	유의확률	95% 신뢰구간	
						하한	상한
Tukey HSD	A 지역	B 지역	−.092	.0653	.397	−.292	.109
		C 지역	.192	.0653	.059	−.009	.392
	B 지역	A 지역	.092	.0653	.397	−.109	.292
		C 지역	.283*	.0653	.012	.083	.484
	C 지역	A 지역	−.192	.0653	.059	−.392	.009
		B 지역	−.283*	.0653	.012	−.484	−.083

관측 평균을 기준으로 합니다. 오차항은 평균 제곱(오차)=.006입니다.
* 평균차이는 .05 수준에서 유의합니다.

그림 8-16 예제 8.9의 반복측정 분산분석의 분석 결과

이를 토대로 구형성 가정 하에 지역에 따라 "계절*지역" 항목의 유의확률이 0.000으로 유의수준 0.05보다 작으므로 교호작용이 있다고 할 수 있다. 마지막으로 그룹 간에 차이가 있는지 알아보기 위하여 개체 간 효과를 검정한 결과, 계절의 효과를 보정한 상태에서 지역별로 수돗물의 pH에 차이가 있음을 나타내고 있다. 지역별로 차이가 있기에 다중비교를 한 결과, B 지역과 C 지역에서 수돗물의 pH에 차이가 있음을 알 수 있다.

연습문제

01 **일원배치 분산분석**

20마리의 돼지를 무작위로 네 집단에 편성하고, 각 집단별로 다른 종류의 사료를 3개월 동안 먹인 후 돼지의 체중을 달았더니 아래의 표와 같았다. 이를 바탕으로 사료 간에는 돼지의 체중에 미치는 차이가 있다고 할 수 있는가?

사료 1	사료 2	사료 3	사료 4
60.8	68.3	103.1	89.9
59.2	67.7	99.3	90.2
64.0	73.4	87.4	83.5
58.6	66.3	91.0	86.4
72.7	69.8	93.2	91.2

02 **일원배치 분산분석**

어떤 약품의 불순물을 제거하는 과정에서 첨가되는 첨가제의 종류가 제거 과정에 영향을 주는지를 알아보고자 한다. 세 종류의 첨가제(A, B, C)에 따른 불순물의 잔류농도(mg/kg)를 측정하여 다음과 같은 결과를 얻었다. 첨가제의 종류가 불순물 제거에 유의한 영향을 주는지 유의수준 5%에서 검정하시오.

첨가제	불순물의 잔류량 농도(mg/kg)	평 균
A	33, 30, 27, 31	30.25
B	28, 30, 32, 33	30.75
C	31, 26, 28, 36	30.25

03 일원배치 분산분석

자동차의 크기에 따른 안전성을 시험하기 위하여 소형, 준중형 및 중형차 각각 3대씩에 선정한 후 충돌시험 시 운전자에게 가해지는 압력(psi)을 측정하였더니 다음과 같았다. 이로부터 차의 크기에 따라 충돌 시 운전자에 가해지는 압력은 다르다고 할 수 있는가?

소형차	준중형차	중형차
641	469	483
652	428	474
708	522	428

04 다중비교

펄프액 폐기물로부터 부식성이 강한 낮은 pH를 나타내는 물질의 배출로 인하여 얕은 지하수가 오염된다고 한다. 세 개의 파이에조미터(piezometer)로부터 추출한 표본들의 pH 오염도가 동일한지를 유의수준 5%에서 검정하시오. 세 개 중 하나의 파이에조미터 그룹은 오염되지 않은 것으로 알고 있다. 만약 3개의 그룹의 오염도가 모두 같지 않다면 어떤 그룹이 서로 다른가?

파이에조미터	pH					
BP－1	7.0	7.8	7.7	8.7	7.5	7.2
BP－2	6.7	6.4	6.9	7.0	6.3	6.8
BP－3	9.0	7.5	7.4	7.6	8.4	9.3

05 다중비교

화강암(granite) 지대에서 나온 물의 염소이온(Cl^-) 농도를 측정하였다. 세 그룹의 농도가 모두 같은지를 조사하라. 만약 같지 않다면 어떤 그룹이 서로 다른지 조사하시오.

그 룹	염화이온의 농도(mg/L)					
A	0.0	0.1	0.1	0.5	0.9	
B	0.1	0.2	0.3	0.4	1.5	2.0
C	0.2	0.4	0.6	0.7		

06 반복이 없는 이원배치 분산분석

한 연구자가 임의로 성인 8명을 선택한 후 기억 테스트를 실시하였다. 각 성인에게는 대조(control)와 세 종류의 처리(카페인, 의약 A, 의약 B)를 실시한 후, 기억 테스트를 실시한 결과 다음과 같은 점수(10점 만점)를 얻었다. 이로부터 사람과 처리 형태에 따라 기억 능력은 다르다고 할 수 있는가?

성인 \ 처리	대조	카페인	의약 A	의약 B
1	4	7	9	3
2	5	6	9	4
3	4	5	10	2
4	3	8	7	3
5	6	6	8	4
6	5	5	9	3
7	4	7	8	5
8	3	6	10	3

07 반복이 있는 이원배치 분산분석

옥수수를 재배하는 데 화학비료와 유기질비료를 두 가지의 수준으로 함께 시비하였다. 옥수수의 평균 수확량(톤)이 화학비료와 유기질비료의 시비 수준(높음, 낮음)에 영향을 받는지를 평가하기 위하여 아래와 같은 결과를 얻었다면, 이로부터 얻을 수 있는 결론을 이끌어내시오.

화학비료 사용량 \ 유기질비료 사용량	유기질비료(High)	유기질비료(Low)
화학비료(High)	16.4	14.0
	16.8	13.1
	17.6	13.2
화학비료(Low)	13.5	11.6
	15.1	9.8
	13.2	11.9

08 반복이 있는 이원배치 분산분석

어느 의류 회사에서 제품을 세 가지(1, 2, 3)로 디자인하여 지역별(대도시, 중도시, 소도시)로 구분하여 9개의 매장을 선정하여 세 달에 걸쳐 다음과 같은 월 판매량 데이터를 얻었다. 이로부터 디자인별, 도시별 판매량은 차이가 있는지를 결정하시오.

도시 규모 \ 디자인	디자인 1			디자인 2			디자인 3		
대도시	22	21	25	21	17	19	25	30	27
중도시	19	17	23	20	25	24	27	24	25
소도시	14	13	12	14	16	15	21	25	23

09 반복이 있는 이원배치 분산분석

해수욕장 세 곳에 대해 모래와 자갈로 구분하여 쓰레기의 양(kg)을 조사하였더니 다음과 같았다. 이로부터 해수욕장과 해수욕장 형태는 쓰레기의 양에 어떠한 영향을 끼친다고 할 수 있을까?

형태 \ 해수욕장	해수욕장 A			해수욕장 B			해수욕장 C		
모래	1.5	1.8	1.2	3.6	3.2	3.9	2.4	3.1	2.6
자갈	1.9	1,3	1.4	2.1	2.3	2.5	2.6	2.0	1.9

10 반복이 있는 이원배치 분산분석

노래기(millipede)의 혈림프(hemolymph) 내 아미노산 함량을 종과 성별에 따라 조사한 데이터가 다음과 같았다. 노래기의 종 간, 성별 간, 그리고 종과 성별의 교호작용이 있는지 검정하시오.

	종 1	종 2	종 3
수 컷	19.8	15.1	15.2
	20.2	18.4	21.0
	21.6	15.9	17.8
	22.7	17.8	18.9
암 컷	13.9	12.5	13.8
	14.8	11.6	14.5
	15.7	12.1	14.6
	16.5	14.8	12.7

11 반복측정 분산분석

순수한 물 표본 A, B 및 C를 비커에 받은 후에 공기 중에서 아래와 같이 4시간 동안 공기와 접촉시킨 후 pH를 각각 세 번 측정하였더니 다음과 같았다. 이로부터 물 표본 간에, 그리고 시간의 경과에 따른 pH의 차이는 있다고 할 수 있는지 유의수준 5%에서 검정하시오.

표본 \ 시간	1시간	2시간	3시간	4시간
A	5.6	5.5	5.4	5.3
	6.1	6.0	5.3	5.2
	6.2	5.9	5.4	5.3
B	6.5	6.4	6.2	5.9
	6.2	6.1	6.1	5.8
	6.4	6.3	5.9	5.7
C	6.1	6.0	5.7	5.5
	6.0	5.9	5.6	5.4
	5.9	5.9	5.6	5.6

Chapter 9

상관분석과 회귀분석

1. 산점도 및 상관관계
2. 단순선형회귀
3. 회귀분석의 가정 및 한계
4. 다중선형회귀
5. 회귀진단과 변수 선택법
6. SPSS 분석 방법

매출액과 광고비 지출 간의 관계, 신장과 체중 간의 관계, 수능 성적과 내신 성적 간의 관계 등 연구하고자 하는 변수들 간의 관계를 정량화하는데 관심을 갖게 된다. 다시 말해, 동시에 일어나는 반응을 조사하는 것으로 둘 또는 그 이상의 변수들 간의 상호 관련성을 파악하는 경우가 많다. 또한, 변수들 간의 상호 관련성에 대해 현재의 모니터링 결과가 주어진다면, 그것을 통해 그 변수의 미래 수준에 대해 예측할 수 있게 해 준다. 이와 같은 응용은 모두 상관분석 및 회귀분석을 통해 이루어지게 된다. 이러한 분석은 변수들 간의 수학적인 관계를 평가하는 데 사용되는 통계 모델을 만드는 데 있어서, 가장 간단하면서도 흔하게 사용되는 접근 방법이다.

① **상관분석**(correlation analysis)
상관분석에서는 변수들 중 어떤 변수가 다른 변수보다 더 중요한지를 확인하지 않는다. 상관 또는 연관(association)이란 두 변수들 간에 얼마나 밀접한 상관관계가 있는지, 즉 동시적인 변화가 있는지를 말하며, 인과관계(causation)가 아닌 두 변수의 연관성에 관한 측도를 제공한다.

② **회귀분석**(regression analysis) **또는 종속관계**(dependency)
회귀분석은 하나의 변수(종속변수, dependent variable)가 하나 또는 그 이상의 다른 변수들(독립변수, independent variable)에 얼마만큼 영향을 받는지에 초점을 두며, 이러한 종속관계를 수학적인 함수로 나타낸다. 종속변수는 반응변수(response variable), 그리고 독립변수는 설명변수(explanatory variable)라고도 한다.

1. 산점도 및 상관관계

두 연속형 변수 X와 Y에 대한 관측치(x, y)가 짝을 이루고 있을 때, 우리는 다음과 같은 질문을 던질 수 있다.

① 두 변수 간에는 관계가 있을까?

② 만약에 있다면, 어떤 관계가 있을까?

③ 두 변수 간의 관계를 정량화할 수 있을까?

④ 한 변수로부터 다른 변수를 예측할 수 있을까?

이와 같이 두 변수 간의 관계를 알고자 할 때에는 두 변수를 동시에 고려해야만 한다. 이때, 두 변수에 대한 그림을 그리는 것이 첫 번째 단계라고 할 수 있다. 변수 X를 수평축에 놓고 변수 Y는 수직축에 놓은 후, 각 관측치의 짝을 좌표 위에 표시하여 얻는 그림을 산점도(scatter diagram 또는 scatter plot)라고 한다. 산점도를 통하여 두 변수 간의 관계를 눈으로 대략적이나마 파악할 수 있다.

예제 9.1

어떤 가정에서 총 잔류염소의 농도와 THMs(trihalomethanes, 트라이할로메테인)의 농도를 동시에 측정하였더니 다음과 같았다. 이에 대한 산점도를 그리시오.

총 잔류염소 농도 (mg/L)	THMs 농도 (μg/L)	총 잔류염소 농도 (mg/L)	THMs 농도 (μg/L)
1.3	45.2	0.8	19.5
0.9	37.5	1.8	54.0
1.2	27.3	2.1	43.1
1.1	25.3	1.7	26.7

풀이 수평축에 염소 농도를 놓고 수직축에는 THMs의 농도를 놓은 후에, $(x_i,\ y_i)$ 짝 데이터를 좌표 위에 점으로 표시한다.

[그림 9-1]에서 총 잔류염소의 농도가 증가할수록 THMs의 농도도 증가하는 경향이 보이므로, 두 변수 간에는 연관이 있음을 알 수 있다.

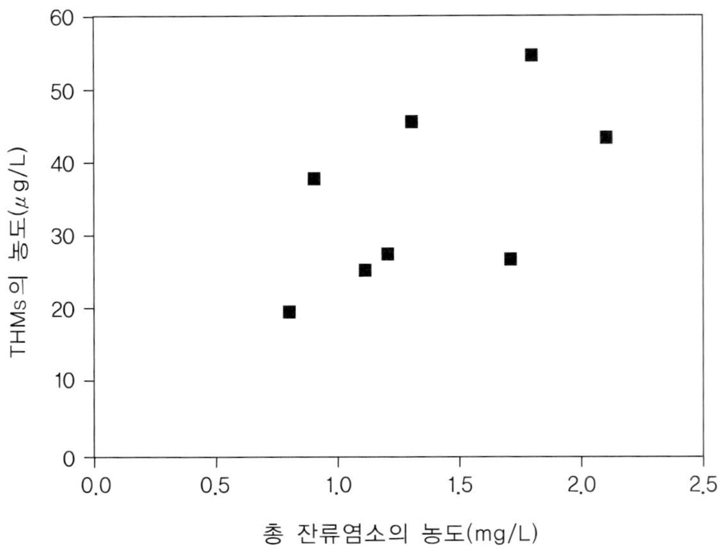

그림 9-1 총 잔류염소와 THMs의 농도와의 상관관계를 보여주는 산점도

두 변수 X와 Y에 대하여 측정치(x_i, y_i), $i=1$, ⋯, n을 얻었을 때, 두 변수 간의 관계를 나타내는 유용한 통계적인 측도는 피어슨의 곱 적률 단순 상관계수(Pearson's product moment simple correlation coefficient, 피어슨의 상관계수) 또는 상관계수이다. 상관계수는 두 변수의 역할이 서로 대등할 때 주로 사용된다. 피어슨의 상관계수를 구하기 위한 전제 조건으로는 두 변수 간에 직선의 관계가 있어야 하며, 적어도 하나의 변수는 정규분포를 이루어야 한다는 것이다.

상관관계를 조사하는 첫 번째 단계는 두 개의 변수 X와 Y 사이에 어떤 관계가 존재하는지를 눈으로 쉽게 확인할 수 있는 산점도와 같은 그림을 그리는 것이다.

한 가지의 예는 [그림 9-2]와 같이 어떤 폐수에 대한 5일 생물화학적 산소요구량인 BOD_5와 총 유기탄소인 TOC와의 모니터링 결과를 그래프로 나타낸 것이다.

이와 같이 데이터를 산점도로 나타낼 때, 점들 간에 가까운 정도를 숫자로 계산하여 나타낸 것이 바로 상관계수이다.

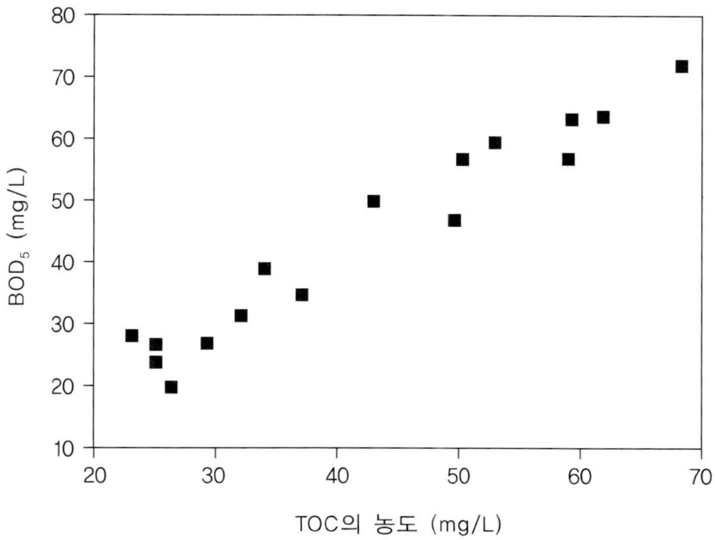

그림 9-2 폐수에 대한 TOC의 농도와 BOD$_5$와의 상관관계를 보여주는 산점도

상관계수는 기호 r로 나타내며, 변수 X와 변수 Y 사이의 직선 관계의 세기를 나타내는 측도이다. 여기에서 r은 표본상관계수이고, 모상관계수는 ρ로 표기한다. 식을 도입하기 전에 먼저 상관계수의 중요한 특징을 요약하여 보면,

① r 값은 항상 -1과 $+1$ 사이에 있다.

② r 값의 크기는 직선 관계의 세기를 나타내며, 여기에서 부호는 방향(direction)을 나타낸다.

(ㄱ) $r > 0$: x 값들이 커질수록 y 값도 커진다.

(ㄴ) $r < 0$: x 값들이 커질수록 y 값은 작아진다.

(ㄷ) $r = +1$: 모든 (x_i, y_i) 값들이 양의 기울기를 가지고, 정확히 직선 위에 놓이는 경우이다(완전한 양의 직선 관계).

(ㄹ) $r = -1$: 모든 (x_i, y_i) 값들이 음의 기울기를 가지고, 정확히 직선 위에 놓일 경우이다(완전한 음의 직선 관계).

(ㅁ) r 값이 $+1$ 또는 -1에 가까울수록 강한 직선 관계를 나타낸다.

(ㅂ) r 값이 0에 가까울수록 직선의 관계는 더 약하다는 것을 의미한다.

아래의 [그림 9-3]은 산점도의 모양에 따른 r 값을 보여주고 있다.

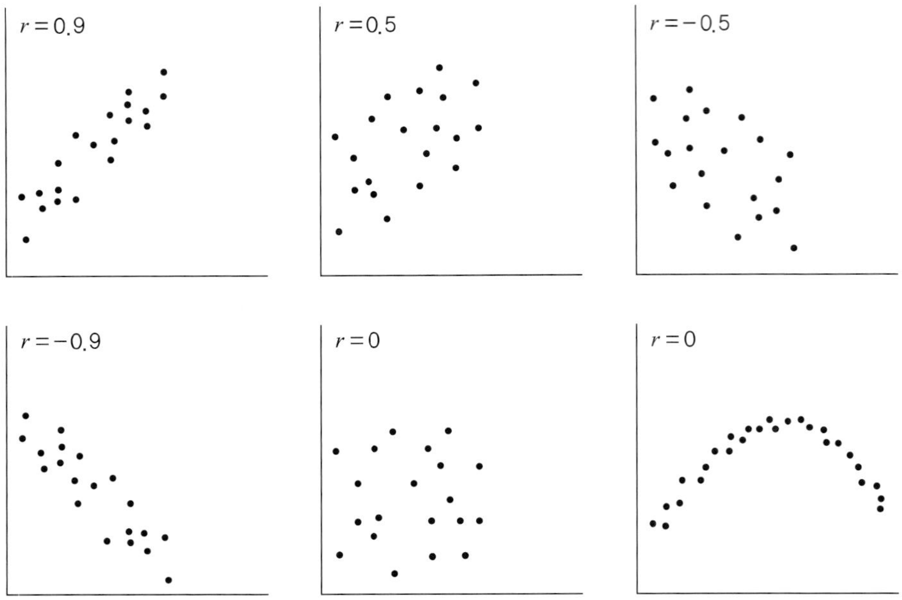

그림 9-3 산점도에 따른 상관계수의 값

1.1 상관계수 r 값의 계산

r 값은 다음의 식을 이용하여 n쌍의 관측치(x_i, y_i)로부터 계산할 수 있다.

$$r = \frac{s_{xy}}{s_x s_y} = \frac{\sum_{i=1}^{n}(x_i - \overline{x})(y_i - \overline{y})}{\sqrt{\sum_{i=1}^{n}(x_i - \overline{x})^2}\sqrt{\sum_{i=1}^{n}(y_i - \overline{y})^2}}$$

여기에서, 계산을 편리하게 하기 위하여

$$s_{xy} = \Sigma x_i y_i - \frac{(\Sigma x_i)(\Sigma y_i)}{n}$$

$$s_x = \sqrt{\Sigma {x_i}^2 - \frac{(\Sigma x_i)^2}{n}}$$

$$s_y = \sqrt{\Sigma {y_i}^2 - \frac{(\Sigma y_i)^2}{n}}$$

로 바꾸어 쓸 수 있다.

예제 9.2

수질의 탁도(turbidity)와 부유물질(suspended solid)의 농도를 측정하였다. 탁도와 부유물질의 농도 사이의 상관관계를 구하시오.

표 본	1	2	3	4	5	6	7	8	9	10	11
탁도(NTU)	24	46	23	41	25	31	30	14	31	42	123
부유물질(mg/L)	60	67	89	99	87	59	77	71	71	54	335

풀이 11개의 표본값들을 이용하여 상관계수를 계산하면 $r=0.93$을 얻는다. 그러나 마지막 11번째 표본값은 앞의 10개 표본값들에 비해 너무 크다. 11번째 표본값이 이상치일 수도 있다는 사실을 고려하여 마지막 11번째 값을 제외하고, 다시 10개의 표본들만 가지고 상관계수를 구하면 $r=-0.099$가 된다. 따라서 탁도와 부유물질 사이에는 강한 상관관계가 있다고 할 수 없다. 이것은 산점도를 그려보면 더 명확하게 볼 수 있다.

표본상관계수 r를 계산하는 것이 적절하지 않을 때도 있다. 예를 들어, 산점도를 그렸을 때 데이터가 두 개의 군집(cluster)으로 나누어져 분포하는 경우이다. 이럴 경우에는 데이터가 두 개의 군집을 형성하게 되었는지에 대한 원인을 분석하는 것이 적절하며, 두 변수 간의 상관관계를 구하는 것은 적절하지 않다.

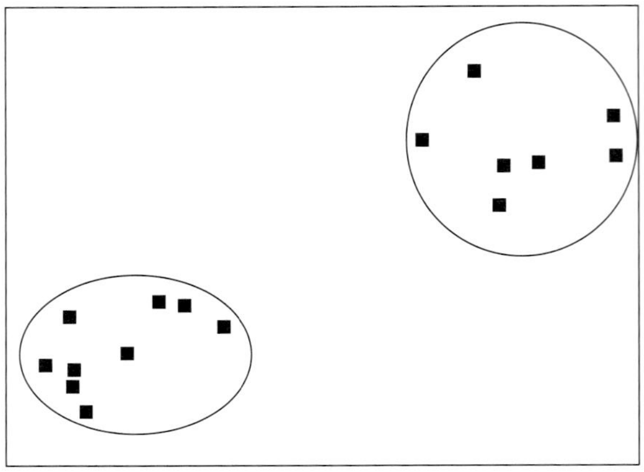

그림 9-4 데이터가 두 개의 군집으로 나뉘어 분포하는 경우

1.2 상관분석

상관계수 r의 크기와는 상관없이 상관계수의 값은 통계적으로 유의할 수도 있고 유의하지 않을 수도 있다. 따라서 관측된 상관계수가 통계적으로 유의하게 0이 아닌지(다른지, 0보다 큰지, 아니면 0보다 작은지)를 결정하기 위한 유의성 검정을 실시하여야 한다. 즉, 상관분석의 귀무가설 H_0: $\rho = 0$인지를 검정하는 것이다. 여기에서 ρ는 모상관계수이다.

이는 두 변수 간에 상관관계가 유의하지 않더라도, 겉으로 보기에는 큰 상관계수(양 또는 음)를 나타낼 수도 있기 때문이다. 이와 같은 상관분석을 실시하기 위한 통계량은 다음과 같으며, 두 변수가 정규분포를 나타낸다면 자유도가 $n-2$인 t-분포를 따른다.

$$t^* = r\frac{\sqrt{n-2}}{\sqrt{1-r^2}}$$

상관분석은 단측 또는 양측 검정이 가능하며, 상관계수가 0보다 큰지 또는 작은지에 대한 검정은 단측 검정을, 그리고 0과 다른지에 대한 검정은 양측 검정을 실시한다.

예제 9.3

표본의 크기가 20인 데이터에 대하여 상관계수를 계산하였더니 0.36이었다. 이 결과를 통해 표본이 추출된 모집단의 상관계수는 5%의 유의수준에서 0보다 크다고 할 수 있는지 결정하시오.

풀이 계산한 상관계수는 양의 값이므로, 대립가설(H_1)인 '상관계수가 0보다 큰지'에 대하여(한쪽 검정) 검정한다(만약 상관계수가 0과 다른지에 대해 검정한다면 양쪽 검정을 실시한다).1)

통계량을 계산하면, $t^* = 0.36\dfrac{\sqrt{20-2}}{\sqrt{1-0.36^2}} = 1.64$이다. 자유도$(20-2=18)$에 대한 5% 유의수준에서의 임계치($t_c$)는 1.734이고(부록 B), t^*값 1.64는 이보다 작으므로(즉, $t^* < t_c$), "상관계수 0.36은 5% 유의수준에서 0보다 크지 않다(즉, 유의하지 않다)."라고 결론 내릴 수 있다.

1.3 상관관계와 인과관계

때로는 관측된 상관관계를 인과(원인−결과)관계로 오인하여 잘못된 결론에 도달하는 경우가 있다. 상관계수가 크다는 것은 반드시 두 변수 간에 인과관계가 있다는 것을 의미하는 것이 아니다. 두 변수 내의 관측치가 동시에 변하는 경향이 있지만, 이것이 그들 간에 직접적인 관계가 있다는 것을 의미하는 것은 아니다. 다시 말해서 상관계수 r은 오로지 상관의 정도만을 의미한다. $r=1$은 X변수와 Y변수가 서로 선형관계가 있음을 나타낼 뿐이지 $r=1$이라고 할지라도 두 변수 사이의 기울기는 다양할 수 있다. 이렇듯 상관분석은 연관성의 정도를 나타낼 뿐이며, 기울기를 추정하는 것은 회귀분석의 영역이다.

예를 들어, 어떤 강의 두 지류 A와 B에서의 유량은 동일한 강우사상(rainfall event)에 의해 영향을 받는다. 따라서 지점 A에서의 유량은 폭우에 의해 증가하는데, 이때 지점 B에서의 유량도 그 폭우로 인해 같은 경향으로 증가하게 된다. 이럴 경우에, 지점 A와 지점 B에서의 유량은 양의 상관관계를 나타낼

1) 가설검정에 대해서는 6장에서 별도로 다룬다.

것이다. 그렇지만, 지점 A에서의 유량은 지점 B에서의 유량의 원인이 되지 않으므로, 둘 간에는 직접적인 종속관계가 존재하지 않는다. 그 대신 지점 A와 B에서의 유량의 증가는 제3의 변수인 강우사상이 원인이 되어 일어난 것이다.

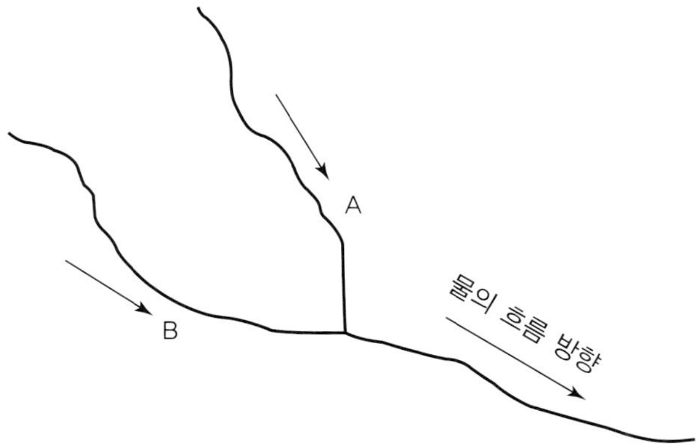

그림 9-5 폭우로 인해 지점 A와 지점 B에서의 유량은 증가하여 강한 상관관계를 나타내지만, 둘 간에 인과관계가 있는 것은 아니다.

1.4 편상관계수

상관분석에서는 두 개 이상의 변수들의 상관계수뿐만 아니라 편상관계수(partial correlation coefficient)를 구할 수 있다. 부분상관계수라고 불리는 편상관계수를 구하는 이유는, 단순 상관관계 분석을 실행하다 보면 제3의 교란요인 때문에, 실제로 아무런 관련성이 없는데 관련이 있는 것으로 나타날 때가 있다. 제3의 교란요인을 통제한 상태에서 두 변수가 가지고 있는 상관관계를 분석하는 방법이다.

변수 X와 Y의 관계에서 변수 Z을 통제한 편상관계수를 구하는 공식은 다음과 같다.

$$r_{X,Y|Z} = \frac{r_{XY} - r_{XZ}r_{YZ}}{\sqrt{(1-r_{XZ}^2)(1-r_{YZ}^2)}}$$

편상관계수는 상관계수와 마찬가지로 -1과 1 사이의 값을 갖는다.

2. 단순선형회귀

분산분석(ANOVA)과 회귀분석은 데이터의 변수들 사이의 관계를 알아보는 통계분석 방법으로, 반응변수를 여러 개의 설명변수들로 설명하고자 하는 기법들이다. 이때 서로 다른 값을 가지는 반응변수는 연속형이어야 한다. 회귀분석은 반응변수와 설명변수 사이의 함수적 관계, 즉 함수식을 구할 수 있다는 점에서 분산분석과 차이가 있다.

두 변수 사이의 관계를 알아보려면, 제일 먼저 수행하여야 할 것이 산점도와 같은 그래프를 그리거나, 두 변수 사이의 상관계수를 구해서 두 변수 사이의 관계 여부를 확인하는 것이다. 회귀분석은 변수 간의 관계를 파악한다는 점에서 상관분석과 유사하지만, 상관분석은 변수 간의 선형 관계의 강도만을 알 수 있다. 그러나, 회귀분석은 더 나아가 설명변수와 반응변수 간의 관계를 수학적 함수관계로 표현할 수 있다. 회귀분석은 반응변수와 설명변수들 사이에 어떤 구체적인 함수 관계가 있는지를 알려주며, 그 관계를 적절한 함수식으로 나타낸다. 이 함수식을 이용하여 한 변수의 값으로부터 다른 변수의 값을 예측할 수 있다. 따라서 회귀분석은 반응변수의 변화를 설명변수들을 이용하여 설명하고 예측하는 분석 방법이다. 일반적으로 회귀분석의 반응변수와 설명변수는 모두 연속형이다. 설명변수가 연속형이 아닌 범주형 변수라면 회귀분석을 하기 위해서 가변수(dummy variable)로 바꾸어야 한다. 설명변수가 한 개인 회귀분석을 단순회귀분석(simple regression analysis)이라고 하며, 설명변수가 두 개 이상인 경우를 다중회귀분석(multiple regression analysis) 또는 중회귀분석이라고 한다.

단순선형회귀모형은 하나의 설명변수로 하나의 반응변수를 설명하는 함수식을 얻고자 하는 방법으로 반응변수와 설명변수가 선형의 관계에 있을 때 다음의 식을 추정하는 것이 목적이다.

$$Y = \beta_0 + \beta_1 X + \varepsilon, \ \ \varepsilon \sim N(0, \ \sigma^2)$$

이때 회귀분석의 기본 가정은 설명변수와 반응변수가 선형적 관계를 가져야 하며, 오차항 ε은 독립성, 정규성과 등분산성을 만족해야 한다는 것이다. 설명변수가 여러 개 있는 중회귀분석인 경우에는 설명변수들 간의 상관관계인 다중공선성(multicollinearity)을 검토하여 설명변수들 간에 상관관계가 없음을 만족해야 한다. 회귀분석의 기본 가정인 오차항의 정규성과 등분산성은 3절, 다중공선성은 5절에서 자세히 설명한다.

하나의 설명변수의 값에 대하여 대응되는 반응변수의 값에 대한 개수는 상관없이 회귀분석을 적용시킬 수 있다. 예를 들어, 산업폐수가 강으로 배출될 때, 지하수도 거리를 두고 비교적 일정한 속도로 강으로 배출되어 강물 속 오염물질의 농도를 희석시킨다고 한다. 연구자는 "지하수의 거리가 멀수록, 강물 속의 오염물질의 농도는 낮아지는가?"에 관심이 있다. 이때 관심 있는 반응변수 Y는 강물 속의 구성 물질의 농도가 되고 설명변수 X는 지하수의 거리(m)가 되며, 두 변수 사이에 선형관계가 있는지를 알아보고자 한다. 산점도 등의 그래프를 이용하여 직선관계를 미리 확인할 수 있다. 모든 관측치들을 이용하여 가장 좋은 적합 직선식을 구할 수 있는데, 이 직선식의 회귀모수를 β_0와 β_1이라고 한다. 이때 회귀모수 β_0와 β_1의 추정치를 b_0와 b_1이라고 할 때, 추정치들은 잔차 제곱합을 최소화하여 얻을 수 있다. 즉, 그래프 위의 직선식으로부터 관측치까지의 수직 거리를 측정하여 제곱합을 구한 값인 잔차 제곱합이 최소가 되는 직선을 찾는 것이다. 즉, $\min\sum_{i=1}^{n}(y_i-b_0-b_1x_i)^2$가 되는 b_0와 b_1을 추정하는 것이다. 또는 정규방정식을 이용하여 추정회귀직선(estimated regression line)을 쉽게 구할 수도 있다.

$$b_1=\frac{\Sigma(x_i-\overline{x})(y_i-\overline{y})}{\Sigma(x_i-\overline{x})^2}$$

$$b_0=\overline{y}-b_1\overline{x}$$

예제 9.4

산업폐수가 강으로 배출될 때, 지하수도 거리를 두고 비교적 일정한 속도로 강으로 배출되어 강물 속의 오염물질인 철의 농도를 희석시킨다. 이때 지하수로부터 강까지의 거리가 멀수록 물 속의 철 농도도 낮아지는가?

거리(m)	0	100	250	360	480	600	720	850	990
철의 농도(mg/L)	51	50	52	58	33	28	35	27	28

풀이 위의 정규방정식을 이용하면 다음과 같은 회귀직선을 구할 수 있다. 이때 반응변수 Y는 철 농도이며 설명변수 X는 거리가 된다.

$$\hat{Y} = 54.85 - 0.030X$$

여기에서 $\hat{Y}$은 철 농도 추정치이다.

거리에 대한 회귀계수의 값이 음수이므로, 지하수의 거리가 멀수록 강물 속의 철의 농도는 유의하게 감소됨을 알 수 있다. 통계 소프트웨어 SAS의 출력 결과는 다음과 같다.

Parameter	Estimate	Standard Error	t Value	Pr > | t |
Intercept	54.85309184	4.49487198	12.20	<.0001
x	−0.03027076	0.00776789	−3.90	0.0059

2.1 분산분석표

여기에서 F-값은 회귀직선에 의해 설명되는 부분(SSR)을 오차에 의해 설명되는 부분(SSE)과 비교하는 값으로, 이 값(F-비)이 크거나 또는 p-값이 작으면 회귀도형이 유의하다, 혹은 두 변수 사이에는 유의한 직선관계가 있다고 할 수 있다.

단순선형회귀에 대한 분산분석표

변동 요인	제곱합(SS)	자유도	평균제곱합(MS)	F-비
회 귀	SSR	1	$MSR = SSR/1$	$F = \frac{MSR}{MSE}$
오 차	SSE	$n-2$	$MSE = SSE/(n-2)$	
총	SST	$n-1$		

2.2 결정계수

결정계수(coefficient of determination)는 추정된 단순회귀모형이 두 변수 사이의 직선관계를 얼마나 잘 설명해 주는가를 측정하는 계수로, 항상 0과 1 사이의 값을 가지며, 1에 가까울수록 회귀모형의 설명력이 높다. 즉, 관측치들이 회귀직선식에 가까이 있으면, 더 많은 반응변수의 값을 추정할 때 사용하기에 좋다고 할 수 있다. 결정계수는 R^2로 표시하며 다음과 같이 계산된다.

$$R^2 = \frac{SSR}{SST} = 1 - \frac{SSE}{SST}$$

결정계수는 회귀분석의 총 변동(SST) 중에서 추정된 회귀직선에 의해 설명 가능한 변동(SSR)의 크기가 얼마나 되는가를 계산하는 것이다. 설명변수가 반응변수의 변동을 충분하게 설명할 때 SSR 값이 커지고, 설명변수는 설명력이 높은 중요한 변수가 될 것이다. 따라서 SSR 값이 클수록 결정계수 값도 커진다. 다시 말해, 이는 추정된 회귀직선의 설명력이 높아지는 것을 의미한다.

참고로, 단순회귀모형에서 구한 결정계수 R^2은 표본상관계수 r의 제곱과 같다.

2.3 모수 추정치

추정된 회귀식이 유의한 경우, 추정된 회귀계수(β)의 유의성도 검토해야 한다. 추정된 회귀식에서 설명변수의 계수로서 '각 계수는 0과 같다'는 귀무가설에 대한 검정을 할 수 있다. 이 모수 추정치(parameter estimate)를 이용하여 추정회귀직선을 얻을 수 있다.

β_1에 대한 귀무가설 H_0: $\beta_1 = 0$에 대한 t-검정으로

$$T = \frac{b_1}{S_{b_1}} \sim t(n-2)$$

$$S_{b_1} = \frac{MSE}{\Sigma(x_i - \overline{x})^2} = \frac{\Sigma(y_i - \overline{y})^2/(n-2)}{\Sigma(x_i - \overline{x})^2}$$

을 이용하여 양측 검정을 할 수 있다.

2.4 신뢰구간

회귀직선식에 대한 95% 신뢰구간을 얻을 수 있다. 또한 반응변수의 중앙값에 대한 95% 예측구간(prediction interval)도 구할 수 있는데, 일반적으로 95% 신뢰구간보다 더 넓게 나타난다.

예제 9.5

앞의 예제 9.4에서 회귀모형의 결정계수를 구하라. 이때 추정된 회귀모형의 회귀계수들에 대한 유의성 검정을 하라.

풀이 철 농도의 회귀모형에서의 결정계수는 $R^2=0.68$이다. 따라서 회귀모형이 설명력이 높다고 할 수 있다. 각 회귀계수의 유의성 검정을 하면, $\beta_1=0$에 대한 검정통계량은 $T=-3.90$이고, p-값은 0.0059이며, $\beta_0=0$에 대한 검정통계량은 $T=12.20$이고 p-값은 <0.0001 이므로, 회귀계수 모두가 유의하게 0과 같지 않음을 알 수 있다. 통계 소프트웨어 SAS의 ANOVA 표와 R^2의 출력 결과는 다음과 같다.

Source	DF	Sum of Squares	Mean Square	F Value	Pr > F
Model	1	834.766789	834.766789	15.19	0.0059
Error	7	384.788767	54.969824		
Corrected Total	8	1219.555556			

R-Square	Coeff Var	Root MSE	y Mean
0.684484	18.43300	7.414164	40.22222

3. 회귀분석의 가정 및 한계

회귀분석은 반응변수와 설명변수 사이의 함수식을 이용하여 예측을 하는데 목적이 있다. 회귀분석의 가정인 오차항 ε에 대한 정규성을 확인하기 위하여 잔차(residual)를 이용한다. 잔차란 관측치와 추정회귀직선에서 구한 예측값 사이의 차이를 말한다. 즉, 잔차 $r_i = y_i - \hat{y}_i$이다. 잔차가 정규분포를 가지면 회귀분석을 할 수 있지만, 만약 아니라면 데이터를 변환하여 변환된 데이터에서 다시 잔차를 확인하여야 한다. 정규성에 대하여 많이 사용하는 잔차분석 방법으로는 표준화된 잔차(studentized residual)를 이용하여 정규확률그림을 그리고, 점들이 직선에 가까이 있으면 정규성이 만족한다고 본다. 표준화된 잔차란 잔차를 표준화시킨 것으로 표준화된 잔차 t_i는 근사적으로 t-분포를 따른다.

$$t_i = \frac{r_i}{\hat{\sigma}\sqrt{1-h_{ii}}}$$

$$h_{ii} = \frac{1}{n} + \frac{(x_i - \bar{x})^2}{\sum (x_i - \bar{x})^2}$$

독립성을 확인하기 위하여 (관측번호, 표준화된 잔차)의 산점도를 얻어서 특정한 형태를 띠는지를 확인하여, 특정한 형태가 보이지 않으면 독립성 가정이 만족된다고 본다. 독립성 검정을 다른 방법으로는 Durbin-Watson 검정 등이 있다.

등분산성을 확인하기 위하여 (설명변수, 표준화된 잔차)의 산점도를 그려서 표준화된 잔차들이 대략 0을 중심으로 대칭적으로 나타나고, 모두 ±2 범위 내에 있으면 등분산성의 가정이 만족된다고 본다. 그 외에 등분산 검정을 위해 Levene의 검정이나 Bartlett's 검정 방법을 사용할 수도 있다.

상관분석이나 회귀분석을 위한 데이터는 반드시 실제로 측정된 값이나 어떤 것의 개수이어야 한다. 점수나 범주형 데이터는 회귀분석에 적합하지 않다(참고로, 범주형 반응변수인 경우 로지스틱 회귀분석을 사용한다). 또한 데이터의 크기가 너무 작으면, 해당되는 모집단의 대표성을 가질 수 없으므로 회귀분석을 할 수 없다.

여기에서 명심할 것은 회귀분석을 실행하기 전에 반드시 산점도를 그려서 변수들 간의 직선관계를 대략적으로 눈으로 확인해야 한다는 것이다.

4. 다중선형회귀

단순선형회귀에서는 반응변수를 설명하기 위하여 하나의 설명변수만을 사용한다. 그러나 사실 하나의 설명변수로 반응변수를 예측하기란 어렵다. 예를 들어, 한 사람의 수축기 혈압은 BMI(체질량지수)라는 변수 하나로만 예측할 수 있는 것이 아니라, 나이, 성별, 식습관, 흡연 등 다양한 요인들의 영향을 받을 수 있다. 이런 설명변수들은 서로 독립적이지 않기 때문에 각각의 설명변수와 반응변수를 단순회귀직선을 만드는 것은 무의미하다. 이렇듯 설명변수의 수가 둘 이상인 경우의 회귀분석을 다중선형회귀(multiple linear regression)라고 한다. 하나의 반응변수 Y와 여러 개의 설명변수 X_1, X_2, $\cdots$, X_r 사이의 직선관계식을 구하고자 할 때 다음과 같은 다중선형회귀 모형을 사용한다.

$$Y = \beta_0 + \beta_1 X_1 + \beta_2 X_2 + \cdots + \beta_r X_r + \varepsilon,\ \ \varepsilon \sim N(0,\ \sigma^2)$$

반응변수 Y에 영향을 미치는 설명변수들이 결정되면, 이들 설명변수가 반응변수에 미치는 영향이 크기를 비교할 수 있다. 다만 추정된 회귀계수는 설명변수의 단위에 영향을 받기 때문에 직접적으로 회귀계수를 비교해서는 안 된다. 추정된 회귀계수를 표준화 회귀계수로 변환하여, 이 변환된 표준화 계수의 절대값을 비교한다면 여러 설명변수들 중 영향력이 가장 큰 변수를 찾을 수 있다.

다중회귀분석 결과 해석 중에서 단순회귀의 결과 해석과 다른 점은 결정계수 대신에 수정결정계수(adjusted coefficient of determination) R_a^2을 사용한다는 점이다. 다중선형회귀분석에서의 결정계수 R^2은

$$R^2 = \frac{SSR}{SST} = 1 - \frac{SSE}{SST}$$

로 계산되며, 이것은 설명변수를 포함한 회귀모형에 의해 설명되는 반응변수의 변동 부분을 나타낸다. 그러나 R^2은 회귀모형에 설명변수가 많아질수록 커지기 때문에, 수정결정계수 R_a^2을 사용하기도 한다.

$$R_a^2 = 1 - \left(\frac{n-1}{n-r}\right)\frac{SSE}{SST}$$

수정결정계수는 결정계수 R^2을 보정하는 역할을 하며, 새로운 변수가 모형에 들어오면 SSE의 감소량이 $n-p$보다는 크게 되어 수정결정계수는 작아질 것이다. 대부분의 컴퓨터 패키지가 수정결정계수를 제공하고 있다. 따라서 설명변수를 추가하는 것이 실제로 유익한지를 보려면, 수정결정계수의 증가 여부를 관찰하면 된다.

예제 9.6

암모니아를 산화시켜 질산을 생성하는 실험에서 측정한 데이터가 다음과 같았다. 이 공정에서 발생되는 손실에 영향을 줄 수 있는 변수들로, 공기의 흡입량, 냉각수의 온도, 그리고 질산의 농도 등을 고려하려고 한다. 손실에 대한 다중선형회귀 모형을 적합시키시오.

관측번호	공기의 흡입량	냉각수의 온도	질산 농도	손 실
1	50	18	89	12
2	50	18	78	7
3	50	19	72	9
4	50	20	84	10
5	50	18	79	11
6	50	22	81	13
7	50	24	80	12
8	55	17	93	13
9	55	18	86	14
10	57	19	87	16
11	57	18	84	14
12	57	23	90	15
13	60	24	91	16
14	60	22	93	18
15	60	28	86	25
16	64	22	85	15
17	64	24	96	27
18	70	25	88	38
19	70	26	93	36
20	80	29	89	41

풀이 세 개의 설명변수를 모두 포함하는 다중선형회귀 모형은

$$Y(\text{손실}) = \beta_0 + \beta_1 X_1(\text{공기의 흡입량}) + \beta_2 X_2(\text{온도}) + \beta_3 X_3(\text{농도}) + \varepsilon$$

이며, 통계 소프트웨어 SAS의 출력 결과를 이용하여 각 변수의 회귀계수들의 유의성 검정 결과를 확인하면, 질산의 농도는 유의한 변수가 아님을 알 수 있다.

모수추정치

Variable	DF	Parameter Estimate	Standard Error	t Value	Pr > | t |
Intercept	1	−50.95050	12.48281	−4.08	0.0009
AIR	1	0.87406	0.17059	5.12	0.0001
TEMP	1	0.66044	0.34623	1.91	0.0746
ACID	1	0.04718	0.17212	0.27	0.7875

따라서 농도를 제외하고 다중선형회귀 모형을 다시 적합하면,

분산분석표

Source	DF	Sum of Squares	Mean Square	F Value	Pr > F
Model	2	1657.82251	828.91125	64.06	<.0001
Error	17	219.97749	12.93985		
Corrected Total	19	1877.80000			

Root MSE	3.59720	R-Square	0.8829	Coeff Var	19.87404
Dependent Mean	18.10000	Adj R-Sq	0.8691		

모수추정치

Variable	DF	Parameter Estimate	Standard Error	t Value	Pr > | t |	Variance Inflation
Intercept	1	−47.95880	5.89281	−8.14	<.0001	0
AIR	1	0.89696	0.14463	6.20	<.0001	2.14176
TEMP	1	0.64884	0.33416	1.94	0.0689	2.14176

을 얻을 수 있다. 따라서 최종 모형은

$$\hat{Y}(\text{손실}) = -47.96 + 0.897 X_1(\text{공기의 흡입량}) + 0.649 X_2(\text{온도})$$

가 되며, 모형의 적합도는 수정결정계수 $R_a^2 = 0.869$로 농도를 포함한 모형의 수정결정계수보다 증가하므로 모형 적합이 잘 되었다고 할 수 있다.

다중선형회귀분석은 서로 다른 두 회귀직선이 같은지를 비교할 수 있다. 서로 다른 두 모집단에서 추출한 두 개의 표본을 이용하여 각각의 회귀직선을 얻었을 때, 이 두 회귀직선이 같은지를 알고자 할 경우, 표본에서 두 회귀직선이 같은지의 여부를 직접 눈으로 확인하면 되지만, 두 모집단 간의 직선관계는 알 수 없다. 이러한 경우 두 표본을 하나의 표본으로 만들되, 하나의 범주형 변수를 만들어 하나의 표본에는 0의 값을, 다른 표본에는 1의 값을 준다. 그리고 다중선형회귀분석으로 얻은 회귀직선의 y 절편과 계수를 비교하면 된다.

5. 회귀진단과 변수 선택법

다중회귀모형을 적합시킨 후 다중공선성(multicollinearity), 이상치(outlier), 영향 관측치(influential points) 등의 존재 여부를 검토하여, 회귀모형의 적합성과 결과의 타당성 등을 검토하여야 한다.

5.1 다중공선성

회귀모형의 가정 중의 하나는 설명변수들이 서로 독립적이어야 한다는 것이다. 그러나 설명변수들 사이에 선형관계가 존재하거나 상관관계가 높은 경우, 추정회귀계수의 분산이 커지는 등 많은 문제가 발생한다. 이러한 현상을 다중공선성이라고 하며 다음과 같이 해결한다.

① 선형관계가 강한 설명변수 제거
② 설명변수에 대하여 더 넓은 범위의 데이터를 관측
③ 능형회귀(ridge regression) 등의 다른 회귀 방법 사용

다중공선성이 있는지를 알아내기 위하여 다음과 같은 방법을 사용할 수 있다.

① 분산팽창인자(variance inflation factor, VIF)

② 상태지수(condition index)
③ 분산비율(variance proportion)

VIF가 10보다 크거나, 상태지수가 10~30보다 크거나, 분산비율이 80~90% 이상으로 나타나는 설명변수의 개수가 둘 이상인 경우, 다중공선성의 심각한 문제가 있을 가능성이 높다고 본다.

5.2 영향 관측치

영향 관측치란 회귀직선의 계수를 포함한 모수의 추정에 큰 영향을 미치는 관측치를 말한다. 특히 영향 관측치에서 이상치가 발견되면, 모수의 추정이 심각하게 왜곡될 수 있기 때문에 영향 관측치의 발견은 중요하다.

이상치나 영향 관측치를 발견하는 가장 쉬운 방법은 영향 관측치로 의심되는 관측치들을 포함한 경우와 포함시키지 않은 경우의 분석 결과의 차이를 비교해 보는 것이다. 만약 두 결과 사이에 심각한 차이가 있다면, 그 관측치들은 영향력이 크다고 할 수 있다. 그 외에 다른 기준들은 다음과 같다.

① 공분산비율(covariance ratio, COVRATIO)
② 적합값 변화(difference in fits, DFFITS)
③ 모수값 변화(difference in betas, DFBETAS)
④ Cook의 통계량(Cook's distance, COOKD)

공분산비율이 1에서 멀어질수록, 적합값 변화가 클수록, 모수값 변화가 클수록, COOKD의 값이 1보다 클수록 해당 관측치의 영향이 크다고 본다.

예제 9.7

암모니아를 산화하여 질산을 생성하는 실험에서, 측정된 데이터를 이용하여 이 공정에서 발생되는 손실에 영향을 줄 수 있는 유의한 변수들인 공기의 흡입량과 냉각수의 온도를 포함하는 다중회귀모형을 적합하였을 때 다중공선성이나 영향 관측치가 있는지를 확인하시오.

풀이 통계 소프트웨어 SAS를 이용한 다중공선성과 영향 관측치에 대한 출력 결과를 살펴보면,

다중공선성 진단

Number	Eigenvalue	Condition Index	Proportion of Variation		
			Intercept	AIR	TEMP
1	2.98075	1.00000	0.00208	0.00101	0.00134
2	0.01348	14.86784	0.86557	0.03246	0.28905
3	0.00577	22.72784	0.13235	0.96653	0.70961

위의 결과에서 보면 상태지수가 10 이상으로 크고 분산비율이 90% 이상인 경우가 발생하므로, 다중공선성의 가능성이 있음을 보여주고 있다.

Obs	Dep Var LOSS	Predicted Value	Std Error Mean Predict	Residual	Std Error Residual	Student Residual	-2-1 0 1 2	Cook's D
1	12.0000	8.5684	1.1924	3.4316	3.394	1.011	**	0.042
2	7.0000	8.5684	1.1924	−1.5684	3.394	−0.462		0.009
3	9.0000	9.2173	1.1261	−0.2173	3.416	−0.0636		0.000
4	10.0000	9.8661	1.1567	0.1339	3.406	0.0393		0.000
5	11.0000	8.5684	1.1924	2.4316	3.394	0.716	*	0.021
6	13.0000	11.1638	1.4654	1.8362	3.285	0.559	*	0.021
7	12.0000	12.4615	1.9622	−0.4615	3.015	−0.153		0.003
8	13.0000	12.4044	1.5222	0.5956	3.259	0.183		0.002
9	14.0000	13.0533	1.2599	0.9467	3.369	0.281		0.004
10	16.0000	15.4960	1.1397	0.5040	3.412	0.148		0.001
11	14.0000	14.8472	1.3951	−0.8472	3.316	−0.256		0.004
12	15.0000	18.0914	0.9704	−3.0914	3.464	−0.892	*	0.021
13	16.0000	21.4311	0.9964	−5.4311	3.456	−1.571	***	0.068
14	18.0000	20.1334	0.8376	−2.1334	3.498	−0.610	*	0.007
15	25.0000	24.0264	2.0628	0.9736	2.947	0.330		0.018
16	15.0000	23.7213	1.1378	−8.7213	3.413	−2.556	*****	0.242
17	27.0000	25.0190	1.0106	1.9810	3.452	0.574	*	0.009
18	38.0000	31.0496	1.4470	6.9504	3.293	2.110	****	0.287
19	36.0000	31.6984	1.4464	4.3016	3.294	1.306	**	0.110
20	41.0000	42.6146	2.3254	−1.6146	2.744	−0.588	*	0.083

위의 출력 결과에서는 표준화된 잔차의 범위가 대부분 (−2, +2) 범위 내에 있으나, 16번째 관측치의 표준화된 잔차값이 범위를 벗어나 영향 관측치가 될 가능성이 있음을 알 수 있다. 따라서 이 관측치를 제외하고 다시 모형을 적합시킨다면 등분산성 가정도 다시 함께 고려될 수 있음을 알 수 있다.

5.3 곡선적합

회귀적합을 하려고 할 때 우선 산점도를 그려서 직선관계가 보이는지 확인한다. 만약 산점도에서 두 변수 사이에 직선관계가 아니라 곡선 형태의 관계가 발견된다면 다음과 같은 방법으로 회귀분석을 할 수 있다.

① **변수변환**: 반응변수 또는 설명변수의 로그(log)나 제곱근 등의 변환을 통하여 직선관계식이 발견될 수 있다.

② **다항회귀**(polynomial regression): 설명변수 x와 x^2 모두를 회귀모형에 포함시킨다. 더 이상 일차식이 아니라 이차식 또는 고차식 형태의 회귀직선식을 적합시킨다.

③ **비선형회귀**(nonlinear regression): 선형관계식이 아니라 비선형관계식을 이용할 수 있다. 지수식이나 분수식 등이 대표적인 예가 된다. 이러한 곡선식 형태의 회귀직선식은 특히 생물학이나 환경학 등의 분야에서 종종 발생한다.

5.4 변수 선택법

다중회귀분석 시 설명변수의 개수가 많으면 다중공선성의 문제가 발생할 수 있고, 어떤 설명변수는 반응변수와 관계가 없을 수도 있으며, 분석 결과의 해석이 어려울 수도 있다. 따라서 회귀모형을 선택할 때 가능한 한 적은 수의 설명변수를 선택하여 절약모형 또는 축소모형을 얻어야 한다. 회귀분석을 위한 설명변수를 많이 가지고 있을 때, 어떤 설명변수를 선택하여 회귀모형에 포함시킬 것인가 하는 문제가 생긴다. 모든 설명변수를 다 포함시킨 모형을 완전모형(full model)이라고 하고, 선택된 설명변수만 포함시킨 모형을 축소모형(reduced model)이라고 한다. 축소모형에 포함된 일부 변수들을 선택하는 방법은 다음과 같다.

① **모든 가능한 회귀**: 모든 가능한 변수 조합을 이용하여 회귀모형을 적합시킨 뒤, 결정계수나 평균제곱오차(MSE)를 기준으로 하여 최적의 모형을 선택한다. 그 외의 기준으로 수정결정계수, Mallow's CP, AIC(Akaike information criterion), BIC(Bayesian Information Criterion) 등이 있다.

② **전진 선택법**(forward selection): 가장 간단한 모형부터 가장 중요하다고 생각되는 설명변수를 선택하여 하나씩 차례로 추가시키되, 더 이상 추가할 설명변수가 없다고 생각될 때까지 반복한다.

③ **후진 제거법**(backward elimination): 전진 선택법과는 반대로, 모든 설명변수를 포함시킨 모형으로 시작하여 가장 중요하지 않다고 생각되는 설명변수를 선택하여 하나씩 차례로 제거해 나가는 방법이다.

④ **단계적 선택법**(stepwise selection): 전진 선택법과 후진 제거법을 반복하는 방법이다.

실제 데이터 분석 시 각 변수 선택 방법마다 서로 다른 결과의 모형을 주게 되는 경우가 많으며, 데이터의 특성 및 연구자의 판단 하에 적합도가 높은 모형을 선택한다.

6. SPSS 분석 방법

6.1 상관분석

상관분석 방법은 두 변수가 구간 또는 비율척도인 경우에는 피어슨 상관관계를 사용하고 서열척도인 경우에는 스피어만 순위 상관계수나 켄달의 타우-b를 사용한다. 이때 서열척도의 경우는 연속형 변수가 아니므로 비모수적 방법을 사용하는 것으로 볼 수 있다.

두 개 이상의 변수가 구간 또는 비율척도로 되어 있는 경우 상관계수를 구하는 방법을 실행하려면, 앞서 사용한 검진데이터(검진.sav)를 사용하여 탑 메뉴에서 '분석' → '상관분석' → '이변량 상관계수'를 클릭하여 실행하면 대화상자가 나타난다. 이때 상관관계를 알아보고자 하는 변수를 오른쪽으로 이동한 후 상관계수인 Pearson을 체크한 후에 '확인' 버튼을 누르면 결과가 출력된다.

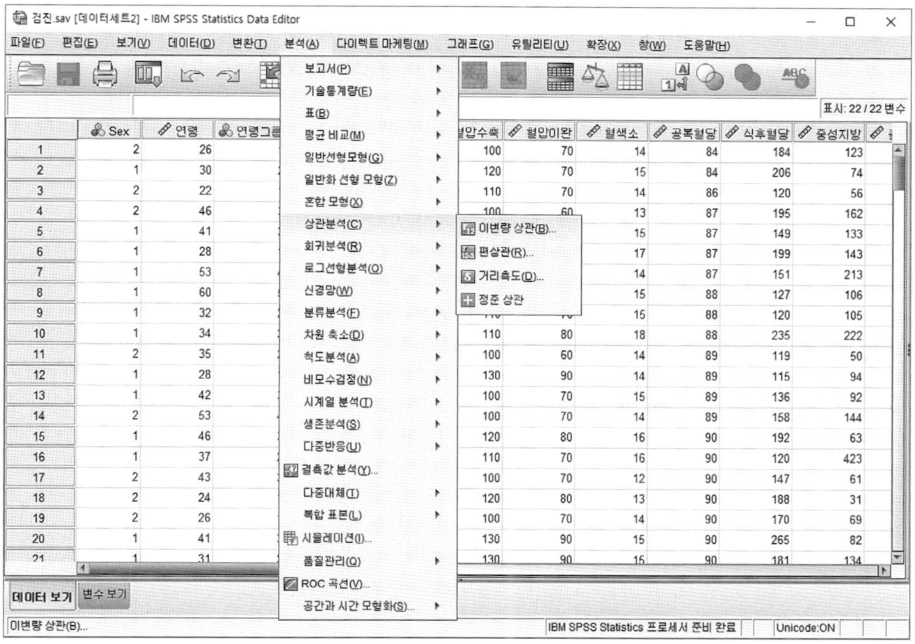

그림 9-6 이변량 상관계수 실행 과정

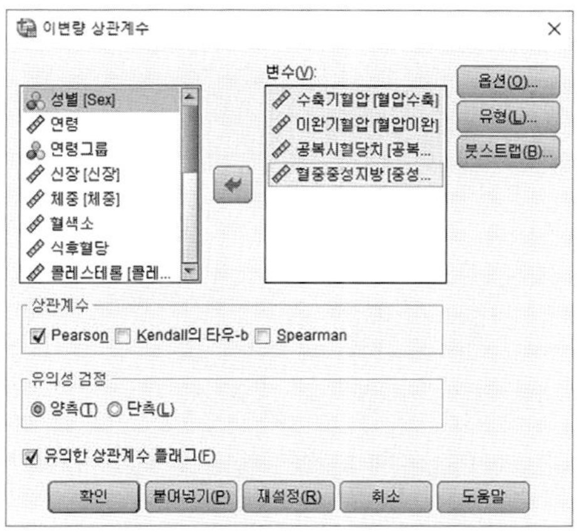

상관관계

		수축기 혈압	이완기 혈압	공복 시 혈당치	혈중 중성지방
수축기 혈압	Pearson 상관	1	.860**	.222**	.211**
	유의확률(양측)		.000	.002	.003
	N	190	190	190	190
이완기 혈압	Pearson 상관	.860**	1	.208**	.272**
	유의확률(양측)	.000		.004	.000
	N	190	190	190	190
공복 시 혈당치	Pearson 상관	.222**	.208**	1	.028
	유의확률(양측)	.002	.004		.703
	N	190	190	190	190
혈중 중성지방	Pearson 상관	.211**	.272**	.028	1
	유의확률(양측)	.003	.000	.703	
	N	190	190	190	190

** 상관관계가 0.01 수준에서 유의합니다(양측).

그림 9-7 이변량 상관계수 대화상자 및 결과(검진.sav)

출력한 결과에서 유의한 상관관계를 갖는 변수의 상관계수에 유의수준에 따라 별 표시(*)가 나타난다. 유의하지 않은 경우에는 별 표시가 나타나지 않는다. 출력 결과를 살펴보면, 수축기 혈압은 이완기 혈압, 공복 시 혈당치, 중성지방과 상관관계가 있으나, 공복 시 혈당치와 중성지방과는 상관관계가 없음을 알 수 있다. 참고로 별 표시가 두 개인 것은 유의수준 0.01보다 유의확률이 작다는 것이며, 별 표시가 한 개인 경우는 유의수준 0.05보다 작은 것을 말한다.

상관분석에서의 편상관계수를 실행하기 위해서는 탑 메뉴에서 '분석' → '상관분석' → '편상관계수'를 실행하면 다음과 같은 대화상자가 뜬다. 분석하고자 하는 변수들과 통제변수를 입력한 후 '확인' 버튼을 누르면 결과가 출력된다.

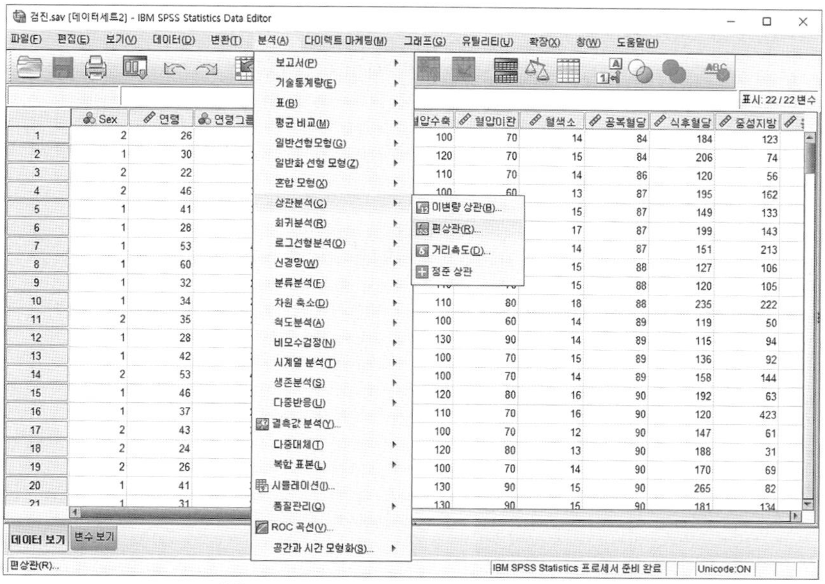

그림 9-8 편상관계수 실행 과정

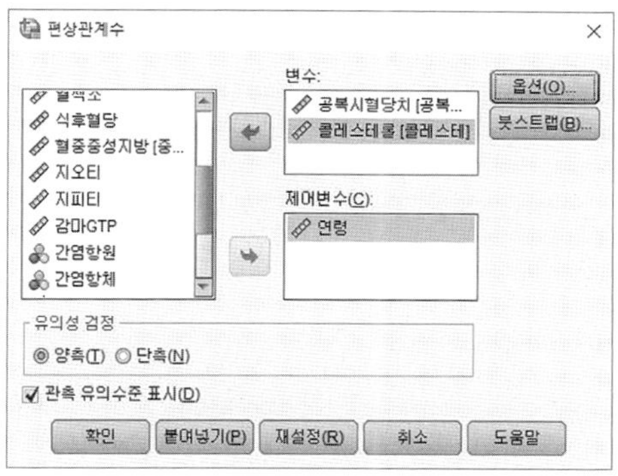

상관관계

제어변수			공복 시 혈당치	콜레스테롤
연령	공복 시 혈당치	상관관계	1.000	.118
		유의확률(양측)	-	.106
		자유도	0	187
	콜레스테롤	상관관계	.118	1.000
		유의확률(양측)	.106	-
		자유도	187	0

편상관관계를 살펴보면, 연령을 통제한 상태에서 공복 혈당치와 콜레스테롤은 아무런 관계가 없음을 알 수 있다. 그렇지만 앞서 이변량 상관분석에서는 두 변수가 상관관계가 있다고 나타나 연령이 교란 변수임을 알 수 있다.

그림 9-9 편상관계수 대화상자 및 결과(검사.sav)

6.2 단순회귀분석

회귀분석은 독립변수와 종속변수 모두 구간 또는 비율척도이어야 한다. 회귀분석에는 여러 가지 종류가 있으나 그 중에서 단순회귀분석과 다중회귀분석에 대해서 알아보도록 하자.

단순회귀분석은 독립변수와 종속변수가 하나씩 있는 경우를 말한다. 추정되는 회귀모형은 $y = ax + b$이다. 단순회귀모형을 추정하기 위해 회귀분석을 실행하려면 SPSS의 탑 메뉴에서 '분석' → '회귀분석' → '선형'을 클릭하여 실행한다. 단순회귀분석의 대화상자가 열리면 아래와 같이 종속변수와 독립변수를 각각 넣은 후에 '확인' 버튼을 누르면 단순회귀분석의 결과가 출력된다.

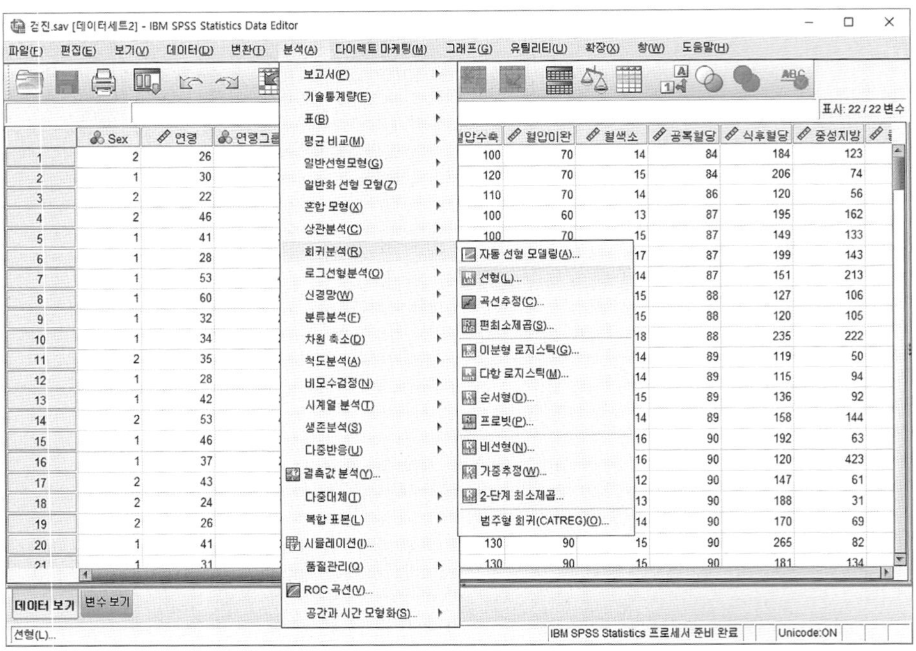

그림 9-10 단순회귀분석의 실행 과정

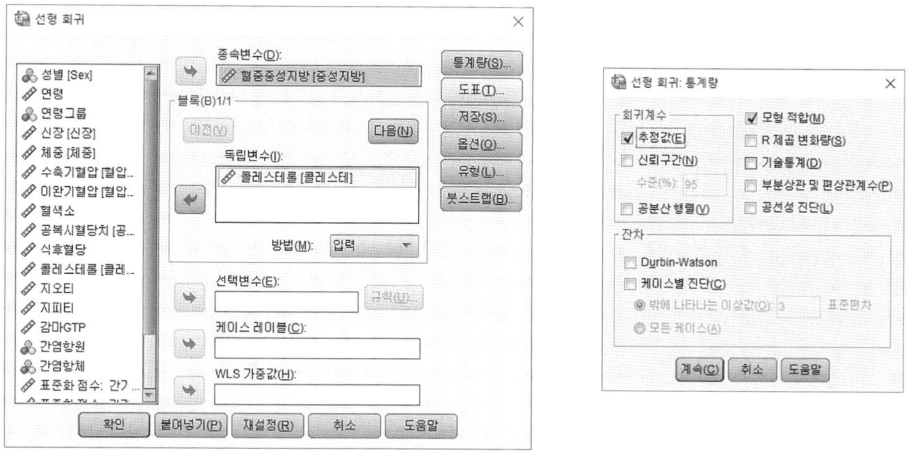

그림 9-11 단순회귀분석 대화상자 및 옵션

출력 결과에서 살펴보면, 콜레스테롤과 중성지방과의 상관계수가 출력되어 있다. $R^2 = 0.123$을 결정계수라고 하며, 종속변수의 전체 변동 중에서 회귀모형에 의하여 설명된 변동의 정도를 말한다. 즉, 콜레스테롤 수치의 변동은 중성지방의 변동에 의해 12.3% 정도만 설명되고 나머지 87.7%는 이 모형으로 설명되지 않는다는 것을 의미한다. 결정계수가 1.00(100%)에 가까울수록 설명력이 좋은 독립변수가 되는데, 그렇다고 해서 반드시 좋은 회귀모형이라고는 할 수 없다. 단지, 결정계수가 크면 클수록 두 변수 간의 회귀관계는 직선적 관계에 있다는 것을 뜻한다.

모형 요약

모형	R	R 제곱	수정된 R 제곱	추정값의 표준오차
1	.351[a]	.123	.118	106.652

a. 예측자: (상수), 콜레스테롤

ANOVA[a]

모형		제곱합	자유도	평균제곱	F	유의확률
1	회귀	300201.221	1	300201.221	26.392	.000[b]
	잔차	2138428.642	188	11374.620		
	전체	2438629.863	189			

a. 종속변수: 혈중 중성지방

b. 예측자: (상수), 콜레스테롤

계수[a]

모형		비표준화 계수		표준화 계수	t	유의확률
		B	표준오차	베타		
1	(상수)	−61.593	42.369		−1.454	.148
	콜레스테롤	1.166	.227	.351	5.137	.000

a. 종속변수: 혈중 중성지방

그림 9-12 단순회귀분석 분석 결과

그리고 회귀분석의 결과로 나타나는 분산분석표가 출력되는데, 이는 회귀분석의 결과를 해석하는 데 매우 중요한 의미를 가진다. 하나씩 살펴보면, 우선 제일 앞에 있는 모형 칸은 종속변수가 갖는 전체 분산이 어떤 부분에 의해 결정되는가를 구분하여 보여주는 것으로, 선형회귀에서는 종속변수의 총 변동 중 독립변수에 의해 설명되는 부분을 말하고, 잔차는 독립변수와 무관한 종속변수의 변동을 말해 준다. 평균제곱은 제곱합을 각각의 자유도로 나눈 값을 말한다. 결정계수는 선형회귀분석의 제곱합을 합계의 제곱합으로 나눈 값과 일치함을 알 수 있다. 분산분석표에 있는 F-통계량은 모델에 포함된 모든 독립변수로 구성된 모델이 종속변수를 유의하게 설명해 주는가에 대한 기여도를 평가하는 통계량이다. F-통계량에 대한 유의확률이 유의수준 0.05보다 작으므로 독립변수로 구성된 모델이 종속변수를 유의하게 설명해 주고 있다. 마지막으로 유의하게 설명해 주는 모델을 추정하는 것으로 단순회귀직선인 $Y = a + bx$로 표현되는데 여기에서 직선의 절편인 a에 의해 해당하는 값은 상수로 −61.593이며, 직선의 기울기에 해당하는 값은 1.166이다. 즉, 최종모형을 식으로 표현하면 아래와 같이 요약할 수 있다.

$$\text{중성지방 } Y = 1.166 \times \text{콜레스테롤} - 61.593$$

단, 여기에서 상수항에 대한 유의확률은 고려하지 않지만 계수에 대한 유의확률은 반드시 유의수준 0.05보다 작아야만 통계적으로 유의한 의미를 가지고 있어 회귀모형을 설정할 수 있다. 또한, 기울기의 크기가 클수록 혹은 양의 값을 가질수록 독립변수가 종속변수에 미치는 영향과 관계 정도가 크다고 볼 수 있다.

6.3 다중회귀분석

다중회귀분석은 단순회귀분석의 연장선으로 볼 수 있으며, 분석을 실행하는 방법은 단순회귀분석과 같다. 다중회귀분석을 실행하기 위해서 다중회귀데이터(다중회귀.sav)를 사용하고자 한다. 탑 메뉴에서 '분석' → '회귀분석' → '선형'을 선택하여 나타나는 대화상자에서 독립변수에 하나의 변수가 아닌 영향을 미칠 것이라고 여겨지는 변수를 모두 넣어서 분석을 실시한다.

다중회귀분석은 변수를 선택하는 5가지 방법이 있다. 본 교재에서는 '입력'과 '단계 선택' 두 가지 방법을 비교해 보도록 한다.

그림 9-13 다중회귀분석 실행 과정

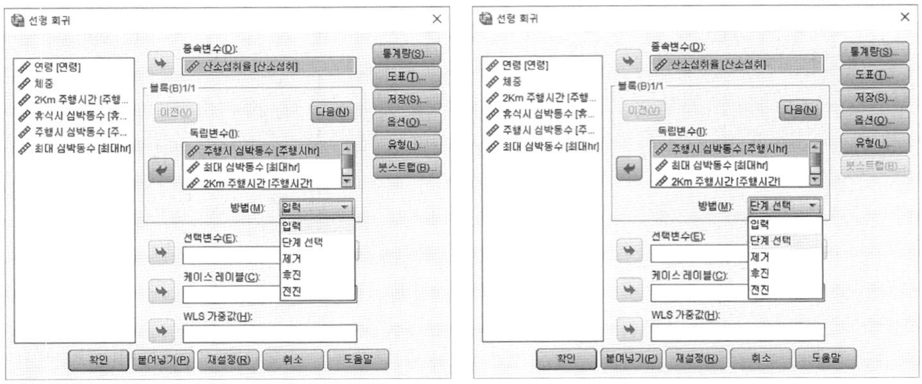

그림 9-14 다중회귀분석 대화상자 및 옵션

모형 요약

모형	R	R 제곱	수정된 R 제곱	추정값의 표준오차
1	.900[a]	.810	.781	2.491691

a. 예측자: (상수), 휴식 시 심박동수, 최대 심박동수, 2 km 주행시간, 주행 시 심박동수

ANOVA[a]

모형		제곱합	자유도	평균제곱	F	유의확률
1	회귀	689.960	4	172.490	27.783	.000[b]
	잔차	161.422	26	6.209		
	전체	851.382	30			

a. 종속변수: 산소섭취율
b. 예측자: (상수), 휴식 시 심박동수, 최대 심박동수, 2 km 주행시간, 주행 시 심박동수

계수[a]

모형		비표준화 계수		표준화 계수	t	유의확률
		B	표준오차	베타		
1	(상수)	80.875	8.975		9.011	.000
	주행 시 심박동수	−.378	.126	−.727	−2.990	.006
	최대 심박동수	.354	.137	.609	2.579	.016
	2 km 주행시간	−3.004	.380	−.782	−7.913	.000
	휴식 시 심박동수	.016	.069	.023	.238	.814

a. 종속변수: 산소섭취율

그림 9-15 다중회귀분석의 입력방법에 관한 분석 결과

먼저 '입력'으로 분석한 경우 모든 가능한 변수 조합으로 최적모형을 선택한다.

SPSS의 분석 결과 $R^2 = 0.810$으로 추정된 회귀모형의 설명력이 0.810으로 전체 데이터의 81.0%를 설명하고 있음을 나타내고 있다. 분산분석표에서 F-통계량에 대한 유의확률이 0.05보다 작으므로 추정된 모형이 유의함을 나타낸다. 회귀분석을 통하여 통계적으로 유의한 추정 회귀모형은

$$\text{산소섭취율} = 80.875 - 0.378 \times \text{휴식 시 심박동수} - 3.004 \times \text{2 km 주행시간} - 0.378 \times \text{주행 시 심박동수} + 0.354 \times \text{최대 심박동수}$$

이 된다.

같은 데이터를 가지고 이번에는 '단계 선택'으로 분석한 결과를 보자. 회귀모형을 선택하는 방법으로 '단계 선택'을 선택해 분석한 결과, '입력'을 선택한 경우와는 달리 하나의 변수만이 모델에 선택되었다.

입력/제거된 변수[a]

모형	입력된 변수	제거된 변수	방법
1	2 km 주행시간		단계 선택(기준: 입력에 대한 F의 확률 < = .050, 제거에 대한 F의 확률 > = .100).

a. 종속변수: 산소섭취율

모형 요약

모형	R	R 제곱	수정된 R 제곱	추정값의 표준오차
1	.862[a]	.743	.735	2.744785

a. 예측자: (상수), 2 km 주행시간

ANOVA[a]

모형		제곱합	자유도	평균제곱	F	유의확률
1	회귀	632.900	1	632.900	84.008	.000[b]
	잔차	218.481	29	7.534		
	전체	851.382	30			

a. 종속변수: 산소섭취율
b. 예측자: (상수), 2 km 주행시간

계수[a]

모형		비표준화 계수		표준화 계수	t	유의확률
		B	표준오차	베타		
1	(상수)	82.422	3.855		21.379	.000
	2 km 주행시간	−3.311	.361	−.862	−9.166	.000

a. 종속변수: 산소섭취율

제외된 변수[a]

모형		베타 입력	t	유의확률	편상관계수	공선성 통계량
						공차
1	주행 시 심박동수	−.141[b]	−1.455	.157	−.265	.902
	최대 심박동수	−.044[b]	−.450	.656	−.085	.949
	휴식 시 심박동수	−.014[b]	−.129	.898	−.024	.797

a. 종속변수: 산소섭취율
b. 모형 내의 예측자: (상수), 2 km 주행시간

그림 9-16 다중회귀분석의 선택방법에 관한 분석 결과

SPSS의 분석 결과 $R^2 = 0.743$으로 추정된 회귀모형이 설명력이 0.743으로 전체 데이터의 74.3%를 설명하고 있음을 나타내고 있다. 분산분석표에서는 F-통계량에 대한 유의확률이 0.05보다 작으므로 추정된 모형이 유의함을 나타낸다. 회귀분석을 통하여 통계적으로 유의한 추정 회귀모형은

$$\text{산소섭취율} = 82.422 - 3.311 \times 2\text{ km 주행시간}$$

이 된다. 입력 방법을 통해 나온 회귀모델 중 연령과 주행 시 심박동수, 최대 심박동수는 제외된 것을 볼 수 있다.

이러한 결과를 통해서 어떤 모형을 선택할지 결론이 내려지지 않는 경우에는 상관분석을 실시하는 것도 판단에 좋은 도움을 줄 것이다. 산소섭취율에 유의한 상관관계를 갖고 있는 변수들이 있지만 다른 변수에 비해 2 km 주행시간과 높은 상관관계를 보이고 있다. 또한 연령과 심박동수는 유의한 상관관계를 갖고 있으며, 주행 시 심박동수와 최대 심박동수는 1에 가까운 영향을 가지고 있어 이럴 경우에는 다중공선성을 의심해 봐야 한다. 그런 이유로 '입력' 방법으로 얻어진 모형보다는 '단계 선택'으로 얻어진 회귀분석이 좀 더 유의한 회귀모형이라고 할 수 있다. 회귀분석은 상관관계와 매우 밀접한 관계를 가지고

있으므로, 보통 회귀분석을 실시하기 전에 상관관계를 먼저 실시하는 것도 유용한 팁이 될 것이다.

상관관계

		산소 섭취율	2 km 주행시간	휴식 시 심박동수	주행 시 심박동수	최대 심박동수
산소섭취율	Pearson 상관	1	−.862**	−.399*	−.398*	−.237
	유의확률(양측)		.000	.026	.027	.200
	N	31	31	31	31	31
2 km 주행시간	Pearson 상관	−.862**	1	.450*	.314	.226
	유의확률(양측)	.000		.011	.086	.221
	N	31	31	31	31	31
휴식 시 심박동수	Pearson 상관	−.399*	.450*	1	.352	.305
	유의확률(양측)	.026	.011		.052	.095
	N	31	31	31	31	31
주행 시 심박동수	Pearson 상관	−.398*	.314	.352	1	.930**
	유의확률(양측)	.027	.086	.052		.000
	N	31	31	31	31	31
최대 심박동수	Pearson 상관	−.237	.226	.305	.930**	1
	유의확률(양측)	.200	.221	.095	.000	
	N	31	31	31	31	31

** 상관관계가 0.01 수준에서 유의합니다(양측).
* 상관관계가 0.05 수준에서 유의합니다(양측).

그림 9-17 다중회귀분석 변수들의 상관관계

연습문제

01 다음의 데이터에 대하여,

A. 산점도를 그리시오.

B. 상관계수의 부호를 예측하시오.

C. 피어슨의 상관계수를 계산하시오.

x	0	2	6	4	7
y	4	3	0	2	1

02 다음은 2006년 소양호에서 측정한 BOD와 COD의 농도 데이터이다. 이 데이터에 대해 피어슨의 상관계수를 구하시오.

BOD	1.5	2.1	2.1	2.3	1.8	2.1	1.3	1.5	0.9	1.4	2.5	1.8
COD	3.1	3.2	2.9	3.9	2.4	4.1	2.1	2.0	1.8	2.9	3.0	2.1

03 다음은 염소이온(chloride), 비소(arsenic) 및 질산염(nitrates)의 측정값들이다. 각 변수들 사이의 상관계수를 구하시오.

표 본	1	2	3	4	5	6	7	8	9	10
염화이온	87	115	105	61	89	55	78	110	91	125
비 소	0.07	0.09	0.15	0.05	0.09	0.04	0.08	0.07	0.06	0.18
질산염	15	16	20	12	14	15	12	16	13	22

04 어떤 강의 깊이별 물의 유량(flow)을 예측하기 위하여 강의 깊이와 유량을 측정하였다. 단순선형회귀분석을 사용하여 회귀직선을 구하시오.

유량(L/min)	0.28	1.28	1.89	3.95	6.14
깊이(m)	0.04	0.12	0.17	0.26	0.41

05 펄프 폐수가 지하수를 오염시킨다고 한다. 파이에조미터(piezometer)로부터 표본을 추출하여 얻은 pH와 COD의 데이터에 대해 회귀직선을 계산하시오. pH로부터 COD를 예측하기 위해 회귀직선을 이용할 수 있겠는가?

pH	7.2	7.7	7.8	6.3	7.0	6.4	8.4	7.6	9.0	8.7
COD	61	360	770	22	35	48	281	212	912	999

06 암모니아를 산화하여 질산을 생성하는 과정에서 공기의 흡입량, 공정 시 투입되는 냉각수의 온도, 질산의 농도로부터 공정에서 발생하는 손실을 예측하려고 한다. 다중회귀 모형을 이용하되 다중공선성 문제와 영향 관측치의 여부를 함께 확인하시오.

OBS	공기 흡입량	냉각수온도	질산 농도	손실량
1	78	27	88	41
2	81	26	84	37
3	74	23	91	38
4	63	24	86	29
5	61	24	86	19
6	61	23	86	18
7	62	23	87	19
8	60	22	88	17
9	58	19	80	15
10	58	19	85	13
11	57	18	92	12
12	55	18	87	11
13	51	19	89	8
14	50	18	72	8
15	50	19	79	7

Chapter 10

범주형 데이터 분석

1. 카이제곱 검정: 가정과 한계
2. 두 요인의 연관성의 측도
3. 적합도 검정
4. 로지스틱 회귀분석
5. SPSS 분석 방법

범주형 데이터 분석은 자연과학이나 사회과학, 의학 등 여러 분야에서 널리 활용되고 있다. 기업의 부실 여부 판단, 새로운 의학 치료법에 대한 평가, 의견 수렴에 미치는 요인 평가 등 범주형 데이터를 활용하여 분석하는 연구가 증가하고 있다.

분산분석이나 회귀분석은 모두 반응변수가 연속형 데이터인 경우에 사용되는 통계적 방법들이다. 연속형 데이터는 평균 등을 이용하여 크기를 비교할 수 있다. 그러나 범주형 형태의 데이터인 경우에는 평균을 계산할 수 없으며, 분산분석이나 회귀분석을 적용할 수 없다. 그래서 이 장에서 반응변수가 범주형 데이터인 경우의 데이터 분석 방법 중 대표적인 방법인 카이제곱(Chi-square, χ^2) 검정에 대하여 알아본다.

범주형 데이터 분석의 대표적인 방법인 카이제곱 검정 방법은 두 명목형 변수의 관측치가 분할표(contingency table)로 나타나는 경우 두 변수가 독립적인지를 검정하기 위하여 쓰인다. 만약 독립적이 아니라면 두 변수의 연관성의 척도로 사용할 수 있다. 특히 두 범주형 변수 X_1과 X_2의 관계를 알아보기 위하여 두 변수에 대한 데이터를 행렬 형식으로 표현한다. 각각의 변수는 행과 열로 나타내며, 행렬의 각 셀에는 각 변수의 범주에 속하는 관측도수가 기록된다.

표 10-1 두 개의 범주형 변수에 대한 데이터의 행렬 형식

X_2(2개의 범주)	X_1(3개의 범주)			
	1	2	3	합
1	n_{11}	n_{12}	n_{13}	$n_{1.}$
2	n_{21}	n_{22}	n_{23}	$n_{2.}$
합	$n_{.1}$	$n_{.2}$	$n_{.3}$	$N=n_{..}$

참고로, 두 변수 모두 명목형(nominal)인 경우에는 위와 같은 분할표를 이용한 카이제곱 검정을 사용할 수 있고, 동일한 형태의 분할표가 두 개 이상 있는 경우에 사용하는 층화분석(stratified analysis) 기법으로는 코크란-맨틀-헨첼(Cochran-Mantel-Haenszel) 통계량이 있다.

카이제곱 검정 방법은 모집단으로부터 추출한 표본이 어떤 분포에 적합한지를 알아보는 적합도(goodness-of-fit) 검정으로도 많이 쓰인다. 여기에서는 카이제곱 검정이 쓰이는 대표적인 경우인 독립성 검정과 적합도 검정에 대하여 다루기로 한다.

여기에서는 다루지 않지만 적합도 검정 방법으로 Kolmogorov-Smirnov 검정 방법이나 Anderson-Darling 적합도 검정 방법도 널리 쓰이고 있다.

1. 카이제곱 검정: 가정과 한계

모든 카이제곱 검정은 다음의 두 가지의 가정을 요구한다.

① 랜덤표본
② 데이터의 독립성

카이제곱 검정은 다른 검정 방법보다 상대적으로 검정력이 약한 방법이기 때문에, 좀 더 큰 표본의 크기를 필요로 한다. 일반적으로 카이제곱 검정을 사용하기 위하여 다음의 조건을 만족하여야 좀 더 정확한 결과를 얻는다고 알려져 있다.

① 각 셀의 모든 기대도수가 1보다 커야 한다.
② 5보다 작은 기대도수를 갖는 셀이 전체의 20%를 넘지 않아야 한다.

위의 조건들은 확인하기가 매우 쉽다. 만약 각 셀의 기대도수가 너무 작은 경우, 카이제곱 검정의 근사가 적절치 않게 되므로 피셔의 정확검정(Fisher's exact test)을 사용한다. 일반적으로 기대도수가 5 미만인 셀이 전체의 20%가 넘으면 카이제곱 검정을 쓰지 않고 피셔의 정확검정을 쓰는 것이 좋다고 알려져 있다.

2. 두 요인의 연관성의 측도

두 요인 사이의 연관성이 있는지를 검정하는 방법으로 분할표를 이용한 카이제곱 검정을 사용한다. 간혹 다른 책에서는 독립성 검정이라고 설명하기도 한다.

분할표는 두 명목형 변수들의 연관성을 측정할 때 쓰인다. 분할표 검정은 행(row)을 나타내는 변수가 열(column)을 나타내는 변수와 독립적인지를 결정할 때 사용되며, 따라서 귀무가설 H_0는 두 변수가 독립적이다. 즉, 행 변수의 범주들에 따른 데이터의 분포가 열 변수의 범주에 영향을 받지 않는다는 가설이다. 여기에서 주의할 점은 행 변수와 열 변수의 인과관계를 따지는 것이 아니라는 것이다. 변수들의 인과관계를 따지는 것은 다른 분석법을 사용하여야 하는데, 여기에서는 다루지 않을 것이다.

두 명목형 변수 X_1과 X_2의 관계를 알아보기 위하여 두 변수에 대한 데이터를 표 10-1과 같은 행렬 형식의 표로 표현한다. 그리고 각각의 변수는 행과 열로 나타나며, 표의 셀에는 각 변수의 해당되는 범주에 속하는 관측도수가 기록된다.

두 변수가 서로 독립적이라는 귀무가설 하에, 임의의 새로운 표본이 주어진 행 i 또는 열 j에 속할 부분 확률(marginal probability)은 각각 다음과 같이 계산된다.

$$a_i = \frac{n_{i.}}{N}, \qquad b_j = \frac{n_{.j}}{N}, \qquad i=1,\ \cdots,\ l, \quad j=1,\ \cdots,\ k$$

분할표의 귀무가설 하에 임의의 셀 $(i,\ j)$에 속할 확률의 추정치 e_{ij}는

$$e_{ij} = a_i \cdot b_j$$

이므로 총 관측도수 N에 대하여 각 셀의 관측도수에 대한 기대도수 E_{ij}는 e_{ij}와 N의 곱으로 계산된다.

$$E_{ij} = N \cdot e_{ij} = N \cdot (a_i \cdot b_j) = \frac{n_{i.}n_{.j}}{N}$$

귀무가설을 검정하기 위한 검정통계량은 각 셀에서의 관측치 n_{ij}와 귀무가설 하에 계산된 기대도수 E_{ij}를 비교함으로써 얻어진다.

$$\chi^2 = \sum_{i=1}^{l}\sum_{j=1}^{k}\frac{(n_{ij}-E_{ij})^2}{E_{ij}} \sim \chi^2_{(l-1)(k-1)}$$

만약 귀무가설이 옳지 않다면 적어도 하나의 셀에서 관측치 n_{ij}와 예측치 E_{ij}는 매우 다를 것이며, 따라서 검정통계량 값도 매우 커질 것이다. 만약 귀무가설이 참이라면, 모든 셀에서 관측도수 n_{ij}와 기대도수 E_{ij}가 매우 가까울 것이다.

예제 10.1

세 강물의 표본이 추출되어 두 종류의 생태 종(species)의 존재 여부가 기록되었다. 한 종은 오염에 대해 저항성이 있는 것이고 다른 하나는 저항성이 없다. 만약 강물에서 오염 저항성 종의 비율이 다르다면, 그 오염원 역시 다르다고 추정한다. 각 강물이 오염 저항성 종의 비율에 대하여 동일한지를 유의수준 5%에서 검정하시오.

X_2 = 저항성	X_1 = 강물			
	1	2	3	합
있다	4	8	12	24
없다	18	12	6	36
합	22	20	18	60

풀이 귀무가설 하에 각 셀의 관측치 수에 대한 기대값 E_{ij}을 구하면,

X_2 = 저항성	X_1 = 강물			
	1	2	3	합
있다	8.8 $\left(=\frac{22\times24}{60}\right)$	8.0 $\left(=\frac{20\times24}{60}\right)$	7.2 $\left(=\frac{18\times24}{60}\right)$	24
없다	13.2 $\left(=\frac{22\times36}{60}\right)$	12.0 $\left(=\frac{20\times36}{60}\right)$	10.8 $\left(=\frac{18\times36}{60}\right)$	36
합	22	20	18	60

이므로 검정통계량은

$$\chi^2 = \frac{(4-8.8)^2}{8.8} + \frac{(8-8.0)^2}{8.0} + \cdots + \frac{(12-12.0)^2}{12.0} + \frac{(6-10.8)^2}{10.8}$$
$$= 9.70$$

검정통계량 9.70이 유의수준 $\alpha = 0.05$, 자유도 $(2-1)(3-1) = 2$에서의 카이제곱 임계치 $\chi^2_{0.95,\,2} = 5.991$(부록 C)보다 크므로 귀무가설은 기각된다. 따라서 유의수준 5%에서 세 강물의 오염 저항성 종의 비율이 모두 같다고는 할 수 없다.

예제 10.2 카이제곱 검정_여러 범주에 분류된 독립표본

두 가지 다이어트 방법(A, B)의 효과를 비교하기 위하여 150명의 유아들을 연구에 포함시켰다. 다이어트 A에는 77명, B에는 73명이 무작위로 선택되어 일정한 기간 동안 실험한 후, 건강 상태에 따라 '탁월', '보통' 및 '미흡'으로 분류하였더니 아래의 표와 같았다. 아래의 표로부터 두 가지의 다이어트 방법에는 차이가 있다고 할 수 있는지 검정하시오.

X_2 = 다이어트	X_1 = 건강상태			
	탁월	보통	미흡	합
A	38	25	14	77
B	18	33	22	73
총계	56	58	36	150

풀이 귀무가설 하에 각 셀의 관측치 수에 대한 기대값 E_{ij}을 구하면,

X_2 = 다이어트	X_1 = 건강상태			
	탁월	보통	미흡	합
A	28.7 $\left(=\frac{56\times77}{150}\right)$	29.8 $\left(=\frac{58\times77}{150}\right)$	18.5 $\left(=\frac{36\times77}{150}\right)$	77
B	27.3 $\left(=\frac{56\times73}{150}\right)$	28.2 $\left(=\frac{58\times73}{150}\right)$	17.5 $\left(=\frac{36\times73}{150}\right)$	73
총계	56	58	36	150

이므로 검정통계량은

$$\chi^2 = \frac{(38-28.7)^2}{28.7} + \frac{(25-29.8)^2}{29.8} + \cdots + \frac{(22-17.5)^2}{17.5} = 9.924$$

검정통계량 9.924는 유의수준 $\alpha = 0.05$, 자유도 $(2-1)(3-1) = 2$에서의 카이제곱 임계치 $\chi^2_{0.95,\,2} = 9.70$(부록 C)보다 크므로 귀무가설을 기각한다. 따라서 유의수준 5%에서 두 가지 다이어트 방법에 따라 건강 상태가 차이가 있다고 할 수 있다.

3. 적합도 검정

적합도 검정은 관측된 변수의 표본분포가 어떤 확률분포에 적합한지를 알아보기 위한 검정으로 카이제곱 검정 방법을 사용할 수 있다. 데이터를 몇 개의 범주로 나누어 관측치가 주어졌을 때 기대치와 관측치를 비교하는데, 이러한 카이제곱 적합도 검정의 간단한 예로, 다항분포의 확률에 대한 귀무가설의 가설검정이 있다. 다음 표를 보면,

범주	범주 1	범주 2	…	범주 k	합
모비율 기대빈도	p_1 np_1	p_2 np_2	… …	p_k np_k	1 n
표본비율 관측빈도	$\hat{p}_1$ n_1	$\hat{p}_2$ n_2	… …	$\hat{p}_k$ n_k	1 n

여기에서, $\hat{p}_i = \dfrac{n_i}{n}$이다. 각 범주별로 모비율에 대한 가설검정을 할 수 있다. 즉 귀무가설 H_0: $p_1 = p_{10}, \cdots, p_k = p_{k0}$이며, 귀무가설을 검정하는 검정통계량은

$$\chi^2 = \sum_{i=1}^{k} \frac{(n_i - np_i)^2}{np_i}$$

이다. 표본의 크기가 크면 근사적으로 자유도가 $k-1$인 χ^2_{k-1}-분포를 따른다.

예제 10.3 카이제곱 검정_한 표본+여러 범주

Mendel의 유전법칙에 관한 예제이다. 2세대 잡종은 노란색 75%, 초록색 25%라는 이론이 사실인지를 알아보기 위하여 총 8023 개체를 조사하였더니 6022개가 노란색, 2001개가 초록색이었다. 위의 이론이 사실인지 검정하시오.

풀이 각 범주별로 기대빈도를 구하면 다음과 같다.

범 주	노란색	초록색
관측빈도	6022	2001
기대확률	0.75	0.25
기대빈도	6017.25 (8023 × 0.75)	2005.75 (8023 × 0.25)

검정통계량은

$$\chi^2 = \frac{(6022-6017.25)^2}{6017.25} + \frac{(2001-2005.75)^2}{2005.75} = 0.0149$$

이며, 이 값은 유의수준 0.05에서 자유도가 1인 임계치 $\chi^2_1 = 3.841$보다 작으므로 귀무가설을 기각할 수 없다. 따라서 2세대 잡종 비율에 대한 이론이 사실이 아니라고 할 수 있는 근거가 충분히 있다고 할 수 없다.

위의 예제처럼 이항비율 또는 다항비율에 대한 검정을 할 수 있으며, 주어진 데이터가 임의의 분포를 따르는지에 대한 검정도 같은 방법으로 할 수 있다. 즉, 데이터의 범위를 구간으로 나누거나 범주화시켜서 각 구간/범주별로 관측빈도와 기대빈도를 구하여 비교할 수 있다.

예제 10.4

남아와 여아의 출산 비율이 각각 0.5로 같은지를 알아보기 위하여 자녀가 3명인 가구 중 1,000 가구를 대상으로 남아의 수를 조사한 결과가 다음과 같다고 하자. 이때 남아의 수가 이항분포를 따르는지 검정하시오.

남아의 수	0	1	2	3
관측빈도	100	350	400	150

풀이 귀무가설은 남아의 수가 이항분포($n=3$, $p=0.5$)를 따른다는 가설이 되고, 남아의 수를 범주로 두면 귀무가설 하에 기대빈도를 구할 수 있다.

남아의 수	0	1	2	3
관측빈도	100	350	400	150
기대확률	0.125	0.375	0.375	0.125
기대빈도	125	375	375	125

검정통계량은

$$
\begin{aligned}
\chi^2 &= \sum_{i=1}^{k} \frac{(n_i - m_i)^2}{m_i} \\
&= \left(\frac{(100-125)^2}{125}\right) + \left(\frac{(350-375)^2}{375}\right) + \left(\frac{(400-375)^2}{375}\right) + \left(\frac{(150-125)^2}{125}\right) \\
&= 13.3
\end{aligned}
$$

여기에서 $m_i = i$번째 범주의 기대빈도이다. 검정통계량 13.3은 유의수준 0.05, 자유도 3에서의 임계치 7.815(부록 C)보다 크므로 귀무가설을 기각한다. 따라서 남아의 수는 출산 확률이 0.5인 이항분포를 따르지 않는다고 할 수 있다.

예제 10.5 적합도 검정

다음의 데이터가 정규분포를 따르는지 검정하시오.

51 65 56 66 62 69 64 72 63 64
52 57 59 67 57 62 62 66 59

풀이 연속형 데이터는 범주형 데이터와는 달리 한 값에 대한 확률이 존재하지 않으므로, 데이터를 구간으로 나누고 각 구간을 셀로 하여 관측빈도와 기대빈도를 구하면 된다. 귀무가설은 데이터가 정규분포를 따른다는 가설이 되고, 구간을 6개로 두어 빈도표를 구한다. 귀무가설 하에 평균과 표준편차의 추정치는 각각 $\bar{x}=62$, $s=5.19$이며, 각 구간에 대한 기대빈도를 구하기 위하여 연속성 수정을 한다. 즉, 구간을 각 구간 끝점의 -0.5와 $+0.5$를 적용한 값으로 연속구간을 정한 후 정규분포의 확률을 구하면 다음과 같다.

구 간	51～54	55～58	59～62	63～66	67～70	71～74
관측빈도	1	4	5	6	2	1
연속구간	50.5～54.5	54.5～58.5	58.5～62.5	62.5～66.5	66.5～70.5	70.5～74.5
기대확률	0.06	0.18	0.29	0.27	0.14	0.04
기대빈도	1.16	3.34	5.48	5.1	2.7	0.8

예를 들어, 구간 51～54에 대한 연속구간은 50.5～54.5가 되며, 이 연속구간에서의 정규확률을 구하면 $P(50.5 \le X \le 54.5)=\int_{50.5}^{54.5} f(x)dx=0.06$이다. 여기에서 $f(x)$는 정규확률변수 X의 확률밀도함수이다. 각 구간의 기대빈도는 기대확률을 전체 빈도로 곱한 값이다. 검정통계량을 구하면

$$\chi^2=\sum_{i=1}^{k}\frac{(n_i-m_i)^2}{m_i}=0.58$$

여기에서, $m_i=i$번째 구간의 기대빈도이다. 검정통계량 0.58은 유의수준 0.05, 자유도 5에서의 임계치 11.070(부록 C)보다 작으므로 귀무가설은 기각되지 않는다. 따라서 데이터는 정규분포를 따른다고 할 수 있다.

4. 로지스틱 회귀분석

두 변수 간의 관계를 이용하여 설명변수가 반응변수에 얼마나 영향을 미치는지를 파악하기 위해서는 앞서 9장에서 설명한 회귀분석을 사용한다. 9장에

서는 회귀분석의 반응변수는 연속형 데이터이어야 한다. 만약 반응변수가 범주형 데이터일 때에는 9장에서 설명한 회귀분석을 그대로 적용할 수 없다. 반응변수가 범주형 데이터일 때 사용하는 회귀분석을 로지스틱 회귀분석(logistic regression analysis)이라고 한다. 로지스틱 회귀분석의 반응변수는 연속형이 아닌 0과 1만 갖는 이분형이거나 순서형, 명목형 모두 가능하다. 이때 설명변수는 연속형 혹은 범주형이 가능하지만, 회귀분석처럼 많은 변수가 있으면 모형이 복잡해진다.

로지스틱 회귀분석의 반응변수는 0과 1의 값만 갖는다. 어떤 사건이 일어날 성공확률인 $P(Y=1)=p$라고 정의하면, 이를 분석하기 위하여 로짓변환 $\ln\frac{p}{1-p}$를 취하여 모형을 추정한다. 설명변수가 k개 있을 때 추정된 로지스틱 회귀모형은 다음과 같다.

$$\ln\left(\frac{p}{1-p}\right) = \beta_0 + \beta_1 x_1 + \cdots + \beta_k x_k$$

회귀분석에서는 최소제곱법으로 통하여 회귀모형을 추정하지만, 로지스틱 회귀분석에서는 일반적인 최소제곱법으로 추정할 수 없다. 최소제곱법 대신에 최대우도법(maximum likelihood)을 이용하여 회귀계수를 추정한다. 이렇게 구한 성공확률의 추정치는 다음과 같다.

$$P(Y=1|\boldsymbol{x}) = \hat{p} = \frac{e^{(\beta_0+\beta_1 x_1+\cdots+\beta_k x_k)}}{1+e^{(\beta_0+\beta_1 x_1+\cdots+\beta_k x_k)}}$$

이때 추정된 회귀계수의 부호가 양수이면 성공 확률이 높아지고, 부호가 음수이면 성공 확률이 낮아진다. 또한 로지스틱 회귀분석의 적합도는 Hosmer-Lemeshow의 적합도 검정을 통하여 적합성을 평가한다.

로지스틱 회귀분석에서 회귀계수가 갖는 의미를 살펴보도록 하자. 어떤 사건이 발생할 경우를 1로, 발생하지 않을 경우를 0으로 놓고, 위험인자와 사건 발생 유무와의 관련 정도를 회귀계수를 통하여 그 의미를 살펴보도록 하자.

	사건 발생	사건 미발생
위험인자 O	p_1	$1-p_1$
위험인자 X	p_2	$1-p_2$

위험인자가 있는 경우의 로짓:

$$\ln\left(\frac{p_1}{1-p_1}\right) = \beta_0 + \beta_1 x_1 + \cdots + \beta_k x_k$$

위험인자가 없는 경우의 로짓:

$$\ln\left(\frac{p_2}{1-p_2}\right) = \beta_0 + \beta_1 x'_1 + \cdots + \beta_k x'_k$$

이라고 할 때, 첫 번째 위험인자 x_1을 제외한 나머지는 모두 같다고 가정했을 때, 두 식의 차이는

$$\ln\left(\frac{p_1}{1-p_1}\right) - \ln\left(\frac{p_2}{1-p_2}\right) = \ln\left(\frac{\frac{p_1}{1-p_1}}{\frac{p_2}{1-p_2}}\right) = \beta_1(x_1 - x'_1)$$

이때 $\left(\frac{\frac{p_1}{1-p_1}}{\frac{p_2}{1-p_2}}\right)$을 오즈비(odds ratio, OR)라고 하며, 위험인자 값이 1만큼 증가(단위증가)할 때 오즈비는 $\exp(\beta_1)$ 만큼 증가함을 의미한다. 이때 β_1이 1보다 크면 위험인자가 있을 때가 없을 때에 비해 사건 발생 가능성이 증가하며, 1보다 작으면 사건 발생 가능성이 감소함을 의미한다.

예제 10.6 로지스틱 회귀분석

A지역에 거주하는 40~49세의 남성 주민들을 6년 동안 추적하여 수축기 혈압(systolic blood pressure)과 관상심장질환(coronary heart disease)에 따라 분류하

였다. 그 결과가 아래의 표와 같을 때, 이로부터 오즈비 또는 ln(오즈비) 값은 수축기 혈압과 연관이 있다고 할 수 있는지 검정하시오.

수축기 혈압	심장질환 여부		총계	p	오즈비(odds)	ln(오즈비)
	아니오(0)	예(1)				
<117	154	2	156	0.013	0.013	−4.344
117~126	234	18	252	0.071	0.077	−2.565
127~136	271	13	284	0.046	0.048	−3.037
137~146	256	15	271	0.055	0.059	−2.837
147~156	124	15	139	0.108	0.121	−2.112
157~166	76	9	85	0.106	0.118	−2.134
167~186	80	19	99	0.192	0.238	−1.438
>186	33	10	43	0.233	0.303	−1.194

풀이 $p = P(\text{심장질환} = \text{Yes}(1) \mid \text{수축기 혈압} < 117) = \frac{2}{156} = 0.013$

오즈비(odds)는 심장질환이 있을 확률과 없을 확률의 비율을 뜻한다. 따라서

$$\text{odds} = \frac{p}{1-p} = \frac{0.013}{0.987} = 0.013\text{이며,}$$

$$\ln(\text{odds}) = \ln(0.013) = -4.344\text{가 된다.}$$

나머지 수축기 혈압 구간별로 심장질환의 확률과 오즈비, ln(오즈비)를 구할 수 있다.

5. SPSS 분석 방법

5.1 카이제곱 검정

두 가지 이상의 변수를 교차하여 집계를 내는 분석 방법을 교차분석이라고 하며, 두 가지 범주형 변수의 독립성 검정이나 동질성 검정을 위한 분석 방법을 카이제곱 검정이라고 한다. 두 가지 변수 모두 명목척도나 서열척도일 때,

두 변수 사이의 빈도와 비율을 측정하는 분석이다. 교차분석은 '분석' → '기술통계' → '교차분석'을 실행하면 대화상자가 나타난다.

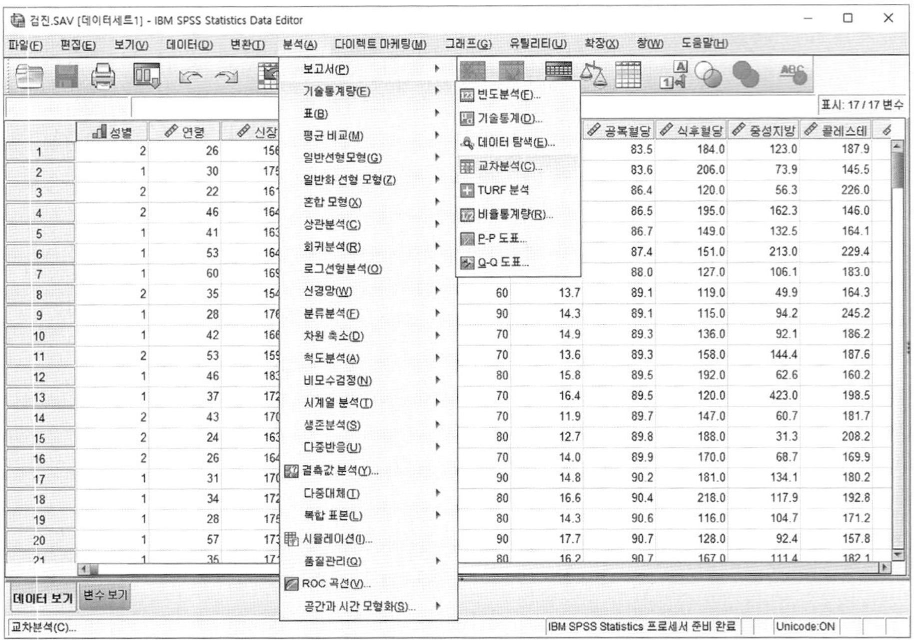

그림 10-1 교차분석 실행 과정

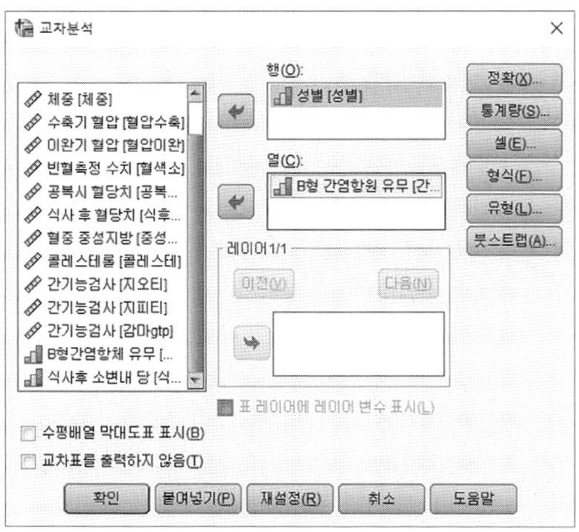

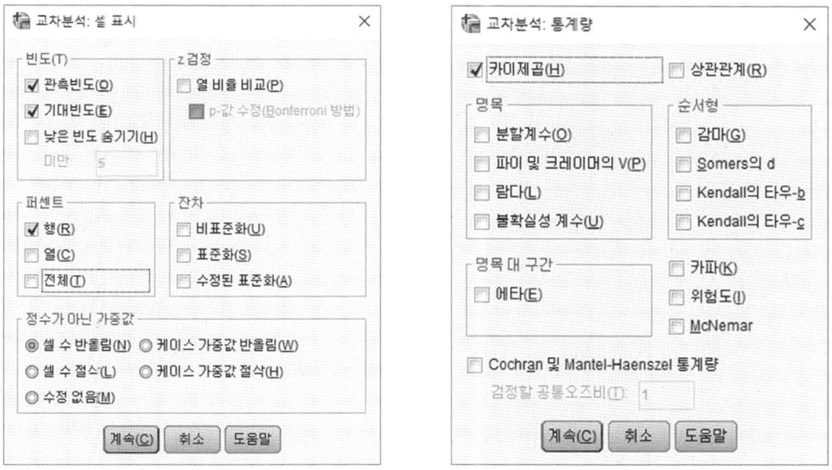

그림 10-2 교차분석 대화상자 및 옵션

교차분석의 대화상자가 열리면 옵션 항목으로 통계량, 셀 및 형식이 있다. 형식은 행의 보기 문항을 정렬하는 방법에 대한 옵션으로, 오름차순과 내림차순으로 구별한다. 셀 옵션에 대해 살펴보면, 빈도 항목에는 관측빈도와 기대빈도가 있다. 관측빈도는 사용자가 입력한 데이터에서 계산된 값이고, 기대빈도는 귀무가설에서 가정된 비율에 따라 계산된 기대치이다. 퍼센트는 행, 열 및 전체 세 종류가 있다. 셀 출력 옵션에서 관측빈도와 행 퍼센트를 체크한 후에 '계속'과 '확인'을 누르면 결과가 출력된다.

성별*B형 간염항원 유무 교차표

			B형 간염항원 유무		전체
			음성	양성	
성별	남자	빈도	115	16	131
		기대빈도	115.1	15.9	131.0
		성별 중 %	87.8%	12.2%	100.0%
	여자	빈도	52	7	59
		기대빈도	51.9	7.1	59.0
		성별 중 %	88.1%	11.9%	100.0%
전체		빈도	167	23	190
		기대빈도	167.0	23.0	190.0
		성별 중 %	87.9%	12.1%	100.0%

카이제곱 검정

	값	자유도	근사 유의확률 (양측검정)	정확 유의확률 (양측검정)	정확 유의확률 (단측검정)
Pearson 카이제곱	.005[a]	1	.946		
연속성 수정[b]	.000	1	1.000		
우도비	.005	1	.945		
Fisher의 정확 검정				1.000	.577
선형 대 선형결합	.005	1	.946		
유효 케이스 수	190				

a. 0셀(0.0%)은(는) 5보다 작은 기대빈도를 가지는 셀입니다. 최소 기대빈도는 7.14입니다.
b. 2×2 표에 대해서만 계산됨.

그림 10-3 교차분석 분석 결과

성별과 B형 간염 항원 보기 문항이 각각 2개씩 있으므로, 셀의 개수는 2×2=4이다. 전체적으로 B형 간염 항원에 음성 반응을 보이지만, 여자보다는 남자가 B형 간염 항원에 양성 반응을 보이는 것으로 나타났다. 이를 토대로 성별과 B형 간염 항원 유무의 분포 차이를 보기 위해 카이제곱 검정을 하였다. 그 결과 유의확률이 1에 가까운 확률을 가지며, 유의수준 0.05보다 매우 크므로 통계적으로 유의한 차이는 없는 것으로 나타났다. 즉, 성별에 따라 B형 간염 항원에는 별다른 차이가 없는 것으로 나타났다.

예제 10.2 데이터에서는 가중데이터를 부여하여 교차분석을 하고자 한다. 가중데이터를 부여하는 방법은 다음과 같다. 예제 10.2의 데이터를 부른 후, 탑메뉴에서 데이터 → 가중케이스를 실행한다. 가중케이스의 옵션에서 빈도를 가중케이스로 지정한 후 확인을 클릭하면 빈도만큼 가중되어서 분석한다. 예제 10.2 데이터에서 가중케이스를 부여하지 않는다면 각 셀에 대한 빈도는 1로 처리된다.

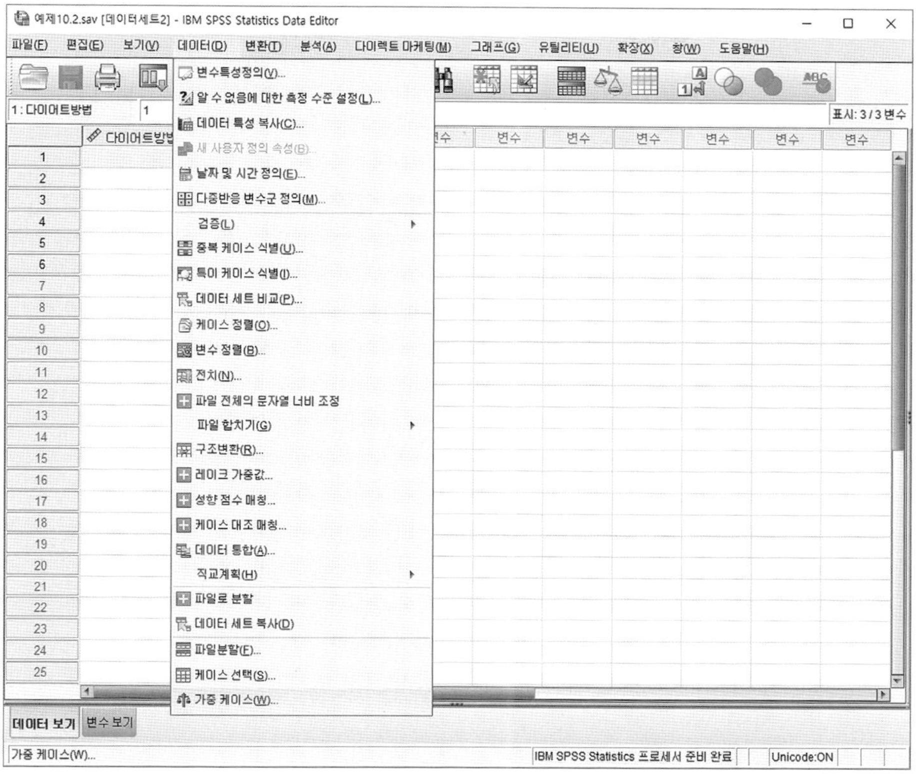

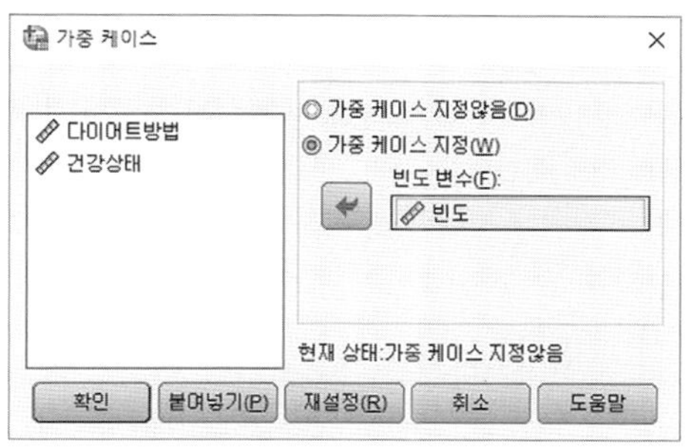

그림 10-4 예제 10.2의 가중케이스 부여방법(예제 10.2.sav)

가중케이스를 부여한 이후 다이어트 방법과 건강 상태의 교차분석은 앞서 검진 데이터와 같은 방법으로 실행하면 된다. 다이어트 방법에 따라 건강 상태를 파악한 결과, 카이제곱 검정의 유의확률이 0.007이므로 유의수준 0.05보다 작아 통계적으로 유의한 차이가 있다. 즉, 다이어트 방법에 따라 건강 상태에는 차이가 있다고 할 수 있다. 이를 좀 더 자세히 살펴보면, 다이어트 방법 A

는 건강 상태가 탁월한 경우가 49.4%로 가장 높았고, 다이어트 방법 B는 보통이나 미흡이 많았다.

다이어트방법*건강상태 교차표

			건강상태			전체
			탁월	보통	미흡	
다이어트방법	방법 A	빈도	38	25	14	77
		다이어트방법 중 %	49.4%	32.5%	18.2%	100.0%
	방법 B	빈도	18	33	22	73
		다이어트방법 중 %	24.7%	45.2%	30.1%	100.0%
전체		빈도	56	58	36	150
		다이어트방법 중 %	37.3%	38.7%	24.0%	100.0%

카이제곱 검정

	값	자유도	근사 유의확률 (양측검정)
Pearson 카이제곱	9.924[a]	2	.007
우도비	10.096	2	.006
선형 대 선형결합	8.395	1	.004
유효 케이스 수	150		

a. 0셀(0.0%)은(는) 5보다 작은 기대빈도를 가지는 셀입니다. 최소 기대빈도는 17.52입니다.

그림 10-5 예제 10.2의 교차분석 분석 결과

5.2 로지스틱 회귀분석

로지스틱 회귀분석은 연속형이 아닌 범주형 반응변수에 대해 연관성이 있는 변수들 중 중요한 역할을 하는 설명변수를 찾고, 설명변수와 반응변수와의 관련 정도를 예측할 수 있다.

어느 한 지방자치단체에서 주택 소유에 영향을 미치는 요인을 찾기 위해 로지스틱 회귀분석을 실행하고자 한다.

그림 10-6 로지스틱 회귀분석의 실행 과정(logistic.sav)

로지스틱 회귀모형의 옵션 중에서 범주형 옵션은 마지막 혹은 처음 범주를 기준으로 오즈비를 구하기 위해 기준점을 지정해 주는 옵션이다. 기본은 마지막 범주를 기준으로 오즈비를 구하게 되어 있지만, 처음 범주를 참조 범주로 할 경우 처음을 클릭하고 난 후 바꾸기를 클릭하면 처음 범주로 바뀌는 것을 볼 수 있다.

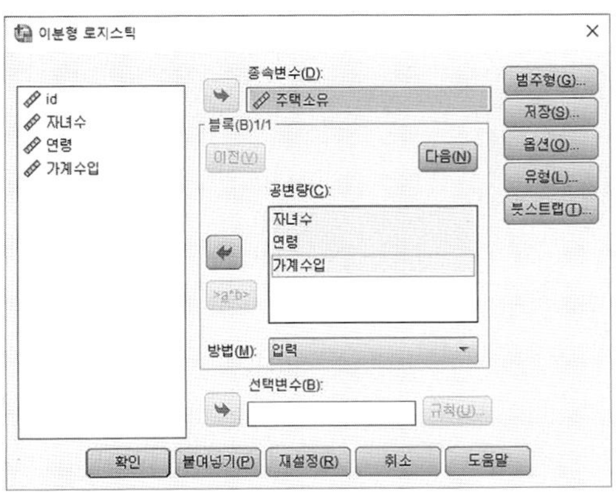

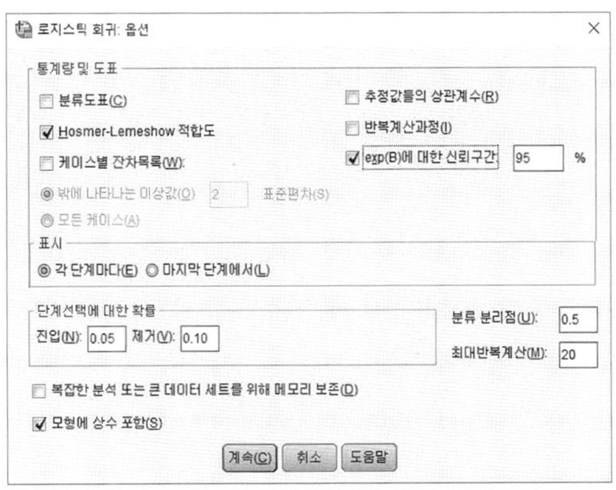

그림 10-7 로지스틱 회귀분석의 대화상자 및 옵션

또한, 로지스틱 회귀모형의 적합성을 파악하기 위해 Hosmer-Lemeshow 적합도를 사용할 수 있으며, 추정된 오즈비를 위해서 exp(β)를 추정한 뒤 95% 신뢰구간을 추정하기 위해서 옵션을 클릭할 수 있다. 저장 옵션은 추정된 확률을 데이터 내에서 저장하기 위한 옵션이다. 추정된 확률을 통해서 정상이나 질병에 속할 확률을 찾을 수 있다. logistic 데이터로 로지스틱 회귀분석을 한 결과는 다음과 같다.

Hosmer와 Lemeshow 검정

단계	카이제곱	자유도	유의확률
1	4.692	8	.790

방정식의 변수

		B	S.E.	Wald	자유도	유의확률	Exp(B)	Exp(B)에 대한 95% 신뢰구간	
								하한	상한
1단계[a]	자녀수	−.418	.718	.339	1	.561	.659	.161	2.688
	연령	.122	.066	3.400	1	.065	1.130	.992	1.287
	가계수입	.006	.002	5.190	1	.023	1.006	1.001	1.011
	상수항	−17.730	6.517	7.401	1	.007	.000		

a. 변수가 1: 자녀수, 연령, 가계수입 단계에 입력되었습니다.

Hosmer와 Lemeshow 검정

단계	카이제곱	자유도	유의확률
1	5.835	8	.666

방정식의 변수

		B	S.E.	Wald	자유도	유의확률	Exp(B)	Exp(B)에 대한 95% 신뢰구간	
								하한	상한
1단계[a]	연령	.096	.044	4.856	1	.028	1.101	1.011	1.199
	가계수입	.006	.003	5.319	1	.021	1.006	1.001	1.011
	상수항	−17.912	6.737	7.069	1	.008	.000		

a. 변수가 1: 연령, 가계수입 단계에 입력되었습니다.

그림 10-8 로지스틱 회귀분석의 분석 결과

주택 소유와 연관성이 있는 변수로 자녀의 수, 나이 및 월 평균 소득이 있다고 가정했을 때, 첫 번째 모델의 경우는 모든 데이터를 다 넣어서 분석한 결과로 자녀의 수는 매우 영향력이 없다는 것을 알 수 있다. 이 결과를 토대로 자녀의 수를 제외하고 나머지 변수에 대해 다시 로지스틱 회귀분석을 실행했을 때 통계적으로 유의한 것으로 나타났다. 최종적으로 주택 소유에 영향을 미치는 것은 나이와 월 평균 소득이며, 나이가 한 단위만큼 증가할 때마다 주택을 소유할 오즈는 1.101배이다. 월 평균 소득도 나이와 마찬가지로 한 단위만큼 증가할 때마다 주택을 소유할 오즈는 1.066배이다. 즉, 나이가 많을수록, 월 평균 소득이 높을수록, 주택을 소유할 가능성이 높음을 시사하고 있다. Hosmer-Lemeshow 검정 결과, 유의확률이 0.666으로 유의수준 $\alpha = 0.05$보다 크므로 모형이 잘 적합되었다고 볼 수 있다.

연습문제

01 사업 경영주가 자기 회사 직원들의 직업 만족도를 개선하고자 하였다. 그는 피고용인 만족도가 80%에 달할 것이라고 예측(기대)하였다. 네 개 과의 종사자들은 회사의 근무 조건에 대하여 답을 하여 아래와 같은 결과를 얻었다. 이러한 결과는 사업 경영주의 예측을 지지하는지, 아니면 기각하는지를 결정하시오.

부서 / 만족 여부	회계과	영업과	인사과	기술과
만족	11	39	5	6
불만족	8	18	3	3
총계	19	57	8	9

02 휘발성 유기화합물을 조사하기 위하여 300개의 우물 시료를 추출하였다. 우물들은 표면 근처의 광맥 노출 부위(outcrop)에 있는지(표면), 아니면 직접적인 오염을 피할 수 있는 좀 더 깊숙한 곳에 위치하는지(아래)에 따라 분류하였다. 이로부터 우물의 위치에 따라 휘발성 유기화합물의 검출 가능한 수준을 찾는 확률이 다른지 조사하시오.

위 치	VOC 검출 여부		
	불검출	검출	합
아래	108	12	120
표면	131	49	180
합	239	61	300

03 한 임상연구에서 110명의 위염 환자들 중 57명은 참여를 거부하였고, 28명은 금주를 권고 받았으며, 나머지 25명은 수술을 받았다고 한다. 이들의 위염 재발 여부가 아래와 같이 조사되었을 때, 세 그룹 간 재발률에 차이가 있는지 검정하시오.

그 룹	재 발		
	있다	없다	합
거부	45	12	57
권고	21	7	28
수술	2	23	25
합	68	42	110

04 어떤 카지노의 자동 카드 기계가 같은 확률로 각 괘(suit)가 나오는지를 시험하였다. 이 시험을 위해 1500장의 카드를 사용하였고, 각 괘별로 나오는 카드의 숫자를 세었다. 이론적으로 각 괘에 대해 375장씩 나와야 한다. 아래의 결과로부터 이 기계는 같은 확률로 각 괘가 나오게 한다고 할 수 있을까?

결과 \ 괘	Spades	Diamond	Clubs	Hearts
관측치	400	363	320	417

05 아래의 표는 어떤 물질 X를 10개월 된 수컷 Sprague-Lawley rat에 다른 용량(dose, mg/kg)으로 투여한 후 24시간 경과한 시점에서 살아있거나(alive) 죽은(dead) 개체수를 나타낸 것이다. 이로부터 용량은 사망률(mortality)에 영향을 미치는지에 대해 검정하시오.

용량	Alive	Dead	총계	사망률
1	20	0	20	0
10	17	3	20	15
100	7	13	20	65
1000	2	18	20	90
10000	0	20	20	100

Chapter 11

비모수 검정

1. 비모수적 검정 방법
2. 비모수 상관관계
3. 비모수적 검정 방법들의 특징
4. SPSS 분석 방법

분산분석, 회귀분석 등 대부분의 모수적 검정 방법들은 데이터가 정규분포를 따른다는 가정을 요구한다. 따라서 모수적 검정 방법을 사용하기 위하여 데이터가 정규분포를 따르는지를 먼저 확인하여야 하고, 만약 데이터가 정규분포를 따르지 않으면 적당한 변환을 통하여 데이터의 정규성을 얻어야 한다. 그러나 데이터 변환을 할 경우에 발생될 수 있는 문제점 중의 하나는 데이터의 변환 후에 얻은 검정의 결과를 해석하기가 쉽지 않고, 데이터의 변환으로 항상 정규성을 얻을 수 있는 것이 아니라는 점이다. 또한 실제 데이터는 정규분포가 아닌 다른 분포를 가질 수 있고, 정규분포를 따른다고 가정하기 어려운 경우도 있을 것이다. 이런 경우의 데이터를 분석하기 위하여 비모수적 방법을 사용하게 된다. 비모수적 방법은 정규분포를 가정하지 않고, 단순히 연속형 분포를 가정하거나 연속형이면서 대칭인 분포를 따른다는 가정 하에 데이터 분석을 실시한다. 즉, 비모수 검정은 다른 분석 방법과 달리 모수에 대한 가정을 전제하지 않고 모집단의 형태에 관계없이 데이터로부터 통계적 검정을 하는 분석 방법이다. 기억할 것은 데이터의 실제값을 사용하지 않고 데이터의 순위(rank)를 사용하여 비모수적 방법을 사용한다는 점이다. 따라서 비모수 검정은 데이터 항목이나 분포 형태에 의존하지 않고 데이터 간의 서열 또는 순위와 같은 특징이 대표적인 지표가 될 수 있다.

비모수적 검정 방법은 해석이 용이하지만 검정력이 떨어지는 단점도 있는데, 여기에서 검정력이 떨어진다는 말은 차이가 있음에도 불구하고 차이를 발견하지 못할 수도 있다는 뜻이다. 데이터의 변환보다 비모수적 검정 방법이 선호되는 경우는 데이터가 순서형 데이터이거나 단위가 서로 다른 데이터인 경우이다. 비모수적 검정은 데이터가 비정규분포이거나 표본수가 적거나, 데이터들이 서로 독립적일 때 사용하는 방법이다. 그렇기 때문에 비모수적 검정 방법은 종종 정규분포에 구애받지 않는다는 의미로 분포-자유(distribution-free) 검정 방법이라고도 불린다. 그렇지만, 이는 분포가 어떤 것이어도 상관없다는 뜻은 아니다.

1. 비모수적 검정 방법

1.1 부호검정과 윌콕슨의 부호순위 검정

부호검정(sign test)은 일표본 문제에서 위치 모수, 예를 들어, 평균이나 중앙값에 대한 비모수적 검정 방법으로 귀무가설 하에 위치 모수의 가정된 값 θ_0보다 큰 관측치들의 개수 B를 이용하여 검정한다. 즉, 부호검정의 검정통계량은

$$B = \sum_{i=1}^{n} S_i$$

이며, 이때, $S_i = \begin{cases} 1, \ x_i > \theta_0 \\ 0, \ x_i < \theta_0 \end{cases}$이고, $x_i = \theta_0$인 경우를 제외시킨다. 관측치의 개수 n이 충분히 크면 표준화된 B 통계량이 근사적으로 정규분포를 따른다는 사실을 이용하여 가설검정을 할 수 있다. 참고로, 관측치의 개수가 충분히 크지 않을 경우에는, 부호검정통계량의 표를 이용할 수 있다. 검정통계량 B의 평균과 분산은 각각 다음과 같다.

$$E(B) = \frac{n}{2}, \qquad Var(B) = \frac{n}{4}$$

표본이 클 경우, 부호검정은 정규분포 근사를 사용하여 다음의 식에 따라 검정통계량을 구한다.

$$Z_B = \frac{B - E(B)}{\sqrt{Var(B)}} = \frac{B - \frac{n}{2}}{\sqrt{\frac{n}{4}}} \approx N(0,1)$$

일표본 비모수 검정 방법으로 부호검정 외에 많이 쓰이는 비모수적 검정 방법에는 윌콕슨의 부호순위 검정(Wilcoxon's signed rank test)이 있다. 이 검정은 두 집단 간의 데이터들이 전후관계 등의 상관관계가 있을 때, 해당 데이터들 간의 차이를 계산하여 데이터 차이의 절대값 순으로 순위를 책정한 후, 책

정한 순위값에 따라 양의 순위값과 음의 순위값으로 분류하여 각 집단의 순위의 합이 통계적으로 유의한 차이가 있는지를 검정하는 방법이다. 관측치 $\{x_i,\ i=1,\ \cdots,\ n\}$이 θ_0보다 크고 작음과 함께 상대적인 크기도 고려하는 검정 방법으로, 윌콕슨의 부호순위 통계량은

$$W=\sum_{i=1}^{n} R_i^+ I_{\{Z_i>0\}}$$

이며, 이때 $Z_i=x_i-\theta_0$이고 R_i^+는 $|Z_1|,\ \cdots,\ |Z_n|$에서 $|Z_i|$의 순위이다. 표본의 크기가 충분히 크면 표준화된 W 통계량을 이용하여 검정할 수 있다. W 통계량의 평균과 분산은 다음과 같다.

$$E(W)=\frac{n(n+1)}{4}, \qquad Var(W)=\frac{n(n+1)(2n+1)}{24}$$

$$Z(w)=\frac{W-E(W)}{\sqrt{Var(W)}}$$

그러나 윌콕슨의 부호순위 검정 방법은 일반적으로 모수적 방법에 비해 검정력이 낮으며, 순위를 비교한 것이기 때문에 원래 집단의 평균 간 차이에 대해 언급할 수 없다.

예제 11.1

어떤 작업에 사용된 기계의 배터리를 재충전하는데 필요한 시간을 조사하였다. 유의수준 $\alpha=0.05$에서 부호검정을 이용하여 재충전에 필요한 평균 시간이 1.8시간인지를 검정하시오.

1.6 0.4 1.2 2.5 2.0 1.5 2.1 1.4 1.0 1.7

풀이 귀무가설과 대립가설은 각각 H_0: $\mu=1.8$, H_1: $\mu\neq1.8$이며, 위의 데이터에서 1.8보다 큰 관측치의 개수는 $B=3$이다. 표준화된 B 통계량을 구하면

$$Z_B=\frac{B-E(B)}{\sqrt{Var(B)}}=\frac{3-10/2}{\sqrt{10/4}}=-1.265$$

이다.

부록 A에서 유의확률 $P(Z \leq -1.265) \fallingdotseq \dfrac{0.1038+0.1056}{2} = 0.1047$이다. 양측검정이므로 B 통계량의 유의확률은 $0.1047 \times 2 = 0.2094$이며, 이는 0.05보다 크므로 귀무가설을 기각할 수 없다.

예제 11.2

어느 지역에서 총 16일에 걸쳐 강우에 대해 다음과 같은 pH 데이터를 얻었다. 이로부터 이 지역의 강우는 산성(pH 5.6 이하)이라고 할 수 있는지 검정하시오.

4.73	5.11	4.87	5.18	5.04	5.23	5.07	5.25
4.79	5.16	4.88	5.21	5.06	5.24	5.09	5.25

풀이 귀무가설과 대립가설은 각각 H_0: $\mu = 5.6$, H_1: $\mu < 5.6$이며, 위의 데이터에서 5.6보다 작은 관측치의 개수는 $B = 16$이다. 표준화된 B 통계량을 구하면

$$Z_B = \frac{B - E(B)}{\sqrt{Var(B)}} = \frac{16 - 16/2}{\sqrt{16/4}} = 4$$

부록 A에서 유의확률 $P(Z > 4.00) \fallingdotseq 0.000$이고, 이는 0.05보다 작으므로 귀무가설을 기각할 수 있다. 따라서 이 지역의 강우는 pH 5.6 이하라고 할 수 있다.

1.2 만-휘트니 U 검정 방법

만-휘트니 U 검정(Mann-Whitney U test)은 두 독립표본의 평균을 비교하는 비모수적 검정 방법으로, 윌콕슨의 순위합 검정(Wilcoxon's rank sum test)과 동일한 방법이다. 두 표본의 모든 관측치에 대하여 크기순으로 순위를 부여한 뒤, 각 그룹별로 순위의 합 R_1과 R_2를 계산한다. 즉, 만-휘트니 U 검정은 서로 다른 집단의 데이터에 대해 일괄적으로 순위를 책정한 후, 각 집단의 데이터에 부여된 순위들의 합을 이용하여 추정하는 방법이다.

귀무가설은 두 표본이 공통된 모집단에서 추출되었다는 것이며, 각 표본의 수 n_1과 n_2에 대하여 통계량과 통계량의 평균과 분산은

$$U = n_1 n_2 + \frac{n_1(n_1+1)}{2} - R_1$$

$$\overline{U} = \frac{n_1 n_2}{2}, \qquad s_U^2 = \frac{n_1 n_2 (n_1 + n_2 + 1)}{12}$$

이 된다. n_1과 n_2가 모두 8보다 크면 통계량은 근사적으로 정규분포를 따르며, 검정통계량은 $Z = \frac{U - \overline{U}}{s_U}$이다. 참고로, 관측치의 개수가 충분히 크지 않을 경우에 만-휘트니 U 검정통계량의 표를 이용할 수 있다.

만-휘트니 U 검정 외에도 이표본 문제에서 많이 쓰이는 윌콕슨의 순위합 검정은 만-휘트니 U 검정과 거의 유사하며 검정통계량도 같으므로, 여기에서는 윌콕슨의 순위합 검정에 대한 자세한 설명은 생략하기로 한다.

예제 11.3

두 지점에서 관측된 지하수의 농도를 관측한 데이터가 다음과 같았다. 두 지점에서의 관측 결과 간에 차이가 있는지를 만-휘트니 U 검정을 사용하여 검정하시오.

지점 1	0.9	0.8	0.4	0.2	1.3	0.6	5.1	0.2	0.1	
지점 2	1.5	0.7	1.7	7.8	3.5	0.9	0.7	2.6	15.3	0.2

풀이 우선 모든 관측치를 크기순으로 나열하여 순위를 매긴다. 이때 동일한 관측치에 대하여는 순위의 평균을 구하여 부여한다.

지점 1	0.9	0.8	0.4	0.2	1.3	0.6	5.1	0.2	0.1	
순 위	10.5	9	5	3	12	6	17	3	1	
지점 2	1.5	0.7	1.7	7.8	3.5	0.9	0.7	2.6	15.3	0.2
순 위	13	7.5	14	18	16	10.5	7.5	15	19	3

각 지점에서 관측치의 개수는 각각 $n_1 = 9$, $n_2 = 10$이며 지점 1에서의 순위의 합은 $R_1 = 66.5$이므로, 통계량과 통계량의 평균 및 분산을 구하면

$$U = n_1 n_2 + \frac{n_1(n_1+1)}{2} - R_1 = 68.5$$

$$\overline{U} = \frac{n_1 n_2}{2} = 45.0$$

$$s_U^2 = \frac{n_1 n_2 (n_1 + n_2 + 1)}{12} = 150$$

이다. 따라서 $Z = \frac{68.5 - 45.0}{\sqrt{150}} = 1.92$이다. 부록 A에서 $P(Z \geq 1.92)$ 또는 $P(Z \leq -1.92)$은 0.0274이다. 양측검정이므로 통계량의 유의확률은 0.0274×2=0.0548로, 이는 0.05보다 크므로 귀무가설을 기각할 수 없다. 따라서 두 지점에서의 관측 결과에는 차이가 있다고 할 수 없다. 유의수준 $\alpha = 0.05$에서 임계치 −1.96과 1.96 사이에 속하므로 귀무가설을 기각할 수 없다.

예제 11.4

12명의 선수로 구성된 어느 대학 골프 팀의 36홀 점수가 다음과 같았다. 이로부터 1라운드와 2라운드 점수 간에는 차이가 있다고 할 수 있는지 검정하시오.

라운드	선수											
	1	2	3	4	5	6	7	8	9	10	11	12
1	94	85	90	89	81	77	107	88	87	91	88	81
2	89	90	87	94	86	81	101	104	84	88	91	80

풀이 우선 모든 관측치를 크기순으로 나열하여 순위를 매긴다. 이때 동일한 관측치에 대하여는 순위의 평균을 구하여 부여한다.

라운드	선수											
순위	1	2	3	4	5	6	7	8	9	10	11	12
1	94	85	90	89	81	77	107	88	87	91	88	81
순위	20.5	7	16.5	14.5	4	1	24	12	9.5	18.5	12	4
2	89	90	87	94	86	81	101	104	84	88	91	80
순위	14.5	16.5	9.5	20.5	8	4	22	23	6	12	18.5	2

각 라운드에서의 관측치 개수는 각각 $n_1 = 12$, $n_2 = 12$이며 라운드 1에서의 순위의 합은 $R_1 = 143.5$이므로, 통계량과 통계량의 평균 및 분산을 구하면

$$U = n_1 n_2 + \frac{n_1(n_1+1)}{2} - R_1 = 78.5$$

$$\overline{U} = \frac{n_1 n_2}{2} = 72$$

$$s_U^2 = \frac{n_1 n_2 (n_1 + n_2 + 1)}{12} = 300$$

이다. 따라서 $Z = \frac{78.5 - 72.0}{\sqrt{300}} = 0.376$이다. 부록 A에서 $P(Z \geq 0.38)$ 또는 $P(Z \leq -0.38)$ = 0.3520×2 = 0.704로 이는 0.05보다 크므로 귀무가설을 기각할 수 없다. 따라서 두 지점에서의 관측 결과에는 차이가 있다고 할 수 없다. 유의수준 $\alpha = 0.05$에서 임계치 -1.96과 1.96 사이에 속하므로 귀무가설을 기각할 수 없다.

1.3 크루스칼-왈리스 검정

크루스칼-왈리스 검정(Kruskal-Wallis)은 일원배치 분산분석에 대응되는 비모수적 방법이다. 즉, 모집단의 정규분포를 가정할 수 없을 때, 또는 관측치 자체가 순위로 조사되었을 경우에 모집단들 간에 차이가 있는지를 검정하는 방법이다. 이 검정은 각 집단 내의 관찰치 대신에 관찰치의 순위에 분산분석의 원리를 적용시키는 것이다. 이때 관측치들의 크기가 같은 경우 순위의 평균을 부여한다. 그리고 통계적 가설은 “모집단들의 평균이 모두 일치하는가?”가 아니라, “각 표본들이 같은 모집단에서 추출되었는가?”이다. 만약 표본들이 동일한 모집단에서 추출되었다면 각 모평균들도 서로 같을 것이다.

만-휘트니 U 검정 방법과 마찬가지로 전체 관측치에 순위를 매긴 후, 크루스칼-왈리스 검정통계량을 구하면

$$H = \frac{12}{N(N+1)} \left[\frac{R_1^2}{n_1} + \frac{R_2^2}{n_2} + \cdots + \frac{R_k^2}{n_k} \right] - 3(N+1)$$

이며, 이 통계량은 각 그룹의 관측치 개수 $n_i > 5$이면 근사적으로 $\chi^2(k-1)$을

따른다. 참고로, 관측치의 개수가 충분히 크지 않을 경우에는 크루스칼-왈리스 검정통계량의 표를 이용할 수 있다. 이원배치 분산분석에 대응되는 비모수적 방법으로 프리드만(Friedman) 검정이 있으나, 여기에서는 다루지 않는다.

예제 11.5

지하수 수질 측정 데이터에 대하여 측정 지점이 4개일 경우, 각 지점에 대한 수질의 평균에는 차이가 있는지를 크루스칼-왈리스 검정을 실시하시오.

지점 1		지점 2		지점 3		지점 4	
0.3	0.5	1.1	0.8	0.9	8.2	0.1	0.5
0.2	0.4	1.9	1.3	12.0	12.3	0.3	0.1
1.7	2.0	2.5	7.8	0.7	15.5	2.9	13.9
1.9							

풀이 모든 관측치에 대하여 순위를 매긴 후 각 지점에서 관측된 값들의 순위의 합을 구하면, $R_1 = 67.5$, $R_2 = 88.5$, $R_3 = 111.0$, $R_4 = 58.0$이다. 크루스칼-왈리스 검정통계량을 구하면

$$H = \frac{12}{N(N+1)}\left[\frac{R_1^2}{n_1} + \frac{R_2^2}{n_2} + \cdots + \frac{R_k^2}{n_k}\right] - 3(N+1)$$

$$= \frac{12}{25 \times 26}\left(\frac{67.5^2}{7} + \frac{88.5^2}{6} + \frac{111.0^2}{6} + \frac{58.0^2}{6}\right) - 3 \times 26 = 6.4$$

유의수준 $\alpha = 0.05$에서 $\chi^2(3) = 7.815$(부록 C)이므로 귀무가설을 기각할 수 없다. 따라서 각 표본들은 동일한 모집단에서 추출되었다고 볼 수 있다.

예제 11.6

어떤 임상연구에서 성인을 대상으로 단백질 함량을 달리하는 식이요법 실시한 후, 혈액 중 알부민(albumin)의 농도를 측정하였더니 다음과 같았다. 이로부터 식이요법 간 혈액 중 알부민의 농도에는 차이가 있다고 할 수 있을까?

5% 단백질	10% 단백질	15% 단백질
3.0	3.8	3.9
2.6	4.0	5.5
2.9	2.8	4.9
	3.5	4.9
	4.1	

풀이 모든 관측치에 대하여 순위를 매긴 후 각 지점에서 관측된 값들의 순위의 합을 구하면, $R_1 = 8$, $R_2 = 30$, $R_3 = 40$이다. 크루스칼-왈리스 검정통계량을 구하면

$$H = \frac{12}{N(N+1)}\left[\frac{R_1^2}{n_1} + \frac{R_2^2}{n_2} + \cdots + \frac{R_k^2}{n_k}\right] - 3(N+1)$$

$$= \frac{12}{12\times 13}\left(\frac{8^2}{3} + \frac{30^2}{5} + \frac{40^2}{4}\right) - 3\times 13 = 7.28\text{이다.}$$

유의수준 $\alpha = 0.05$에서 $\chi^2(3) = 5.991$(부록 C)이므로 귀무가설을 기각할 수 있다. 따라서, 식이요법 간 혈액 중 알부민의 농도에는 차이가 있다고 할 수 있다.

2. 비모수 상관관계

앞에서 다룬 피어슨의 상관계수는 데이터가 연속형이고 변수가 정규분포를 따른다는 가정 하에 구할 수 있다. 만약에 변수들이 순위척도로 되어 있고, 확률분포를 모를 경우에는 다른 방법을 찾아야 한다. 이때 사용되는 방법이 비모수적 상관분석(nonparametric correlation analysis)이며, 가장 대표적인 방법은 Spearman의 순위 상관계수나 Kendall의 타우(τ)를 구하여 두 변수 간의 상관관계를 구하는 것이다. 이와 같은 순위 상관관계는 독립변수와 종속변수가 순위척도로 구성된 경우에 사용되고, 상관계수는 -1과 $+1$의 사이의 값이며, 주어진 데이터에서 변수들이 정규분포가 아닌 분포를 나타낼 경우에 사용된다.

Spearman의 상관계수 r_s는 관측치가 많거나 두 변수간의 순위의 차이가 커서 계산이 길 때 사용되며, Kendall의 타우는 독립변수와 종속변수가 순위척도로 구성된 경우에 사용된다.

2.1 Spearman의 순위 상관계수

크기 n인 관측치가 있을 때 두 개의 변수 X, Y의 값에 대하여 순위 x_i, y_i가 붙어 있는 경우 그 차이를 $d_i = x_i - y_i$라고 하면, Spearman의 순위 상관계수(r_s)는

$$r_s = 1 - \frac{6\sum d_i^{\ 2}}{n^3 - n}$$ 이다.

만약 x_i, y_i 내에 동순위(tie)가 존재할 경우에, r_s는 다음의 식으로 구한다.

$$r_s = \frac{T_x + T_y - \sum d_i^{\ 2}}{2\sqrt{T_x T_y}}$$

여기에서 T_x 및 T_y는 각각 x 및 y에 대하여,

$$T_x = \frac{n(n^2-1) - \sum R_x(R_x^{\ 2} - 1)}{12}$$

$$T_y = \frac{n(n^2-1) - \sum R_y(R_y^{\ 2} - 1)}{12}$$

그리고 R_x와 R_y는 동순위가 부여된 개수이다.

예제 11.7

두 실험실에서 지하수 수질에 대한 분석을 동시에 수행하였더니 아래의 표와 같은 순서로 상대적인 질을 평가하였다(숫자가 낮을수록 수질이 낮음을 의미함). 두 실험실의 지하수 수질에 대한 평가는 일치한다고 할 수 있을까?

표 본	1	2	3	4	5	6	7	8	9	10
실험실 1(x_i)	2	1	3	4	6	5	8	7	10	9
실험실 2(y_i)	3	3	2	4	6	7	5	9	10	8
순위 차이(d)	−1	−2	+1	0	0	−2	+3	−2	0	+1
차이의 제곱(d_2)	1	4	1	0	0	4	9	4	0	1

풀이 $\sum d_i^{\ 2}=24$이고, 실험실 1은 동순위가 없으므로 $\sum R_x(R_x^{\ 2}-1)=0$이며, 실험실 2의 분석 중 표본 1과 2에 대해 동순위(3)를 부여하였으므로, 동순위의 개수는 2이고 $\sum R_y(R_y^{\ 2}-1)=2(2^2-1)=6$이다.

따라서 $T_x=\dfrac{10(10^2-1)-0}{12}=82.5$이고 $T_y=\dfrac{10(10^2-1)-6}{12}=82.0$이다.

그러므로 순위 상관계수는 $r_s=\dfrac{82.5+82.0-24}{2\sqrt{(82.5)(82.0)}}=\dfrac{140.5}{164.5}=0.854$이다.

순위 상관계수의 유의성에 대한 검정은 아래의 검정통계량을 구한 후 자유도 $n-2$인 t-분포에 근거하여 실시한다.

이때 유의수준 α에서 $|t^*|>t\left(n-2;\ \dfrac{\alpha}{2}\right)$이면 상관관계가 있다고 할 수 있다.

$$t^*=\frac{r_s}{\sqrt{\dfrac{1-r_s^{\ 2}}{n-2}}}$$

위의 예제에 대해,

$$t^*=\frac{0.854}{\sqrt{\dfrac{1-0.85^2}{10-2}}}=\frac{0.854}{0.184}=4.64$$

유의수준 5%, 자유도 8에 대한 양쪽 검정의 t_c 값은 2.306이므로(부록 B), $t^*>t_c$이다. 따라서 5%의 유의수준에서 두 변수 간에는 유의한 상관관계가 있다고 할 수 있다.

2.2 Kendall의 타우(τ)

Kendall의 타우는 다음의 식으로 계산한다.

$$\tau = \frac{S}{\sqrt{\frac{1}{2}[n(n-1) - T_x]\frac{1}{2}[n(n-1) - T_y]}}$$

여기에서 $S = P - Q$로 P는 x_i를 크기의 순서대로 배열하였을 때 (x_i, y_i)의 짝 중에서 y_i가 크기순으로 배열되어 있는 짝의 수이고, Q는 크기의 역순으로 배열되어 있는 짝의 수이다. T_x와 T_y는 각각 $\frac{\sum t(t-1)}{2}$로, t는 x, y 각각의 동순위(tie)를 이루는 개수이다. 만약에 동순위가 하나도 없다면, 위의 식에서 $\frac{\sum t(t-1)}{2} = 0$이므로,

$$\begin{aligned}\tau &= \frac{S}{\sqrt{\frac{1}{2}[n(n-1) - T_x]\frac{1}{2}[n(n-1) - T_y]}} \\ &= \frac{S}{\sqrt{\frac{1}{4}n^2(n-1)^2}} = \frac{S}{\frac{1}{2}n(n-1)}\end{aligned}$$

이다. 이 τ값의 범위는 $-1 \sim +1$이다.

예제 11.8

두 변수 X, Y에 대해 다음과 같은 데이터를 얻었다. 여기에서 X의 값들은 크기 순서로 배열되어 있다. 이로부터 Kendall의 타우를 계산하시오.

x_i	2	5	7	9	23
y_i	3	8	21	1	17

풀이 동순위가 두 변수 x, y에 모두 없으므로 $\tau = \frac{S}{\frac{1}{2}n(n-1)}$를 사용한다. ($x_i$,

y_i)=(2, 3)에 대하여 그 다음에 있는 4개의 짝을 보면, (9, 1)을 제외한 3개의 짝에서 y의 값은 3보다 크므로 크기순의 짝의 수는 3이다. 반면에, 크기의 역순으로 보면 (9, 1)의 1개 짝만 역순이므로 크기순의 짝의 수는 1이다(다시 말하면, 3보다 작은 짝은 한 개이다). 이와 같이 따져나가면 아래와 같은 표를 작성할 수 있게 된다.

x_i	y_i	크기 순의 짝의 수	크기 역순의 짝의 수
2	3	3	1
5	8	2	1
7	21	0	2
9	1	1	0
23	17	0	0
		$P=6$	$Q=4$

따라서 $S=P-Q=6-4=2$이고 τ값은

$$\tau=\frac{S}{\frac{1}{2}n(n-1)}=\frac{2}{\frac{1}{2}(5)(4)}=0.2\text{이다.}$$

τ에 대한 유의성 검정은 표본의 수에 따라 다르게 실시한다. 표본의 개수가 10개 이하일 때에는 계산한 τ값이 [표 11-1]에 있는 임계치보다 크면 유의한 상관관계가 있다고 할 수 있다. 위의 예제에서 계산한 Kendall의 타우 값은 0.2이므로, 5% 유의수준에서의 표본 개수 5에 대한 임계치 0.8000보다 작으므로 유의한 상관관계가 있다고 할 수 없다.

표 11-1 $\alpha=0.05$ 및 $\alpha=0.01$에서 τ의 임계치

	n = 데이터의 크기						
	4	5	6	7	8	9	10
$\alpha=0.05$	1	0.8000	0.73333	0.6190	0.5714	0.5000	0.4667
$\alpha=0.01$	–	1	0.8667	0.8095	0.7143	0.6667	0.6000

반면에, τ의 분포는 표본의 수가 10개가 넘으면 평균 0, 분산이 $\sigma_\tau^2=\frac{4n+10}{9n(n-1)}$인 정규분포에 가까워진다. 따라서 표본의 수가 10보다 큰 경우에

는, 통계량 $Z_\tau = \dfrac{\tau}{\sqrt{\dfrac{4n+10}{9n(n-1)}}}$을 구한 후 그 절대값이 표준정규분포표(부록 A)의 일정한 유의수준(예, 5%)에서의 $Z_{\alpha/2}$보다 크면 상관관계가 있다고 할 수 있다.

3. 비모수적 검정 방법들의 특징

위에서 고려한 비모수적 검정 방법들을 포함하며 실제 데이터 분석에 많이 사용되는 비모수적 검정 방법들의 가정 및 특징을 요약하면 다음과 같다.

단일표본의 t-검정의 대체 방법인 부호검정은 분포에 대한 가정은 없고, 표본의 크기가 6보다 작은 표본일 때는 유의한 결과를 얻지 못하므로 큰 표본의 크기를 요구한다. 두 모집단의 평균 차이비교를 위한 t-검정의 대체 방법인 비모수적 방법은 만-휘트니 U 검정(Mann-Whitney U-test)이다. 만-휘트니 U 검정을 위한 필요한 가정은 정규분포일 필요는 없지만, 두 모집단의 분포는 같아야 한다. 만-휘트니 U 검정과 동치인 두 모집단의 비교 방법으로는 윌콕슨 순위합 검정(Wilcoxon's rank sum test)이 있다. 이표본 콜모고르프-스미노프 검정(two-sample Kolmogorov-Smirnov test)은 두 모집단의 분포가 같은지에 대한 비모수적 검정법으로 모집단 분포에 대한 가정은 없다.

세 개 이상의 모집단 평균 차이를 비교하는 일원배치 분산분석의 대체 방법인 크루스칼-왈리스 검정(Kruskal-Wallis test)은 세 개 이상의 모집단의 분포가 같아야 하지만 정규분포일 필요는 없기 때문에 분산분석의 정규성 가정이 만족되지 않을 때 사용된다. 이원배치 분산분석이나 임의완전블록모형의 대체 방법인 프리드만 검정(Friedman test)은 정규분포일 필요는 없지만 두 모집단의 분포가 같아야 한다. 또한 자료는 블록 안에 배열되어야 하며, 각 블록에는 처리 집단으로부터 하나의 개체만이 포함되어야 한다.

두 변수 간의 상관성을 분석하는 피어슨 상관계수의 대체 방법으로는 스피어만 순위상관(Spearman rank correlation)과 켄달의 타우(Kendall's τ)가 있다. 두 방법은 모집단 분포에 대한 가정이 없으며 자료의 형태는 측정치나 개수 혹은 순서형 자료 모두 가능하다.

지금까지 배웠던 모수적 검정 방법과 비모수적 검정 방법들을 정리하면 다음의 표와 같다.

모수적 검정 방법	비모수적 검정 방법
t-검정	부호검정, 윌콕슨의 부호순위 검정, 만-휘트니 U 검정(윌콕슨의 순위합 검정), 이표본 콜모고로프-스미노프 검정
분산분석(ANOVA)	크루스칼-왈리스 검정, 프리드만 검정
피어슨 상관계수	스피어만의 순위 상관계수, 켄달의 타우

4. SPSS 분석 방법

4.1 비모수 검정의 독립표본 검정

표본의 수가 많거나 정규성을 만족하는 경우가 아닌 표본 수가 30 이하이거나 정규성을 만족하지 않는 경우에 비모수적 방법을 사용한다. 가장 많이 사용하는 만-휘트니 U 검정의 실행 방법에 대해 알아보도록 하자. 예제 11.3 데이터를 사용하여 만-휘트니 U 검정을 실행하는 방법은 '분석' → '비모수 검정' → '2-독립표본...'을 실행하여 대화상자를 연다. 두 지점에서 관측된 지하수의 농도를 측정한 데이터에 대해 지점 간의 지하수 농도에는 차이가 있는지를 알아보기 위해 비모수 검정의 2-독립표본 검정을 실행해 보자.

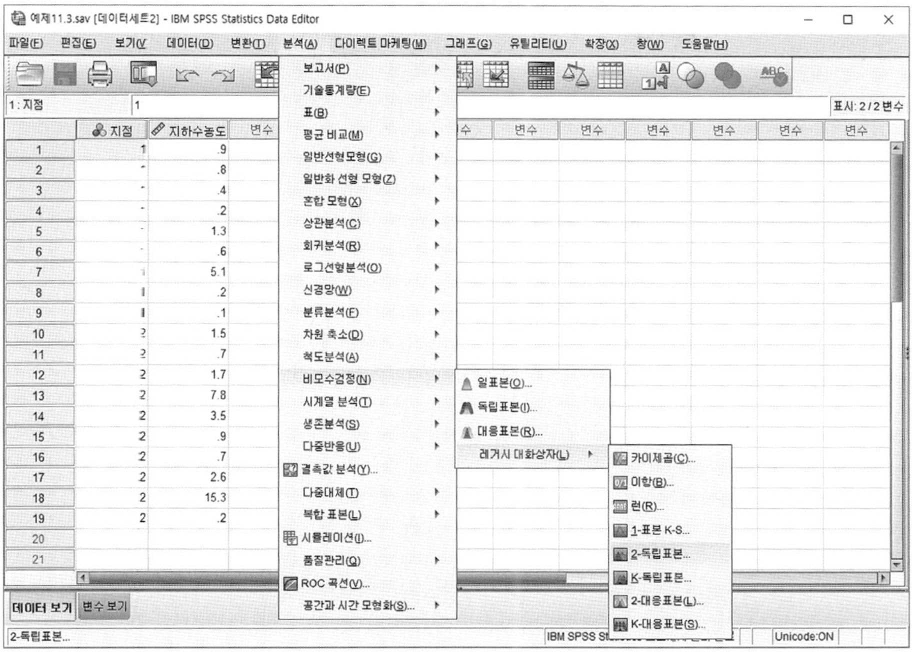

그림 11-1 만-휘트니 U 검정 실행 과정(예제 11.3.sav)

모수적 방법과 마찬가지로 집단변수를 정의해야 하며, 옵션으로는 기술통계량을 체크하면 된다. 또한 검정 유형 중 원하는 방법을 선택한다. 집단정의를 한 후 '계속' 버튼을 누르고 옵션을 체크한 후, '계속' 버튼과 '확인'을 누르면 결과가 출력된다. 검정 결과에 대한 해석은 유의수준 0.05보다 유의확률이 더 작으면 두 집단의 평균 간에 차이가 있음을 알 수 있다.

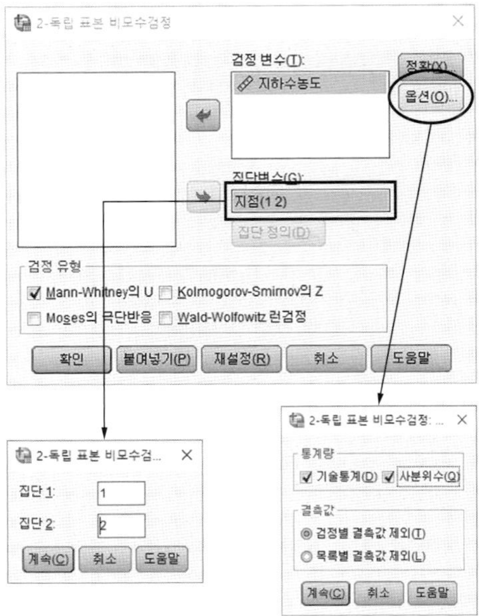

그림 11-2 만-휘트니 U 검정 대화상자 및 옵션

기술통계량

	N	평균	표준편차	최솟값	최댓값	백분위수		
						25	50(중위수)	75
지하수농도	19	2.342	3.7002	.1	15.3	.400	.900	2.600
지점	19	1.53	.513	1	2	1.00	2.00	2.00

Mann-Whitney 검정

순위

	지점	*N*	평균 순위	순위합
지하수농도	1지점	9	7.39	66.50
	2지점	10	12.35	123.50
	전체	19		

검정통계량[a]

	지하수농도
Mann-Whitney의 U	21.500
Wilcoxon의 W	66.500
Z	−1.924
근사 유의확률(양측)	.054
정확 유의확률[2*(단측 유의확률)]	.053[b]

a. 집단변수: 지점

b. 동순위에 대해 수정된 사항이 없습니다.

그림 11-3 만-휘트니 U 검정 분석 결과

검정 결과에 대한 해석은 유의수준 0.05보다 유의확률이 더 작으면 두 집단의 평균 간에 차이가 있음을 알 수 있다. 두 집단의 순위합은 각각 66.5와 123.5이다. 이때 Mann-Whitney U의 값에 대한 유의확률이 0.000으로 유의수준 0.05보다 작으므로 두 지점 간의 농도는 통계적으로 유의한 차이가 있음을 알 수 있다.

4.2 비모수 검정의 대응표본 검정

만약에 정규성을 만족하지 않는 경우와 표본의 수가 30보다 작은 경우에는 비모수적 방법을 사용하여 대응표본 t-검정을 실시한다. 이때 비모수적 방법은 윌콕슨 부호순위 검정(Wilcoxon signed-rank test)을 실시한다. 비모수적인 대응표본 t-검정을 실행하는 방법으로는 '분석' → '비모수검정' → '레거시 대화상자' → '2-대응표본'을 선택하면 대화상자가 나타난다. 예제 11.4에서는 2명의 선수로 구성된 어느 대학 골프 팀의 36홀 점수를 나타냈다. 1라운드와 2라운드 점수 간에 차이가 있다고 할 수 있는지 비모수 검정인 2-대응표본을 실시하였다.

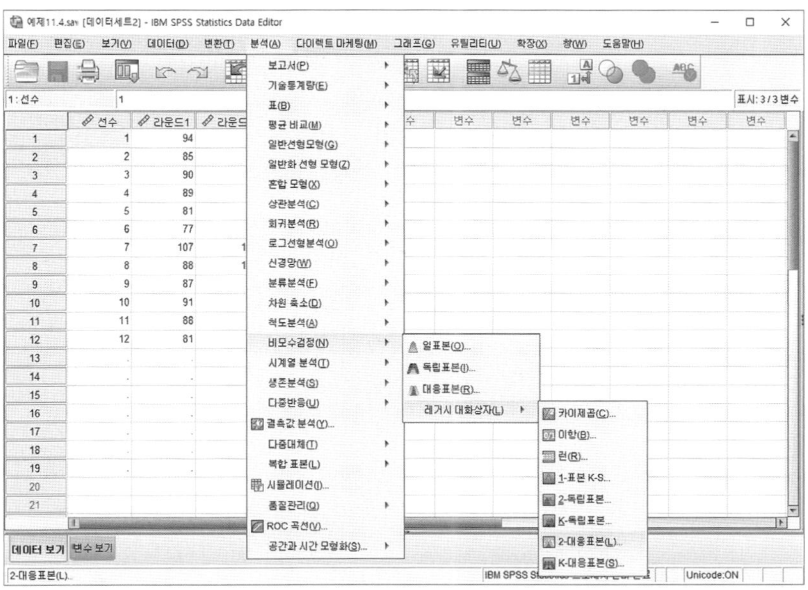

그림 11-4 윌콕슨 부호순위 검정 실행 과정(예제 11.4.sav)

서로 짝을 지운 대응 변수를 좌측에서 우측으로 이동시킨 후 그 다음 비모수 통계 검정 방법의 종류를 선택하고 '확인' 버튼을 누르면 결과가 출력된다. 이때 주로 'Wilcoxon' 방법을 사용한다. 옵션의 대화상자에서 '계속'과 '확인' 버튼을 누르면 결과가 출력된다.

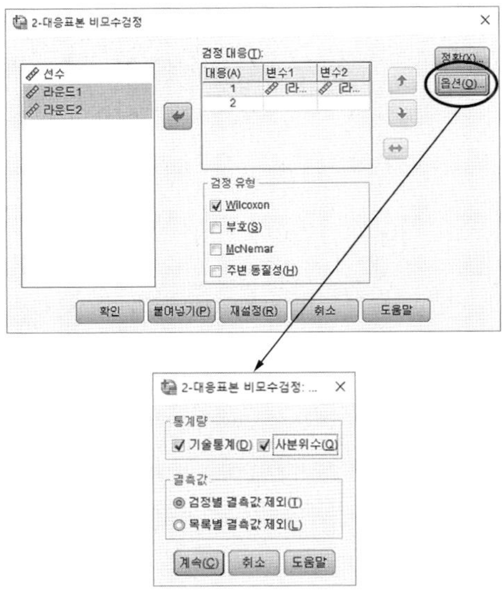

그림 11-5 윌콕슨 부호순위 검정 대화상자 및 옵션

기술통계량

	N	평균	표준편차	최솟값	최댓값	백분위수		
						25	50(중위수)	75
라운드1	12	88.17	7.626	77	107	82.00	88.00	90.75
라운드2	12	89.58	7.255	80	104	84.50	88.50	93.25

Wilcoxon 부호순위 검정

순위

		N	평균 순위	순위합
라운드2 − 라운드1	음의 순위	6[a]	5.17	31.00
	양의 순위	6[b]	7.83	47.00
	동순위	0[c]		
	전체	12		

a. 라운드2 < 라운드1
b. 라운드2 > 라운드1
c. 라운드2 = 라운드1

검정통계량[a]

	라운드2 - 라운드1
Z	-.632[b]
근사 유의확률(양측)	.527

a. Wilcoxon 부호순위 검정
b. 음의 순위를 기준으로

그림 11-6 윌콕슨 부호순위 검정 분석 결과

예제 11.4에 대한 분석 결과 음의 순위합이 31.0이고, 양의 순위합은 47.0이다. 1, 2라운드 점수 간에 차이가 있는지를 비교한 결과에 대한 유의확률이 0.527로 유의수준 0.05보다 크므로 귀무가설을 기각할 수 없다. 즉, 1, 2라운드 점수 간에 차이가 있다고 할 수 없다.

4.3 일원배치 분산분석

만약에 정규성 검정을 만족하지 않거나 표본의 수가 작은 경우에는 모수적 방법을 사용하여 평균을 비교할 수 없다. 이럴 경우에는 t-검정과 마찬가지로 비모수적 방법을 사용해야 한다. 세 개 이상의 집단의 평균을 비교하는 비모수적 방법의 대표적인 것은 크루스칼-월리스 검정이다. SPSS에서 이 검정을 실행하기 위해서는 탑 메뉴에서 '분석' → '비모수검정' → '레거시 대화상자' → 'K-독립표본'을 클릭하여 실행한다. 예제 11.5의 데이터는 4개의 측정 지점에서의 지하수 수질을 측정한 데이터이다. 각 지점의 수질 간에는 차이가 있는지 크루스칼-월리스 검정을 실시해 보자.

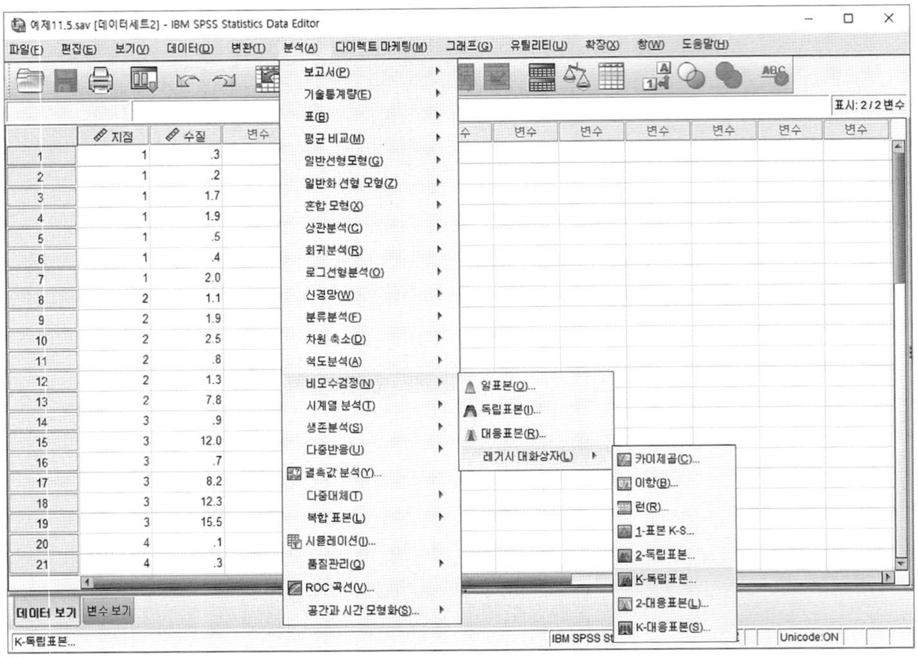

그림 11-7 크루스칼-월리스 검정 실행 과정(예제 11.5.sav)

크루스칼-월리스 검정을 실행하면 아래와 같은 대화상자가 나타난다. 이때 검정 변수에 지하수 수질 변수를 넣고 집단 변수에는 지점을 클릭하여 넣는다. 이때 지점의 범위를 지정해서 넣어준다. '검정 유형'을 선택한 후에 '확인' 버튼을 누르면 결과가 출력된다.

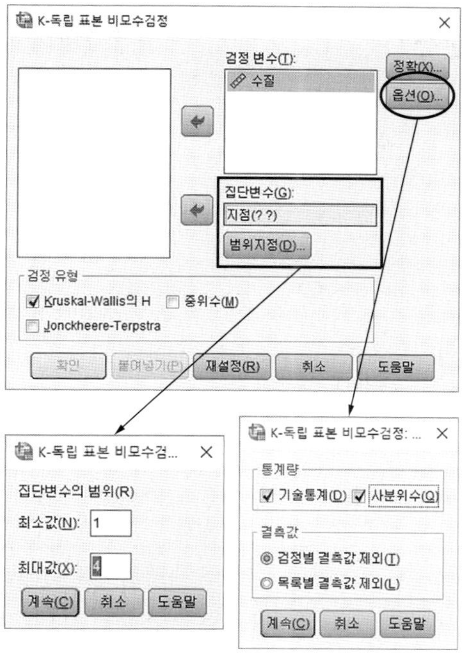

그림 11-8 크루스칼-월리스 검정 대화상자 및 옵션

기술통계량

	N	평균	표준편차	최솟값	최댓값	백분위수		
						25	50(중위수)	75
수질	25	3.592	4.8662	.1	15.5	.450	1.300	5.350
지점	25	2.44	1.158	1	4	1.00	2.00	3.50

Kruskal-Wallis 검정

순위

	지점	N	평균 순위
수질	지점 1	7	9.64
	지점 2	6	14.75
	지점 3	6	18.50
	지점 4	6	9.67
	전체	25	

검정통계량[a, b]

	수질
카이제곱	6.387
자유도	3
근사 유의확률	.094

a. Kruskal-Wallis 검정
b. 집단변수: 지점

그림 11-9 크루스칼-월리스 검정 분석 결과

예제 11.5에 대한 분석 결과 유의확률이 0.094로 유의수준 0.05보다 크므로 각 지점의 지하수 수질 간에는 차이가 없다는 귀무가설을 기각할 수 없다. 즉, 각 지점별로 지하수 수질에는 차이가 없다는 것을 알 수 있다. 만약에 크루스칼-월리스의 검정 결과에서 통계적으로 유의한 차이가 있다면, 사후검정을 실시해야 한다. 그렇지만 모수적 방법과 같이 자동적으로 사후검정을 해주는 옵션은 없다. 따라서 두 개씩 집단을 선택하여 만-휘트니 U 검정을 실시하여 검정할 수 있다. 이때 유의수준은 Bonferroni's method를 이용하여 α/k으로 결정한다. 이때 k는 집단의 수를 뜻한다.

4.4 비모수 상관계수

상관관계를 알아보고자 하는 변수가 순위척도이거나 표본 수가 적은 경우 Pearson의 상관계수를 사용할 수 없다. 이런 경우에 Kendall의 타우-b나 Spearman의 순위 상관계수를 사용할 수 있다. 구하는 방법은 Pearson 상관계수를 구하는 방법과 같으며, 대신에 상관계수를 Pearson이 아닌 다른 두 가지의 상관계수를 체크한 후에 '확인'을 누르면 결과가 출력된다.

그림 11-10 비모수적 상관계수 실행 과정

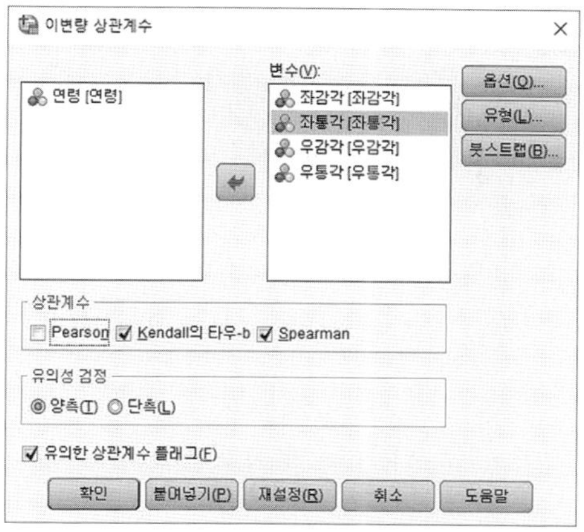

상관관계

			좌감각	좌통각	우감각	우통각
Kendall의 타우-b	좌감각	상관계수	1.000	.600**	.146	.430*
		유의확률(양측)	.	.000	.397	.012
		N	19	19	19	19
	좌통각	상관계수	.600**	1.000	.283	.581**
		유의확률(양측)	.000	.	.098	.001
		N	19	19	19	19
	우감각	상관계수	.146	.283	1.000	.392*
		유의확률(양측)	.397	.098	.	.022
		N	19	19	19	19
	우통각	상관계수	.430*	.581**	.392*	1.000
		유의확률(양측)	.012	.001	.022	.
		N	19	19	19	19
Spearman의 rho	좌감각	상관계수	1.000	.761**	.212	.571*
		유의확률(양측)	.	.000	.384	.011
		N	19	19	19	19
	좌통각	상관계수	.761**	1.000	.428	.749**
		유의확률(양측)	.000	.	.068	.000
		N	19	19	19	19
	우감각	상관계수	.212	.428	1.000	.548*
		유의확률(양측)	.384	.068	.	.015
		N	19	19	19	19
	우통각	상관계수	.571*	.749**	.548*	1.000
		유의확률(양측)	.011	.000	.015	.
		N	19	19	19	19

** 상관관계가 0.01 수준에서 유의합니다(양측).
* 상관관계가 0.05 수준에서 유의합니다(양측).

그림 11-11 비모수적 상관계수의 대화상자 및 분석 결과(감각역치.sav)

출력한 결과를 살펴보면, 두 가지의 상관계수가 수치만 다를 뿐 분석 결과는 같은 것으로 나타났다. 비모수적 검정 방법에서는 Kendall의 타우-b보다는 Spearman 순위 상관계수 값을 추천하는 경우가 많으므로, 이를 토대도 출력 결과를 해석하면 된다.

연습문제

01 한 음식 검사관이 어떤 상표의 음식물에 대한 불순물의 함량을 조사한 데이터가 다음과 같다고 할 때, 유의수준 5%에서 평균 불순물 함량이 2.0%인지를 부호검정을 이용하여 검정하시오.

2.2 2.1 3.0 1.1 1.8 2.3 2.4 3.5 1.8 4.1 1.0 2.3

02 어느 고등학교 1학년과 2학년을 무작위로 6명씩 추출하여 영어 시험을 실시하였더니 다음과 같았다. 이로부터 두 학년 간의 영어 성적에는 차이가 있다고 할 수 있을지 검정하시오.

1학년	68	75	72	75	95	69
2학년	56	78	89	84	86	85

03 한 제조 공장의 세 지점에서 관측된 공기 중 벤젠 농도($\mu g/m^3$)를 나타내는 데이터가 다음과 같았다. 세 지점의 데이터가 동일한 모집단에서 추출되었는지를 비모수적 검정 방법을 이용하여 검정하시오.

	1	2	3	4	5
지점 1	15	25	41	8	10
지점 2	12	17	38	24	61
지점 3	25	46	87	95	84

04 서로 다른 차종에 따른 단위거리 당 연료 소비량(연비)(mL/km)를 나타낸 데이터이다. 차종에 따라 연료 소비량이 다르다고 할 수 있는가?

차량 1	차량 2	차량 3	차량 4
115	102	108	111
105	101	106	99
112	114	102	96
108	112	115	101
111	115	102	102

05 세 종류의 다이어트 효과를 비교하기 위하여 20마리의 실험용 쥐에게 10주 동안 투여한 결과, 아래와 같은 체중 증가량(mg) 데이터를 얻었다고 하자. 다이어트 종류별로 유의한 차이가 있는지를 검정하시오.

다이어트 1	다이어트 2	다이어트 3
191	203	246
202	168	254
203	196	258
218	188	262
225	227	220
228	231	285
254	244	

06 아래의 표는 10개 아파트의 여름과 겨울의 실내 공기질을 평가하여 순위를 부여한 값이다. 이 데이터에 대하여 Spearman 순위 상관계수 및 Kendall의 타우를 계산하시오. 또한, 5%의 유의수준에서 계산한 상관계수가 유의한지를 검정하시오.

아파트	A	B	C	D	E	F	G	H	I	J
여름 공기질 순위	4	3	6	8	4	2	1	7	4	9
겨울 공기질 순위	2	4	5	6	3	1	4	6	8	9

Chapter 12

주성분분석과 인자분석

1. 주성분분석
2. 인자분석
3. SPSS 분석 방법

설명변수가 많은 다변량 데이터인 경우 관련 변수의 수가 너무 많으면, 데이터를 한눈에 파악하기가 어려울 뿐만 아니라 적절한 통계분석이 어려워질 수 있다. 이러한 경우 다변량 데이터의 차원을 축소하거나 요약할 필요가 있다. 주성분분석(principal component analysis, PCA)이나 인자분석(SPSS에서는 요인분석, factor analysis)은 변수들 사이의 상관관계를 분석하여 데이터의 차원을 축약하거나 새로운 변수를 만드는 방법이다. 예를 들어, 기성복 바지를 살 때 우리 몸의 치수를 모두 알아야 하는 것이 아니라, 허리의 둘레와 다리 길이만 알면 충분하다. 즉, 하체의 모든 치수 대신 2개의 변수만을 가지고도 다른 치수에 대한 대부분의 정보를 파악할 수 있다. 이것이 주성분분석의 역할이다.

주성분분석은 여러 개의 다변량 변수들의 분산-공분산 행렬을 이용하여 상관관계가 있는 변수들의 선형 결합으로 표시되는 새로운 변수인 주성분들(principal components)을 찾고, 이 중에서 중요한 몇 개의 주성분으로 전체 변동의 대부분을 설명하고자 하는 다변량 분석기법이다. 이때 주성분들은 서로 상관관계가 없어야 한다. 주성분분석은 선형 관계식을 이용하여 차원을 감소시키고 주성분들에 대한 개념을 정의하여 해석을 용이하게 하려는 데 목적이 있다. 참고로, 여기에서 데이터의 전체 변동이란 데이터의 분산에 관한 정보라고 생각하면 된다.

주성분분석은 다변량 데이터에 존재할 수 있는 비정규성이나 이상치를 발견하기 위하여 사용할 수 있으며, 다중공선성이 존재하는 회귀분석에 사용하기도 하지만, 실제로 주성분들을 해석하기가 어렵고 주성분분석의 결론이 명확하지 않은 경우도 종종 발생한다. 따라서 다변량 데이터를 다룰 때에는 다양한 다변량 분석 기법을 활용하여 결론을 내리는 것이 좋다.

1. 주성분분석

일반적인 통계적 검정 방법은 데이터의 분포에 대한 가정을 요구하지만, 주성분분석은 무엇인가를 검정하는 것이 아니라 데이터의 변동과 축약을 설명하는 것이므로 데이터의 분포에 대한 가정을 요구하지 않는다. 단, 주성분을 얻을 때 주성분끼리는 상관관계가 없어야, 즉 서로 독립적이어야 한다. 그리고 첫 번째 주성분이 데이터의 변동(분산)을 가장 많이 설명하고, 두 번째 주성분이 그 다음으로 데이터의 나머지 변동을 가장 많이 설명하며, 뒤의 주성분으로 갈수록 설명하는 변동의 크기는 줄어든다.

주성분분석은 분산-공분산 행렬이나 상관행렬(correlation matrix)을 이용하여 실행할 수 있는데, 변수들의 측정 단위가 다르면 상관행렬을 이용하는 것이 좋다.

다변량 데이터를 나타내는 확률벡터 $X^T = (X_1, \cdots, X_p)$에 대한 m개의 주성분은 다음과 같이 $X^T = (X_1, \cdots, X_p)$의 선형 결합으로 나타낸다.

$$\begin{aligned} Y_1 &= l_{11}X_1 + \cdots + l_{p1}X_p, \\ &\vdots \\ Y_m &= l_{1m}X_1 + \cdots + l_{pm}X_p \end{aligned}$$

이때 주성분들은 변수들의 선형 결합으로 그 중요도에 따라 나열되므로, 첫 번째 주성분이 전체 변동을 가장 많이 설명하고, 두 번째 주성분이 그 다음으로 가장 많은 변동을 설명한다. 단위벡터를 계수로 갖는 선형 결합 중 최대 분산을 갖는 첫 번째 주성분을 제1주성분이라고 하고, 제1주성분과는 상관관계가 없으면서 변수들의 선형 결합 가운데 제1주성분 다음으로 최대 분산을 갖는 두 번째 주성분을 제2주성분이라고 한다.

확률벡터 $X^T = (X_1, \cdots, X_p)$의 공분산행렬 $\sum$의 고유값(eigenvalues)을 크기 순으로 $\lambda_1 \geq \lambda_2 \geq \cdots \geq \lambda_p \geq 0$으로 배열하고, 각 고유값에 대응하는 고유벡터(eigenvectors)를 각각 $e_1, e_2, \cdots, e_p$로 두면, i번째 주성분 y_i의 계수는 고유벡터 e_i^T와 같아지며 분산은 고유값 λ_i가 된다. 원 데이터 변수에 대한 총 분산은 주성분의 분산의 합과 같아지므로, i번째 주성분에 의해 설명되는 변동의 비율은

$$\frac{\lambda_i}{\lambda_1 + \lambda_2 + \cdots + \lambda_p}$$

가 되며, 처음 몇 개의 주성분으로 총 분산의 80～90% 이상을 설명할 수 있는 경우, 원래의 전체 변수들 대신에 몇 개의 주성분만으로 대체할 수 있게 된다. 주성분의 추정치를 구할 때 모집단의 분산-공분산 행렬을 알 수 없으므로 표본의 분산-공분산 행렬을 이용하며, 표본의 분산-공분산 행렬의 고유값 및 고유벡터를 구하여 주성분의 추정치로 사용한다.

여기에서 주성분의 개수를 선택하는 문제가 남아 있는데, 대부분의 경우에는 처음 3～4개의 주성분들로 전체 변동의 대부분을 설명하게 된다. 참고로, 주성분의 최대 개수는 가지고 있는 변수의 개수와 일치하며, 이때 변수가 가진 정보를 100% 표현하는 것이 가능하다. 주성분은 서로 독립적이므로 각 주성분이 갖는 정보는 서로 겹치지 않지만, 여전히 변수의 수는 줄어들지 않는다. 따라서 몇 개의 주성분을 선택하여야 변수의 정보 대부분을 표현할 수 있을 것인가에 대하여 고민하여야 한다. 이 문제를 해결하기 위하여 주성분의 전체 변동에 대한 공헌도를 고려하거나, 1보다 큰 고유값의 개수만큼 선택하는 방법도 있다. 그러나 1보다 큰 고유값의 개수가 너무 적을 경우에는 0.7보다 큰 고유값의 개수를 선택할 수도 있다. 도형을 이용하는 방법으로는 스크리 그림(또는 스크리 도표, scree plot)이 있다. 스크리 그림은 고유값들을 크기순으로 나열한 후, 각 주성분에 대한 고유값을 점으로 찍어 직선으로 연결한 그림이다. 따라서 스크리 그림에서 감소하는 추세가 완만해지기 직전의 주성분 개수를 결정하면 된다. 예를 들어, 4번째 고유값부터 감소하는 추세가 완만해지면 주성분의 개수를 3개로 선택하면 된다.

주성분의 계수벡터인 고유벡터로부터 구해지는 성분부하벡터(component loading vector)는 각 주성분과 주성분을 이루는 원래 변수들 사이의 관계를 나타낸다. 부하벡터의 크기는 해당 변수가 주성분 내에서 차지하는 중요성을 나타내며, 부하의 절대값이 클수록 해당 변수는 그 주성분 내에서 중요성이 커진다. 0에 가까운 부하값은 사용자의 재량에 따라 무시해도 좋다. 이러한 해석은 각 주성분 내에서만 할 수 있으며, 주성분들 사이에 부하값을 비교하는 것은 의미가 없다.

위의 부하로부터 각 개체에 대하여 주성분 점수를 계산하게 되는데, 그래프를 통하여 이상치를 발견할 수 있다. 주성분 점수의 산점도를 그려보면 타원의 형태로 나타나고, 타원의 길이의 비는 고유값의 크기에 비례하게 되는데, 이때 타원으로부터 떨어진 개체가 이상치가 된다.

또한 주성분 계수들의 산점도를 그려보면 각 주성분에 대한 해석이 용이하게 될 수 있다.

예제 12.1

다음은 우리나라의 25개 주요 도시에서 측정한 월별 평균 기온을 나타낸 데이터로부터 얻은 상관행렬이다. 이 데이터를 이용하여 도시별 기온의 특성을 결정해 보시오.

상관행렬

	JAN	FEB	MAR	APR	MAY	JUN	JUL	AUG	SEP	OCT	NOV	DEC
JAN	1.00	0.93	0.90	0.82	0.35	−.27	0.06	0.54	0.72	0.92	0.97	0.97
FEB		1.00	0.88	0.88	0.56	−.08	0.17	0.59	0.75	0.89	0.91	0.89
MAR			1.00	0.94	0.48	−.15	0.23	0.52	0.71	0.89	0.93	0.92
APR				1.00	0.72	0.10	0.40	0.60	0.74	0.85	0.84	0.80
MAY					1.00	0.59	0.60	0.55	0.55	0.47	0.37	0.29
JUN						1.00	0.84	0.55	0.34	−.03	−.23	−.32
JUL							1.00	0.69	0.53	0.27	0.11	0.03
AUG								1.00	0.93	0.73	0.57	0.49
SEP									1.00	0.90	0.78	0.70
OCT										1.00	0.97	0.93
NOV											1.00	0.99
DEC												1.00

풀이 통계 소프트웨어 SAS를 이용하여 상관행렬의 고유값, 고유값의 차이, 비율 및 누적비율을 살펴보면, 1보다 큰 고유값이 2개 있으며 두 개의 주성분으로 전체 변동의 89.7%(0.8970)를 설명하고 있음을 알 수 있다.

상관행렬의 고유값

	Eigenvalue	Difference	Proportion	Cumulative
1	7.98817633	5.21186255	0.6657	0.6657
2	2.77631377	2.09087817	0.2314	0.8970
3	0.68543560	0.40071721	0.0571	0.9542
4	0.28471839	0.17511880	0.0237	0.9779
5	0.10959959	0.04184350	0.0091	0.9870
6	0.06775610	0.03136260	0.0056	0.9927
7	0.03639350	0.01115707	0.0030	0.9957
8	0.02523643	0.01057010	0.0021	0.9978
9	0.01466633	0.00712181	0.0012	0.9990

상관행렬의 고유값				
	Eigenvalue	Difference	Proportion	Cumulative
10	0.00754452	0.00464590	0.0006	0.9997
11	0.00289862	0.00163779	0.0002	0.9999
12	0.00126082		0.0001	1.0000

두 개의 주성분의 계수를 구하여 살펴보면, 제1주성분은 12개월 모두에 양수의 계수를 갖는 반면에, 제2주성분은 4월부터 9월까지는 양수의 계수를 갖고 나머지 달에는 음수의 계수를 갖는다. 따라서 제1주성분은 전체적인 기온을 나타내는 성분으로 이해할 수 있고, 제2주성분은 더운 달과 추운 달의 기온의 차이를 나타내는 성분이라는 것을 알 수 있다.

고유벡터		
	제1주성분	제2주성분
JAN	0.326022	−0.203575
FEB	0.332024	−0.096383
MAR	0.329570	−0.122337
APR	0.329329	0.027622
MAY	0.213072	0.331984
JUN	0.024698	0.592189
JUL	0.131832	0.510337
AUG	0.265469	0.305379
SEP	0.314830	0.165455
OCT	0.344333	−0.058852
NOV	0.334570	−0.180098
DEC	0.320799	−0.235930

예제 12.2

10명의 참가자들을 대상으로 6가지의 성격(불안감, 광장공포증, 거미공포증, 모험심, 외향성, 사교성)과 관련된 시험을 실시하였다. 이 연구의 목적은 “여섯 가지 변수들 사이의 상관관계가 비교적 적은 잠재변수(인자)에 의해 설명될 수 있는가?”에 있다. 이를 위해 주성분분석을 실시하시오.

참가자	불안감 (Anx)	광장공포증 (Agora)	거미공포증 (Arach)	모험심 (Adven)	외향성 (Extro)	사교성 (Socia)
1	71	69	79	43	55	52
2	39	31	41	78	89	81
3	46	56	44	51	47	49
4	33	33	40	57	63	64
5	75	76	89	44	56	49
6	40	47	49	90	88	90
7	67	70	70	55	43	49
8	33	41	37	30	37	37
9	85	75	92	44	49	44
10	46	36	45	69	67	77

풀이 통계 소프트웨어 SPSS를 이용하여 상관행렬을 구하면 다음과 같다.

	불안감	광장공포증	거미공포증	모험심	외향성	사교성
불안감	1.000	0.923	0.979	−0.385	−0.358	−0.455
광장공포증		1.000	0.919	−0.475	−0.504	−0.584
거미공포증			1.000	−0.373	−0.298	−0.423
모험심				1.000	0.901	0.962
외향성					1.000	0.949
사교성						1.000

상관행렬의 고유값, 고유값의 차이, 비율 및 누적비율을 살펴보면, 1보다 큰 고유값이 2개 있으며, 두 개의 주성분으로 전체 변동의 96.4%(0.964)를 설명하고 있음을 알 수 있다.

상관행렬의 고유값				
	Eigenvalue	Difference	Proportion	Cumulative
1	4.169	2.556	69.487	69.487
2	1.613	1.476	26.876	96.363
3	0.137	0.082	2.289	98.652
4	0.055	0.037	0.909	99.561
5	0.018	0.010	0.300	99.861
6	0.008		0.139	100.000

두 개의 주성분의 계수를 구하여 살펴보면, 제1주성분은 불안감, 광장공포증 및 거미공포증에 대해 양(+)의 계수를 갖는 반면에, 모험심, 외향성 및 사교성에 대해서는 음(−)의 계수를 갖는다, 또한 제2주성분은 모두 양(+)의 계수를 가진다. 따라서 제1주성분은 크게 공포증과 사교성을 나타내

는 성분으로 이해할 수 있고, 제2주성분은 전체적인 성격을 나타내는 성분으로 이해할 수 있다.

	고유벡터	
	제1주성분	제2주성분
불안감	0.819	0.553
광장공포증	0.882	0.408
거미공포증	0.798	0.586
모험심	−0.820	0.523
외향성	−0.803	0.550
사교성	−0.876	0.469

2. 인자분석

주성분분석은 서로 관련이 있는 변수들의 선형 결합을 이용하여 새로운 변수를 만드는 분석 방법이다. 그러나 인자분석은 여러 개의 서로 관련이 있는 변수들로 측정된 데이터에서 관련이 있는 변수들을 설명할 수 있는 공통 변수를 파악하는 통계적 분석 방법이다.

인자분석은 많은 수의 변수들이 갖고 있는 데이터에 대해 그 데이터가 얻어지는 원인이나 근거인 잠재적 인자(factor)를 찾아내는 분석이다. 예를 들어, 학생들의 국어, 수학, 사회 성적을 보고 뭔가 공통 원인이 성적을 결정하는 것은 아닌지를 생각한다고 했을 때, 데이터의 뒤에 숨어있는 원인을 조사하는 통계분석이 인자분석이다. 즉 여러 개의 변수들을 하나의 인자로 묶어서 차후 분석에 사용하기 위한 분석 방법이다. 즉, 인자분석은 설명변수가 많을 때 변수들을 축소하거나 불필요한 문항을 제거해 주며, 변수들의 특성을 파악한 후 상호독립적으로 몇 가지 인자로 축소하여 인자들의 특성을 파악할 수 있게 한다. 마지막으로 측정 도구의 타당성을 높이는 분석 방법이다. 즉, 인자분석은 상관관계가 있는 변수들이 갖고 있는 정보를 몇 개의 잠재(latent) 인자로 설명할 때 사용한다.

주성분분석과 인자분석의 차이점은 다음과 같다. 주성분분석은 관측된 변수들의 선형 결합에 의해 새로운 변수들을 만드는 반면에, 인자분석은 잠재적 인자들을 만든 후에 관측된 변수들을 잠재적 인자들의 선형 결합식으로 표현하는 것이다.

예를 들어, 만약 데이터에서 3개의 변수 I_1, I_2, I_3가 있다고 가정할 때 주성분분석은 L_{11}, L_{12}, $\cdots$, L_{33}의 상수를 곱하여 선형 조합을 만들어 새로운 변수 C_1, C_2, C_3가 선형 독립이 되도록 만드는 것이다. 즉,

$$C_1 = L_{11} \times I_1 + L_{12} \times I_2 + L_{13} \times I_3$$

$$C_2 = L_{21} \times I_1 + L_{22} \times I_2 + L_{23} \times I_3$$

$$C_3 = L_{31} \times I_1 + L_{32} \times I_2 + L_{33} \times I_3$$

여기에서 C_1, C_2, C_3 중 원래의 데이터를 잘 설명해 주는 몇 개만 고르면 데이터의 차원을 줄일 수 있다. 주성분을 고르는 방법은 앞서 설명한 것처럼 스크리 그림이나 고유값을 이용한다.

반면에, 인자분석은 주어진 3개의 변수 I_1, I_2, I_3에 대하여 다음과 같은 관계를 만족하는 공통 인자 F_1과 F_2를 찾는다.

$$I_1 = L_{11} \times F_1 + L_{12} \times F_2 + e_1$$

$$I_2 = L_{21} \times F_1 + L_{22} \times F_2 + e_2$$

$$I_3 = L_{31} \times F_1 + L_{32} \times F_2 + e_3$$

여기에서 F_1, F_2는 인자분석을 수행하여 찾아낸 인자들이며, e_1, e_2, e_3은 오차항이다.

이런 이유로 주성분분석은 데이터의 축소가 주목적인 반면에, 인자분석은 구조 파악이 주목적이라고 할 수 있다. 주성분분석은 성분들끼리 선형 독립적이지만, 인자분석은 성분들끼리 선형 독립적이 아니라는 것이 가장 큰 차이점이다.

또한 주성분분석에서 주성분들은 갖고 있는 정보의 크기에 따라 순서가 주어지지만, 인자분석에서 인자들의 순서는 의미가 없다. 주성분분석에서는 관측

된 변수들의 선형 결합식으로 나타내므로 오차항이 없으나, 인자분석에서는 관측된 변수들을 인자들의 선형식으로 설명하기 때문에 설명되지 않는 부분인 오차항이 있다.

예제 12.3

MBA 과정에 입학하는 학생들은 회계, 마케팅 및 정책 수업을 수강해야만 한다. 5명의 학생들에 대한 각 과목의 성적이 다음과 같았을 때, 이로부터 인자분석을 실시하여 잠재 인자를 도출하시오.

학생	회계	마케팅	정책
1	3	7	5
2	7	4	3
3	10	9	8
4	4	10	7
5	10	5	6

풀이 통계 소프트웨어 SPSS를 이용하여 상관행렬을 구하면 다음과 같다.

	회계	마케팅	정책
회계	1.000	−0.270	0.270
마케팅		1.000	0.816
정책			1.000

통상관행렬의 고유값, 고유값의 차이, 비율 및 누적비율을 살펴보면, 1보다 큰 고유값이 2개 있으며 두 개의 주성분으로 전체 변동의 98.88%(0.9888)를 설명하고 있음을 알 수 있다.

상관행렬의 고유값				
	Eigenvalue	Difference	Proportion	Cumulative
1	1.816	0.665	60.522	60.522
2	1.151	1.117	38.361	98.883
3	0.034		1.117	100.000

두 개의 주성분의 계수를 구하여 살펴보기 위해 베리맥스(varimax)를 이용하여 요인을 회전한 성분행렬을 살펴보면, 마케팅과 정책을 첫 번째 인자로, 회계를 두 번째 인자로 나눈다.

	고유벡터	
	제1주성분	제2주성분
회계	0.000	0.998
마케팅	0.953	−0.279
정책	0.953	0.279

3. SPSS 분석 방법

3.1 주성분분석

주성분분석은 많은 차원의 데이터를 정보 손실을 최소화하면서 가능한 한 적은 수의 차원으로 축소하는 방법이다. 주성분분석은 다음과 같은 단계로 실행한다.

1단계: 모든 변수들의 상관행렬을 구한다.
2단계: 가장 중요한 주성분 인자부터 주성분 인자들을 차례로 추출한다.
3단계: 각 주성분을 해석한다.
4단계: 필요한 경우 각 케이스에 대해 주성분 인자들의 점수를 계산한다.

예제 12.2에서는 10명의 참가자들을 대상으로 6가지의 성격(불안감, 광장공포증, 거미공포증, 모험심, 외향성, 사교성)과 관련된 시험을 실시하였다. 이 연구의 목적은 여섯 가지 변수들 사이의 상관관계가 비교적 적은 잠재 변수(인자)에 의해 설명될 수 있는지 주성분분석을 실행하는 것이다. 예제 12.2 데이터를 사용하여 주성분분석을 실시하기 위해 탑 메뉴에서 '분석' → '차원 축소' → '요인분석'을 클릭하여 실행한다. 주성분분석의 옵션에서 기본적으로 각 변수들의 평균 및 표준편차를 계산해 주는 기술통계량이나 상관행렬 등을 얻기 위해서는 기술통계를 체크하면 된다.

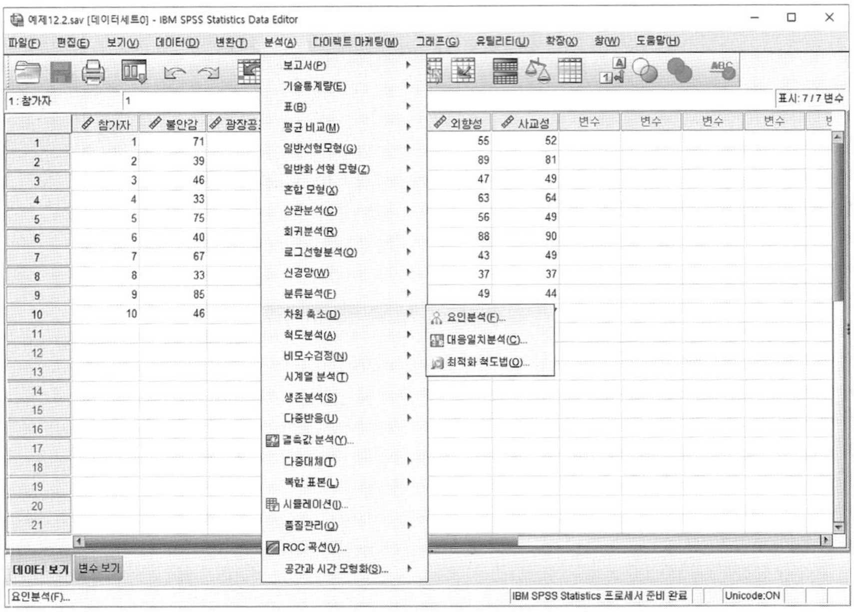

그림 12-1 주성분분석 실행 과정(예제 12.2.sav)

주성분 추출을 위한 분석으로 KMO(Kaiser-Meyer-Olkin 측도) 및 Bartlett 구형성 검정을 체크하여 주성분분석이 타당한 방법론인지를 판단한다. 이때 KMO는 전체 상관관계행렬이 적합한지를 나타내는 지표로, 0.5 이상일 때 적합하다고 판정한다. Bartlett 구형성 검정은 상관관계행렬 상의 모든 상관관계 값들이 전반적으로 유의한지를 나타내는 것으로 유의확률이 유의수준 0.05보다 작으면 모든 상관관계가 유의하다는 것을 뜻한다. 추출된 요인들에 의해 각 변수가 얼마나 설명되는지를 나타내는 지수인 공통성은 0.5보다 커야만 한다.

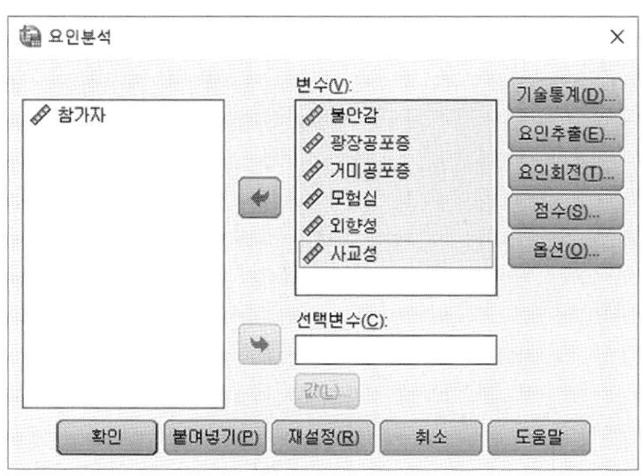

그림 12-2 주성분분석의 대화상자 및 옵션(예제 12.2.sav)

요인 추출 방법은 주성분으로 결정하고, 주성분의 선택 기준인 고유값과 스크리 도표를 체크한다. 주성분을 선택하는 기준은 아직 명확하지는 않지만, 대체적으로 고유값이 1 이상이거나 누적된 분산 설명 비율이 80%인 경우의 주성분을 선택한다. 요인 회전 방법으로 '회전하지 않은 요인해법'을 선택한 후, 성분들에 관한 요인 스코어를 '회귀분석'으로 선택하고 데이터 세트에 저장되도록 체크한다. 저장된 요인들은 서로 상관관계 분석을 통해 확인되며, 추출된 각 주성분은 상호 상관관계가 없이 독립적이어야 한다.

기술통계량

	평균	표준편차	분석 수
불안감	53.50	19.115	10
광장공포증	53.40	18.007	10
거미공포증	58.60	21.598	10
모험심	56.10	18.163	10
외향성	59.40	17.728	10
사교성	59.20	17.800	10

KMO 및 Bartlett의 검정

표본 적절성의 Kaiser-Meyer-Olkin 측도		.638
Bartlett의 구형성 검정	근사 카이제곱	72.730
	자유도	15
	유의확률	.000

공통성

	초기	추출
불안감	1.000	.977
광장공포증	1.000	.944
거미공포증	1.000	.980
모험심	1.000	.946
외향성	1.000	.947
사교성	1.000	.987

추출방법: 주성분분석

설명된 총 분산

성분	초기 고유값			추출 제곱합 적재량		
	전체	% 분산	누적 %	전체	% 분산	누적 %
1	4.169	69.487	69.487	4.169	69.487	69.487
2	1.613	26.876	96.363	1.613	26.876	96.363
3	.137	2.289	98.652			
4	.055	.909	99.561			
5	.018	.300	99.861			
6	.008	.139	100.000			

추출방법: 주성분분석

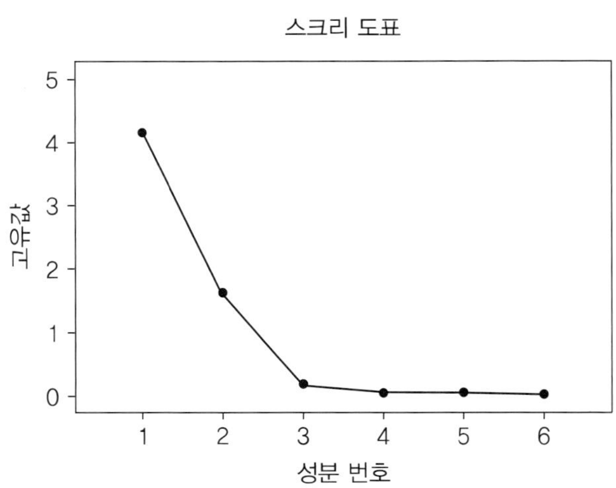

성분 행렬[a]

	성분	
	1	2
불안감	.819	.553
광장공포증	.832	.408
거미공포증	.798	.586
모험심	−.820	.523
외향성	−.803	.550
사교성	−.876	.469

추출방법: 주성분분석
a. 추출된 2 성분

성분 점수 계수 행렬

	성분	
	1	2
불안감	.197	.343
광장공포증	.212	.253
거미공포증	.191	.364
모험심	−.197	.325
외향성	−.193	.341
사교성	−.210	.291

추출방법: 주성분분석
요인 점수

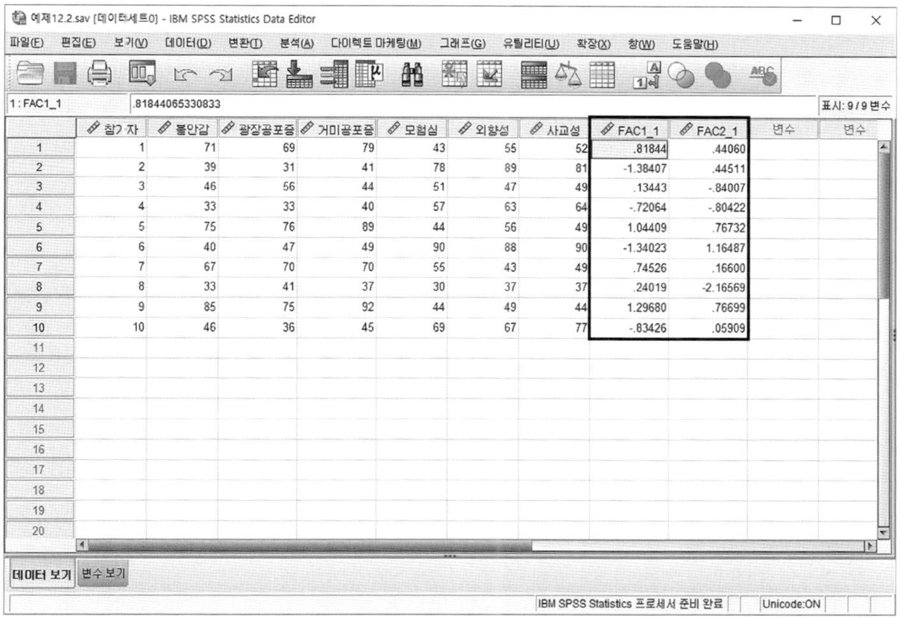

	참가자	불안감	광장공포증	거미공포증	모험심	외향성	사교성	FAC1_1	FAC2_1	변수	변수
1	1	71	69	79	43	55	52	.81844	.44060		
2	2	39	31	41	78	89	81	-1.38407	.44511		
3	3	46	56	44	51	47	49	.13443	-.84007		
4	4	33	33	40	57	63	64	-.72064	-.80422		
5	5	75	76	89	44	56	49	1.04409	.76732		
6	6	40	47	49	90	88	90	-1.34023	1.16487		
7	7	67	70	70	55	43	49	.74526	.16600		
8	8	33	41	37	30	37	37	.24019	-2.16569		
9	9	85	75	92	44	49	44	1.29680	.76699		
10	10	46	36	45	69	67	77	-.83426	.05909		

그림 12-3 주성분분석의 분석 결과 및 데이터 세트에 저장된 주성분 요소값

예제 12.2에 관한 SPSS 결과를 살펴보면, KMO의 값이 0.638로 0.5보다 크므로 전체 상관관계행렬이 인자분석에 적합하다는 것을 알 수 있다. Bartlett의 구형성의 유의확률이 0.000이므로 유의수준 0.05보다 작으므로 상관관계행렬 상의 모든 상관관계 값들이 전반적으로 유의함을 알 수 있다. 공통성은 변수의 분산이 추출된 인자들에 의해 설명되는 정도를 가리키며, 0과 1 사이의 값을 갖는다. 모두 0.5보다 크므로 주성분분석을 그대로 실시해도 유의하다고 할 수 있다. 만약에 공통성 값이 0.5 미만인 경우에는 그 변수를 제거하고 주성분분석을 다시 실시해야 한다. 선택된 주성분의 개수를 나타내는 고유값과 설명된 총 분산을 살펴보면, 고유값이 1 이상이면서 설명된 총 분산이 80% 이상인 경우인 2개의 주성분으로 선택되었다. 같은 맥락으로 스크리 그림을 살펴보면, 고유값이 1 이상인 경우가 2개 있음을 뜻한다. 제1성분은 공포증과 외향성을 뜻하며, 제2성분은 일련의 성격을 나타내는 것으로 나타났다. 마지막으로 주성분에 관한 계수를 토대로 데이터 세트에 각 관측치에 대한 주성분 점수가 입력된다. 계산된 주성분 점수를 이용하여 추후의 회귀분석이나 상관분석을 실시할 수 있다.

3.2 인자분석

통계학에서 일반적으로 사용하는 '인자' 및 '인자분석' 대신에, SPSS에서는 '요인' 및 '요인분석'이라는 용어를 사용한다는 점에 유의하여 혼란이 없기를 바란다.

인자분석은 많은 수의 변수들이 갖고 있는 정보를 몇 개의 잠재적 인자로 축소하여 설명하고자 하는 분석 방법이다. 인자분석은 다음과 같은 단계로 실행한다.

1단계: 모든 변수들의 상관행렬을 구한다.
2단계: 인자를 추출한다.
3단계: 보다 나은 해석을 위해 요인(인자)을 회전시킨다.
4단계: 각 인자를 해석하고 의미를 부여한다.
5단계: 후속분석을 위해 인자변수 값으로 인자 점수를 계산하거나 높은 인자적재량을 갖는 변수들의 합이나 평균을 계산한다.

예제 12.3에서 MBA 과정에 입학하는 학생들은 회계, 마케팅 및 정책 수업을 들어야만 한다. 5명의 학생들에 대한 각 과목의 성적으로부터 잠재 인자를 도출하고자 인자분석을 실시해 보자. 인자분석을 실행하는 방법은 주성분분석과 같은 방법으로 실행하면 된다. 인자분석에서는 추출된 인자에 대해 해석하고 의미를 부여하고자 인자 회전 방법을 쓰게 된다. 인자분석에서 회전하지 않는 인자 해법만을 사용해서는 인자에 대한 의미를 부여하기가 쉽지 않다. 인자

패턴의 구조를 단순화시켜 인자 해석을 쉽게 하고자 인자 축을 회전시키는 것이다. 인자 회전 방법에는 크게 직각회전방식(orthogonal factor rotation)과 사각회전방식(oblique factor rotation)이 있다. 직각회전방식은 회전축을 직각으로 유지한 채로 회전하는 방법으로 인자들 간의 상관계수가 0이 된다는 조건하에 회전축을 회전하는 것이다. 이는 인자들이 상호 독립적이며 상관관계가 없다는 것을 전제하여, 직각을 유지하면서 회전하는 방식이다. 직각회전방식에서는 베리맥스(varimax), 쿼티맥스(quartimax), 이퀴맥스(equimax) 등이 있는데 이 중에서는 베리맥스를 가장 많이 사용한다. 사각회전방식은 두 인자의 직교 상태를 유지하지 않는 채 한쪽의 인자 적재값은 1에, 나머지 인자 적재값은 0에 가깝게 만들어 주는 방법이다. 이는 인자들 간에 상관관계가 있다는 전제하에 공통 인자들을 특정 각도로 회전하는 방법이다. 사각회전방식은 인자들끼리 직각을 유지하지 않기 때문에 직각회전방식에 비해 높은 인자 부하량은 더 높게, 낮은 인자 부하량은 더 낮게 만드는 회전 방식이다. 사각회전방식에는 오블리민(oblimin), 프로맥스(promax) 등이 있으며, 주로 오블리민을 많이 사용한다. 다만 사각회전방식은 인자들 간의 각도를 주관적으로 결정하기 때문에 해석하는데 어려움이 있다는 단점을 가지고 있다.

그림 12-4 인자분석의 실행 과정(예제 12.3.sav)

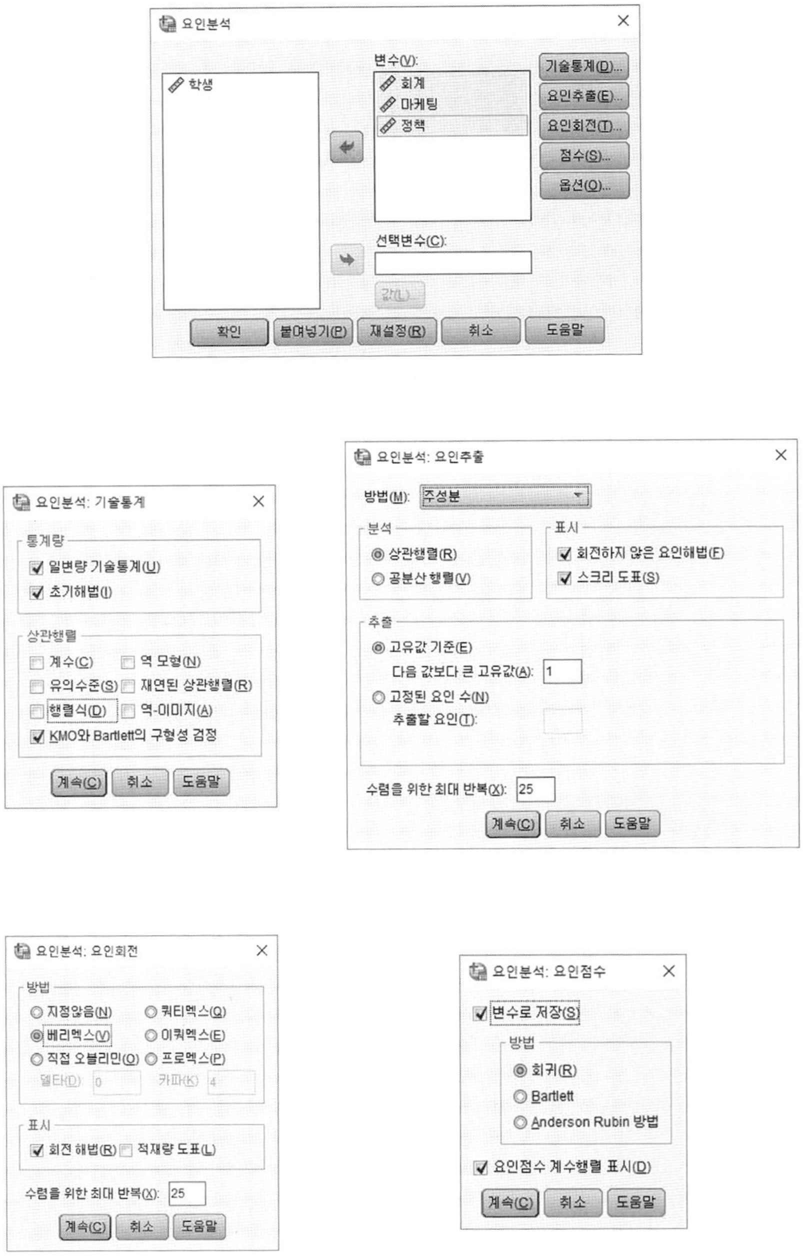

그림 12-5 인자분석의 대화상자 및 옵션(예제 12.3.sav)

예제 12.3에 관한 SPSS 결과를 살펴보면, 공통성(KMO)은 주성분분석과 마찬가지로 모두 0.5보다 크므로 인자분석을 그대로 실시해도 된다는 것을 알 수 있다. 만약에 공통성이 0.5 미만인 경우에는 그 변수를 제거하고 인자분석을 다시 실시해야 한다. 선택된 인자의 개수를 나타내는 고유값과 설명된 총 분산을 살펴보면 고유값이 1 이상이면서 설명된 총 분산이 80% 이상인 경우에는 2개의 인자로 선택되었다. 베리맥스 회전 방식을 토대로 2개 인자에 대해 살펴보면, 첫 번째 인자는 마케팅과 정책을 하나의 인자로 볼 수 있고, 두 번째 인자는 회계를 하나의 인자로 볼 수 있다.

기술통계량

	평균	표준편차	분석 수
회계	6.80	3.271	5
마케팅	7.00	2.550	5
정책	5.80	1.924	5

KMO 및 Bartlett의 검정

표본 적절성의 Kaiser-Meyer-Olkin 측도		.247
Bartlett의 구형성 검정	근사 카이제곱	5.761
	자유도	3
	유의확률	.124

공통성

	초기	추출
회계	1.000	.995
마케팅	1.000	.986
정책	1.000	.986

추출방법: 주성분분석

설명된 총 분산

성분	초기 고유값			추출 제곱합 적재량			회전 제곱합 적재량		
	전체	% 분산	누적 %	전체	% 분산	누적 %	전체	% 분산	누적 %
1	1.816	60.522	60.522	1.816	60.522	60.522	1.816	60.522	60.522
2	1.151	38.361	98.883	1.151	38.361	98.883	1.151	38.361	98.883
3	.034	1.117	100.000						

추출방법: 주성분분석

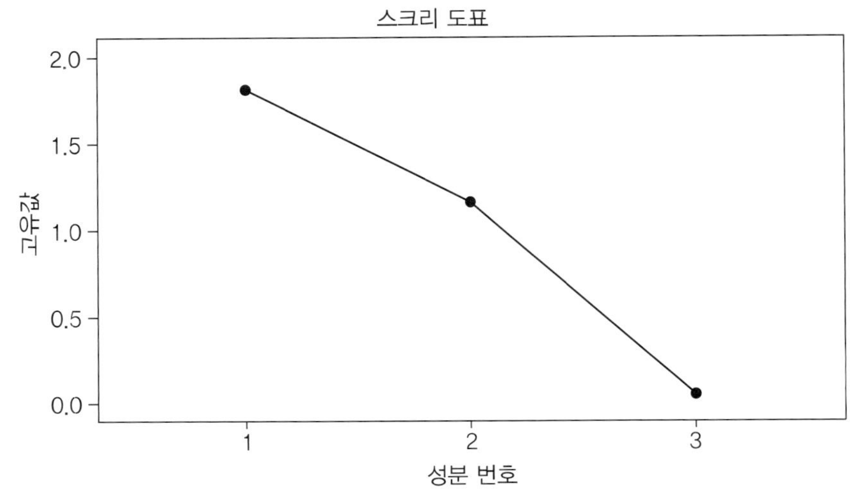

성분 행렬[a]

	성분	
	1	2
회계	.001	.998
마케팅	.953	−.279
정책	.953	.278

추출방법: 주성분분석
a. 추출된 2 성분

회전된 성분 행렬[a]

	성분	
	1	2
회계	.000	.998
마케팅	.953	−.279
정책	.953	.279

추출방법: 주성분분석
회전방법: Kaiser 정규화가 있는 베리맥스
a. 2 반복계산에서 인자회전이 수렴되었습니다.

그림 12-6 인자분석의 결과

연습문제

01 어느 강의 38개의 지점에서 측정한 BOD, NO_3-N 및 NH_3-N에 대한 상관행렬이 다음과 같이 주어졌다. 이에 대해 주성분분석을 실시하시오.

	BOD	NO_3–N	NH_3–N
BOD	1	0.63	0.51
NO_3-N		1	0.42
NH_3-N			1

02 다음은 미국 어느 도시에서 42일 동안 정오에 측정한 대기오염 측정 변수들의 관측치이다. 7개의 측정변수는 각각 풍속, 태양의 방사능량, CO, NO, NO_2, O_3 및 HC(hydrocarbons, 탄화수소화합물)이다. 주성분분석을 이용하여 변수의 차원을 축약하였을 때 얻어진 주성분을 해석하시오.

풍속	태양의 방사능량	CO	NO	NO_2	O_3	HC
7	101	6	3	12	8	2
8	104	5	2	11	5	3
7	98	4	2	9	6	3
10	85	5	2	8	11	4
11	78	7	3	8	7	3
8	7	6	2	12	9	2
6	64	6	4	19	3	5
7	71	5	3	15	7	4
9	91	5	2	13	8	3
8	73	5	3	13	11	3

풍속	태양의 방사능량	CO	NO	NO_2	O_3	HC
8	70	6	2	7	6	3
7	76	4	4	11	8	4
6	88	7	4	10	24	5
12	81	5	2	14	9	2
10	65	4	3	10	10	2
9	79	4	2	12	5	3
6	74	3	4	9	8	3
5	75	5	5	8	7	3
6	32	2	3	6	2	3
9	57	3	2	9	7	3
7	96	5	3	10	8	4
8	85	4	1	7	5	3
9	71	5	3	6	11	3
7	45	6	2	11	8	2
6	69	6	4	8	14	2
5	43	3	3	13	14	3
5	49	1	3	8	2	2
7	79	5	4	12	10	2
9	77	5	1	14	15	3
8	64	4	1	10	12	3

03 5명의 학생들의 시험 성적을 인자분석하여 잠재 인자(변수)를 구하고 해석하시오.

학생	수학	과학	영어	불어
1	90	100	35	45
2	80	85	80	90
3	40	35	95	90
4	45	45	35	40
5	55	55	80	90

Chapter 13

군집분석

1. 가정과 한계
2. 계층적 군집분석 방법
3. 비계층적 군집분석 방법
4. SPSS 분석 방법

군집분석은 모집단에 대한 사전 정보 없이 관측치들 사이의 거리나 유사성을 이용하여, 데이터 전체를 몇 개의 그룹, 즉 군집(cluster)으로 나누는 다변량 분석 방법이다. 쉽게 말하면 군집분석은 개체들을 그룹화하는 것으로 두 개체 사이의 유사성을 측정할 수 있는 측도가 요구된다.

군집분석은 개체들에 대해 측정된 변수에 의해 집단을 분류하게 되므로, 집단의 개수, 집단의 종류나 이름은 분류 후에 결정된다.

군집분석은 어떠한 가설도 검정하지 않으므로 p-값처럼 아주 분명한 결과를 제공하지는 않는다. 따라서 결과의 해석은 사용자의 지식이나 생각에 의존적이라고 할 수 있다. 이 방법의 수학적 계산은 아주 복잡하며 컴퓨터가 분석 결과를 보여주기는 하지만, '유사성'에 대한 정확한 정의를 내리기가 어려울 수 있다. 따라서 군집 간의 '거리' 또는 '유사성'에 대한 정의에 따라 군집 방법도 여러 가지가 될 수 있다. 군집분석은 군집을 나누는 방법에 따라 크게 계층적(hierarchical) 방법과 비계층적(nonhierarchical) 방법으로 나뉘며, 계층적 방법에는 다시 응집식 기법(agglomerative method)과 분할식 기법(divisive method)으로 나뉜다.

계층적 군집 방법은 가까운 개체끼리 차례로 합치거나 떨어진 개체를 분리하는 방법으로, 한번 합쳐지거나 분리되면 다시 분리되거나 합쳐지지 않는다. 반면에, 비계층적 군집 방법은 데이터의 산포를 나타내는 측도를 이용하여 판정 기준을 최적화시켜 군집을 나누는 방법으로, 한번 분리된 개체도 반복 과정에서 재분류할 수 있다. 그러나 비계층적 군집 방법은 사전에 군집 수에 대한 예상이 필요하고 계산이 용이하지 않는 등의 여러 가지 어려움을 가지고 있다. 계층적 군집 방법에서 가장 효율적이라고 알려진 방법 중의 하나는 단일 연결(single linkage) 군집 방법이다.

군집분석은 표본 데이터의 어떤 개체가 다른 개체와 가장 가까운지를 결정하는 개체 군집이나 어떤 변수들이 가장 상관되어 있는지를 결정하는 변수 군집 방법으로 사용된다.

1. 가정과 한계

군집분석은 통계적 검정을 위한 가정과는 달리 데이터의 분포의 모양에 대한 가정을 요구하지 않는다. 만약 군집분석의 결과를 이용하여 더 큰 모집단에 대한 추론을 하고 싶다면, 데이터는 그 모집단의 대표성을 갖는 랜덤표본이어야 한다. 그러나 모집단을 직접 다루는 경우라면 표본 추출에 대하여 염려할 필요가 없다. 데이터에서 결측치는 허용되지 않으며, 만약 결측치가 있다면 그 개체에 대한 모든 관측치들을 데이터에서 제외시키거나 해당되는 변수를 제거하여 결측치를 없애야 한다.

군집분석을 실시하려면 데이터의 개체 사이의 거리를 계산하여야 한다. 따라서 데이터의 형태는 측정값이거나 개수가 적당하며, 성적이나 순서가 없는 범주들의 코딩된 버전은 일반적인 군집분석에 적당하지 않다(참고로, 몇 가지 통계 패키지는 이러한 데이터의 형태에 적합한 군집분석 방법을 포함하고 있다).

2. 계층적 군집분석 방법

일반적인 군집분석에는 귀무가설이나 대립가설이 없다. 군집분석은 어떤 가설을 검정하는 것이 아니라 단순히 데이터의 패턴을 찾는 방법이기 때문이다.

가장 쉬운 군집분석 방법은 그래프를 이용하는 것인데, 측정 변수가 2개인 경우에 산점도를 그리면 개체들의 군집을 쉽게 볼 수 있다. 변수가 3개 이상인 경우에는 주성분분석을 이용하여 변수를 축약한 후, 2~3개의 주성분 변수(점수)를 이용하여 산점도를 그리면 된다.

계층적 군집분석은 응집형(agglomerative) 기법과 분리형(divisive) 기법으로 나뉜다. 응집형 기법은 자료 하나하나를 하나의 군집으로 간주하여 가까운 군집끼리 연결하면서 군집의 수를 줄이는 방법이고, 분리형 기법은 전체 자료를 하나의 큰 군집으로 간주하여 유의미하게 쪼개어 나가는 방법이다. 일반적으로 응집형 기법을 더 많이 사용된다.

계층적 군집분석 방법으로는 연결(linkage) 방법이 있다. 처음에는 개체 수 만큼의 군집이 있다. 먼저 가장 가까운 두 개체를 결정하고 군집으로 묶는다. 그 다음 다른 두 개체를 군집으로 묶거나 한 개체를 이 군집에 합친다. 각 단계에서 가장 가까운 개체나 군집을 함께 묶는다. 그렇다면 어떤 군집이 하나의 개체나 군집에 가장 가까운 군집인지를 어떻게 결정할까? 개체와 새로 만들어진 군집과의 유사성, 즉 거리를 측정하는 방법에는 여러 가지가 있다.

① **단일(최단) 연결**(single linkage): 개체와 군집의 개체 중 가장 가까운 개체와의 거리
② **완전 연결**(complete linkage): 개체와 군집의 개체 중 가장 먼 개체와의 거리
③ **중심 연결**(centroid linkage): 개체와 군집의 개체 평균과의 거리
④ **평균 연결**(average linkage): 개체와 군집의 개체 각각의 거리 평균
⑤ **Ward의 최소분산**: 잔차제곱합, 즉 군집의 평균 간 거리를 각 군집의 개수로 나눈 후 제곱근을 구한 거리

일반적으로 각 방법마다 장단점이 있으므로 2～3개의 방법을 사용하여 군집화가 잘 되는 방법을 선택하는 것이 좋다.

여러 가지 연결 방법에서는 어떤 거리를 잴 것인가에 대한 선택을 할 수 있으며, 거리 자체는 다음과 같은 다양한 방법으로 측정할 수 있다.

① **유클리드(Euclidean) 거리**: 두 개체 간의 거리
② **표준화 유클리드(Standardized Euclidean) 거리**: 개체에 대하여 측정된 변수의 단위가 다르거나 분산이 다른 경우, 변수를 표준화한 후에 거리를 잰다.
③ **마할라노비스(Mahalanobis) 거리**: 공분산을 이용한 거리

예제 13.1

다음은 6개의 개체 간의 유클리드 거리를 계산한 표이다. 단일 연결법을 이용하여 군집을 만드시오.

	1	2	3	4	5	6
1	0	0.30	0.22	0.30	0.25	0.24
2		0	0.33	0.20	0.35	0.27
3			0	0.30	0.03	0.06
4				0	0.30	0.27
5					0	0.08
6						0

풀이 먼저 가장 가까운 거리에 있는 개체를 군집으로 묶는다. 여기에서 3과 5가 군집으로 묶인다. 그 다음 새로 만든 군집과 개체와의 거리를 계산한다. 이 때 단일 연결법을 이용하여 거리를 계산할 수 있다.

	1	2	3, 5	4	6
1	0	0.30	0.22	0.30	0.24
2		0	0.33	0.20	0.27
3, 5			0	0.30	0.06
4				0	0.27
6					0

이제 3, 5와 개체 6이 묶인다.

	1	2	3, 5, 6	4
1	0	0.30	0.22	0.30
2		0	0.27	0.20
3, 5, 6			0	0.27
4				0

다음에는 2와 4가 군집으로 묶인다.

	1	2, 4	3, 5, 6
1	0	0.30	0.22
2, 4		0	0.27
3, 5, 6			0

마지막으로 3, 5, 6과 개체 1이 군집으로 묶인다.

	2, 4	1, 3, 5, 6
2, 4	0	0.27
1, 3, 5, 6		0

이제 군집의 개수를 정하는 문제가 있다. 이를 위하여 나무그림(tree diagram)과 같은 그래프적 방법과 호텔링(Hotelling) T^2 검정통계량을 사용할 수 있다. 호텔링 T^2 검정통계량은 두 집단의 다변량 평균의 차이를 보는 통계량으로, 유의하지 않으면 두 군집을 합치고 유의하면 군집 그대로 유지하게 된다.

군집분석의 결과를 해석하는 데에는 덴드로그램(dendrogram)이 편리하게 이용된다. 군집분석의 결과는 일반적으로 주성분분석의 결과와 일치하는 경우가 많으며, 개체를 그룹화하는 데에는 군집분석이 더 쉽다. 주성분분석의 결과가 있다면, 군집분석 결과의 군집들이 무엇을 대표하는지 이해하기가 더 수월하다. 따라서, 군집분석과 주성분분석을 같이 사용하는 것은 종종 좋은 접근 방법이다. 군집 결과를 확인하는 쉬운 방법 중 하나는 산점도를 이용하는 것이다. 산점도를 통하여 군집 결과를 확인한 후, 각 군집에 적당한 이름을 붙일 수 있다. 변수의 수가 많은 경우에는 주성분분석을 이용하여 변수의 수를 줄인 후 산점도를 그리면 된다.

예제 13.2

위의 6개의 개체 간의 군집 결과에 대해 나무그림(수형도, tree diagram)을 이용하여 군집의 수를 결정하시오.

풀이 군집 결과를 나무그림으로 나타내면

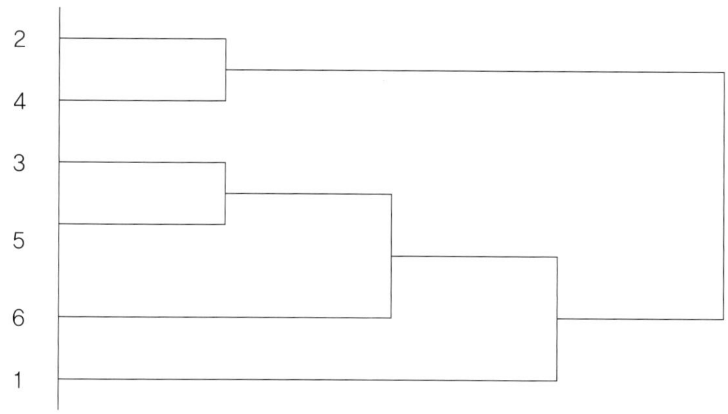

이 그림에 의하면 2개의 군집 (2, 4), (3, 5, 6, 1)로 분류하는 것이 적당하다.

예제 13.3

다섯 지점으로부터 토양 시료를 채취하여 분석한 결과 다음과 같은 특성을 나타냈다. 이 데이터에 대해 응집형 계층적 군집화 방법에 따라 군집분석하시오.

지점	pH	건조체적밀도 (g/cm^3)	모래 함량 (%)	점토 함량 (%)
1	5.2	1.2	13	23
2	5.5	1.1	17	7
3	5.4	1.7	12	19
4	4.3	1.6	27	41
5	4.5	1.1	26	10

풀이 다음은 5개의 개체에 대해 유클리드 거리를 측정한 것이다.

	1	2	3	4	5
1	0.000	16.495	4.158	22.825	18.398
2		0.000	13.014	35.464	9.539
3			0.000	26.650	16.678
4				0.000	31.021
5					0.000

먼저 가장 가까운 거리에 있는 개체를 군집으로 묶는다. 여기에서 1과 3, 2와 5가 군집으로 묶인다. 그 다음 새로 만든 군집과 개체와의 거리를 계산한

다. 이때 단일 연결법을 이용하여 거리를 계산할 수 있다.

	1, 3	2, 5	4
1, 3	0.000	16.495	22.825
2, 5		0.000	35.464
4			0.000

이제 2, 3, 5와 개체 1이 군집으로 묶인다.

	1, 2, 3, 5	4
1, 2, 3, 5	0	22.825
4		0

3. 비계층적 군집분석 방법

비계층적 군집분석에서는 관측치를 몇 개의 군집으로 나누기 위하여 주어진 판정 기준을 최적화하는 기법을 사용하며, 흔히 군집의 개수나 반경을 사전에 미리 정하고 군집을 만들어 나간다. 이 방법에서는 우선 시드(seed)를 정하고, 이 시드에 가까운 개체들을 군집으로 묶어나간다. 이때 군집의 수를 사전에 정해야 하며, 군집의 크기도 정해야 한다. 또한 데이터의 입력 순서에 따라 결과가 달라질 수 있으므로 유의하여야 한다. 비계층적 군집분석의 대표적인 방법은 K-평균법(K-means method)이다. 여기에서 K는 사용자가 원하는 군집의 개수를 의미하며, 데이터에 있는 각 개체를 유사한 특성을 지니는 K개의 그룹으로 분할하는 방법이다. 개체들의 평균값을 중심점으로 하여 근접한 거리에 있는 개체를 묶어서 지정된 K개의 군집이 도출될 때까지 군집화하는 방법이다. K-평균법은 특별한 가정이나 변환이 필요없기 때문에 대체적으로 모든 형태의 데이터에 적용이 쉽다는 장점이 있다. 그렇지만, 사전에 군집의 개수 K에 대한 정보가 있어야 하고, 군집의 중심인 시드의 결정이 데이터의 종류에 따라 군집을 만드는 데 미치는 영향이 상당히 크다. 잘못된 시드를 결정하게 되면 군집이 잘못 생성되거나 군집을 생성하는 데 많은 시간이 걸릴 수 있다는 단점을 가지고 있다.

4. SPSS 분석 방법

군집분석은 크게 계층적 군집분석과 비계층적 군집분석으로 나뉜다. 계층적 군집분석은 n개의 데이터에 대해 n개의 군집이라고 가정하여 가까운 데이터끼리 묶어 나가면서 점차 군집 수를 줄여나가는 방법이다. 계층적 군집분석은 탑 메뉴에서 '분석' → '분류분석' → '계층적 군집분석'을 클릭하여 실행한다. 계층적 군집분석의 옵션 중 군집 방법을 Ward의 방법으로 선택한 후에 도표 옵션을 통해 데이터들에 대한 군집을 형성하는 과정인 덴드로그램을 체크하여 그래프로 나타낸다.

그림 13-1 계층적 군집분석의 실행 과정(예제 13.3.sav)

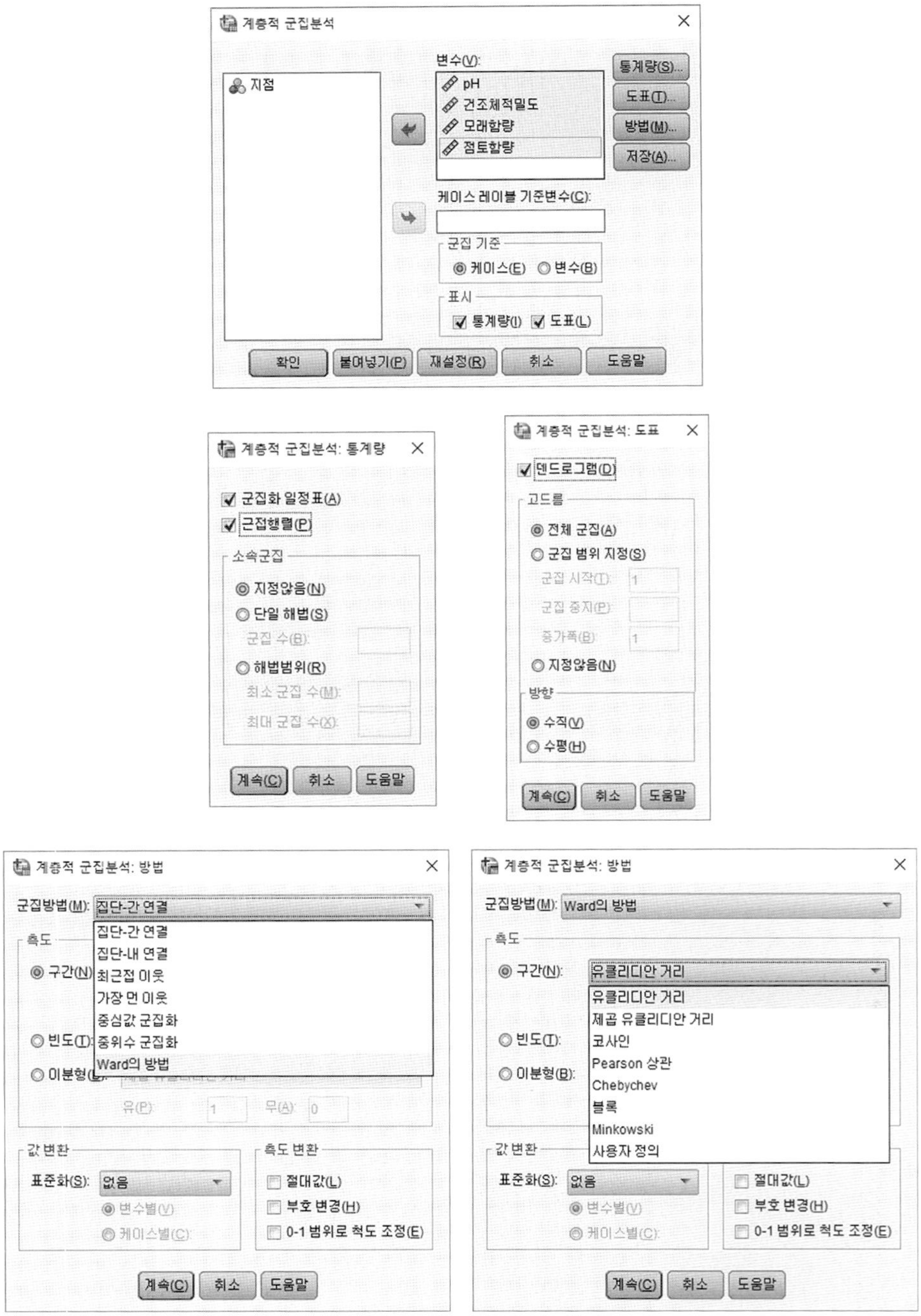

그림 13-2 계층적 군집분석의 대화상자 및 옵션

이러한 옵션을 갖고 실행한 예제 13.3에 대한 결과는 다음과 같다. 군집화 일정표와 덴드로그램을 통해서 데이터 1과 3이 첫 번째로 하나의 군집으로 묶이고, 2와 5가 두 번째 군집으로 묶인다. 군집의 개수를 3개로 지정할 경우에는 1과 3, 2와 5, 4가 각각의 군집으로 묶인다. 만약 군집의 개수를 2개로 지정할 경우에는 1, 2, 3, 5와 4가 두 개의 군집으로 묶인다.

근접 행렬

케이스	유클리디안 거리				
	1	2	3	4	5
1	.000	16.495	4.158	22.825	18.398
2	16.495	.000	13.014	35.464	9.539
3	4.158	13.014	.000	26.650	16.678
4	22.825	35.464	26.650	.000	31.021
5	18.398	9.539	16.678	31.021	.000

이것은 비유사성 행렬입니다.

Ward 연결법

군집화 일정표

단계	결합 군집			처음 나타나는 군집의 단계		다음단계
	군집 1	군집 2	개수	군집 1	군집 2	
1	1	3	2.079	0	0	3
2	2	5	6.849	0	0	3
3	1	2	19.571	1	2	4
4	1	4	38.849	3	0	0

Ward 연결법을 사용한 덴드로그램

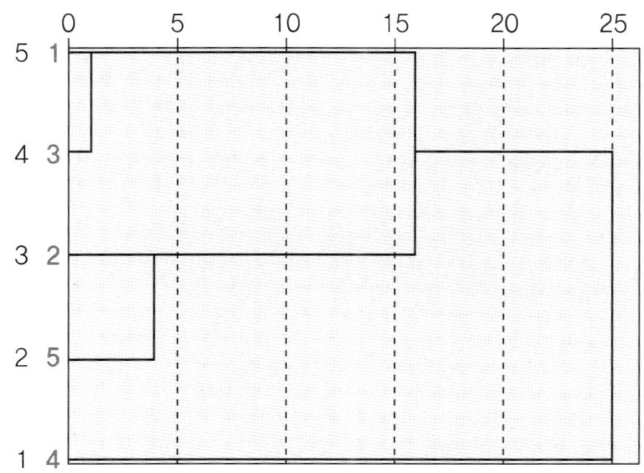

그림 13-3 계층적 군집분석의 분석 결과

군집분석 중 하나인 비계층적 군집분석은 군집 단계가 순차적으로 이루어지지 않는 방식으로, 처리할 데이터의 양이 많을 때 사용하는 분석 방법이다. 비계층적 군집분석 중 제일 많이 사용하는 방법은 K-평균법이다. SPSS에서는 탑 메뉴에서 '분석' → '분류분석' → 'K-평균 군집'을 클릭하여 실행한다.

그림 13-4 **비계층적 군집분석의 실행 과정(예제 13.3.sav)**

비계층적 군집분석의 옵션에서는 분류할 군집 수를 미리 지정할 수 있다. 그리고 군집으로 분류할 때의 시드 값과 분류된 집단들 간의 차이를 비교하기 위한 분산분석표, 그리고 각 군집의 정보를 나타내는 값을 체크한다. 또한 데이터 세트에 분류된 군집 집단과 중심까지의 거리가 입력된다. 이를 토대로 추후의 분석을 실시할 수 있다.

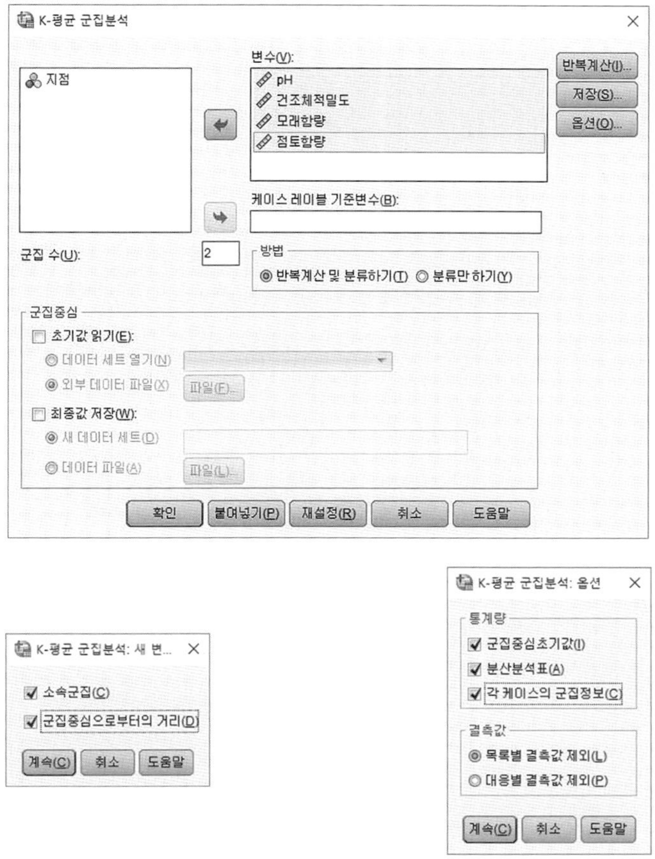

그림 13-5 비계층적 군집분석의 대화상자 및 옵션(예제 13.3.sav)

SPSS를 통한 예제 13.3의 결과를 살펴보면, 2개의 군집 수로 나타날 때, 1, 2, 3, 5와 4로 분류되며, 그 결과에 따라 데이터 세트에 입력된다.

소속군집

케이스 번호	군집	거리
1	2	9.169
2	2	7.760
3	2	6.581
4	1	.000
5	2	10.199

최종 군집중심

	군집	
	1	2
pH	4.3	5.2
건조체적밀도	1.6	1.3
모래함량	27.0	17.0
점토함량	41.0	14.8

각 군집의 케이스 수

군집	1	1.000
	2	4.000
유효		5.000
결측		.000

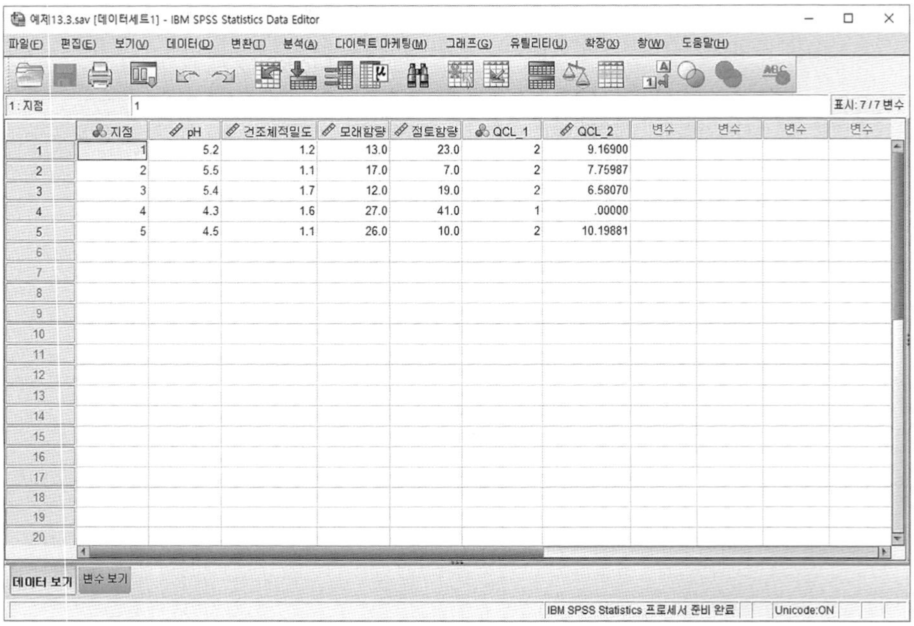

그림 13-6 비계층적 군집분석의 분석 결과(예제 13.3.sav)

연습문제

01 다음은 5개의 개체들 간의 거리를 측정한 표이다. 단일 연결법을 이용하여 군집분석을 실시하고, 나무그림을 그려 군집 결과를 해석하시오.

	1	2	3	4	5
1	0	9	3	6	11
2		0	7	5	10
3			0	9	2
4				0	8
5					0

02 위의 1번에서 완전 연결법과 평균 연결법을 적용하였을 때의 군집분석의 결과를 단일 연결법을 적용했을 때의 결과와 비교하시오.

03 다섯 사람에 대해 일주일 동안 식료품과 의류에 지출한 비용(원)이 다음과 같았다. 이를 K-평균법(K-means method)에 따라 군집분석하시오.

사람	식료품비	의류비
1	2.1	4.1
2	8.2	1.9
3	8.9	3.1
4	1.2	5.0
5	8.3	0.9

Chapter 14

시계열 데이터 분석

1. 시계열 데이터
2. 시계열 데이터 분석 방법
3. SPSS 분석 방법

"앞으로 5년 후에 인구는 얼마나 될까?", "다음 주에 자동차의 판매량은 얼마나 될까?", "내년에 핸드폰 매출액은 얼마나 될까?", "내일의 환율은 얼마가 될까?" 등 우리는 합리적이고 과학적으로 미래를 정확하게 예측하기를 원한다. 그렇지만, 미래에 대한 예측은 간단하지 않으며, 정확히 예측하는 것도 쉽지 않다. 그럼에도 불구하고, 과거의 데이터를 활용하여 합리적이고 과학적으로 예측하는 것은 여러 분야에서 필요하다.

여러 가지의 예측 방법이 있지만, 본 장에서는 과거에 관찰된 관측치들(시계열)을 통해 예측하는 기법을 설명하고자 한다.

1. 시계열 데이터

시계열(time series) 데이터는 시간의 흐름에 따라 순서대로 관측되는 데이터이다. 예를 들어, 국내총생산, 물가지수, 종합주가지수, 판매량 등이다. 이러한 시계열 데이터는 시간에 영향을 받는 데이터이므로 관측 시점들 간의 시차가 중요한 역할을 한다. 만약 오늘의 주가가 한 달 혹은 일주일 전의 주가보다 어제의 주가에 더 많은 영향을 받으므로, 가까운 관측 시점일수록 관측 데이터들 간의 상관관계가 커진다.

시계열 데이터를 분석하는 이유는 과거의 데이터 패턴이 미래에도 지속적으로 유지될 것이라는 가정 하에 현재 관측치들을 분석하여 미래를 예측하기 위함이다. 예를 들어, 과거의 매출액 데이터를 분석하여 미래의 매출액을 예측할 수 있다는 것이다. 그러므로 시계열 데이터 분석의 목적은 과거의 관측치들을 사용하여 시계열을 발생시키는 모형을 추정함으로써 미래의 관측치를 예측하는 것과 시계열 데이터의 경향, 주기, 계절성과 같은 특성을 파악하는 것이다. 이를 토대로 미래에 대한 의사결정의 정보를 제공할 수 있다.

시계열 데이터의 형태를 파악하기 위해 시간을 가로축으로, 관측치를 세로축으로 두고 시간의 경과에 따른 관측치의 변화를 나타내는 시계열 그림을 그리면 데이터의 특징을 쉽게 파악할 수 있다. 파악된 특징에 따라 적절한 분석 방법을 선택할 수 있다. 일반적으로 시계열 데이터의 형태는 크게 두 가지로 나눌 수 있다. 지진이나 홍수, 화재 등과 같이 시간에 따라 어떤 규칙성이 없이 우연적으로 발생하는 변동을 불규칙 변동(irregular variation)이라고 하고, 경기 변동이나, 판매율, 전력 소비량 등과 같이 시간에 따라 일정한 규칙에 의해 발생하는 변동을 체계적 변동(systematic variation)이라고 한다.

또한 체계적 변동은 크게 3가지로 분류할 수 있다. 첫 번째로, 장기간에 걸쳐 지속적으로 증가 혹은 감소하거나 일정하게 유지하는 성향을 나타내는 변동인 추세변동(breakout)이다. 추세변동은 대체적으로 짧은 기간 동안에는 잘 보이지 않으나 장기적인 추세경향을 나타내는 것으로, 인구 증가율이나 국내 총생산 등이 있으며 직선적인 추세뿐만 아니라 S자 형태의 추세도 나타낼 수 있다. 두 번째로, 일정한 기간에 주기적으로 변동하는 것을 순환변동(cycle variation)이라고 한다. 순환변동은 주로 수년 이내의 주기로 변동하며, 경기 불황과 회복을 나타내는 경기 변동이 이에 속한다. 세 번째로, 계절적 영향과 사회적 관습에 따라 1년 주기로 발생하는 변동을 계절변동(seasonal variation)이라고 한다. 다른 변동에 비해 순환 주기가 짧으며, 해외여행자 수나 계절상품의 판매량 데이터 등이 이에 속한다.

2. 시계열 데이터 분석 방법

시계열 데이터를 분석하기 위한 모형들은 분석 방법에 따라 차이가 있다. 일반적으로 적절한 모형을 식별한 후 관측치들을 이용하여 식별된 모형의 모수를 추정한다. 추정된 모수를 통해 모형의 유의성을 진단하여 모형을 확정한 뒤 미래의 관측치를 예측한다. 일반적으로 동일한 시간 간격으로 측정된 과거 관측치들이 존재할 때, 시간의 흐름에 따른 패턴을 파악하여 그 패턴이 미래에도 유지된다는 조건 하에 관측치들을 예측한다.

시계열 데이터 분석 방법에는 지수평활법, ARIMA 등이 있다. 지수평활법은 다소 직관적인 방법으로 시간에 따른 변동이 느린 데이터를 분석하는 데 사용되는 반면에, ARIMA 방법은 수학적 이론 모형에 의존하고 시간에 따라 변동이 빠른 시계열 데이터에 사용된다.

본 교재에서는 시계열 데이터 분석 방법에 관한 자세한 이론보다는 SPSS를 이용하여 분석하고 그 결과를 해석하는 방법에 대해 설명하고자 한다. 단, 시계열 데이터 분석을 시작하기 전에 데이터의 성질 및 추세를 파악하기 위해 산점도를 먼저 그려 대략적인 형태를 파악하는 것이 중요하다. 다른 분석 방법도 마찬가지이지만 다양한 해석 방법이나 경우의 수가 존재하기 때문에, 합리적인 해석을 위해서는 시계열 데이터 분석 방법들을 자세히 알아두는 것이 좋다. 즉, 수많은 시행착오를 토대로 가장 합리적인 모형을 결정할 수 있기 때문에 많이 접해 보는 것이 중요하다는 것이다.

2.1 지수평활법

지수평활법(exponential smoothing)은 각 관측치에 대해 다른 가중치를 부여하여 예측하는 방법으로, 모든 자료의 평균을 구하여 시간의 흐름에 따라 최근 관측치에 더 많은 가중치를 부여하여 미래를 예측하는 방법이다. 다시 말하면, 지수평활법은 과거의 데이터로 거꾸로 올라갈수록 지수적으로 감소하는 점을 적용하여, 먼 과거에 관측된 값들보다는 최근에 관측된 값들에게 더 많은 가중치를 부여하는 방법이다. 이때 평활이라는 것은 시계열의 증감을 편평하고 부드러운 형태로 조정한다는 것을 뜻한다.

지수평활법은 시계열의 데이터들을 시간의 흐름에 따라 편평하고 부드러운 형태로 모수들을 추정하기 때문에, 중기 예측이나 단기 예측에 많이 사용된다. 그렇기 때문에 적용하기가 단순하며, 이해하기 쉽고, 데이터의 수가 적을 때에도 사용할 수 있다는 장점을 갖는다. 그러나 모형을 설정하는 방법이 아니기 때문에 주관적이며 추세 형태나 계절성 존재 여부에 따라 모형이 달라지는 단점을 가지고 있어서, 장기 추세나 계절 변동이 포함된 시계열 데이터에는 적합하지 않다. 지수평활법에는 단순지수, 이중지수, 계절지수 평활법 등이 있다.

2.2 ARIMA 모형

ARIMA(autoregressive integrated moving average)은 기본적으로 시계열 데이터의 과거 추세를 기초하여 특정한 모형을 설정함으로써 미래를 예측하는 방법이다. ARIMA는 Box와 Jenkins가 1976년에 개발한 모형으로 박스-젠킨스 모형이라고도 부른다. 이 모형은 모형의 식별, 식별된 모형의 모수 추정, 모형의 적합성 검증, 그리고 예측의 4단계로 구성된 반복적인 절차에 의해 설정되는 모형이다. ARIMA 모형은 관측치들로 구성된 시계열 데이터의 구조가 과거로부터 미래까지 지속적으로 유지된다는 가정 하에 예측한다. ARIMA의 특징은 추가적인 설명 변수가 없어도 과거의 관측치와 오차의 선형 결합 형태를 가지고 현 시점의 관측치로 표현할 수 있으며, 시계열 데이터에 적합한 모형을 설정할 수 있다. 그렇기 때문에 새로운 데이터가 계속적으로 추가되어도 모형의 수치에는 큰 변화가 없고, 지수평활법에 비해 복잡한 시계열 데이터에 대하여 보다 정확한 예측이 가능하다.

3. SPSS 분석 방법

시계열 데이터에 관한 이론적 배경보다는 SPSS 분석 방법에 관해 설명을 하고자 한다. 예제 14.1을 기반으로 시계열 분석 방법을 실시하였다. 시계열 데이터 분석은 탑 메뉴에서 '분석' → '시계열 분석' → '기존 모형 작성'을 클릭하여 실행한다. 다만, 시계열 데이터 분석에 대해서는 버전마다 달라 분석 전에 SPSS 버전을 확인해야 한다. SPSS 22.0까지는 '예측' → '모형 형성'을 실행해야 하며, SPSS 23.0부터는 '시계열 분석'을 클릭하여 실행하면 된다.

예제 14.1에서는 데이터를 코딩한 후 지수평활법을 이용하여 시계열 데이터 분석을 실시하였다.

예제 14.1

아래의 표는 1959년부터 1997년까지 브라질의 대류권에서 이산화탄소(CO_2)의 농도(ppm)를 월 평균 값으로 나타낸 것이다. 이를 시계열 분석하시오.

Year	Jan	Feb	Mar	Apr	May	Jun	Jul	Aug	Sep	Oct	Nov	Dec
1959	315.4	316.3	316.5	317.6	318.1	318.0	316.4	314.7	313.7	313.2	314.7	315.4
1960	316.3	316.8	317.4	318.9	319.9	319.4	318.0	315.7	314.0	313.7	314.8	316.0
1961	316.7	317.5	318.4	319.3	320.4	319.6	318.4	316.6	314.8	315.2	315.9	316.9
1962	317.8	318.4	319.5	320.4	320.9	320.5	319.5	317.3	316.1	315.3	316.5	317.5
1963	318.6	318.9	319.7	321.2	322.1	321.3	319.6	317.6	316.1	315.8	316.9	318.2
1964	319.4	320.1	320.7	321.4	322.1	321.7	320.3	318.5	316.5	316.7	317.5	318.6
1965	319.3	320.3	320.7	322.0	322.0	321.7	321.1	318.7	317.7	317.1	318.7	319.3
1966	320.5	321.4	322.2	323.5	323.9	323.6	322.2	320.2	318.5	317.9	319.6	320.9
1967	322.2	322.3	322.9	324.3	324.8	323.9	322.4	320.8	319.1	319.2	320.6	321.8
1968	322.4	323.0	323.7	324.9	325.4	325.2	324.0	322.0	320.2	320.1	321.2	322.7
1969	323.8	324.3	325.5	326.5	327.2	326.5	325.7	323.5	322.2	321.6	322.7	324.0
1970	324.9	325.8	326.8	328.0	327.9	327.5	326.2	324.5	322.9	322.9	323.9	325.0
1971	326.0	326.5	327.0	327.6	328.8	328.4	327.2	325.3	323.2	323.4	324.6	325.9
1972	326.6	327.5	327.6	329.6	329.9	328.9	327.9	326.2	324.7	325.0	326.3	327.4
1973	328.4	329.4	330.1	331.3	332.3	331.9	330.7	329.2	327.4	327.0	328.0	328.5
1974	329.2	330.6	331.3	332.5	332.9	332.1	331.0	329.2	327.3	327.2	328.3	329.4
1975	330.2	331.3	331.9	333.1	333.8	333.4	331.7	329.9	328.4	328.2	329.3	330.6
1976	331.6	332.4	333.3	334.4	334.7	334.2	332.9	330.8	329.1	328.8	330.1	331.5
1977	332.8	333.2	334.5	335.9	336.6	336.1	334.8	332.6	331.4	331.0	332.2	333.7
1978	334.8	335.2	336.5	337.6	337.8	337.7	336.4	334.5	332.6	332.4	333.8	334.8
1979	336.1	336.6	337.8	338.7	339.3	339.1	337.6	335.9	333.8	333.7	335.1	336.6
1980	337.8	338.2	339.9	340.6	341.3	341.0	339.4	337.4	335.7	335.8	336.9	338.0
1981	339.1	340.3	341.2	342.3	342.7	342.1	340.3	338.3	336.5	336.7	338.2	339.4
1982	340.6	341.4	342.5	343.4	344.0	343.2	341.9	339.7	337.8	337.7	339.1	340.3
1983	341.2	342.4	342.9	344.8	345.6	345.1	343.8	342.2	339.7	339.8	341.0	342.8
1984	343.5	344.3	345.1	346.9	347.3	346.6	345.2	343.1	340.9	341.2	342.8	344.0
1985	344.8	345.8	347.3	348.2	348.7	348.1	346.4	344.5	342.9	342.6	344.1	345.4
1986	346.1	346.8	347.7	349.4	350.0	349.4	347.8	345.7	344.7	344.0	345.5	346.7
1987	347.8	348.3	349.2	350.8	351.7	351.1	349.3	347.9	346.3	346.2	347.6	348.8
1988	350.3	351.5	352.1	353.4	354.0	353.6	352.2	350.3	348.6	348.7	349.9	351.2
1989	352.6	352.9	353.5	355.3	355.5	355.0	353.8	351.5	349.6	349.8	351.1	352.4
1990	353.5	354.6	355.2	356.0	357.0	356.1	354.7	352.8	350.8	351.0	352.7	354.1
1991	354.6	355.6	357.0	358.5	359.2	358.1	356.1	353.9	352.1	352.1	353.6	354.9
1992	355.9	356.6	357.7	359.1	359.6	359.2	356.9	354.9	352.9	353.2	354.1	355.3

Year	Jan	Feb	Mar	Apr	May	Jun	Jul	Aug	Sep	Oct	Nov	Dec
1993	356 6	357.1	358.3	359.4	360.2	359.6	357.5	355.5	353.7	354.0	355.3	356.8
1994	358.3	358.9	360.0	361.3	361.7	360.9	359.6	357.5	355.8	356.0	357.6	359.1
1995	360.0	361.0	361.7	363.5	363.8	363.3	361.9	359.5	358.1	357.8	359.6	360.7
1996	362.1	363.3	364.1	364.8	365.5	365.0	363.7	361.5	359.5	359.7	360.8	362.4
1997	363.2	364.1	364.6	366.4	366.8	365.7	364.5	362.6	360.2	360.8	362.5	364.3

시계열 데이터 분석을 위해 시계열의 가장 큰 특징인 시간을 지정해 주어야 한다. 다음과 같은 대화상자가 나오면 '계속'을 클릭한다. 그 이후에 분석을 위해 가장 먼저 '날짜 정의'를 클릭하여 날짜를 정의해 준다. 예제 14.1의 경우에는 연도와 월의 데이터가 있기 때문에, 첫 번째 시작하는 날짜를 1959년 1월로 지정해 주었다.

그림 14-1 시계열 데이터 분석의 실행 과정(예제 14.1.sav)

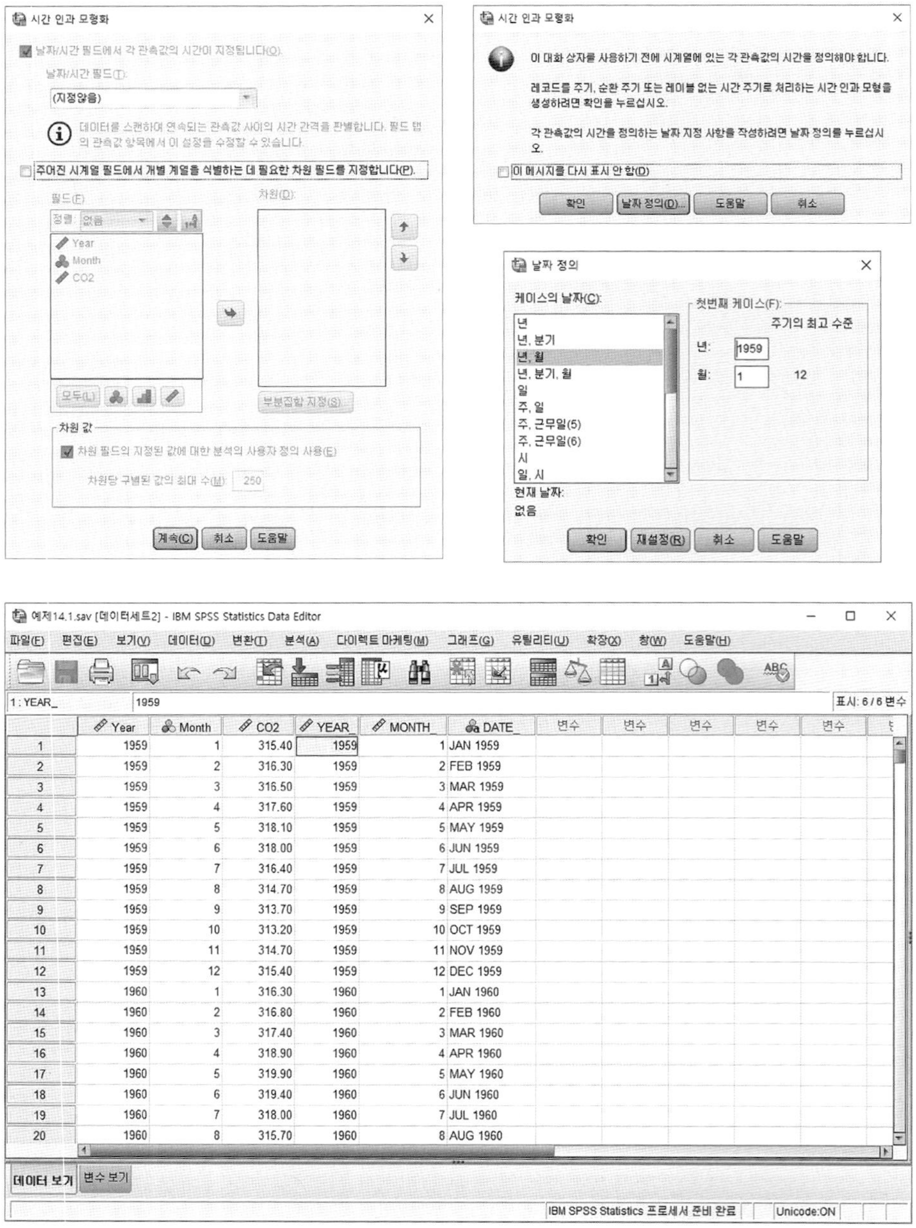

그림 14-2 시간정의 방법(예제 14.1.sav)

예제 14.1에서는 데이터를 코딩한 후 지수평활법을 이용하여 시계열 데이터 분석을 실시하였다. 지정해 준 날짜를 토대로 데이터 세트를 입력하면 위의 그림처럼 된다. 지정된 날짜를 토대로 지수평활법을 이용하여 시계열 데이터 분석을 실시하였다. 시계열 데이터 분석 방법으로 '지수평활'을 선택하고, 종속변수에 'CO2'를 넣는다. 이때 'CO2'를 제외한 독립변수가 있는 경우에는 독립변수를 지정해 주면 된다. 그 후 지수평활법 중 어떤 방법을 선택할지를 설정한다. 방법 옆에 있는 '기준' 버튼을 클릭하여 여러 가지 방법 중 하나를 선택한다. 본 교재에서는 일변량 데이터이기 때문에 단순 지수평활법을 선택하였다.

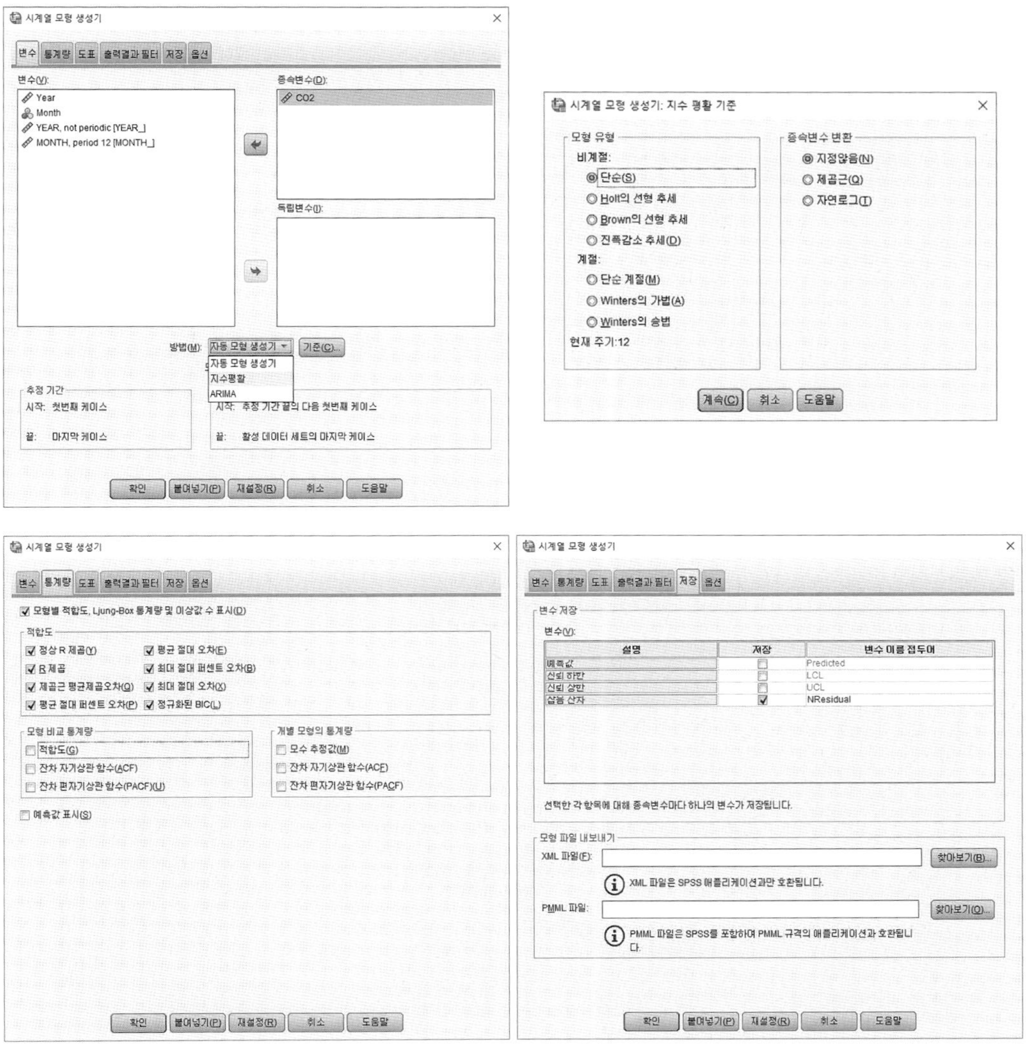

그림 14-3 지수평활법 대화상자 및 옵션(예제 14.1.sav)

선택되는 모형에 관해 추정하기 위해 '통계' 버튼을 클릭한다. 모형을 추정하기 위해 '모수 추정값' 등을 클릭하고, 모형의 검진을 위해서 '모형의 적합도'와 'Ljung-Box 통계량'을 클릭하고, 적합도를 나타내는 값들을 클릭한다. 잔차의 특성을 파악하기 위해서 '저장' 버튼을 클릭하여 오차항을 나타내는 '잡음 잔차'를 클릭한다.

모형 통계량

		모형
		CO2-모형_1
예측자 수		0
모형 적합 통계량	정상 R 제곱	−.008
	R 제곱	.993
	제곱근 평균제곱오차(RMSE)	1.212
	평균 절대 퍼센트 오차(MAPE)	.319
	평균 절대 오차(MAE)	1.075
	최대 절대 퍼센트 오차(MaxAPE)	.753
	최대 절대 오차(MaxAE)	2.500
	정규화된 BIC	.398
Ljung-Box Q(18)	통계량	2175.282
	자유도	17
	유의확률	.000
이상값 수		0

지수평활 모형 모수

모형			추정값	SE	t	유의확률
CO2-모형_1	변환 안 함	알파(수준)	1.000	.046	21.573	.000

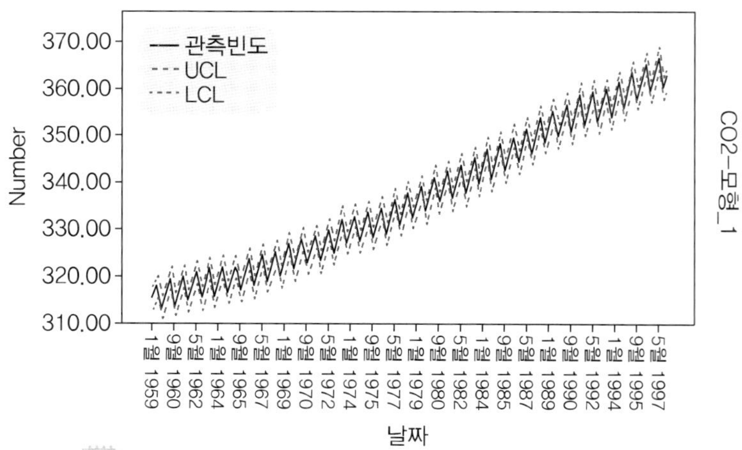

그림 14-4 지수평활법의 분석 결과(예제 14.1.sav)

예제 14.1의 경우에는 추정된 모수의 값이 1이므로, 과거 관측치들에 비해 가장 최근 관측치에 매우 큰 비중을 둘 때 CO_2에 대한 예측을 잘 할 수 있음을 시사하고 있고, Ljung-Box의 Q값은 회귀분석에서 말하는 오차의 독립성을 검증해 주는 것과 같다. 그러나 본 연구에서는 유의확률이 0.05보다 작은 0.000이므로 오차항들이 독립되어 있지 않음을 말해 주고 있다. 이는 지수평활법 이외의 다른 모델이 더 적합할 수 있음을 나타내고 있다. 그래서 ARIMA 모형을 사용하여 추정하고자 한다. SPSS에서 ARIMA 실행 방법은 지수평활법과 같다.

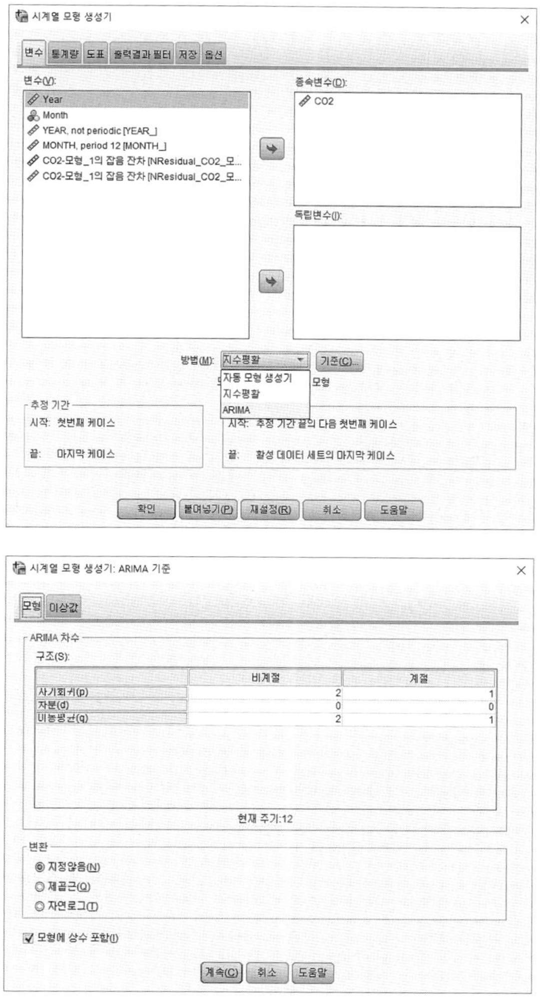

그림 14-5 ARIMA의 대화상자 및 옵션(예제 14.1.sav)

모형 통계량

		모형
		CO2-모형_1
예측자 수		0
모형 적합 통계량	정상 R 제곱	.980
	R 제곱	.980
	제곱근 평균제곱오차(RMSE)	2.138
	평균 절대 퍼센트 오차(MAPE)	.109
	평균 절대 오차(MAE)	.359
	최대 절대 퍼센트 오차(MaxAPE)	14.351
	최대 절대 오차(MaxAE)	45.264
	정규화된 BIC	1.611
Ljung-Box Q(18)	통계량	3.827
	자유도	12
	유의확률	.986
이상값 수		0

ARIMA 모형 모수

					추정값	SE	t	유의확률
CO2-모형_1	CO2	변환 안 함	상수항		360.664	386.698	.933	.351
			AR	시차 1	.108	.170	.634	.527
				시차 2	.891	.170	5.235	.000
			MA	시차 1	−.559	.172	−3.249	.001
				시차 2	.327	.061	5.368	.000
			AR, 계절	시차 1	1.000	.000	2568.131	.000
			MA, 계절	시차 1	.844	.034	25.004	.000

그림 14-6 ARIMA의 분석 결과(예제 14.1.sav)

예제 14.1을 ARIMA로 추정하고자 할 때 가장 중요한 것은 기준을 설정하는 것이다. 기준 설정을 위해서 3개 지수인 자기회귀(p), 차분(d) 및 이동 평균(q)을 설정하는 것이 중요하다. 모형의 자기회귀 차수는 현재의 관측치를 추정하기 위해 어느 정도의 이전 관측치를 이용할지를 설정하는 것이다. 즉, $p=3$이라면 현재 관측치로부터 근접해 있는 3개의 이전 관측치를 가지고서 현재 관측치를 예측하는 것을 의미한다. 차분은 추세 형태를 포함하여 비정상적인 시계열 데이터를 분석할 때 필요한 것으로, 정상적인 시계열 형태로 변환하기 위해 적합한 차분의 차수를 결정해야 한다. 데이터에 대한 추세를 정확하게 파악하기 위해서는 얼마만큼의 차분을 할지 결정해야 한다. $d=2$라면 1차 선형 추세와 2차 추세를 모두 제거한다는 의미이다. 마지막으로 이동 평균 차수는 이동 평균법의 현재 관측치에 대한 예측 방법을 설정하는 것으로, $q=2$라면 현재 값을 예측할 때 지난 시간 주기 2개에 대한 계열 평균값과 편차를 고려한다는 뜻이다.

ARIMA 모형 중에서 적절한 지수를 찾는 것이 중요하다. 본 연구에서는 계절적 추세까지 고려하여 $p=2$, $d=0$, $q=2$로 설정하였다. 그 결과 Ljung-Box의 유의확률이 0.986으로 유의수준 0.05보다 크므로 잔차들이 독립적임을 뜻한다. 그러므로 지수평활법보다는 ARIMA가 더 적합함을 알 수 있다. 추정된 모형은 계절의 영향을 받으며, 시간이 지날수록 CO_2의 양이 점차 증가하는 것을 알 수 있다.

연습문제

01 연도별, 분기별 저축률(%)이 아래와 같았다. 아래의 자료에 대하여 시계열 분석을 실시하시오.

연도	분기	저축률	연도	분기	저축률
75	1	4.9	87	3	7.4
75	2	5.2	87	4	7.3
75	3	5.4	88	1	7.2
75	4	5.7	88	2	7.5
76	1	6.2	88	3	5.3
76	2	6.2	88	4	5.7
76	3	6.9	89	1	4.6
76	4	7.1	89	2	5.1
77	1	6.6	89	3	6.1
77	2	7.0	89	4	6.0
77	3	6.6	90	1	6.0
77	4	6.4	90	2	7.5
78	1	6.6	90	3	7.5
78	2	6.3	90	4	8.0
78	3	7.0	91	1	8.0
78	4	7.1	91	2	8.2
79	1	6.0	91	3	7.6
79	2	6.0	91	4	7.1
79	3	4.8	92	1	6.5
79	4	5.2	92	2	5.6
80	1	5.4	92	3	5.9
80	2	4.6	92	4	6.5
80	3	4.9	93	1	6.8
80	4	4.4	93	2	7.8

연도	분기	저축률	연도	분기	저축률
81	1	5.0	93	3	7.7
81	2	5.3	93	4	8.7
81	3	6.1	94	1	7.7
81	4	5.9	94	2	7.4
82	1	5.9	94	3	6.7
82	2	5.6	94	4	7.5
82	3	5.3	95	1	6.4
82	4	4.5	95	2	9.5
83	1	4.7	95	3	7.5
83	2	4.6	95	4	7.0
83	3	4.3	96	1	6.4
83	4	5.0	96	2	6.0
84	1	5.2	96	3	5.6
84	2	6.2	96	4	5.0
84	3	5.8	97	1	4.2
84	4	6.7	97	2	5.0
85	1	5.7	97	3	5.4
85	2	6.1	97	4	5.1
85	3	7.2	98	1	5.3
85	4	6.5	98	2	5.1
86	1	6.1	98	3	4.8
86	2	6.3	98	4	4.7
86	3	6.4	99	1	5.4
86	4	7.0	99	2	5.4
87	1	7.6	99	3	4.2
87	2	7.2	99	4	3.4

APPENDIX

부 록

부록 A. 표준정규분포표
부록 B. t분포표
부록 C. 카이제곱 분포표
부록 D. F분포표

부록 A. 표준정규분포표

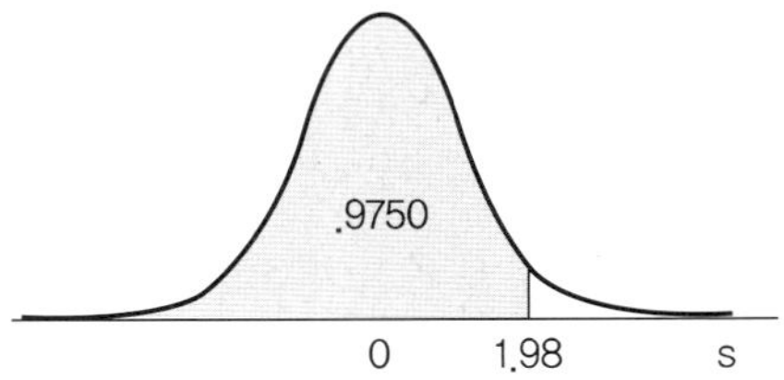

z	−0.09	−0.08	−0.07	−0.06	−0.05	−0.04	−0.03	−0.02	−0.01	0.00	z
−3.80	.0001	.0001	.0001	.0001	.0001	.0001	.0001	.0001	.0001	.0001	−3.80
−3.70	.0001	.0001	.0001	.0001	.0001	.0001	.0001	.0001	.0001	.0001	−3.70
−3.60	.0001	.0001	.0001	.0001	.0001	.0001	.0001	.0001	.0002	.0002	−3.60
−3.50	.0002	.0002	.0002	.0002	.0002	.0002	.0002	.0002	.0002	.0002	−3.50
−3.40	.0002	.0003	.0003	.0003	.0003	.0003	.0003	.0003	.0003	.0003	−3.40
−3.30	.0003	.0004	.0004	.0004	.0004	.0004	.0004	.0005	.0005	.0005	−3.30
−3.20	.0005	.0005	.0005	.0006	.0006	.0006	.0006	.0006	.0007	.0007	−3.20
−3.10	.0007	.0007	.0008	.0008	.0008	.0008	.0009	.0009	.0009	.0010	−3.10
−3.00	.0010	.0010	.0011	.0011	.0011	.0012	.0012	.0013	.0013	.0013	−3.00
−2.90	.0014	.0014	.0015	.0015	.0016	.0016	.0017	.0018	.0018	.0019	−2.90
−2.80	.0019	.0020	.0021	.0021	.0022	.0023	.0023	.0024	.0025	.0026	−2.80
−2.70	.0026	.0027	.0028	.0029	.0030	.0031	.0032	.0033	.0034	.0035	−2.70
−2.60	.0036	.0037	.0038	.0039	.0040	.0041	.0043	.0044	.0045	.0047	−2.60
−2.50	.0048	.0049	.0051	.0052	.0054	.0055	.0057	.0059	.0060	.0062	−2.50
−2.40	.0064	.0066	.0068	.0069	.0071	.0073	.0075	.0078	.0080	.0082	−2.40
−2.30	.0084	.0087	.0089	.0091	.0094	.0096	.0099	.0102	.0104	.0107	−2.30
−2.20	.0110	.0113	.0116	.0119	.0122	.0125	.0129	.0132	.0136	.0139	−2.20
−2.10	.0143	.0146	.0150	.0154	.0158	.0162	.0166	.0170	.0174	.0179	−2.10
−2.00	.0183	.0188	.0192	.0197	.0202	.0207	.0212	.0217	.0222	.0228	−2.00
−1.90	.0233	.0239	.0244	.0250	.0256	.0262	.0268	.0274	.0281	.0287	−1.90
−1.80	.0294	.0301	.0307	.0314	.0322	.0329	.0336	.0344	.0351	.0359	−1.80
−1.70	.0367	.0375	.0384	.0392	.0401	.0409	.0418	.0427	.0436	.0446	−1.70
−1.60	.0455	.0465	.0475	.0485	.0495	.0505	.0516	.0526	.0537	.0548	−1.60
−1.50	.0559	.0571	.0582	.0594	.0606	.0618	.0630	.0643	.0655	.0668	−1.50
−1.40	.0681	.0694	.0708	.0721	.0735	.0749	.0764	.0778	.0793	.0808	−1.40
−1.30	.0823	.0838	.0853	.0869	.0885	.0901	.0918	.0934	.0951	.0968	−1.30
−1.20	.0985	.1003	.1020	.1038	.1056	.1075	.1093	.1112	.1131	.1151	−1.20
−1.10	.1170	.1190	.1210	.1230	.1251	.1271	.1292	.1314	.1335	.1357	−1.10
−1.00	.1379	.1401	.1423	.1446	.1469	.1492	.1515	.1539	.1562	.1587	−1.00
−0.90	.1611	.1635	.1660	.1685	.1711	.1736	.1762	.1788	.1814	.1841	−0.90
−0.80	.1867	.1894	.1922	.1949	.1977	.2005	.2033	.2061	.2090	.2119	−0.80
−0.70	.2148	.2177	.2206	.2236	.2266	.2296	.2327	.2358	.2389	.2420	−0.70
−0.60	.2451	.2483	.2514	.2546	.2578	.2611	.2643	.2676	.2709	.2743	−0.60
−0.50	.2776	.2810	.2843	.2877	.2912	.2946	.2981	.3015	.3050	.3085	−0.50
−0.40	.3121	.3156	.3192	.3228	.3264	.3300	.3336	.3372	.3409	.3446	−0.40
−0.30	.3483	.3520	.3557	.3594	.3632	.3669	.3707	.3745	.3783	.3821	−0.30
−0.20	.3859	.3897	.3936	.3974	.4013	.4052	.4090	.4129	.4168	.4207	−0.20
−0.10	.4247	.4286	.4325	.4364	.4404	.4443	.4483	.4522	.4562	.4602	−0.10
0.00	.4641	.4681	.4721	.4761	.4801	.4840	.4880	.4920	.4960	.5000	0.00

부록 A. (계속)

z	0.00	0.01	0.02	0.03	0.04	0.05	0.06	0.07	0.08	0.09	z
0.00	.5000	.5040	.5080	.5120	.5160	.5199	.5239	.5279	.5319	.5359	0.00
0.10	.5398	.5438	.5478	.5517	.5557	.5596	.5636	.5675	.5714	.5753	0.10
0.20	.5793	.5832	.5871	.5910	.5948	.5987	.6026	.6064	.6103	.6141	0.20
0.30	.6179	.6217	.6255	.6293	.6331	.6368	.6406	.6443	.6480	.6517	0.30
0.40	.6554	.6591	.6628	.6664	.6700	.6736	.6772	.6808	.6844	.6879	0.40
0.50	.6915	.6950	.6985	.7019	.7054	.7088	.7123	.7157	.7190	.7224	0.50
0.60	.7257	.7291	.7324	.7357	.7389	.7422	.7454	.7486	.7517	.7549	0.60
0.70	.7580	.7611	.7642	.7673	.7704	.7734	.7764	.7794	.7823	.7852	0.70
0.80	.7881	.7910	.7939	.7967	.7995	.8023	.8051	.8078	.8106	.8133	0.80
0.90	.8159	.8186	.8212	.8238	.8264	.8289	.8315	.8340	.8365	.8389	0.90
1.00	.8413	.8438	.8461	.8485	.8508	.8531	.8554	.8577	.8599	.8621	1.00
1.10	.8643	.8665	.8686	.8708	.8729	.8749	.8770	.8790	.8810	.8830	1.10
1.20	.8849	.8869	.8888	.8907	.8925	.8944	.8962	.8980	.8997	.9015	1.20
1.30	.9032	.9049	.9066	.9082	.9099	.9115	.9131	.9147	.9162	.9177	1.30
1.40	.9192	.9207	.9222	.9236	.9251	.9265	.9279	.9292	.9306	.9319	1.40
1.50	.9332	.9345	.9357	.9370	.9382	.9394	.9406	.9418	.9429	.9441	1.50
1.60	.9452	.9463	.9474	.9484	.9495	.9505	.9515	.9525	.9535	.9545	1.60
1.70	.9554	.9564	.9573	.9582	.9591	.9599	.9608	.9616	.9625	.9633	1.70
1.80	.9641	.9649	.9656	.9664	.9671	.9678	.9686	.9693	.9699	.9706	1.80
1.90	.9713	.9719	.9726	.9732	.9738	.9744	.9750	.9756	.9761	.9767	1.90
2.00	.9772	.9778	.9783	.9788	.9793	.9798	.9803	.9808	.9812	.9817	2.00
2.10	.9821	.9826	.9830	.9834	.9838	.9842	.9846	.9850	.9854	.9857	2.10
2.20	.9861	.9864	.9868	.9871	.9875	.9878	.9881	.9884	.9887	.9890	2.20
2.30	.9893	.9896	.9898	.9901	.9904	.9906	.9909	.9911	.9913	.9916	2.30
2.40	.9918	.9920	.9922	.9925	.9927	.9929	.9931	.9932	.9934	.9936	2.40
2.50	.9938	.9940	.9941	.9943	.9945	.9946	.9948	.9949	.9951	.9952	2.50
2.60	.9953	.9955	.9956	.9957	.9959	.9960	.9961	.9962	.9963	.9964	2.60
2.70	.9965	.9966	.9967	.9968	.9969	.9970	.9971	.9972	.9973	.9974	2.70
2.80	.9974	.9975	.9976	.9977	.9977	.9978	.9979	.9979	.9980	.9981	2.80
2.90	.9981	.9982	.9982	.9983	.9984	.9984	.9985	.9985	.9986	.9986	2.90
3.00	.9987	.9987	.9987	.9988	.9988	.9989	.9989	.9989	.9990	.9990	3.00
3.10	.9990	.9991	.9991	.9991	.9992	.9992	.9992	.9992	.9993	.9993	3.10
3.20	.9993	.9993	.9994	.9994	.9994	.9994	.9994	.9995	.9995	.9995	3.20
3.30	.9995	.9995	.9995	.9996	.9996	.9996	.9996	.9996	.9996	.9997	3.30
3.40	.9997	.9997	.9997	.9997	.9997	.9997	.9997	.9997	.9997	.9998	3.40
3.50	.9998	.9998	.9998	.9998	.9998	.9998	.9998	.9998	.9998	.9998	3.50
3.60	.9998	.9998	.9999	.9999	.9999	.9999	.9999	.9999	.9999	.9999	3.60
3.70	.9999	.9999	.9999	.9999	.9999	.9999	.9999	.9999	.9999	.9999	3.70
3.80	.9999	.9999	.9999	.9999	.9999	.9999	.9999	.9999	.9999	.9999	3.80

부록 B. t분포표

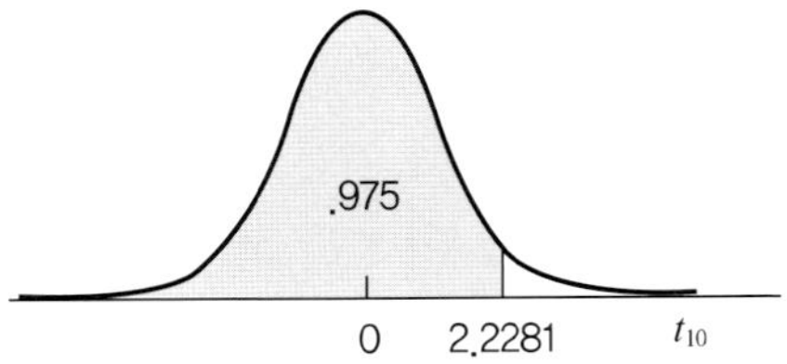

$p(t_{10} < 2.2281) = .975$

d.f.	$t_{.90}$	$t_{.95}$	$t_{.975}$	$t_{.99}$	$t_{.995}$
1	3.078	6.3138	12.706	31.821	63.657
2	1.886	2.9200	4.3027	6.965	9.9248
3	1.638	2.3534	3.1825	4.541	5.8409
4	1.533	2.1318	2.7764	3.747	4.6041
5	1.476	2.0150	2.5706	3.365	4.0321
6	1.440	1.9432	2.4469	3.143	3.7074
7	1.415	1.8946	2.3646	2.998	3.4995
8	1.397	1.8595	2.3060	2.896	3.3554
9	1.383	1.8331	2.2622	2.821	3.2498
10	1.372	1.8125	2.2281	2.764	3.1693
11	1.363	1.7959	2.2010	2.718	3.1058
12	1.356	1.7823	2.1788	2.681	3.0545
13	1.350	1.7709	2.1604	2.650	3.0123
14	1.345	1.7613	2.1448	2.624	2.9768
15	1.341	1.7530	2.1315	2.602	2.9467
16	1.337	1.7459	2.1199	2.583	2.9208
17	1.333	1.7396	2.1098	2.567	2.8982
18	1.330	1.7341	2.1009	2.552	2.8784
19	1.328	1.7291	2.0930	2.539	2.8609
20	1.325	1.7247	2.0860	2.528	2.8453
21	1.323	1.7207	2.0796	2.518	2.8314
22	1.321	1.7171	2.0739	2.508	2.8188
23	1.319	1.7139	2.0687	2.500	2.8073
24	1.318	1.7109	2.0639	2.492	2.7969
25	1.316	1.7081	2.0595	2.485	2.7874
26	1.315	1.7056	2.0555	2.479	2.7787
27	1.314	1.7033	2.0518	2.473	2.7707
28	1.313	1.7011	2.0484	2.467	2.7633
29	1.311	1.6991	2.0452	2.462	2.7564
30	1.310	1.6973	2.0423	2.457	2.7500
35	1.3062	1.6896	2.0301	2.438	2.7239
40	1.3031	1.6839	2.0211	2.423	2.7045
45	1.3007	1.6794	2.0141	2.412	2.6896
50	1.2987	1.6759	2.0086	2.403	2.6778
60	1.2959	1.6707	2.0003	2.390	2.6603
70	1.2938	1.6669	1.9945	2.381	2.6480
80	1.2922	1.6641	1.9901	2.374	2.6388
90	1.2910	1.6620	1.9867	2.368	2.6316
100	1.2901	1.6602	1.9840	2.364	2.6260
120	1.2887	1.6577	1.9799	2.358	2.6175
140	1.2876	1.6558	1.9771	2.353	2.6114
160	1.2869	1.6545	1.9749	2.350	2.6070
180	1.2863	1.6534	1.9733	2.347	2.6035
200	1.2858	1.6525	1.9719	2.345	2.6006
∞	1.282	1.645	1.96	2.326	2.576

부록 C. 카이제곱 분포표

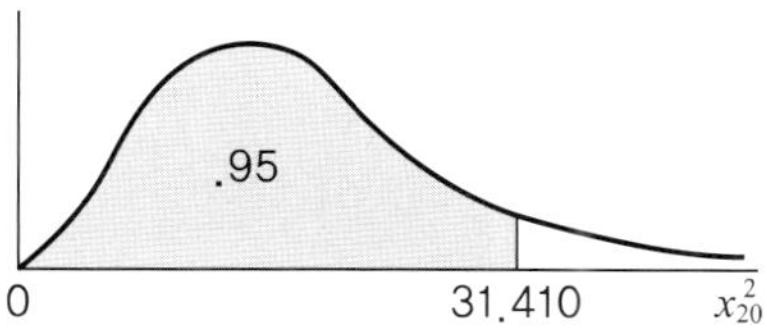

$p(x^2_{20} \le 31.410) = .95$

d.f.	$\chi^2_{.005}$	$\chi^2_{.025}$	$\chi^2_{.05}$	$\chi^2_{.90}$	$\chi^2_{.95}$	$\chi^2_{.975}$	$\chi^2_{.99}$	$\chi^2_{.995}$
1	.0000393	.000982	.00393	2.706	3.841	5.024	6.635	7.879
2	.0100	.0506	.103	4.605	5.991	7.378	9.210	10.597
3	.0717	.216	.352	6.251	7.815	9.348	11.345	12.838
4	.207	.484	.711	7.779	9.488	11.143	13.277	14.860
5	.412	.831	1.145	9.236	11.070	12.832	15.086	16.750
6	.676	1.237	1.635	10.645	12.592	14.449	16.812	18.548
7	.989	1.690	2.167	12.017	14.067	16.013	18.475	20.278
8	1.344	2.180	2.733	13.362	15.507	17.535	20.090	21.955
9	1.735	2.700	3.325	14.684	16.919	19.023	21.666	23.589
10	2.156	3.247	3.940	15.987	18.307	20.483	23.209	25.188
11	2.603	3.816	4.575	17.275	19.675	21.920	24.725	26.757
12	3.074	4.404	5.226	18.549	21.026	23.336	26.217	28.300
13	3.565	5.009	5.892	19.812	22.362	24.736	27.688	29.819
14	4.075	5.629	6.571	21.064	23.685	26.119	29.141	31.319
15	4.601	6.262	7.261	22.307	24.996	27.488	30.578	32.801
16	5.142	6.908	7.962	23.542	26.296	28.845	32.000	34.267
17	5.697	7.564	8.672	24.769	27.587	30.191	33.409	35.718
18	6.265	8.231	9.390	25.989	28.869	31.526	34.805	37.156
19	6.844	8.907	10.117	27.204	30.144	32.852	36.191	38.582
20	7.434	9.591	10.851	28.412	31.410	34.170	37.566	39.997
21	8.034	10.283	11.591	29.615	32.671	35.479	38.932	41.401
22	8.643	10.982	12.338	30.813	33.924	36.781	40.289	42.796
23	9.260	11.688	13.091	32.007	35.172	38.076	41.638	44.181
24	9.886	12.401	13.848	33.196	36.415	39.364	42.980	45.558
25	10.520	13.120	14.611	34.382	37.652	40.646	44.314	46.928
26	11.160	13.844	15.379	35.563	38.885	41.923	45.642	48.290
27	11.808	14.573	16.151	36.741	40.113	43.194	46.963	49.645
28	12.461	15.308	16.928	37.916	41.337	44.461	48.278	50.993
29	13.121	16.047	17.708	39.087	42.557	45.722	49.588	52.336
30	13.787	16.791	18.493	40.256	43.773	46.979	50.892	53.672
35	17.192	20.569	22.465	46.059	49.802	53.203	57.342	60.275
40	20.707	24.433	26.509	51.805	55.758	59.342	63.691	66.766
45	24.311	28.366	30.612	57.505	61.656	65.410	69.957	73.166
50	27.991	32.357	34.764	63.167	67.505	71.420	76.154	79.490
60	35.535	40.482	43.188	74.397	79.082	83.298	88.379	91.952
70	43.275	48.758	51.739	85.527	90.531	95.023	100.425	104.215
80	51.172	57.153	60.391	96.578	101.879	106.629	112.329	116.321
90	59.196	65.647	69.126	107.565	113.145	118.136	124.116	128.299
100	67.328	74.222	77.929	118.498	124.342	129.561	135.807	140.169

부록 D. *F*분포표

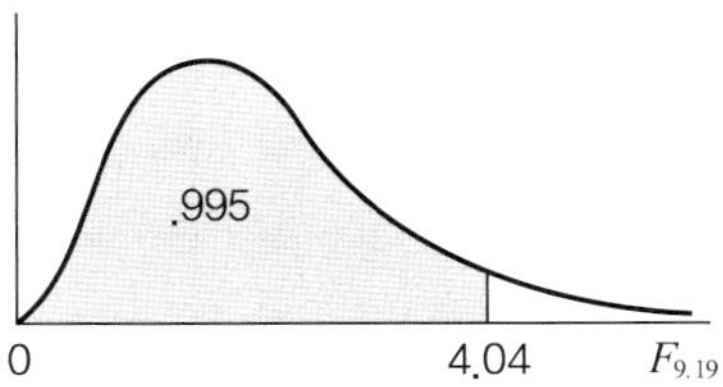

$p(F_{9,19} \leq 4.04) = .995$

$F_{.995}$									
Denominator Degrees of Freedom	Numerator Degrees of Freedom								
	1	2	3	4	5	6	7	8	9
1	16211	20000	21615	22500	23056	23437	23715	23925	24091
2	198.5	199.0	199.2	199.2	199.3	199.3	199.4	199.4	199.4
3	55.55	49.80	47.47	46.19	45.39	44.84	44.43	44.13	43.88
4	31.33	26.28	24.26	23.15	22.46	21.97	21.62	21.35	21.14
5	22.78	18.31	16.53	15.56	14.94	14.51	14.20	13.96	13.77
6	18.63	14.54	12.92	12.03	11.46	11.07	10.79	10.57	10.39
7	16.24	12.40	10.88	10.05	9.52	9.16	8.89	8.68	8.51
8	14.69	11.04	9.60	8.81	8.30	7.95	7.69	7.50	7.34
9	13.61	10.11	8.72	7.96	7.47	7.13	6.88	6.69	6.54
10	12.83	9.43	8.08	7.34	6.87	6.54	6.30	6.12	5.97
11	12.23	8.91	7.60	6.88	6.42	6.10	5.86	5.68	5.54
12	11.75	8.51	7.23	6.52	6.07	5.76	5.52	5.35	5.20
13	11.37	8.19	6.93	6.23	5.79	5.48	5.25	5.08	4.94
14	11.06	7.92	6.68	6.00	5.56	5.26	5.03	4.86	4.72
15	10.80	7.70	6.48	5.80	5.37	5.07	4.85	4.67	4.54
16	10.58	7.51	6.30	5.64	5.21	4.91	4.69	4.52	4.38
17	10.38	7.35	6.16	5.50	5.07	4.78	4.56	4.39	4.25
18	10.22	7.21	6.03	5.37	4.96	4.66	4.44	4.28	4.14
19	10.07	7.09	5.92	5.27	4.85	4.56	4.34	4.18	4.04
20	9.94	6.99	5.82	5.17	4.76	4.47	4.26	4.09	3.96
21	9.83	6.89	5.73	5.09	4.68	4.39	4.18	4.01	3.88
22	9.73	6.81	5.65	5.02	4.61	4.32	4.11	3.94	3.81
23	9.63	6.73	5.58	4.95	4.54	4.26	4.05	3.88	3.75
24	9.55	6.66	5.52	4.89	4.49	4.20	3.99	3.83	3.69
25	9.48	6.60	5.46	4.84	4.43	4.15	3.94	3.78	3.64
26	9.41	6.54	5.41	4.79	4.38	4.10	3.89	3.73	3.60
27	9.34	6.49	5.36	4.74	4.34	4.06	3.85	3.69	3.56
28	9.28	6.44	5.32	4.70	4.30	4.02	3.81	3.65	3.52
29	9.23	6.40	5.28	4.66	4.26	3.98	3.77	3.61	3.48
30	9.18	6.35	5.24	4.62	4.23	3.95	3.74	3.58	3.45
40	8.83	6.07	4.98	4.37	3.99	3.71	3.51	3.35	3.22
60	8.49	5.79	4.73	4.14	3.76	3.49	3.29	3.13	3.01
120	8.18	5.54	4.50	3.92	3.55	3.28	3.09	2.93	2.81
∞	7.88	5.30	4.28	3.72	3.35	3.09	2.90	2.74	2.62

부록 D. (계속)

Denominator Degrees of Freedom	Numerator Degrees of Freedom									
	10	12	15	20	24	30	40	60	120	∞
1	24224	24426	24630	24836	24940	25044	25148	25253	25359	25465
2	199.4	199.4	199.4	199.4	199.5	199.5	199.5	199.5	199.5	199.5
3	43.69	43.39	43.08	42.78	42.62	42.47	42.31	42.15	41.99	41.83
4	20.97	20.70	20.44	20.17	20.03	19.89	19.75	19.61	19.47	19.32
5	13.62	13.38	13.15	12.90	12.78	12.66	12.53	12.40	12.27	12.14
6	10.25	10.03	9.81	9.59	9.47	9.36	9.24	9.12	9.00	8.88
7	8.38	8.18	7.97	7.75	7.65	7.53	7.42	7.31	7.19	7.08
8	7.21	7.01	6.81	6.61	6.50	6.40	6.29	6.18	6.06	5.95
9	6.42	6.23	6.03	5.83	5.73	5.62	5.52	5.41	5.30	5.19
10	5.85	5.66	5.47	5.27	5.17	5.07	4.97	4.86	4.75	4.64
11	5.42	5.24	5.05	4.86	4.76	4.65	4.55	4.44	4.34	4.23
12	5.09	4.91	4.72	4.53	4.43	4.33	4.23	4.12	4.01	3.90
13	4.82	4.64	4.46	4.27	4.17	4.07	3.97	3.87	3.76	3.65
14	4.60	4.43	4.25	4.06	3.96	3.86	3.76	3.66	3.55	3.44
15	4.42	4.25	4.07	3.88	3.79	3.69	3.58	3.48	3.37	3.26
16	4.27	4.10	3.92	3.73	3.64	3.54	3.44	3.33	3.22	3.11
17	4.14	3.97	3.79	3.61	3.51	3.41	3.31	3.21	3.10	2.98
18	4.03	3.86	3.68	3.50	3.40	3.30	3.20	3.10	2.99	2.87
19	3.93	3.76	3.59	3.40	3.31	3.21	3.11	3.00	2.89	2.78
20	3.85	3.68	3.50	3.32	3.22	3.12	3.02	2.92	2.81	2.69
21	3.77	3.60	3.43	3.24	3.15	3.05	2.95	2.84	2.73	2.61
22	3.70	3.54	3.36	3.18	3.08	2.98	2.88	2.77	2.66	2.55
23	3.64	3.47	3.30	3.12	3.02	2.92	2.82	2.71	2.60	2.48
24	3.59	3.42	3.25	3.06	2.97	2.87	2.77	2.66	2.55	2.43
25	3.54	3.37	3.20	3.01	2.92	2.82	2.72	2.61	2.50	2.38
26	3.49	3.33	3.15	2.97	2.87	2.77	2.67	2.56	2.45	2.33
27	3.45	3.28	3.11	2.93	2.83	2.73	2.63	2.52	2.41	2.29
28	3.41	3.25	3.07	2.89	2.79	2.69	2.59	2.48	2.37	2.25
29	3.38	3.21	3.04	2.86	2.76	2.66	2.56	2.45	2.33	2.21
30	3.34	3.18	3.01	2.82	2.73	2.63	2.52	2.42	2.30	2.18
40	3.12	2.95	2.78	2.60	2.50	2.40	2.30	2.18	2.06	1.93
60	2.90	2.74	2.57	2.39	2.29	2.19	2.08	1.96	1.83	1.69
120	2.71	2.54	2.37	2.19	2.09	1.98	1.87	1.75	1.61	1.43
∞	2.52	2.36	2.19	2.00	1.90	1.79	1.67	1.53	1.36	1.00

부록 D. (계속)

$F_{.99}$									
Denominator Degrees of Freedom	Numerator Degrees of Freedom								
	1	2	3	4	5	6	7	8	9
1	4052	4999.5	5403	5625	5764	5859	5928	5981	6022
2	98.50	99.00	99.17	99.25	99.30	99.33	99.36	99.37	99.39
3	34.12	30.82	29.46	28.71	28.24	27.91	27.67	27.49	27.35
4	21.20	18.00	16.69	15.98	15.52	15.21	14.98	14.80	14.66
5	16.26	13.27	12.06	11.39	10.97	10.67	10.46	10.29	10.16
6	13.75	10.92	9.78	9.15	8.75	8.47	8.26	8.10	7.98
7	12.25	9.55	8.45	7.85	7.46	7.19	6.99	6.84	6.72
8	11.26	8.65	7.59	7.01	6.63	6.37	6.18	6.03	5.91
9	10.56	8.02	6.99	6.42	6.06	5.80	5.61	5.47	5.35
10	10.04	7.56	6.55	5.99	5.64	5.39	5.20	5.06	4.94
11	9.65	7.21	6.22	5.67	5.32	5.07	4.89	4.74	4.63
12	9.33	6.93	5.95	5.41	5.06	4.82	4.64	4.50	4.39
13	9.07	6.70	5.74	5.21	4.86	4.62	4.44	4.30	4.19
14	8.86	6.51	5.56	5.04	4.69	4.46	4.28	4.14	4.03
15	8.68	6.36	5.42	4.89	4.56	4.32	4.14	4.00	3.89
16	8.53	6.23	5.29	4.77	4.44	4.20	4.03	3.89	3.78
17	8.40	6.11	5.18	4.67	4.34	4.10	3.93	3.79	3.68
18	8.29	6.01	5.09	4.58	4.25	4.01	3.84	3.71	3.60
19	8.18	5.93	5.01	4.50	4.17	3.94	3.77	3.63	3.52
20	8.10	5.85	4.94	4.43	4.10	3.87	3.70	3.56	3.46
21	8.02	5.78	4.87	4.37	4.04	3.81	3.64	3.51	3.40
22	7.95	5.72	4.82	4.31	3.99	3.76	3.59	3.45	3.35
23	7.88	5.66	4.76	4.26	3.94	3.71	3.54	3.41	3.30
24	7.82	5.61	4.72	4.22	3.90	3.67	3.50	3.36	3.26
25	7.77	5.57	4.68	4.18	3.85	3.63	3.46	3.32	3.22
26	7.72	5.53	4.64	4.14	3.82	3.59	3.42	3.29	3.18
27	7.68	5.49	4.60	4.11	3.78	3.56	3.39	3.26	3.15
28	7.64	5.45	4.57	4.07	3.75	3.53	3.36	3.23	3.12
29	7.60	5.42	4.54	4.04	3.73	3.50	3.33	3.20	3.09
30	7.56	5.39	4.51	4.02	3.70	3.47	3.30	3.17	3.07
40	7.31	5.18	4.31	3.83	3.51	3.29	3.12	2.99	2.89
60	7.08	4.98	4.13	3.65	3.34	3.12	2.95	2.82	2.72
120	6.85	4.79	3.95	3.48	3.17	2.96	2.79	2.66	2.56
∞	6.63	4.61	3.78	3.32	3.02	2.80	2.64	2.51	2.41

부록 D. (계속)

Denominator Degrees of Freedom	Numerator Degrees of Freedom									
	10	12	15	20	24	30	40	60	120	∞
1	6056	6106	6157	6209	6235	6261	6287	6313	6339	6366
2	99.40	99.42	99.43	99.45	99.46	99.47	99.47	99.48	99.49	99.50
3	27.23	27.05	26.87	26.69	26.60	26.50	26.41	26.32	26.22	26.13
4	14.55	14.37	14.20	14.02	13.93	13.84	13.75	13.65	13.56	13.46
5	10.05	9.89	9.72	9.55	9.47	9.38	9.29	9.20	9.11	9.02
6	7.87	7.72	7.56	7.40	7.31	7.23	7.14	7.06	6.97	6.88
7	6.62	6.47	6.31	6.16	6.07	5.99	5.91	5.82	5.74	5.65
8	5.81	5.67	5.52	5.36	5.28	5.20	5.12	5.03	4.95	4.86
9	5.26	5.11	4.96	4.81	4.73	4.65	4.57	4.48	4.40	4.31
10	4.85	4.71	4.56	4.41	4.33	4.25	4.17	4.08	4.00	3.91
11	4.54	4.40	4.25	4.10	4.02	3.94	3.86	3.78	3.69	3.60
12	4.30	4.16	4.01	3.86	3.78	3.70	3.62	3.54	3.45	3.36
13	4.10	3.96	3.82	3.66	3.59	3.51	3.43	3.34	3.25	3.17
14	3.94	3.80	3.66	3.51	3.43	3.35	3.27	3.18	3.09	3.00
15	3.80	3.67	3.52	3.37	3.29	3.21	3.13	3.05	2.96	2.87
16	3.69	3.55	3.41	3.26	3.18	3.10	3.02	2.93	2.84	2.75
17	3.59	3.46	3.31	3.16	3.08	3.00	2.92	2.83	2.75	2.65
18	3.51	3.37	3.23	3.08	3.00	2.92	2.84	2.75	2.66	2.57
19	3.43	3.30	3.15	3.00	2.92	2.84	2.76	2.67	2.58	2.49
20	3.37	3.23	3.09	2.94	2.86	2.78	2.69	2.61	2.52	2.42
21	3.31	3.17	3.03	2.88	2.80	2.72	2.64	2.55	2.46	2.36
22	3.26	3.12	2.98	2.83	2.75	2.67	2.58	2.50	2.40	2.31
23	3.21	3.07	2.93	2.78	2.70	2.62	2.54	2.45	2.35	2.26
24	3.17	3.03	2.89	2.74	2.66	2.58	2.49	2.40	2.31	2.21
25	3.13	2.99	2.85	2.70	2.62	2.54	2.45	2.36	2.27	2.17
26	3.09	2.96	2.81	2.66	2.58	2.50	2.42	2.33	2.23	2.13
27	3.06	2.93	2.78	2.63	2.55	2.47	2.38	2.29	2.20	2.10
28	3.03	2.90	2.75	2.60	2.52	2.44	2.35	2.26	2.17	2.06
29	3.00	2.87	2.73	2.57	2.49	2.41	2.33	2.23	2.14	2.03
30	2.98	2.84	2.70	2.55	2.47	2.39	2.30	2.21	2.11	2.01
40	2.80	2.66	2.52	2.37	2.29	2.20	2.11	2.02	1.92	1.80
60	2.63	2.50	2.35	2.20	2.12	2.03	1.94	1.84	1.73	1.60
120	2.47	2.34	2.19	2.03	1.95	1.86	1.76	1.66	1.53	1.38
∞	2.32	2.18	2.04	1.88	1.79	1.70	1.59	1.47	1.32	1.00

부록 D. (계속)

$F_{.975}$									
Denominator Degrees of Freedom	Numerator Degrees of Freedom								
	1	2	3	4	5	6	7	8	9
1	647.8	799.5	864.2	899.6	921.8	937.1	948.2	956.7	963.3
2	38.51	39.00	39.17	39.25	39.30	39.33	39.36	39.37	39.39
3	17.44	16.04	15.44	15.10	14.88	14.73	14.62	14.54	14.47
4	12.22	10.65	9.98	9.60	9.36	9.20	9.07	8.98	8.90
5	10.01	8.43	7.76	7.39	7.15	6.98	6.85	6.76	6.68
6	8.81	7.26	6.60	6.23	5.99	5.82	5.70	5.60	5.52
7	8.07	6.54	5.89	5.52	5.29	5.12	4.99	4.90	4.82
8	7.57	6.06	5.42	5.05	4.82	4.65	4.53	4.43	4.36
9	7.21	5.71	5.08	4.72	4.48	4.32	4.20	4.10	4.03
10	6.94	5.46	4.83	4.47	4.24	4.07	3.95	3.85	3.78
11	6.72	5.26	4.63	4.28	4.04	3.88	3.76	3.66	3.59
12	6.55	5.10	4.47	4.12	3.89	3.73	3.61	3.51	3.44
13	6.41	4.97	4.35	4.00	3.77	3.60	3.48	3.39	3.31
14	6.30	4.86	4.24	3.89	3.66	3.50	3.38	3.29	3.21
15	6.20	4.77	4.15	3.80	3.58	3.41	3.29	3.20	3.12
16	6.12	4.69	4.08	3.73	3.50	3.34	3.22	3.12	3.05
17	6.04	4.62	4.01	3.66	3.44	3.28	3.16	3.06	2.98
18	5.98	4.56	3.95	3.61	3.38	3.22	3.10	3.01	2.93
19	5.92	4.51	3.90	3.56	3.33	3.17	3.05	2.96	2.88
20	5.87	4.46	3.86	3.51	3.29	3.13	3.01	2.91	2.84
21	5.83	4.42	3.82	3.48	3.25	3.09	2.97	2.87	2.80
22	5.79	4.38	3.78	3.44	3.22	3.05	2.93	2.84	2.76
23	5.75	4.35	3.75	3.41	3.18	3.02	2.90	2.81	2.73
24	5.72	4.32	3.72	3.38	3.15	2.99	2.87	2.78	2.70
25	5.69	4.29	3.69	3.35	3.13	2.97	2.85	2.75	2.68
26	5.66	4.27	3.67	3.33	3.10	2.94	2.82	2.73	2.65
27	5.63	4.24	3.65	3.31	3.08	2.92	2.80	2.71	2.63
28	5.61	4.22	3.63	3.29	3.06	2.90	2.78	2.69	2.61
29	5.59	4.20	3.61	3.27	3.04	2.88	2.76	2.67	2.59
30	5.57	4.18	3.59	3.25	3.03	2.87	2.75	2.65	2.57
40	5.42	4.05	3.46	3.13	2.90	2.74	2.62	2.53	2.45
60	5.29	3.93	3.34	3.01	2.79	2.63	2.51	2.41	2.33
120	5.15	3.80	3.23	2.89	2.67	2.52	2.39	2.30	2.22
∞	5.02	3.69	3.12	2.79	2.57	2.41	2.29	2.19	2.11

부록 D. (계속)

Denominator Degrees of Freedom	Numerator Degrees of Freedom									
	10	12	15	20	24	30	40	60	120	∞
1	968.6	976.7	984.9	993.1	997.2	1001	1006	1010	1014	1018
2	39.40	39.41	39.43	39.45	39.46	39.46	39.47	39.48	39.49	39.50
3	14.42	14.34	14.25	14.17	14.12	14.08	14.04	13.99	13.95	13.90
4	8.84	8.75	8.66	8.56	8.51	8.46	8.41	8.36	8.31	8.26
5	6.62	6.52	6.43	6.33	6.28	6.23	6.18	6.12	6.07	6.02
6	5.46	5.37	5.27	5.17	5.12	5.07	5.01	4.96	4.90	4.85
7	4.76	4.67	4.57	4.47	4.42	4.36	4.31	4.25	4.20	4.14
8	4.30	4.20	4.10	4.00	3.95	3.89	3.84	3.78	3.73	3.67
9	3.96	3.87	3.77	3.67	3.61	3.56	3.51	3.45	3.39	3.33
10	3.72	3.62	3.52	3.42	3.37	3.31	3.26	3.20	3.14	3.08
11	3.53	3.43	3.33	3.23	3.17	3.12	3.06	3.00	2.94	2.88
12	3.37	3.28	3.18	3.07	3.02	2.96	2.91	2.85	2.79	2.72
13	3.25	3.15	3.05	2.95	2.89	2.84	2.78	2.72	2.66	2.60
14	3.15	3.05	2.95	2.84	2.79	2.73	2.67	2.61	2.55	2.49
15	3.06	2.96	2.86	2.76	2.70	2.64	2.59	2.52	2.46	2.40
16	2.99	2.89	2.79	2.68	2.63	2.57	2.51	2.45	2.38	2.32
17	2.92	2.82	2.72	2.62	2.56	2.50	2.44	2.38	2.32	2.25
18	2.87	2.77	2.67	2.56	2.50	2.44	2.38	2.32	2.26	2.19
19	2.82	2.72	2.62	2.51	2.45	2.39	2.33	2.27	2.20	2.13
20	2.77	2.68	2.57	2.46	2.41	2.35	2.29	2.22	2.16	2.09
21	2.73	2.64	2.53	2.42	2.37	2.31	2.25	2.18	2.11	2.04
22	2.70	2.60	2.50	2.39	2.33	2.27	2.21	2.14	2.08	2.00
23	2.67	2.57	2.47	2.36	2.30	2.24	2.18	2.11	2.04	1.97
24	2.64	2.54	2.44	2.33	2.27	2.21	2.15	2.08	2.01	1.94
25	2.61	2.51	2.41	2.30	2.24	2.18	2.12	2.05	1.98	1.91
26	2.59	2.49	2.39	2.28	2.22	2.16	2.09	2.03	1.95	1.88
27	2.57	2.47	2.36	2.25	2.19	2.13	2.07	2.00	1.93	1.85
28	2.55	2.45	2.34	2.23	2.17	2.11	2.05	1.98	1.91	1.83
29	2.53	2.43	2.32	2.21	2.15	2.09	2.03	1.96	1.89	1.81
30	2.51	2.41	2.31	2.20	2.14	2.07	2.01	1.94	1.87	1.79
40	2.39	2.29	2.18	2.07	2.01	1.94	1.88	1.80	1.72	1.64
60	2.27	2.17	2.06	1.94	1.88	1.82	1.74	1.67	1.58	1.48
120	2.16	2.05	1.94	1.82	1.76	1.69	1.61	1.53	1.43	1.31
∞	2.05	1.94	1.83	1.71	1.64	1.57	1.48	1.39	1.27	1.00

부록 D. (계속)

$F_{.95}$									
Denominator Degrees of Freedom	Numerator Degrees of Freedom								
	1	2	3	4	5	6	7	8	9
1	161.4	199.5	215.7	224.6	230.2	234.0	236.8	238.9	240.5
2	18.51	19.00	19.16	19.25	19.30	19.33	19.35	19.37	19.38
3	10.13	9.55	9.28	9.12	9.01	8.94	8.89	8.85	8.81
4	7.71	6.94	6.59	6.39	6.26	6.16	6.09	6.04	6.00
5	6.61	5.79	5.41	5.19	5.05	4.95	4.88	4.82	4.77
6	5.99	5.14	4.76	4.53	4.39	4.28	4.21	4.15	4.10
7	5.59	4.74	4.35	4.12	3.97	3.87	3.79	3.73	3.68
8	5.32	4.46	4.07	3.84	3.69	3.58	3.50	3.44	3.39
9	5.12	4.26	3.86	3.63	3.48	3.37	3.29	3.23	3.18
10	4.96	4.10	3.71	3.48	3.33	3.22	3.14	3.07	3.02
11	4.84	3.98	3.59	3.36	3.20	3.09	3.01	2.95	2.90
12	4.75	3.89	3.49	3.26	3.11	3.00	2.91	2.85	2.80
13	4.67	3.81	3.41	3.18	3.03	2.92	2.83	2.77	2.71
14	4.60	3.74	3.34	3.11	2.96	2.85	2.76	2.70	2.65
15	4.54	3.68	3.29	3.06	2.90	2.79	2.71	2.64	2.59
16	4.49	3.63	3.24	3.01	2.85	2.74	2.66	2.59	2.54
17	4.45	3.59	3.20	2.96	2.81	2.70	2.61	2.55	2.49
18	4.41	3.55	3.16	2.93	2.77	2.66	2.58	2.51	2.46
19	4.38	3.52	3.13	2.90	2.74	2.63	2.54	2.48	2.42
20	4.35	3.49	3.10	2.87	2.71	2.60	2.51	2.45	2.39
21	4.32	3.47	3.07	2.84	2.68	2.57	2.49	2.42	2.37
22	4.30	3.44	3.05	2.82	2.66	2.55	2.46	2.40	2.34
23	4.28	3.42	3.03	2.80	2.64	2.53	2.44	2.37	2.32
24	4.26	3.40	3.01	2.78	2.62	2.51	2.42	2.36	2.30
25	4.24	3.39	2.99	2.76	2.60	2.49	2.40	2.34	2.28
26	4.23	3.37	2.98	2.74	2.59	2.47	2.39	2.32	2.27
27	4.21	3.35	2.96	2.73	2.57	2.46	2.37	2.31	2.25
28	4.20	3.34	2.95	2.71	2.56	2.45	2.36	2.29	2.24
29	4.18	3.33	2.93	2.70	2.55	2.43	2.35	2.28	2.22
30	4.17	3.32	2.92	2.69	2.53	2.42	2.33	2.27	2.21
40	4.08	3.23	2.84	2.61	2.45	2.34	2.25	2.18	2.12
60	4.00	3.15	2.76	2.53	2.37	2.25	2.17	2.10	2.04
120	3.92	3.07	2.68	2.45	2.29	2.17	2.09	2.02	1.96
∞	3.84	3.00	2.60	2.37	2.21	2.10	2.01	1.94	1.88

부록 D. (계속)

Denominator Degrees of Freedom	Numerator Degrees of Freedom									
	10	12	15	20	24	30	40	60	120	∞
1	241.9	243.9	245.9	248.0	249.1	250.1	251.1	252.2	253.3	254.3
2	19.40	19.41	19.43	19.45	19.45	19.46	19.47	19.48	19.49	19.50
3	8.79	8.74	8.70	8.66	8.64	8.62	8.59	8.57	8.55	8.53
4	5.96	5.91	5.86	5.80	5.77	5.75	5.72	5.69	5.66	5.63
5	4.74	4.68	4.62	4.56	4.53	4.50	4.46	4.43	4.40	4.36
6	4.06	4.00	3.94	3.87	3.84	3.81	3.77	3.74	3.70	3.67
7	3.64	3.57	3.51	3.44	3.41	3.38	3.34	3.30	3.27	3.23
8	3.35	3.28	3.22	3.15	3.12	3.08	3.04	3.01	2.97	2.93
9	3.14	3.07	3.01	2.94	2.90	2.86	2.83	2.79	2.75	2.71
10	2.98	2.91	2.85	2.77	2.74	2.70	2.66	2.62	2.58	2.54
11	2.85	2.79	2.72	2.65	2.61	2.57	2.53	2.49	2.45	2.40
12	2.75	2.69	2.62	2.54	2.51	2.47	2.43	2.38	2.34	2.30
13	2.67	2.60	2.53	2.46	2.42	2.38	2.34	2.30	2.25	2.21
14	2.60	2.53	2.46	2.39	2.35	2.31	2.27	2.22	2.18	2.13
15	2.54	2.48	2.40	2.33	2.29	2.25	2.20	2.16	2.11	2.07
16	2.49	2.42	2.35	2.28	2.24	2.19	2.15	2.11	2.06	2.01
17	2.45	2.38	2.31	2.23	2.19	2.15	2.10	2.06	2.01	1.96
18	2.41	2.34	2.27	2.19	2.15	2.11	2.06	2.02	1.97	1.92
19	2.38	2.31	2.23	2.16	2.11	2.07	2.03	1.98	1.93	1.88
20	2.35	2.28	2.20	2.12	2.08	2.04	1.99	1.95	1.90	1.84
21	2.32	2.25	2.18	2.10	2.05	2.01	1.96	1.92	1.87	1.81
22	2.30	2.23	2.15	2.07	2.03	1.98	1.94	1.89	1.84	1.78
23	2.27	2.20	2.13	2.05	2.01	1.96	1.91	1.86	1.81	1.76
24	2.25	2.18	2.11	2.03	1.98	1.94	1.89	1.84	1.79	1.73
25	2.24	2.16	2.09	2.01	1.96	1.92	1.87	1.82	1.77	1.71
26	2.22	2.15	2.07	1.99	1.95	1.90	1.85	1.80	1.75	1.69
27	2.20	2.13	2.06	1.97	1.93	1.88	1.84	1.79	1.73	1.67
28	2.19	2.12	2.04	1.96	1.91	1.87	1.82	1.77	1.71	1.65
29	2.18	2.10	2.03	1.94	1.90	1.85	1.81	1.75	1.70	1.64
30	2.16	2.09	2.01	1.93	1.89	1.84	1.79	1.74	1.68	1.62
40	2.08	2.00	1.92	1.84	1.79	1.74	1.69	1.64	1.58	1.51
60	1.99	1.92	1.84	1.75	1.70	1.65	1.59	1.53	1.47	1.39
120	1.91	1.83	1.75	1.66	1.61	1.55	1.50	1.43	1.35	1.25
∞	1.83	1.75	1.67	1.57	1.52	1.46	1.39	1.32	1.22	1.00

부록 D. (계속)

$F_{.90}$									
Denominator Degrees of Freedom	Numerator Degrees of Freedom								
	1	2	3	4	5	6	7	8	9
1	39.86	49.50	53.59	55.83	57.24	58.20	58.91	59.44	59.86
2	8.53	9.00	9.16	9.24	9.29	9.33	9.35	9.37	9.38
3	5.54	5.46	5.39	5.34	5.31	5.28	5.27	5.25	5.24
4	4.54	4.32	4.19	4.11	4.05	4.01	3.98	3.95	3.94
5	4.06	3.78	3.62	3.52	3.45	3.40	3.37	3.34	3.32
6	3.78	3.46	3.29	3.18	3.11	3.05	3.01	2.98	2.96
7	3.59	3.26	3.07	2.96	2.88	2.83	2.78	2.75	2.72
8	3.46	3.11	2.92	2.81	2.73	2.67	2.62	2.59	2.56
9	3.36	3.01	2.81	2.69	2.61	2.55	2.51	2.47	2.44
10	3.29	2.92	2.73	2.61	2.52	2.46	2.41	2.38	2.35
11	3.23	2.86	2.66	2.54	2.45	2.39	2.34	2.30	2.27
12	3.18	2.81	2.61	2.48	2.39	2.33	2.28	2.24	2.21
13	3.14	2.76	2.56	2.43	2.35	2.28	2.23	2.20	2.16
14	3.10	2.73	2.52	2.39	2.31	2.24	2.19	2.15	2.12
15	3.07	2.70	2.49	2.36	2.27	2.21	2.16	2.12	2.09
16	3.05	2.67	2.46	2.33	2.24	2.18	2.13	2.09	2.06
17	3.03	2.64	2.44	2.31	2.22	2.15	2.10	2.06	2.03
18	3.01	2.62	2.42	2.29	2.20	2.13	2.08	2.04	2.00
19	2.99	2.61	2.40	2.27	2.18	2.11	2.06	2.02	1.98
20	2.97	2.59	2.38	2.25	2.16	2.09	2.04	2.00	1.96
21	2.96	2.57	2.36	2.23	2.14	2.08	2.02	1.98	1.95
22	2.95	2.56	2.35	2.22	2.13	2.06	2.01	1.97	1.93
23	2.94	2.55	2.34	2.21	2.11	2.05	1.99	1.95	1.92
24	2.93	2.54	2.33	2.19	2.10	2.04	1.98	1.94	1.91
25	2.92	2.53	2.32	2.18	2.09	2.02	1.97	1.93	1.89
26	2.91	2.52	2.31	2.17	2.08	2.01	1.96	1.92	1.88
27	2.90	2.51	2.30	2.17	2.07	2.00	1.95	1.91	1.87
28	2.89	2.50	2.29	2.16	2.06	2.00	1.94	1.90	1.87
29	2.89	2.50	2.28	2.15	2.06	1.99	1.93	1.89	1.86
30	2.88	2.49	2.28	2.14	2.05	1.98	1.93	1.88	1.85
40	2.84	2.44	2.23	2.09	2.00	1.93	1.87	1.83	1.79
60	2.79	2.39	2.18	2.04	1.95	1.87	1.82	1.77	1.74
120	2.75	2.35	2.13	1.99	1.90	1.82	1.77	1.72	1.68
∞	2.71	2.30	2.08	1.94	1.85	1.77	1.72	1.67	1.63

부록 D. (계속)

Denominator Degrees of Freedom	Numerator Degrees of Freedom									
	10	12	15	20	24	30	40	60	120	∞
1	60.19	60.71	61.22	61.74	62.00	62.26	62.53	62.79	63.06	63.33
2	9.39	9.41	9.42	9.44	9.45	9.46	9.47	9.47	9.48	9.49
3	5.23	5.22	5.20	5.18	5.18	5.17	5.16	5.15	5.14	5.13
4	3.92	3.90	3.87	3.84	3.83	3.82	3.80	3.79	3.78	3.76
5	3.30	3.27	3.24	3.21	3.19	3.17	3.16	3.14	3.12	3.10
6	2.94	2.90	2.87	2.84	2.82	2.80	2.78	2.76	2.74	2.72
7	2.70	2.67	2.63	2.59	2.58	2.56	2.54	2.51	2.49	2.47
8	2.54	2.50	2.46	2.42	2.40	2.38	2.36	2.34	2.32	2.29
9	2.42	2.38	2.34	2.30	2.28	2.25	2.23	2.21	2.18	2.16
10	2.32	2.28	2.24	2.20	2.18	2.16	2.13	2.11	2.08	2.06
11	2.25	2.21	2.17	2.12	2.10	2.08	2.05	2.03	2.00	1.97
12	2.19	2.15	2.10	2.06	2.04	2.01	1.99	1.96	1.93	1.90
13	2.14	2.10	2.05	2.01	1.98	1.96	1.93	1.90	1.88	1.85
14	2.10	2.05	2.01	1.96	1.94	1.91	1.89	1.86	1.83	1.80
15	2.06	2.02	1.97	1.92	1.90	1.87	1.85	1.82	1.79	1.76
16	2.03	1.99	1.94	1.89	1.87	1.84	1.81	1.78	1.75	1.72
17	2.00	1.96	1.91	1.86	1.84	1.81	1.78	1.75	1.72	1.69
18	1.98	1.93	1.89	1.84	1.81	1.78	1.75	1.72	1.69	1.66
19	1.96	1.91	1.86	1.81	1.79	1.76	1.73	1.70	1.67	1.63
20	1.94	1.89	1.84	1.79	1.77	1.74	1.71	1.68	1.64	1.61
21	1.92	1.87	1.83	1.78	1.75	1.72	1.69	1.66	1.62	1.59
22	1.90	1.86	1.81	1.76	1.73	1.70	1.67	1.64	1.60	1.57
23	1.89	1.84	1.80	1.74	1.72	1.69	1.66	1.62	1.59	1.55
24	1.88	1.83	1.78	1.73	1.70	1.67	1.64	1.61	1.57	1.53
25	1.87	1.82	1.77	1.72	1.69	1.66	1.63	1.59	1.56	1.52
26	1.86	1.81	1.76	1.71	1.68	1.65	1.61	1.58	1.54	1.50
27	1.85	1.80	1.75	1.70	1.67	1.64	1.60	1.57	1.53	1.49
28	1.84	1.79	1.74	1.69	1.66	1.63	1.59	1.56	1.52	1.48
29	1.83	1.78	1.73	1.68	1.65	1.62	1.58	1.55	1.51	1.47
30	1.82	1.77	1.72	1.67	1.64	1.61	1.57	1.54	1.50	1.46
40	1.76	1.71	1.66	1.61	1.57	1.54	1.51	1.47	1.42	1.38
60	1.71	1.66	1.60	1.54	1.51	1.48	1.44	1.40	1.35	1.29
120	1.65	1.60	1.55	1.48	1.45	1.41	1.37	1.32	1.26	1.19
∞	1.60	1.55	1.49	1.42	1.38	1.34	1.30	1.24	1.17	1.00

참고문헌

1. 김영주, 김정일, 유영호, 윤용운, 이영경, 이승수, 주상열 저, 통계학개론, 자유아카데미.
2. 김준하, 이승원, 차성민 저, SPSS와 MATLAB을 이용한 환경통계 및 데이터분석, 한나래아카데미.
3. 노형진 저, SPSS를 활용한 주성분분석과 요인분석, 한올.
4. 박성현, 조신섭, 김성수 저, 통계자료분석을 위한 한글 SPSS, SPSS 아카데미.
5. 배정민 저, 그림으로 이해하는 닥터 배의 술술 보건의학통계, 한나래.
6. 송문섭, 조신섭 저, SAS를 이용한 통계자료분석, 자유아카데미.
7. 이희연, 노승철 저, 고급통계분석론 이론과 실습, 법문사.
8. 정동빈 저, SPSS PASW 시계열 수요예측 I, 한나래아카데미.
9. 최용석, 정광모 저, SAS를 활용한 다변량 분석기법과 응용, 자유아카데미.
10. D. R. Helsel and R. M. Hirsch, Statistical Methods in Water Resources, Elsevier.
11. E. A. McBean, and F. A. Rovers, Statistical Procedures for Analysis of Environmental Monitoring Data and Risk Assessment, Prentice Hall.
12. M. R. Anderberg, Cluster Analysis for Applications, Academic Press New York.
13. Murray R. Spiegel and Larry J. Stephens, Schaum's Outlines-Statistics, 3rd ed. McGraw Hill.
14. N. T. Kottegoda and R. Rosso, Probability, Statistics, and Reliability for Civil and Environmental Engineers, McGraw Hill.
15. R. A. Johnson and G. K. Bhattacharyya, Statistics-Principles and Methods, Wiley.

찾아보기

저자 소개

김 영 주

- 부산대학교 수학과 학사
- 미국 Purdue 대학교 통계학 박사
- 현 강원대학교 자연과학대학 정보통계학과 교수

김 희 갑

- 서울대학교 농화학과 학사
- 미국 Rutgers 대학교 환경과학 박사
- 현 강원대학교 농업생명과학대학 환경융합학부 교수

임 명 남

- 강원대학교 수리정보학부 정보통계학전공 학사
- 강원대학교 통계학 박사
- 현 강원대학교 데이터분석센터 연구교수

SPSS를 활용한
응용통계학 정가 22,000원

발 행 2017년 9월 10일 초판 1쇄
저 자 김영주 김희갑 임명남
발행인 정우용
발행처 도서출판 동화기술
경기도 파주시 광인사길 201(문발동, 파주출판도시)
Tel (031)955-4211~6 donghwapub@nate.com
Fax (031)955-4217 www.donghwapub.co.kr
(등록) 1977년 12월 19일/9-16호

Printed in Korea
ISBN 978-89-425-9137-4